| 博士生导师学术文库 |

A Library of Academics by
Ph.D.Supervisors

创新创业教育
理论建构与实践模型

王洪才 著

光明日报出版社

图书在版编目（CIP）数据

创新创业教育：理论建构与实践模型 / 王洪才著.
北京：光明日报出版社，2025.4. -- ISBN 978 - 7 - 5194 - 8596 - 2

Ⅰ. G40-012

中国国家版本馆 CIP 数据核字第 2025GX5819 号

创新创业教育：理论建构与实践模型
CHUANGXIN CHUANGYE JIAOYU：LILUN JIANGOU YU SHIJIAN MOXING

著　　者：王洪才	
责任编辑：李　倩	责任校对：李壬杰　乔宇佳
封面设计：一站出版网	责任印制：曹　净

出版发行：光明日报出版社
地　　址：北京市西城区永安路 106 号，100050
电　　话：010-63169890（咨询），010-63131930（邮购）
传　　真：010-63131930
网　　址：http：// book. gmw. cn
E － mail：gmrbcbs@ gmw. cn
法律顾问：北京市兰台律师事务所龚柳方律师
印　　刷：三河市华东印刷有限公司
装　　订：三河市华东印刷有限公司
本书如有破损、缺页、装订错误，请与本社联系调换，电话：010-63131930
开　　本：170mm×240mm
字　　数：424 千字　　　　　　　　　印　　张：24
版　　次：2025 年 4 月第 1 版　　　　印　　次：2025 年 4 月第 1 次印刷
书　　号：ISBN 978 - 7 - 5194 - 8596 - 2
定　　价：99.00 元

版权所有　　翻印必究

引 言
——创新创业教育：高等教育强国的根基*

一、高等教育强国建设急迫呼唤创新创业教育

我国社会发展长远规划要在2035年率先实现教育现代化，基本实现教育强国建设的目标，为此就必须大力建设高等教育强国，因为高等教育是教育体系的龙头，也是教育发展整体实力的代表，而高等教育强国建设成功就是教育强国建设成功的根本标志。要建设高等教育强国，需要进行多方面的改革创新；需要理顺高等教育内外部关系；需要调整高等教育结构；需要进行体制的创新；需要推进高等教育治理现代化；最终需要通过高等教育高质量发展来实现。实现高等教育高质量发展，就必须大力推进创新创业教育①，因为高等教育强国就集中体现在高等教育发展与社会主义现代化建设需求的强适应性上，体现在高等教育能够满足当今社会对于数以千万计的高素质创新创业人才的急迫需求上。因为今天社会处在一个创新驱动发展的时代，如果一个人不具有高水平的创新创业能力，就无法与快速发展的社会要求相适应。那么，只有高等教育能够为社会发展培养大批高素质的创新创业人才，适应了当今创新驱动发展时代的要求，才能证明高等教育是高质量的，才能说明高等教育强国已经建设成功。今后，社会发展必然越来越依赖于科技创新和管理创新驱动，可以说，没有科技创新和管理创新，就不可能实现社会高质量发展，甚至社会很难实现可持续发展。显然，要培养大批高素质的创新创业人才，就必须大力深入推进创新创业

---

* 原载于《北京教育（高教）》2024年1期，第36-38页。
① 王洪才，史正东. 创新创业教育：高等教育高质量发展的基石[J]. 教育科学，2023，39（3）：59-65.

教育，唯有高质量的创新创业教育，才能培养出大批高素质的创新创业人才。所以，大力深入推进创新创业教育是建设高等教育强国的根基所在。

目前，人们已经从理论上接受了创新创业教育，因为创新创业教育代表了创新驱动时代对高等教育发展的呼唤。创新创业教育旨在培养大批高素质的创新创业人才，适应高等教育改革发展趋势，所以创新创业教育正是高等教育改革发展的目标指向。然而，在实践中创新创业教育的推进并不得力，因为现实中创新创业教育面临着许多观念的障碍与体制的阻力。例如，绝大多数高校并没有真正把创新创业教育作为办学的核心理念，也没有根据创新创业人才素质要求进行人才培养方案的系统调整，当然也没有根据创新创业人才培养标准进行教育教学内容与方法的改革并进行教师评价体系改革，从而创新创业教育效果仅限于开设几门课程，举办一些创新创业培训活动和参加创新创业大赛等，因而创新创业教育远未达到与专业教育融合、与通识教育融合和与思想政治教育融合的程度。之所以如此，就在于人们很难摆脱对应试教育体制的依赖。应试教育的典型特征是非常注重固定知识传授而不注重个体的创新能力培养，注重一个人的考试分数高低而不注重他参与社会实践的效果如何，这种运行模式已经融入人们的血液中，深入人们的骨髓里，很难彻底根除。这也是为什么中小学仍然面临减负问题，也是大学生出现内卷现象的根源，甚至这种内卷现象向上延伸到研究生教育，而且向全社会扩散，这种态势就使得创新创业教育的深入推进具有无比的艰巨性、挑战性，从而必须进行体制与机制的创新才能实现突破，否则单纯凭借简单的命令动员或物质刺激手段，难以维系创新创业教育长久发展的动力与活力。

二、深入推进创新创业教育需要从观念转变开始

要深入推进创新创业教育，首先就必须树立正确的创新创业教育观念。目前，人们对创新创业教育的理解仍然是狭隘的、片面的、孤立的，从而阻碍了创新创业教育观念深入人心，无法把它变成切实的教育行动。对创新创业教育狭隘化理解的典型表现就是把创新创业教育局限于具体的某门课程与具体的某项活动，没有意识到创新创业教育是一种崭新的教育哲学理念，与所有的课程教学有关，与每个人的成长发展有关，并不仅局限于高等教育范围，而是覆盖到所有教育活动类型。对创新创业教育理解的片面化就是只看创新创业的结果如何而不看其具体行动过程，只注重表面上热热闹闹而不注重对学生发展的实质促进作用。例如，简单地把创新等同于做出创造性成果，把创业等同于创造出重大经济价值，把创新创业教育等同于进行创办企业的培训或拔尖创新人才培养实验等。对创新创业教育的孤立化理解就是把它局限于辅导员的工作，是政工系统的事情，似乎与专业教育、通识教育是不相干的。这种理解自然就严重缩小了创新创业教育的范围，简化了创新创业教育的内涵，从而使人们误以为创新创业教育也是一种精英式教育，也是一种选拔式教育或者说是另一种形式的应试教育，而各种创新创业比赛和各级选拔似乎在佐证这种看法，这样就导致了创新创业教育运行不畅，难以得到人们的有力回应。

在中国，创新创业教育必然是大众的，而且要走向普及化，因为我国高等教育是以人民为中心的，是为每个人成才服务的，精英式的创新创业教育与人民的根本意愿是相悖的。无论是"大众创业，万众创新"[1]，还是实施"广谱式"创新创业教育[2]，都表明创新创业教育必须面向每个学生，必须以促进每个学生成才为目标。

事实上，创新创业教育是以发现每个个体的创新创业潜能为起点和以实现每个个体创新创业潜能为目的的教育。从哲学上讲，每个人都具有创新创业的潜能，因为创新能力本质上就是人们主动适应环境而改变自己的能力，显然，创新能力人人都具有，只不过每个人的潜力不同；创业能力就是人们为了实现自己的目标而持续奋斗的能力，这也是人人都具备的潜能，当然每个人因为成长环境不同、价值追求不同从而发展潜力就不同。[3] 教育的真正价值就在于能够提供比较充分的条件促进个体潜能的实现。由于每个人具有不同的创新创业潜能，从而就出现了不同的人生发展规划、不同的发展路径，但只要是有利于社会发展和人类进步的，都应该得到有力的支持，每个学校都应该提供适当的条件促进个体的创新创业潜能得以实现，个体潜能的充分实现就是个体的人生价值和意义所在。因为只有实现它，个体才能体验到自我成就的喜悦和人生价值的美好，否则就无法体会到人生的意义与真谛。

创新创业潜能是人人都具有的，并非个别少数人所独有的天赋，但每个人的创新创业潜能确实是不同的，教育的复杂性或真正意义就在于要善于发现潜藏在每个人身上不同的创新创业潜能，并且给他们提供充分的展现机会，使他们获得充分的发展，最终使他们都能够成为独特的自己。故而，发现每个人的

---

[1] 国务院办公厅关于深化高等学校创新创业教育改革的实施意见 [EB/OL]. 中华人民共和国中央人民政府网，2015-05-13.

[2] 王占仁. "广谱式"创新创业教育体系建设论析 [J]. 教育发展研究，2012，32（3）：54-58.

[3] 王洪才，郑雅倩. 创新创业教育的哲学假设与实践意蕴 [J]. 高校教育管理，2020，14（6）：34-40.

独特性并促进这种独特性的充分展现与实现,就是教育的核心价值和根本价值,如果教育不能为个体提供充分的发展机会,教育就是不成功的,当然也不可能是高质量的。因此,教育系统必须具备包容性、开放性、丰富性和发展性,从而使每个人都具有充分展现个人潜能的舞台,都能够得到最大限度的发展和自我价值的实现。

三、开展创新创业教育需要挣脱应试教育束缚

由上述可以发现,创新创业教育的本质是一种个性化教育[1],因为如果不按照每个人的个性潜能进行施教,就不可能获得真正的成功。目前,应试教育体制是创新创业教育开展的最大障碍,因为应试教育体制设置了统一的标准、要求、课程以及考核方法,人们只能进行内部竞争,没有其他发展路径,从而不可避免地加剧了内卷现象的发生。因为应试成绩就是一个人最终资源分配的依据,所以人们就不由自主地开始了激烈的争夺。应试教育的逻辑在于统一化、标准化和固定化,极度地抑制了个性创新潜能,进而也制约了创业潜能的发挥。故而,所有束缚个性的教育都很难进行创新教育,当然也无法开展创业教育,因为所有的创业都需要创新,都需要改变固定的认知模式、传统的行为方式以及固有的思维习惯,如果不进行个体认知方式的创新,就难以实现个体在行为方式上的创新。如果没有行为方式上的改变,就不可能实现在具体行动上的突破,更难以创造出巨大业绩。

为什么一定要摆脱应试教育的束缚呢?应试教育的衡量标准是外在的,独立于学生发展需求的,当然也是独立于社会发展需求的,它往往是基于传统的学科教育模式设立的,是以系统知识传授为目的的,不是以学生创新创业能力发展为目的的。而统一考试方式仍然在强化传统学科教育模式,通过升学考试机制进行不断的强化。虽然高校的学科竞赛和创新创业竞赛等开始纳入一定的创新创业元素,但这些元素只是一种点缀,没有成为本体。可以说,什么时候创新创业教育成为高等教育活动的本体,人们的认知方式才能根本转变过来,人们的行为方式才能彻底改变。

当下政府最需要做的就是引导高等教育必须把创新创业教育作为内涵式发展的核心理念[2],把创新创业人才培养作为高等教育和高校工作的中心目标,把

---

[1] 王洪才. 创新创业教育必须树立的四个理念 [J]. 中国高等教育, 2016 (21): 13-15.
[2] 王洪才, 汤建. 创新创业教育: 高等教育内涵式发展的关键 [J]. 武汉科技大学学报 (社会科学版), 2021, 23 (1): 110-116.

创新创业能力培养作为高等教育高质量发展的核心内涵①，把创新创业能力评价作为促进高等教育高质量发展的关键来抓②，吸引教师把主要精力用于课程目标与教学设计的改革与实践，使教学活动与科研探索之间产生良性互动，使每一位大学教师都乐于把大学生作为自己的研究团队成员进行培养，使创新创业教育成为联结教师与学生、教学与科研、课上与课下、学术与生活的中介。这样，创新创业教育就开始与专业教育进行融合，思想政治教育也能够主动与创新创业教育融合，进而推动高校主动与社会产业进行合作，吸引社会产业部门主动加入创新创业教育行列，为创新创业人才成长提供广泛的实践平台和实验基地。如此，教育改革、科技创新、人才培养就能够达成有机统一，高等教育就开始走向了高质量发展的轨道。如此，高等教育强国建设就走向了成功。

---

① 王洪才. 创新创业能力培养：作为高质量高等教育的核心内涵 [J]. 江苏高教，2021（11）：21-27.
② 王洪才. 创新创业能力评价：高等教育高质量发展的真正难题与破解思路 [J]. 江苏高教，2022（11）：39-46.

目 录
CONTENTS

第一篇　创新创业教育的战略地位 ·································· 1
　第一章　中国式教育现代化的价值底蕴与逻辑理路 ·············· 3
　第二章　中国式高等教育现代化的理论逻辑与现实逻辑 ········ 16
　第三章　创新创业教育：高校适应新质生产力发展的根本选择 ···· 31
　第四章　创新创业教育：中国式教育现代化的基石 ·············· 45

第二篇　创新创业教育与教育高质量发展 ·························· 61
　第一章　高质量高等教育体系内涵、特征与实践路径 ············ 63
　第二章　创新创业教育：高等教育高质量发展的基石 ············ 76
　第三章　创新创业教育：高等教育内涵式发展的关键 ············ 88
　第四章　创新创业教育：高等教育普及化的核心命题 ············ 101
　第五章　创新创业教育：职业教育高质量发展的灵魂 ············ 113

第三篇　创新创业教育与教育发展模式创新 ······················ 119
　第一章　创新创业教育的多重意蕴与实践旨趣 ··················· 121
　第二章　创新创业教育的意义、本质及其实现 ··················· 130
　第三章　创新创业教育的哲学假设与实践意蕴 ··················· 141
　第四章　创新创业教育：中国特色的高等教育发展理念 ········ 151

第四篇　创新创业教育的科学内涵与实践旨要 ··················· 165
　第一章　创新创业能力的科学内涵及其意义 ······················ 167

第二章　创新创业能力培养:高质量高等教育的核心内涵……… 179
　　第三章　创新创业教育必须树立的四个理念………………………… 190
　　第四章　创新创业教育需要关注的五个基本问题…………………… 195

第五篇　创新创业人才的素质特征与结构模型……………………… 205
　　第一章　创新创业人才的"三重七级"结构模型……………………… 207
　　第二章　创新创业人才的人格特质及其结构模型…………………… 219
　　第三章　创新创业人才的核心素质及其结构特征…………………… 226
　　第四章　创新创业能力提升与大学生高质量就业…………………… 247

第六篇　创新创业能力评价与实践模型探索………………………… 261
　　第一章　创新创业能力评价的难题实质与破解思路………………… 263
　　第二章　大学生创新创业能力测量及其发展特征…………………… 276
　　第三章　中国特色的高职"双创"教育模式探索
　　　　　　——以宁波职业技术学院"1234"创新创业教育模型建构为案例… 295
　　第四章　产教融合:创新创业教育的有力支点
　　　　　　——论高校促进产教融合的难点、重点与突破点…………… 308

结　语
　　——大学创新创业教育核心·难点·突破点…………………………… 316

主要参考文献……………………………………………………………… 321

附录1　化潜为能:创新创业人才培养的本土路径
　　　　——专访厦门大学教育研究院原副院长王洪才………………… 336
附录2　项目式教学改革探索:以大学生创新创业能力培养为例
　　　　——厦门大学教育研究院"高等教育研究方法"第一课师生教学日志实录…
　　　　………………………………………………………………………… 343

后　记……………………………………………………………………… 366

第一篇　创新创业教育的战略地位

创新创业教育在中国式教育现代化过程中究竟扮演什么角色？它与中国式高等教育现代化是什么关系？它如何面对新质生产力的发展要求？这一切都需要从了解中国式教育现代化的价值底蕴与逻辑理路开始。

第一章

中国式教育现代化的价值底蕴与逻辑理路*

引导语：中国式教育现代化经历了从救亡图存到自立自强,再到民族复兴并最终走向民族辉煌的历史考验,反映了中国人民对教育认识的不断深化,具有理性化、主体化、民族化、特色化四个典型特征。理性化是中国式教育现代化的起点,展现了中国教育变革从实用性向本体性的转变,是教育现代化外生性逻辑的必然结果；主体化是中国式教育现代化的关键,展现了中国教育变革从依附性向独立性的转变,是教育现代化内在逻辑的要求；民族化是中国式教育现代化的本质,展现了中国教育从模仿性向创造性的转变,是教育现代化实践逻辑的必然反映；特色化是中国教育现代化的目标,展现了中国式教育从继承性向创新性的转变,反映了教育现代化的理论逻辑,旨在实现对西方教育模式的超越。理性化、主体化、民族化和特色化的不断递进,构成了中国式教育现代化的发展逻辑,展现出外生性、主体性、本体化和独创性特质,推动了中国教育创造性转化。

关键词：中国式；教育现代化；价值底蕴；逻辑理路

毋庸置疑,中国式教育现代化是中国式现代化的重要组成部分。习近平总书记在党的二十大报告中对中国式现代化内涵进行了清晰阐释,将它具体表述为"人口规模巨大的现代化""全体人民共同富裕的现代化""物质文明和精神文明相协调的现代化""人与自然和谐共生的现代化""走和平发展道路的现代化",充分阐明了中国式现代化的基本特质。[①] 无疑,中国式教育现代化基于这

---

* 原载于《厦门大学学报（哲学社会科学版）》2024年第2期,第11—18页,收录时文献格式做了调整。

[①] 习近平.高举中国特色社会主义伟大旗帜　为全面建设社会主义现代化国家而团结奋斗：在中国共产党第二十次全国代表大会上的报告［N］.人民日报,2022-10-26(1).

些特质，但也具有自己的特殊内涵。我们认为，中国式教育现代化是中国人民在寻求民族独立、国家富强、人民幸福和民族昌盛过程中形成的科学方案，是历史选择的结果，展现了中国教育发展的实践逻辑，逐渐实现了对西方教育现代化道路的超越。纵观中国式教育现代化的历史，中国式教育现代化方案是在救亡图存过程中开始的，是在中华人民共和国成立时正式奠基的，是在改革开放后开始突破的，是从新时代开始走向超越的。这个历程反映了中国式教育现代化的探索特征：从理性化发轫，经过主体化奠基成型，再到民族化确立目标，直到特色化实现超越。这个历程揭示了中国式教育现代化的内在价值导引：理性化使中国教育服务于富国强兵需要；主体化使中国教育服务于社会主义国家建设需要；民族化使中国教育反映中国国情的需要；特色化使中国教育适应建设社会主义现代化强国要求。科学地揭示中国式教育现代化背后的价值逻辑，有助于增强我们的教育自信，为中国式教育现代化顺利推进提供理论指导。

一、理性化：中国式教育现代化第一重价值追求

中国式教育现代化首先是一个引进西方科学文化、推动中国教育观念变革的过程，这个过程促使中国教育从不注重实用价值转向注重实用价值，开始了教育观念的理性化改造。这个转变是在外界压力下发生的，展现了明显的外生性逻辑特征。这是由特定历史背景所决定的。

（一）中国式教育现代化发端于救亡图存的现实

中国式教育现代化历程可以追溯到1840年的鸦片战争，由此惊醒了传统国人的"天朝上国"美梦。自此，中国传统文化遭受到来自西方列强的科技文化的挑战与冲击，西方的"船坚炮利"激发了国人对教育制度的反思。当然，开始时人们认为西方列强仅仅是因为技术先进，并未意识到其制度和文化的先进，但不断战败的现实让国人不得不承认西方文化已经占据了全方位的优势，最终迫使清政府不得不废除科举制，引进西方学制，建立西式学堂，推行西式教育。这个认识的转变就是一个不断理性化的过程。

由此可见，中国式教育现代化发轫是应对外来危机的反映。众所周知，西方列强凭借"船坚炮利"打开了中国国门，使中华民族感受到空前的生存危机，也使国人赖以自豪的中华文明遭受质疑。变法图强、"师夷长技以制夷"[1] 成为当时中国知识分子的理性选择。如果说第一次鸦片战争失败已经让一批中国人开始觉醒的话，那么第二次鸦片战争的失败则真正让一批先进的中国人开始行

---

[1] 魏源. 海国图志 [M]. 长沙：岳麓书社，2011.

动起来，由此兴起了洋务运动、戊戌变法直至辛亥革命。从开始关注西方科学技术尤其是军事技术，到后来关注西方政治经济文化制度，这表明理性化是一个由表及里的过程，从工具理性开始，最终才达到价值理性层面。"中体西用"是工具理性态度的集中代表，直到甲午战争失败、洋务运动破产以及维新变革运动的兴起，才使人们清醒地认识到制度和文化观念落后是军事失利的根源。这个认识深化过程，代表了人们开始从工具理性向价值理性的转变。引进西方学制，正是在这一背景下产生的，也代表了中国式教育现代化的真正开始。

(二) 中国式教育现代化始终面临中西方文化的冲突

我们知道，崇尚理性是西方文化的底色，也是西方学术体系发达的根基，无论是柏拉图哲学还是黑格尔哲学都是理性主义的代表。西方社会虽然也经历近千年的宗教统治，但经过文艺复兴运动又找到了根本，其现代化就是从启蒙运动开始的，而现代化的本质就是理性化。中国文化重视情感价值，强调血缘关系，崇尚伦理关系，社会关系常常划分为"亲亲疏疏"，在道德上更重视动机而非效果。中国文化虽然也讲究理性，并发展出宋明理学，但往往流于空谈，更加强化了传统的伦理价值，并未发展出注重科技的工具理性，且其具有明显的外生性特点，即受到了佛家文化的影响。在世俗社会，人们强调的是理智而非理性。从理性视角看，理智偏向于消极的适应而非改变，所谓"识时务者为俊杰"即如此。

西方文化具有理性主义的哲学根基，这使其能够在近代开启启蒙运动。而中国文化中神秘主义色彩严重，对于无法解释的事实往往采取回避的态度，并不想刨根问底。如孔子的《论语·先进》中的"未知生焉知死"、《论语·述而》中的"子不语怪力乱神"、《论语·雍也》中的"敬鬼神而远之"，都具有明显的回避色彩。董仲舒所持的"天人感应"说，是儒家思想神秘化的典型。经过汉武帝实行"罢黜百家、独尊儒术"的文教政策之后，儒家思想逐渐成为统治思想，儒学开始向儒教转变。毋庸置疑，这种神秘化与理性化是背道而驰的，也客观上造成了中国科学技术发展的落后。

相反，西方文化很早就确立了形式逻辑，引导人们开始了理性化思维，努力探求事物发展的因果关系，特别强调把事实作为认识事物的基础，由此发展出理性主义与经验主义并行不悖的认识论传统，并最终产生了实证主义哲学，促进了西方科学技术的发达。西方理性主义文化的典型特质是承认每个个体都具有独立的判断能力,由此奠定了西方个体主义文化基石①,这种理性精神是西方社会现代化的根本动因。

(三) 中国教育培育理性精神任重而道远

中国文化自古以来就有一种圣贤文化传统②,表现为对历代统治者所褒扬的圣贤高度崇拜,这也成为统治者愚民政策的工具。中国历代帝王都把自己作为圣贤的代言人,信奉"金口玉言",臣民必须遵从,否则就是大逆不道。儒家的四书五经适应了统治阶级的需要,成为官方教科书和后来的科举取士的依据。这极大地束缚了民众思想,阻碍了社会思想进步,使个体丧失了独立判断能力,也是中国社会逐渐落后于西方社会的根本原因。

中国近代的一批仁人志士正是在深刻认识到国力衰弱的根本原因之后,才开始同传统文化决裂,作为封建统治意志代言人的儒家学说也成为其攻击目标,而五四新文化运动的核心就是引入以科学和民主为代表的理性精神。

(四) 中国式教育现代化是从理性化开始的

洋务运动的破产,让人们从事实上认识到依靠封建统治者来实现教育现代化是不可能的,而戊戌变法的失败也证明了这一点。辛亥革命后,教育现代化才真正得以开始。随着清政府的倒台,儒家文化也丧失了其主导地位,社会开始全方位引进西式学堂,实施西式教育,而早期的中国式教育现代化也直接表现为"西化"。虽然这个"西化"的过程受到了诸多质疑和挑战,但基本方向并没有改变。因为必须学习西方科学技术是从"落后就要挨打"中获得的教训,而我国后来主动进行的改革开放也主要是为了建设社会主义现代化强国。显然,如果只学习西方科学技术知识的话就很难获得其精髓,只有学习西方文化中的科学思维方式和理性精神才能真正理解西方社会进步的实质。

从表面上看,引进西式教育是为了学习西方科学技术知识,而实质上是为了学习西方的科学精神与民主精神,从而改变传统文化中的教条主义和蒙昧主义思想。可以说,科学与民主不仅是中国现代化的引导力量,也是教育现代化的内在动力,还是教育理性化的追求的目标。由此可见,中国式教育现代化的第一重价值追求即理性化,旨在突破传统封建文化对人们思想的禁锢,探索富国强兵的根源。

---

① 何云峰,胡建. 西方"个体主义"文化价值观的演变、历史意义与局限 [J]. 上海师范大学学报(哲学社会科学版),2009,38 (6):12-23,38.
② 徐光春. 汲取圣贤文化精华促进先进文化建设 [J]. 史学月刊,2007 (1):5-8.

二、主体化：中国式教育现代化的第二重价值追求

中国式教育现代化从根本上讲是一个主体觉醒的过程。通过先觉者而觉后觉，以中华民族崛起为志业，实现教育完全自主，这是中国式教育现代化的内在逻辑。这也是中国历史发展的必然要求。

（一）教育现代化必须通过主体化才能推动

没有教育的主体化，就没有真正的教育现代化。现代化需要主动人格才能完成，教育现代化的基本目标就是造就这些主动的人格。如果说教育理性化的追求是在外来压力下的一种被动选择，那么教育主体性的生成则是一种内在发展的需要，是主体自我觉醒的结果。人具有自适应性，会自发地调整与外界的关系，这种自发性之中蕴含着主动性，因为它经常是下意识的，所以人们并不总是能够觉察它的存在。只有当人们与周围世界开展积极的互动之后，才会使主体意识觉醒。当个体寻找到与环境的和谐关系后就会产生自我认同，从而宣布自己作为主体的存在，这种主体性就表现在自我对环境的驾驭能力和对自己的控制能力。

教育的主体性生成也是在教育现代化遭受挫折之后开始的。传统教育往往成为封建统治者的愚民工具，以科举制度为特征的传统教育体系，牢牢地控制了人们的思想意识形态，难以适应培养现代国家公民的需要，难以培养挽救国家和民族于危难之中的济世英才，难以培养适应民族企业发展的科技人才。因此，我国必须学习西方教育体制，以科学教育作为主要内容，以掌握科学技术和先进理念作为人才的衡量标准，要求受教育者个体必须自立自强，主动成为救国救民的仁人义士，成为承担社会发展重任的科学先驱。

（二）国家是推动教育现代化的根本主体

教育主体化的核心问题是要回答由谁来完成教育理性化的使命问题。在人们的下意识中，国家才具有推动教育理性化的力量，因为国家是一个民族力量的代表。如前所述，中国教育追求理性化的动力并非来自教育发展的内驱力，而是来自教育外部的驱使，实现国家强大是这一动力的主要来源。虽然作为精英群体一分子的个体力量在其中发挥着非常重要的作用，特别是发挥着唤醒人们意识的作用，但最终只能依靠国家的力量才能实现教育的总体性变革。不言而喻，这里的精英群体指的是那些志士仁人，他们是中国现代化的先驱人物，如《天演论》的翻译者严复、推动戊戌变法的康有为和梁启超师徒、为变法从容赴义的谭嗣同、《革命军》作者邹容以及为唤醒民众而撰写《警世钟》《猛回

头》并投海自尽的陈天华,当然还包括孙中山领导的革命党人。他们为了实现救国救民的理想努力奔波,都立有杀身成仁之志。这些先进个体带动了民族国家的觉醒,推动了国家政权的更替,也推进了教育现代化的进程。

最终承担教育现代化主体责任的必然是具有主动行为能力的现代国家。国家首先要独立,拥有完全主权是一个民族独立的先决条件。国家独立与民族解放是紧密联系在一起的,只有摆脱帝国主义压迫的民族才能建设一个现代性的国家。一个现代国家是能够主宰自己命运的国家,绝不是帝国主义的附庸国。中国现代化的先驱们很早就意识到自己的使命是摆脱封建主义和帝国主义的统治和奴役、实现中华民族真正独立和解放。只有这样,才能建立现代化的教育体系,而现代教育制度建设就是要培养大批致力于国家富强、民族昌盛的新人。

(三) 实现公民自觉是教育现代化的核心目标

教育现代化的最终目标是唤醒个体,使个体成为社会建设的主体。从传统社会的臣民变成现代国家的公民,教育就是实现社会现代化的有力工具,其旨趣就是通过传播科学知识实现国民素质的提高,提升个体的认识能力,特别是培育出一大批国之栋梁。教育首先要成为自我觉醒的手段,并通过自我主体的建构实现自身的现代化。教育主体的身份建构是通过大批教育研究者的出现实现的,他们通过对传统教育制度的反思,对世界先进教育制度的研究、先进教育学说的传播、先进教育内容的传授,积极推动国家决策改变,从而带动教育制度革新,最终带动教育体系现代化。尤其是当教育研究者成为教育决策参与者、教育制度制定者、教育政策执行者之时,就能够大大加快教育现代化步伐。

教育研究者的出现也促进了教育体系科学化和教育管理专业化队伍的出现,增加了教育反思的力量,使教育实践从粗线条设计走向精细化操作。他们促进了教育理性化的深入,使认识理性追求与实践理性追求逐渐趋向平衡。同时也促使教育工具价值走向主体性价值,即追求教育自身的目标,而不单纯作为工具而存在。

(四) 先进政党成为教育现代化的领导力量

在教育现代化推进过程中,如果缺乏先进政党的领导,缺乏政府的有力组织,缺乏经济发展的先行,无论是教育理性化的推进还是主体性的形成都是寸步难行的。中国共产党的诞生为中国的教育现代化注入了新元素,人民政权的建立为教育现代化推进提供了制度保障,而经济的发展也为教育现代化的推进奠定了物质基础。借助于新技术革命的有利时机,我们顺势开展创新创业教育,使中国式教育现代化与世界先进国家教育现代化实现了同频共振,不仅推进了中国教育大国身份的确立,也为建立教育强国打下了基础。

当前，中国教育发展进入一个关键期，即如何在人工智能时代来临之际，实现教育的超越性发展。这是对教育强国建设提出的重大课题，也是教育强国建设的有利时机。中国共产党的正确领导和中国政府强有力的动员能力，为实现教育强国理想提供了组织保证。坚持党的全面领导，坚持把中华民族伟大复兴作为使命，这是历史得出的结论。

三、民族化：中国式教育现代化的第三重价值追求

中国式教育现代化以中华民族伟大复兴为根本使命，扎根中国大地，有力地回应社会发展需求，以民族复兴为己任，是中国式教育现代化的实践逻辑。这是教育与社会发展关系所决定的。

（一）中国式教育现代化以实现中华民族伟大复兴为根本宗旨

中国式教育现代化该如何走，这是一个摸着石头过河的探索过程。随着教育理性化的深入，人们发现，教育现代化不再是一个简单的内容置换问题，不是把过去的儒家一套学说换成西式科学观念就能够解决的。教育现代化是一个教育科学体系的建设过程，是从主体到内容再到手段最终到结果的转变过程，这个转变最终解决的是民族独立和国家富强问题，并使中华民族傲然屹立于世界民族之林。要做到这一步，首先要使个体成为国家有机体一分子，其前提是必须激发个体主动性。虽然这些与教育有关，是教育的重要使命，但不是教育自身能够解决的问题，因为它们都与社会的现代化密切联系在一起。

社会现代化是人的思想观念和行为方式的现代化，而教育现代化是作为社会现代化的组成部分出现的。如前所述，现代化的根本立脚点就是确立理性作为判断事物的根本标准而非依据传统的教条，这个标准要想在全社会普遍得到确立绝非一件易事。我们知道，由于西方科学技术所蕴含的理性精神不能较好地融入中国文化，在20世纪初中国出现了新文化运动。新文化运动所主张的"德先生和赛先生"，说到底还是要解决人们的思想保守和观念僵化问题，特别是解决人的传统思维惯性问题。我国在改革开放初期展开的关于真理标准的大讨论，表面看是确立了"实践是检验真理的唯一标准"命题，但从实质看仍然是确立理性作为观察事物的根本标准。① 因为只有通过实践才能检验是否合理，不合理的自然就不应存在。因此，实践检验所崇尚的仍然是一种理性精神。

---

① 贺来. 哲学以何种方式改变世界：纪念《实践是检验真理的唯一标准》发表40周年[J]. 江海学刊，2018（4）：5-10.

（二）理性中心主义价值观与中国文化存在很大的龃龉

现代化的基本点就是理性化，所遵循的逻辑就是理性中心主义。[①] 所谓理性化，就是确立理性在社会生活中的中心地位，把理性作为衡量一切的标准，这对传统中国人而言是极其艰难的。而主体化则是与理性化相伴而生的，其确立自我作为理性审判人的地位，这个过程也不是一帆风顺的。作为普通个体很难摆脱传统依附性的思维方式，使得现代化注定是一个非常艰难的过程。在中西文化碰撞过程中，人们发现，西方文化对理性价值的追求并非中国人的精神归宿，而且西方文化对理性价值的追求往往直接异化为工具理性，从而衍生出技术崇拜和武力征服，这一点尤其受到中国文化的排斥。[②]

中国文化具有自己的价值追求，自古以来就崇尚和平与和合价值，将侵略掠夺视为野蛮行为，对于推崇武力征服世界的西方文化具有本能性的排斥心理。[③] 和平、和谐、合作是中国文化的符号，教育在教人融入社会时非常强调与人和平相处，其所倡导的社会目标就是致力于社会和谐发展，对于世界关系的主张就是促进和平与合作。这些教育价值观具有典型的中华文化特质以及理想主义性质，也是价值理性的展现。其凸显了中国文化的基因，也成为中国教育现代化的内在动力。

（三）教育应是价值理性与工具理性的结合体

在对待西方文化的态度上，随着教育理性化的加深和主体性的加强，人们对外国教育经验不再持简单排斥或盲目崇拜的态度，而是逐渐具备了一种辩证思考的能力，认识到中国文化的魂不能丢、中国文化的根不能断，中国文化正是中国人的精神家园。中国文化自古就有一种"和为贵"的特质——与自然和谐相处、与人和气相处、与他国和平相处，这对建设和谐社会和促进世界和平具有重大现实意义。西方文化尊重科学技术，在现代化过程中取得了非凡成就，值得我们学习借鉴。但我们仍然要坚持和平发展观念，这是中国文化的魂，是价值理性追求。我们也需要大力发展科学技术，增强国力，为世界提供中国发展经验，促进人类和平发展。这虽然是工具理性追求，但绝不可少。由此可见，价值理性与工具理性并非对立的，而是可以统一的。我们提出"科学技术是第一生产力"[④]，表明科学技术不仅是一种工具，同时也是目的本身。由此可见，

[①] 利奥塔. 什么是现代主义？[M] //赵冰. 解构主义：当代的挑战. 墨哲兰，译. 长沙：湖南美术出版社，1992：30.
[②] 漆思. 现代性的主体主义理念批判 [J]. 江西社会科学，2011，31 (6)：23-30.
[③] 高海林，杨芳. 试论梁启超晚期的文化观 [J]. 史学月刊，2003 (10)：44-48.
[④] 邓小平. 邓小平文选：第三卷 [M]. 北京：人民出版社，1993：274.

发展科学技术既是一种工具理性追求，也具有价值理性色彩。我们提出的"人才资源是第一资源"①思想，不仅把人作为目标，也可以作为手段，这些都是价值理性与工具理性相统一的表现。

就教育自身而言，它不仅具有工具理性特征，而且具有价值理性特征。当它发挥培养人的道德品格作用时，所显示的正是价值理性作用；当它向社会经济建设输送有用人才时，则显示的是工具理性作用。我们提出把立德树人作为学校工作的根本任务，坚持教育优先发展，就是实现教育的价值理性与工具理性的有机统一。坚持以人民为中心办好教育，实际上就是促进工具理性与价值理性的统一。

（四）人是教育的目的和教育现代化的手段

人不仅是教育的目的，同时也是实现教育现代化的手段。人类无论有什么样的崇高理想，都需要人自身才能实现，都需要人的创造性劳动才能实现。教育以培养理想的人为目标，同时必须以人自身的努力为条件。人不是被塑造的，而是自我建构的结果，通过改变自我实现自己的理想。人的一切有目的的行为都是劳动，劳动不仅创造价值，也创造人自身。劳动既是工具理性的直接显现，同时也是价值理性实现的载体。没有劳动，任何理想目标都无法实现。正因为如此，劳动是人生的必修课，无论谁都不可能逃避劳动。因此，我们必须树立正确的劳动观和价值观，引导自身开展创造性劳动，通过创造性劳动使自己的能力和精神境界获得提升，最终使自己具有创造性人格，成为创造性主体。

我们要培养的是自由而全面发展的人。要实现这种理想价值，不仅需要实施优先发展教育的战略，更需要扎根中国大地的办学实践，把立德树人作为根本任务，以人民是否满意作为一个非常重要的衡量标准。如此，才能体现以人民为中心的办学思想，而这种坚持正是中国式教育现代化的典型体现。

四、特色化：中国式教育现代化的第四重价值追求

中华民族只有充分发挥创造精神，构建具有中国特色的教育模式，实现教育创新发展，建成教育强国，才能为世界做出重大贡献。这既是中国式教育现代化的理论逻辑，也是中国道路的必然。

（一）构建中国特色的教育模式是扎根中国大地办教育的根本要求

中国式教育现代化从根本上讲就是强调中国教育现代化道路的独特性，这

---

① 江泽民．江泽民文选：第三卷［M］．北京：人民出版社，2006：319.

种独特性就是强调中国教育在发展过程中能够实现对西方教育模式的超越，体现出中华文化的创造性智慧，反对简单的拿来主义。为此，必须从构建中国特色的教育模式进行突破，创建出自己的文化特色。

创造与创新是中国式教育现代化的根本出路。当我们感到教育现代化无路可循的时候，只有通过创造才能发展新路。过去我们曾以苏俄、英美和德日为师，原因就在于他们的教育比较先进，社会经济比较发达，国力强于我们。闭关自守是没有出路的，妄自尊大注定要付出惨痛代价，因此我们逐渐养成了谦虚好学的习惯。但在实践中，他们的教育模式并不真正适合我们，必须根据自己的国情和发展需要进行改变。为此，我国教育现代化逐渐探索出一条适合自己的发展道路：必须体现出中国共产党领导这个最本质特征、把坚持社会主义办学方向作为根本指南、坚持以人民为中心办教育的根本路线、坚持把立德树人作为根本任务、坚持把深化教育改革创新作为根本动力、坚持把教师队伍建设作为根本基础、坚持把扎根中国大地办学作为根本方法、坚持把教育优先发展作为根本战略。其最终目的，是实现中华民族伟大复兴的根本目标。这些都是我们在改革发展过程中摸索出的基本规律，也是中国式教育现代化的根本遵循。

(二) 构建中国特色的教育模式需要走出自我中心主义误区

毫无疑问，我们拥有五千年的悠久文明历史，而且绵延不断，这足以让我们自豪。正是如此，不少人认为，我国在历史上一直是世界上最发达国家，只是到了近代才落后了。其中的自我中心主义和失落心态不言自明。有研究表明，在鸦片战争之前中国一直都是世界第一大国，所创造的财富占世界总体的三分之一和四分之一左右。[1] 这些成就虽然令国人感到骄傲，但难以消除鸦片战争给国人带来的耻辱。

的确，我国历史上曾经出现过非常辉煌的时期，如唐朝的贞观之治、开元盛世和清朝的康乾盛世。盛唐时期出现了世界多国派遣使者来华交流学习的盛况，元朝时期曾一度把疆界扩展到欧亚大陆大部分地区，明朝郑和曾七下西洋，但这些壮举都没有持久，否则就不会出现唐王朝灭亡、元帝国崩溃、明朝遭受倭寇的频繁骚扰以及清朝后期的鸦片战争失败的结果。这实际上也是李约瑟之问[2]的缘起。虽然学界对李约瑟之问有不少答案[3]，但都表明了科

---

[1] 蔡昉. 理解"李约瑟之谜"的一个经济增长视角 [J]. 经济学动态, 2015 (6): 4-14.
[2] 姚洋. 高水平陷阱: 李约瑟之谜再考察 [J]. 经济研究, 2003 (1): 71-79, 94.
[3] 林毅夫. 李约瑟之谜、韦伯疑问和中国的奇迹: 自宋以来的长期经济发展 [J]. 北京大学学报 (哲学社会科学版), 2007 (4): 5-22.

技落后是根本、人才不足是关键、教育不发达是本质。这促使我们反思,传统的、落后的、保守的文化观念是我们沉重的负担,如果不能进行创新性发展和创造性转化,我们可能仍然会陷入"天朝上国"的自我中心主义的迷幻之中。

(三)坚持教育、科技、人才一体化才能创建真正的中国教育模式

在今天的世界,国力是否强盛依然是以科技水平的强弱来判断,而科技强弱与教育发展水平息息相关。如果教育无法培养出数以千万计的具有创新创业能力的人才,就很难指望在科学技术上获得重大突破。可以说,科技发展有赖于创新创业教育水平的强弱,如果没有教育培养出的大批高素质的创新创业人才作为基础,要想在科学技术上达到领先地位是难以想象的。因此,教育、科技和人才本质上是一体的。当前,科学技术创新能力并不是中国教育体系的强项,也不是中国科技人才的强项,之所以如此,从文化角度看,就在于我国缺乏科学技术兴旺发达的根本——以理性思维为基石的逻辑思维发达和以创新为目的的尊重个性的文化风靡。没有崇尚理性精神和尊重个性文化的充分张扬,就难以实现技术上的巨大突破和认知上的重大创新,也就很难进行新科学新方法的广泛传播。当前,国家正大力倡导科技创新,但对如何建立促进科技发展的文化氛围和有效制度仍然举措乏力,从而使科学工作越来越程序化,科学原创的动力逐渐被消耗,这也是今日教育缺乏革新动力的根源。

中国特色的教育模式构建必须建立在以人为本的基础上,即充分尊重人的个性,使个体的独特潜能能够得到充分发挥。教育模式构建就是在为个性潜能充分发挥提供适宜的条件。在此情境下,学生都能够展开独立探讨,使自身的科学思维方式和对科学疑难问题的解答能力得以充分展示,创造出一种鼓励科学自由探索的文化氛围,使科学探索具有无限的吸引力,如此就创建了创新人才辈出的沃土。唯有此时,我们才能说中国特色的教育模式构建是成功的,教育、科技、人才的发展才能真正融为一体。

(四)持续推进教育改革创新是构建中国特色的教育模式的动力源

毋庸置疑,教育的根本价值就在于培养人的创造精神,使人形成一种创造性的人格,能够充分调动人的创造潜能,使人始终具有探索世界的动力,敢于把自己的美好理想付诸实践。这样的人是具有创造能力的人,他们敢于面对各种困难问题的挑战,在复杂多变的世界面前是充满自信的,从而具有贡献社会的决心与毅力,进而能够把它们转化为自己的行动,最终体现为对工作的热情和创造新事物的激情。这是大批创新创业人才不断涌现后的情境,是教育强国建成的标志,同时也是中华民族傲然屹立于世界民族之林的前提。显然,这种

状况的出现需要教育体制进行根本性的改革，需要倡导以人的个性自由发展为本的创新精神，需要确立尊重个性多样化表达的胸襟，需要建立理性对话辩论的规则，需要构造量才适用的制度环境，需要"以人民为中心"建设面向社会需求的办学效能评判机制。只有如此，教育现代化才能走向自主发展的轨道，才能解答教育治理体系与治理能力现代化的命题。

我们认为，突破传统教育体制的封闭性是教育治理体系现代化的重点，吸引社会参与教育治理是推进教育治理能力现代化的出发点①，而缺乏社会参与的教育治理仍然是传统教育管理模式的延续，绝非现代治理能力的表现。毋庸赘言，教育治理是一项非常复杂而艰巨的工程，需要面对复杂的多元利益主体的博弈，单纯依靠教育内部力量难以达到有效治理的效果。只有充分发挥社会参与治理的优势，把社会治理的智慧吸收到教育治理实践中来，才能实现教育治理能力的根本提升。只有实现了教育管理体制的根本性突破，把社会治理经验吸收到教育治理过程中，调动了教育内部参与治理的热情，才能实现教育治理体系创新的目的。中国式教育现代化的实现是以教育内部全员创造力的充分开发为根本标志的，只有每位教师都意识到自己的主体责任，都充满激情地开展学术工作，每个学生都认识到自己的使命担当，都在积极探求新知，中国式教育现代化的根本目的才能实现。此时，人人都已经成为创造性的主体，不再是为了完成工作任务的个体和为了考试而被动学习的机器。

五、结语

无疑，中国式教育现代化是一个长期奋斗的过程，是对中国教育现代化道路的探索，是对中国教育发展环境和发展需求的科学应答。中国式教育现代化具有明显的外生性特点，从人们对传统教育反思开始，展现出理性化特质。正是在对传统教育的反思过程中，教育主体意识开始觉醒，并自觉地把自身纳入中国式现代化大业之中。从对西方科学技术的学习到对西方文化的学习，反映出理性自觉程度的不断上升。中国教育旨在为现代化大业培养大批的栋梁之材，这些都有赖于教育自身的创新，显然，中国式教育现代化最终服务于中华民族伟大复兴的光荣使命。没有理性化开启现代化的大门，教育主体性品格就难以形成。没有教育主体地位的真正确立，就难以实践民族化意志。没有民族化的创新过程，就难以实现对传统现代化道路的超越。中国式教育现代化需要步步

---

① 王洪才. 教育治理体系与治理能力现代化论略［J］. 复旦教育论坛，2020，18（1）：12-18.

为营地建构自己的特色,从而在社会主义现代化强国建设中发挥基础性、战略性和先导性作用。中国式教育现代化不仅是中国式现代化的重要组成部分,而且是中国式现代化的先行者。

第二章

中国式高等教育现代化的理论逻辑与现实逻辑*

引导语：中国式现代化蕴含了中国式高等教育现代化的基本内涵。中国式高等教育现代化将引领未来中国高等教育发展方向。中国式高等教育现代化在实践中将遭遇理论逻辑和现实逻辑的博弈，管理主义逻辑盛行、"五唯"难以破除、教师精神追求与物质追求失衡、学生功利取向和学术取向失衡以及内卷化导致创新资源耗损都是博弈的表现。中国式高等教育现代化要完成现实逻辑与理论逻辑的统一，就需要建立中国大学管理模式，建立并实现人文主义管理的主导以及大学德治与法治、学术权利与责任和学术继承与创新的统一。

关键词：中国式高等教育现代化；理论逻辑；现实逻辑；博弈

一、中国式现代化命题蕴含着中国式高等教育现代化命题

习近平总书记在党的二十大报告中正式地提出了中国式现代化命题，深入地阐释中国式现代化在中华民族伟大复兴中所担负的历史责任①，并且对中国式现代化有几个重要的界定，这些界定不仅概括了中国式现代化的特征，也指明了中国式现代化努力的方向和坚持的原则。

第一，中国式现代化是人口规模巨大的现代化。这个界定就是要告诉人们，中国式现代化是不同于任何国家的现代化。这是因为我国具有庞大的人口基础，这个人口基础是我们发展面临的根本压力，如何把这个压力变成动力就是我们现代化的根本任务。当我们把人口负担变成人力资源时，我们的现代化就具有

---

* 原载于《南京航空航天大学学报（社会科学版）》2023年第3期，第1—8页和第13页，收录时有微调。

① 习近平. 高举中国特色社会主义伟大旗帜　为全面建设社会主义现代化国家而团结奋斗：在中国共产党第二十次全国代表大会上的报告 [EB/OL]. 中华人民共和国中央人民政府网，2022-10-25.

强有力的基础，也是任何国家无法比拟的优势。但要实现这一转变是非常困难的。而且人们也公认，推动这一转变的根本出路就在于教育，这也是党的二十大报告中再次突出教育的地位，把教育、科技、人才进行独立论述的原因。这说明，要在这样的基础上实现现代化没有现成的路可走，需要我们进行独立自主的探索，而且是长期地、不断地探索。

第二，中国式现代化是全体人民共同富裕的现代化。这一点充分反映了中国社会发展的根本目标，也反映了中国共产党执政为民的理念。实现人民共同富裕，是人民对幸福生活的一种寄托和期盼，满足人民对幸福生活的追求就是中国共产党执政目标，当然也是现代化追求的根本目标。所以，实现人民共同富裕代表了中国式现代化的内在属性，反映了现代化的政治方向，反映了社会主义的根本属性。实现人民共同富裕，这是目前任何现代化国家都无法真正完成的任务，如果我们达成了这个目标，就开辟了人类文明新形态。这也同时说明，要达到这个目标是异常困难的，只有坚持共产党领导才能彻底实现这个目标。

第三，中国式现代化是物质文明与精神文明相协调的现代化。这说明，我们对共同富裕的界定不单纯是物质生活方面的，也包括精神生活方面的，因为这两者都是人的基本需求。只有物质文明没有精神文明的社会是不完美的，也是不可持续的。只有精神文明而缺乏物质文明的社会不仅无法立足，而且也是畸形的。物质文明与精神文明并举和相互协调才能使人们对现代化具有更高的向往。这也是总结历史经验得出的结论。换言之，我们的现代化不仅是进行经济的建设或只是满足人民群众对物质生活的要求，而且还需要重视精神文明建设，满足人民群众对精神文化的需求。

第四，中国式现代化是人与自然和谐共生的现代化。现代化发动以来，人类始终没有处理好与自然的关系，一度把征服自然作为目标。人类在利用自然的同时也在破坏自然，如此就出现了诸多环境破坏事件，也造成了许多重大的环境灾难。人类肆意地破坏自然也遭到了自然无情的报复，极端气候现象的出现就是明显的例证。我国改革开放以来，确立了以经济建设为中心的基本国策，在实践过程中一度出现了轻视环境保护并造成了环境遭到极大破坏的恶果，这给我们敲响了警钟。这些正是科学发展观和绿色发展理念的缘起。历史经验告诉我们，经济发展绝不能以牺牲自然环境为代价，自然环境是关乎子孙后代福祉的基石，一旦被破坏，其恢复起来非常困难，为此我们必须坚持可持续发展战略，走绿色发展之路。

第五，中国式现代化是走和平发展道路的现代化。走和平发展道路是我国自新中国成立之后就确立的对外政策。改革开放的实践也表明,四十多年的经济快速发展,我们所依靠的是生产力发展,并非像许多西方发达国家在现代化过程中依靠侵略掠夺而致富。西方发达国家在历史上多半都有过侵略掠夺落后国家的行为,它们甚至得出一个结论,一个国家要想强大必然要进行对外侵略扩张。它们不相信中国和平崛起,所以到处散布"中国威胁论"。[①] 换言之,它们把自身的强盗逻辑普适化,为自身的对外侵略掠夺找借口。美国仍然是世界上最大的军火销售商,是世界不稳定局势的制造者。在新时代,我国倡导人类命运共同体建设,也表明我国持续走和平发展道路的决心。

可以说,中国式现代化的五点概括是对中国社会经济发展道路的经验总结,是一条成功之路,将带领我们实现社会主义现代化强国建设目标,实现中华民族伟大复兴。

二、中国式高等教育现代化命题的基本解读

按照中国式现代化命题进行推导,我们可以得出中国式高等教育现代化的基本特征。

第一,中国式高等教育现代化是办学规模巨大的现代化。因为我们要满足广大人民群众接受高等教育的愿望,为此势必扩充高等教育规模,如此才能够满足人人接受高等教育的愿望。目前我国高等教育规模居世界首位,已经充分说明了这个事实。不言而喻,办学规模如此之大,要实现高质量发展颇为不易,这不仅是对我们经济实力或财政支持的极大考验,同时也是对我国高等教育治理能力的极大考验。如果没有持续增长的经济发展作为后盾,没有持续优化的治理能力作为先导,要保持高等教育规模持续增长、实现高等教育高质量发展就非常困难。没有高等教育高质量发展,就无法实现高等教育现代化。只有高等教育高质量发展,所培养人才是高质量、高水平的,能够适应创新驱动发展时代的要求,才能有力地支持社会经济的持续增长,形成教育与社会经济发展之间的良性循环。我们知道,随着高等教育规模扩大,高校毕业生就业就是一个巨大的压力,对社会经济文化各方面都形成了巨大的挑战。如何保持对高等教育投入的持续增长,如何不断地提高高等教育办学质量,特别是如何使办学结构合理就是一个必须考虑的重要问题。

第二,中国式高等教育现代化是促进学习者个体潜能得到极大发展的现代化。自进入高等教育大众化后,高等教育发展观念就发生了剧烈转变。在精英

---

① 孟献丽. "中国威胁论"批判 [J]. 马克思主义研究, 2021 (3): 110-119, 160.

高等教育阶段，大学奉行以知识为中心，大学招生旨在选拔那些适合接受高深学问的学生入学。进入高等教育大众化阶段后，大学教育教学不得不以学生为中心，因为学生入学成分越来越多元，无法按照严格的学术标准来选拔学生，必须按照学生个体条件施以相应的教育，满足其成长和发展要求，这就是以学生为中心的缘起。① 进入高等教育普及化阶段后，入学者成分更加多元，此时人们已经不再满足于对学历符号的追求，而是转向追求自我价值的实现②，那么高等教育观念也必须随之改变。此时高等教育价值观开始恢复到教育的本真价值上，即促进人的自由个性能够得到充分发挥，因为教育的根本目的就在于使每个个体的潜能都能够得到极大程度的开发，使每个人都成为社会的有用之才。在当今时代，创新驱动已经成为社会发展的根本动力，为此，社会需要挖掘每个人的创新潜力，激发每个人的创新活力，实现每个人的创新能力增长，使每个人都具有创新创业的强烈愿望。而顺应这一时代潮流，将创新教育融入改革蓝图，已经成为教育改革的重大课题。③

第三，中国式高等教育现代化是大学硬件建设与软件建设相协调的现代化，即实现大楼与大师林立并举。显然，高等教育发展不仅需要加强硬件建设，更需要强化软件建设，因为硬件建设代表学术工作条件的改善，而软件建设更能够代表大学精神实质。如今我国高等教育办学条件已经得到了极大的改善，可以说硬件条件可以与世界最发达国家相媲美，但我们的软件建设严重滞后，我们的办学理念并没有得到根本性的转变，我们的教育教学方式仍然是传统的，特别是灌输式教育与教学仍然是大学教育教学的主体存在方式，虽然这些已经成为人们广泛批判的对象，但要转变非常困难，这需要大学广泛地推广创新教学④，下定决心发展教学学术，吸引广大教师投身教学改革，使教学生活成为人们的志业。

第四，中国式高等教育现代化是大学的发展方向与社会发展要求相互协调的现代化，即充分实现产教融合发展。这就要求高等教育不能搞封闭式办学，必须面向社会需求办学，打通教育与社会联系的渠道，把产业发展过程中的新

---

① 郭峰，李伟. 解读"以学生为中心"的办学理念 [J]. 教育发展研究，2005, 25 (22)：59-63.
② 王洪才. 大众高等教育论：高等教育大众化的文化—个性向度研究 [M]. 广州：广东教育出版社，2004：71-80.
③ 王洪才. 创新创业能力培养：作为高质量高等教育的核心内涵 [J]. 江苏高教，2021 (11)：21-27.
④ 王洪才. 论大学传统教学与大学创新教学 [J]. 苏州大学学报（教育科学版），2017, 5 (4)：10-19.

问题、新经验反映到课堂教学过程中，使师生面向现实问题开展研究。这不仅能培养教师的科学解决现实问题能力，而且也能够培养学生的创新思维，培养学生的创新创业能力。微软、苹果系统、Facebook、ChatGPT等互联网技术发展案例说明，大学生的创造性思维能够改变世界，能够创造巨大的社会财富，能够引领产业发展趋势，决不能小看大学生的创新创业能力，为此决不能忽视大学生的创新创业能力培养，要为大学生创新创业能力发展提供宽松氛围。

第五，中国式高等教育现代化是依靠创新发展实现的现代化，即通过创建中国大学模式实现高等教育办学质量与办学水平的整体性提升。这意味着高等教育发展不是依靠简单模仿就可以成功的，而是要基于自身文化和实际需要进行创造性的发展。所以，高等教育发展不能采取简单的拿来主义，照搬照抄他国经验，必须把他国的先进经验与我国高等教育发展实际创造性地结合，如此才能获得成功。新中国成立后，我们曾模仿过苏联模式，虽然在早期阶段比较成功，但在后期发现弊端越来越大，无法适应我国社会经济发展要求。改革开放之后，我们主要学习美国高等教育经验，但仍然是一种模仿，没有结合我国实际，从而出现学术GDP上升很快，但学术实力提升效果并不令人满意。所以，扎根中国大地办大学是我们大学发展的使命，大学的学术研究必须解决中国社会经济发展中最为关切的问题。

按照这个思路进行推演，那么中国式高等教育现代化的愿景目标是：

第一，高等教育入学机会得到了极大丰富。即只要人们愿意，就能够获得适合自己的高等教育机会，从而满足人民群众对精神文化提升的需要。

第二，高等教育层次类型齐全和相互和谐。即高等教育供应是异常丰富的，高等教育内部层次分明、类型多样、相互衔接，能够满足人们对高等教育多样化的需求。

第三，高等教育是一种开放型的办学体系。即高等教育发展与社会经济政治文化发展紧密结合为一体，高等教育能够主动反映社会政治经济文化发展的要求。

第四，高等教育内外部治理体系非常完备。即高等教育建立了健全的法制体系，能够充分保护学术自由，保护教师从事学术探索和教书育人，保护学生能够选择适合的学习项目，从而使高等教育治理实现了有法可依。

第五，高等教育治理能力实现了巨大突破。高等教育实现了依法治理状态，政府依照法律规定进行高等教育管理，摆脱了简单依靠上级命令的状态，大学的自主性得到充分发挥，高等学校形成了自己的独特办学理念和服务面向，成为能动的办学主体。

三、中国式高等教育现代化实践的理论逻辑

从理论上讲，中国式高等教育现代化首先是需要高等教育的功能单元成为能动的主体，成为一个高质量发展的主体，这是中国式高等教育现代化的逻辑起点。其次是需要大学教师都作为高度创造性的主体出现，因为教师是大学工作的主体，离开了教师的创造性劳动，大学就缺乏创造的活力和勇气。再次是需要每个学生都是充满探索真理朝气活力的个体，敢于思考，敢于质疑，敢于挑战，勇于实现自我。从次是需要教师集体能为学术发展决定方向，而非简单地由市场逻辑决定。最后是需要大学能够为教师发展提供引导与支持，从而发挥学术整合的作用，使大学具有特色与优势。

(一) 大学是一个能动的办学实体

中国式高等教育现代化首先要求大学成为一个能动的办学实体。大学是高等教育发展的基本单元，只有大学自身具有创造性，高等教育整体发展才有希望。大学创造性的前提是它必须是一个能动的办学实体，能够为自己决策，能够主动承担责任，能够选择自己认为正确的发展方向，因此它应具有自己的独立愿望，而不是上级意志的简单传声筒。换言之，大学管理主体首先必须有创造性，不单纯是政府指示的执行部门。大学作为一个学术工作主体，必须能够预见自身面临的发展问题并主动去解决，而不是由外界告诉大学如何去解决。大学需要依靠自身的知识优势和创造性学术思维的优势，创造性地解决社会发展面临的问题，为社会发展注入创新活水源头，为社会输送大批的创新型人才，使每个毕业生都能够成为社会所需要的创新创业人才。

(二) 教师是具有高度创造性的主体

大学教师是学术创造的最重要的主体之一，他自身必须具有高度的创造性，如此才能担当知识创新的重任。如果他自身缺乏创造性，只能鹦鹉学舌，就难免出现课堂上照本宣科的现象。大学教师的学术创造性来自他对学术事业的热爱，对真理的虔诚心态，对学生的负责心理，对学术责任的自觉体认，缺乏这种真诚心理，就难以激发学术创造的动力。大学教师学术创造力主要来自卓越的精神追求，虽然物质激励是必要的，但不是最主要的，而满足大学教师学术探索的自由环境才是最重要的，只有让他们享有充分的发表自由，能够真正参与学术争鸣，才能够激发他们无限的创造力。故而，完善学术治理体系需要从建立培育学术自由争鸣的制度环境出发，要使每个教师都有在专业方面探索发现的机会，使他们的价值得到充分认可，从而为他们的学术探索注入永续动力。

(三) 学生充满探索真理的朝气

在大学规模越来越巨型化的今天，学生逐渐成为大学校园的主导性群体，他们的一举一动都代表学术生态状况。学生不仅是大学教育工作的主要对象，而且是大学服务的主要目标，大学因有学生才被称为学校，才能被称为教育机构。大学教师的主要任务就是要把学生培养成为理性的主体，能够主动承担社会责任的主体，能够推动社会变革进步的积极主体。显然，成为这样主体的前提是学生自身具有追求真理的强烈意愿，愿意承担社会的重托。无疑，这需要大学建设良好的校园氛围，具有鼓励学生积极求索的社团组织，具有支持学生开展创造性探索的制度和机制。学生不仅要具有探索真理的热情，而且需要大学教师的示范和引导，特别需要大学制度的保护，需要社会具有广泛的接纳机制。只有学有所成、学有所长、学有所用，形成一个良性的发展机制，才能建立起持续地激励学生积极探索的机制。

(四) 教师集体能够决定自身的学术发展方向

大学教师是作为一个群体存在的，如此才能形成学术共同体。教师集体对学术发展方向具有自己的判断力，可以相信，教师是一个理性主导的群体，因为他们都相信真理越辩越明，所以对自由论辩具有非常炽热的爱好，而且这种辩论可以砥砺他们的思维，使他们不敢松懈。对教师而言，不需要别人告诉他该怎么做，因为争辩的环境就会教会他如何抉择。作为一个学者，普遍都希望接受挑战，希望自己能够解决社会的疑难问题，希望在社会发展光荣榜上有自己的名字。但学者绝不是孤独的求索者，而是作为学者群体存在，他们具有共同的意志，这就是追求真理的精神，具有抵御世俗侵袭的敏感性。除非不得已，学者才会放弃自己的理想目标。学者从根本上说是理念人，是为真理而生存的人。如果现实运用物质刺激来吸引学者，学者也会转变为功利主义者。如果学者群体可以决定自己的命运，他们就不会转变为功利主义者，而会成为持久的理想主义者。

(五) 大学能够为教师的学术发展提供导向和有力支持

大学只有具有充分的财政能力支持教师开展有利于社会发展的学术探索，才能在办学竞争中脱颖而出，才能使教师站在学术前沿，引领社会发展。具有充分的财政能力是大学自主性的来源。大学只有具备这样的能力，才能在激烈的竞争中取得优势地位。大学要形成自己的特色，就必须具有自己独立的追求，同时也必须具有充足的财政支持这种追求。大学发展需要具有独立支配的基金，这些基金可以支持大学做出自己的选择。完全依靠政府拨款很难成为卓越大学。卓越大学都需要具有充分的机动资金支持学校的优先项目发展。大学发展政策应该是多元的，如果是自主支配的经费，就要向特色项目倾斜；如果是竞争性经费，就应该鼓励教师自由发展。对于大学教师评价应该是以学术贡献来衡量其价值，不能以项目级别或经费多寡作为衡量标准。

四、中国式高等教育现代化实践的现实逻辑

（一）大学主要是一个行政管理主体

在现实中，大学管理者普遍遵循"政治正确"[①]原则，更关心政治任务完成得如何和上级要求落实得怎样，对于学术创造力发挥得如何并不怎么过问。因为学术评价可以交由外部评价机构进行，其中多半由学术期刊承担，少量由各种评奖委员会或外审专家承担。而且学术期刊评价是第一轮评价，其他评价都是以此为基础。所以，在今天谁拥有学术期刊，谁就拥有了学术发展主动权，如果没有学术期刊就只能沦为学术的流浪汉。行政管理部门主要从事学术发包任务[②]，即将各种任务量化批量地分包于各个大学院系部门，然后由各个大学院系再把这个指标任务分发给各个教师。学校和院系用绩效考核办法监督各个教师的完成情况。不少教师把这些指标任务又转包给学生，特别是博士生，所以学校对博士生指标实行有偿转让，实行的是一套工厂化管理逻辑。大学逐渐演变成一个包工头体系，学术味道越来越淡，功利主义气息越来越浓厚，物质主义大行其道。

（二）教师主要是一个完成科研教学任务的客体

大学教师在今天很难说仍然是学术创造的主体，其已经逐渐演变成知识加工的机器，是按照各方需要进行知识加工再生产，很难再体现自己的意志。随着教师作为学术主体的身份逐渐丧失，他们正在变成执行各种指令的机器，成为一种被动的客体。各种规章制度使得教师越来越难以表达自己的意见，按照经典诠释成为最安全的做法和通行的法则。在"不发表即死亡"的规则下没有人敢于尝试一种新的发展方式，所以学术创新的空间变得越来越窄。这种情况是绩效考核和各种评优机制综合作用的结果。教师不能只与自己比，而必须与别人比，因为教师必须适应各种排名的要求。在这种情况下，教师往往会做出理智选择，首先完成科研任务指标，其次再去完成教学任务指标。显然科研指

[①] 郑德洛．政治正确对美国大学通识教育的统摄及其实践反思［J］．毛泽东邓小平理论研究，2021（9）：77-85，109．

[②] 解德渤，于孟仟．学术发包制：具有中国特色的学术治理模式［J］．重庆高教研究，2022，10（2）：8-16．

标更难完成，因为学术发表的压力越来越大，在发表越来越规范化的要求下，学术创新越来越难。完成教学任务指标稍微容易一点，因为对教学质量评价一直存在着争议，从而使教师有一点自由余地，如果采用完全的标准化管理，估计教师的精力就可能完全被榨干，因为要使自己的思想符合各种标准要求殊非易事。

（三）学生主要是一个完成学分绩的机器

在绩效主义管理模式下，学生也无法幸免，学生也需要完成自己的积分任务，争取最高的积分点，所以在本科之中兴起了学分绩主义，即为了提高一个积分点不惜花费巨大的精力，而这些时间精力本可以用于全面发展。这种对学分绩的痴迷追求达到了一种令人恐怖的程度，耗费了学生大量时光，似乎成了学生评优保研的"华山一条道"。研究生考核更加多元化，论文发表逐渐成为考核的主导。同样受评优机制的限制，大家在发表上越来越内卷，同时也变相抬高了就业市场的用人标准，这似乎变成了一个不可逆的趋势。如果学分绩制度无法引导学生健康发展、全面发展、和谐发展，就需要进行改革，不然就会成为创新人才培养的大杀器。教学管理制度仍然需要为学生提供更多的自由探索时间，绝对不能把学生关在书斋里，因为纯粹地依靠书本教学是无法培养出创新人才。对于这个道理人们似乎都懂，但很少有人去主动实践。目前培养大学生创新创业能力问题逐渐引起了学术界的重视，也成为创新创业教育实现突破的关键①，而培养大学生创新创业能力的一个关键环节就是加强实践教学。当然，从根本上讲就是要进行教育教学方式的改革，培养学生具有创新思维、创新意识和创新动力，如此才能真正培养社会所需要的创新人才。

（四）绩效考核决定教师学术发展方向

目前大学的绩效考核已经成为绝大多数教师面临的生存难题，因为几乎所有的考核标准都是按照高标准确定的，而且标准在各个部门内部是统一的，这对绝大多数教师而言是非常不适应的。在中国社会文化环境中，如果缺乏足够的社会资本就难以脱颖而出，而在马太效应作用下就会出现两极分化趋势。无论是课题申请还是论文发表或是教学考核，越来越倾向于规范化、标准化，从而个体自由发挥的空间越来越小，那么教师试图按照自己的意愿从事研究和教学越来越不可能。鉴于此，绝大多数教师都会采取保守主义策略，即首先保障完成指标任务，如果行有余力再去考虑学术创新之类。事实上，绝大多数教师

---

① 王洪才．创新创业能力的科学内涵及其意义 [J]．教育发展研究，2022，42（1）：53-59．

完成考核指标已经颇费思量，再去应付学术创新几乎成为不可能的事情。如此大学教师发展逐渐走进一个死胡同，越来越难以具有创新空间。只有少数具有特殊天赋者或特殊资源便利者才会幸免，才有机会思考自己的学术发展问题。

（五）大学无力为教师学术发展提供导向和支持

由于大学的学术评价缺乏独立性，主要依赖于各种指标进行评价，各种评价指标都是由外部机构掌握，这些都构成资源供给部门。目前大学教师受到的最主要的制约来自课题级别和期刊级别，如果一位教师无法获得足够级别的课题立项和发表，就难以具有发展机会。学校虽然能够提供一定的帮助，但无法按照教师的能力水平来满足教师的发展要求。教师必须绝对地依靠自己才行，其中包括自身的人脉资源或社会资本，这也是学术无序竞争的根源。大学确实是一个资源依赖性机构，自身很难产生资源。与西方私立大学具有庞大的发展基金不同，中国大学的外部捐款是有限的，而且是高度不均衡的，很难成为大学教师发展的依靠。正是因为大学发展资源的稀缺，才形成了目前的"五唯"的评价模式[1]，因为每一个"唯"都代表着一种资源获得。学校并不真正掌握评价标准，自然就无法改变评价规则。如此，教师只有依靠自身力量去竞争。这对土生土长的教师而言具有一定的便利，毕竟他们比较熟悉这个环境和竞争法则，也拥有一定的社会资本，但对大部分海归学者而言就处于不利境地。激烈的竞争要求他们必须迅速适应这个环境，否则就面临被淘汰的结局。

五、中国式高等教育现代化理论逻辑与现实逻辑博弈结果

（一）管理主义逻辑盛行

在今天，中国大学普遍盛行管理主义逻辑。[2] 所谓管理主义，就是奉行以管理者意志为尊，一切遵照管理意志办。它的内在假设是管理部门代表学校利益，所以其他部门都需要以管理部门马首是瞻。在管理部门又实行首长负责制，即一切首长说了算，因为首长代表部门的根本利益。管理主义在运转过程中服从目标先定逻辑，遵循目标管理原则，所采用的是一种计划管理模式，这种模式与学术的自由探索本质相悖。我们知道，学术研究可以有假设，但不能必须证实为真。目前的大学学术管理基本上采用的是实证主义管理哲学，即既然提出

---

[1] 王洪才. 高等教育评价破"五唯"：难点·痛点·突破点[J]. 重庆大学学报（社会科学版），2021，27（3）：44-53.
[2] 刘耀东，施雪华. 美国公共行政理论中管理主义之哲学基础与内在逻辑[J]. 中国人民大学学报，2012，26（5）：134-140.

了目标假设，就必须论证目标为真，即一定可以实现。这让学术理想与学术现实的距离越来越远。因为理想仅仅是一种可能性，而现实则充满了无限复杂性，从而理想达成就充满了不确定性，所以管理者不能把任何理想都当成现实来看待。

（二）"五唯"逻辑难以去除

目前"五唯"评价标准严重影响学术创新，影响学术面向现实问题，已经对学术体制的良性运转产生了不利影响，所以中央下力气要破"五唯"[1]。在大学界，虽然大家都认识到"五唯"的逻辑不对，但他们都没有放弃"五唯"，因为"五唯"已经被内化为学术评判的规则，是硬杠杆，容易把握，其他指标都是软指标，不容易把握。在管理学上这就是一种"便宜主义"逻辑，因为采用这种管理方式方便易行，成本最低，即便这种管理方式与促进学术初衷是相悖的。虽然今天的大学管理理念普遍强调"管理就是服务"，但能够做好服务需要高超的管理技巧，需要真正懂得管理艺术才行，并非所有的管理都可以进行服务，甚至许多所谓的服务造成了教师更多的不满。服务只有符合教师发展需求才行，如果按照管理部门自己的意志进行服务注定会招致教师们的不满。

（三）教师的精神追求与物质追求失衡

随着学术市场竞争越来越激烈，越来越少的教师把学术作为志业追求，于是越来越多的人相信学术就是一种谋生工具，如果一个人太过理想化就会被淘汰，所以人们越来越相信学术的丛林法则。在学术丛林生存竞争中，资源占有得越多越安全，无论是物质资源还是符号资源。在今天，符号资源更具有优势，因为符号资源背后具有潜在的物质利益。所谓符号资源就是各种荣誉标签，人们对各种荣誉标签获得可谓多多益善而且是赢家通吃，这就是一种奇怪的绩优主义逻辑[2]，目前在大学中流行的积分制就遵循这样的逻辑。这已经形成了一种通行的评判规则，确实具有表面的公平性，但对年轻人而言是极其不利的，当然这就更不利于鼓励特殊人才脱颖而出了。这种绩优主义逻辑非常容易鼓励学术寡头的形成，因为其背后的逻辑就是马太效应在发挥作用。

（四）学生的功利取向与学术取向失衡

今天的大学生（包括研究生）普遍遵循现实主义逻辑，因为人们意识到一

---

[1] 习近平出席全国教育大会并发表重要讲话 [EB/OL]. 中华人民共和国中央人民政府网，2018-09-10.

[2] 王建华. 高等教育中优绩主义为什么会失败 [J]. 苏州大学学报（教育科学版），2022，10 (4)：1-12.

个理想主义者容易成为一位失落主义者。没有理想，何来激情？没有激情，何来创新？没有创新，何来创业？但大学生的功利追求具有相当的合理性，毕竟生存需求是第一位的，生存需求也是一种安全需求，当生存需求受到威胁时，就会产生严重的焦虑。这些都与严苛的考核标准有关。目前博士生普遍具有焦虑症，女生尤甚，因为女生更敏感，心理承受能力更脆弱。硕士生也具有一种轻度的焦虑情绪，这种焦虑主要体现为就业焦虑，主要是本科阶段逃避就业的后遗症。本科生的就业焦虑就更加严重[1]，因为本科生就业市场已经趋向于饱和[2]。所以，本专科生学习目标就是更好地就业，这无可厚非。虽然国家鼓励创新创业，但创新创业环境非常严酷，所以学生主流仍然向往传统就业，难以做出创新创业抉择。

（五）内卷化导致创新资源极度消耗

"内卷化"是近几年社会上流行的热词，几乎渗透到社会的各行各业。[3] 所谓"内卷化"实际上就是过度竞争的替代语。过度竞争的直接含义就是竞争非常激烈或竞争异常惨烈，潜在含义就是出现了大量的无效竞争，大家可以设想一下几十个人或几百个人乃至几千个人争夺一个工作岗位的壮烈场景，也可以体会到各个部门考核指标不断提高的趋势。有人说这具有一种鲇鱼效应，可以优中选优。有人认为这具有破坏性，因为它让人无谓地投入，且相当的时间可以干更多的事情。但没有人否认这种趋势乃不可避免，因为成长机会十分稀缺。再不改变这种状况，就会导致"千军万马过独木桥"在各个领域出现，这些都是过去高考压力的大转移，可以预言，高等教育不走向创新创业教育轨道几乎要走向绝路。

六、中国式高等教育现代化理论逻辑与现实逻辑的统一

（一）探索中国大学的管理模式

中国式高等教育现代化需要通过管理方式的创新进行突破，需要建立适合中国本土需要的管理模式。目前大学所采用的管理模式主要是学习美国大学管理模式的结果。众所周知，"非升即走"原则引入中国后产生了一系列的连锁反

---

[1] 冯建新，戴雅玲. 大学生焦虑状况及原因调查［J］. 西北大学学报（哲学社会科学版），2002（3）：99-102.
[2] 胡献忠. "90后"大学生焦虑与期待状况调查［J］. 当代青年研究，2014（6）：65-70.
[3] 曹云鹤，陈友华. 内卷：流行根源与社会后果［J］. 人文杂志，2023（1）：132-140.

应[1],高校人才竞争烈度空前加剧[2]。过去人们讨论它是否应该被引入,现在人们不再争议这件事情了,因为它已经成为现实,是回避不掉的,进而转变为一种无奈接受的选择。随着"非升即走"准则的引入,绩效考核标准日渐提高,高校"内卷化"形势日益严峻,高校教师普遍感受到生存压力加剧,因而再畅想"自由自在"的学术已经不可能了。这种野蛮竞争无疑是畸形的,因为学术必须容忍自由,不能容忍自由的学术不是真正的学术。破解之道在于增设教师的"转换门",使教师具有多种发展前途,出路就是鼓励教师学术创业,带动学生创业,真正破解创新创业教育难题。如果无法建立这样的渠道,中国大学就可能仅限于表面的繁荣状态,无法实现创新实力的提升,无法为科技创新提供人力支撑。

(二)探索人文主义的管理方式

中国式高等教育现代化要求管理的科学化,但要摈弃科学主义的管理模式[3],科学主义的管理模式是一种量化的、机械的管理模式,也是一种落后的管理模式。目前大学采用的管理方式普遍被认为是一种工厂化管理,是20世纪30年代泰勒制管理方式[4]的翻版,是一种机械主义的管理方式。但它背后存在着科学主义的逻辑,因为它是建立在科学成果可以精确定量的假设基础上的,于是学校就为每个层级的教师规定了具体的工作任务。目前大学教师聘任制就是建立在这样的逻辑假设基础上的。显然这种假设具有部分的合理性,即部分科研成果是可以量化的。但这种假设又不是完全成立的,因为许多科研成果价值是无法立即判断的。用简单的时间与成果量进行测算只适用于比较简单的科研成果,复杂的科研成果不适用于这样的测算方法。尤其对人文学科的成果而言,这种测算方法就会大大降低学术含量,使学术贬值。为此,亟须探索人文主义管理方式,适用于不同类型学科发展要求。

(三)探索德治与法治统一途径

中国式高等教育现代化实现必然要求高等教育治理体系和治理能力现代化。过去我们一直具有制度主义逻辑的思维方式,认为只要建立明确的制度就可以

---

[1] 查自力,胡乐乐,郑雅君. 美国话语与中国语境:"非升即走"的一种合法性解释[J]. 清华大学教育研究,2022,43(5):12-20.

[2] 陈宗春. 高校教师"非升即走"的困境与对策[J]. 民族高等教育研究,2022,10(4):71-75.

[3] 彭新武. 科学管理的哲学批判[J]. 天津社会科学,2010,1(1):38-43.

[4] 郭英,袁冬华. 泰罗主义与人本主义管理范式的关系研究[J]. 当代经济管理,2009,31(9):19-22.

照章办事,现在发现事实远非如此。"徒法不足以自行",大家都知道,再好的制度也是由人来执行的,选不好人,再好的制度都会失效甚至反效。我们强调法治,也是基本建立在制度主义逻辑基础上的。中国文化具有非常强的模糊性特征,法律制度建设很难建立非常明晰的规则,因为太细的规则容易导致文牍主义盛行。所以,怎么选择好人、能人执法似乎是一个更急迫的问题。这意味着选人、用人机制更难建设。这说明,没有一个好制度不行,选不好人同样也不行。中国传统文化讲求德治就是意识到"德为才之帅"的道理,所以更加强调以德治国。但在市场经济条件下,必须规则先行,必须把制度建设好,所以制度建设是第一位的,因为制度本身就具有道德约束力,根据制度选拔人才才能实现真正的法治,这样才能不使制度变成一纸空文。

(四)探索学术权利与学术责任统一方式

中国式高等教育现代化的实现需要为学术创新提供宽松的制度环境,保障学术自由。我们知道,学术自由寓于学术权利之中,如果不能明晰教师拥有的学术权利,就很难说大学教师享有学术自由。享有学术自由是大学教师的基本权利,没有自由就没有创造性,就很难发挥主体性,因此只能照本宣科,无法培养创新型人才。当然,如果人才缺乏创新性,自然就无法进行创新创业,也就无法成为创新创业人才。显然,享受学术权利与承担学术责任是一致的,如果不能承担学术责任,就无法充分享受学术权利。所以,我们必须赋予大学教师基本的学术权利,从而使他们具有学术创造的机会,在承担学术责任的过程中享受更多的学术权利。故而,学术权利既是一种先赋性权利,也是一种自致性权利。先赋性权利指教师获得了学术创造的资格,自致性权利是根据教师学术贡献授予其更多的权限。这也是学术等级制的由来。学术等级是学术晋升之路,与学术平等不矛盾。学术平等讲求真理面前人人平等,是不论身份和地位高低的,只认事实和理性。学术等级是根据学术贡献赢得的学术地位。

(五)探索学术创新与学术传承的统一

中国式高等教育现代化以促进学术创新作为宗旨,以培养创新人才作为根本目标。显然,学术创新绝不是没有根底的,而是在继承基础上实现的。即使颠覆性创新也具有颠覆的对象或基础,仍然是一种继承。当下,我们的学术体制对继承强调过度(体现在对同行评价依赖,对上级认可依赖,对学术期刊依赖,而学术期刊的行政化色彩也非常严重),对创新鼓励不足。学术继承诚然是对学术秩序的一种维护,但如果太重视维护学术秩序就容易导致秩序的僵化。只有强调学术创新才能鼓励新人辈出,才能适应今天知识爆炸式增长的需要。我们知道,马克思主义的生命力就在于其不断的创新发展,就在于其与各国的国情实际结合，与各国的社会实践结合。我国社会主义建设之所以能够成功，就在于有科学的马克思主义的指引，就在于实现了马克思主义的中国化与时代化，从而出现了毛泽东思想、邓小平理论和习近平新时代中国特色社会主义思想。从毛泽东思想到邓小平理论再到习近平新时代中国特色社会主义思想就证明了这个道理。今天的大学进入了人工智能时代，传统的教育观念、教学范式和人才培养规格都已经显露出明显的不适应性，其呼唤我们必须进行学术创新。但目前大学创新的内在动力不足，仍然满足于学术发表的量化增长和学术排名的提升，而对于学术贡献大小和对社会进步的促进意义仍然置若罔闻，这是一种非常可怕的现象，如果不能及时扭转这种现象，就会阻碍一流大学建设步伐，就会影响高等教育强国建设进程，不仅无助于中国式高等教育现代化的实现，而且会迟滞中国式现代化的行程。

七、结语

中国式现代化命题之中蕴含着中国式高等教育现代化的命题。中国式高等教育现代化命题开辟了中国高等教育发展的新视域，它预示着我们势必要寻找一条不同于西方的高等教育现代化道路，其核心点就在于建立中国大学模式。①中国大学模式需要有自己独特的办学理念，形成独特的知识范式，形成自己的管理模式以促进知识生产。② 我国目前的知识生产是一种复制式生产或简单再生产模式，无法支撑中国式现代化的发展需要，为此大学必须自觉探索，成为主动的创新创业主体，推动创新创业教育，鼓励教师开展创新创业探索，培养学生成为创新创业人才，如此中国式高等教育现代化未来可期。

---

① 王洪才. 对露丝·海霍"中国大学模式"命题的猜想与反驳 [J]. 高等教育研究，2010, 31（5）：6-13.
② 王洪才. 论中国文化与中国大学模式：对露丝·海霍"中国大学模式"命题的文化逻辑解析 [J]. 华中师范大学学报（人文社会科学版），2012, 51（1）：144-152.

第三章

创新创业教育：高校适应新质生产力发展的根本选择*

引导语：发展新质生产力是我国面对世界新科技发展形势做出的根本选择，而推进创新创业教育是高校适应新质生产力发展要求的根本选择。在人工智能时代来临之际，新技术、新材料、新能源成为新质生产力发展的核心要素，颠覆性技术创新成为新质生产力的突出代表，绿色发展成为新质生产力的内在特征。高校只有适应新质生产力的发展要求才能牢固地占据知识中心的位置，为此高校必须找到适应新质生产力发展的突破点，创新创业教育作为科技、人才、教育的联结点正好适合担当这一重任。推进创新创业教育需要高校大力开展应用型科研，鼓励技术发明创新，直接为企业生产服务，如此就要求高校改变"唯论文"的评价体系，带动高校自我革命，实现知识生产模式的转移，否则就无法适应新质生产力的发展要求。

关键词：新质生产力；创新创业教育；应用型科研；评价体系变革

一、前言

1. 发展新质生产力是一个崭新命题。新质生产力是习近平总书记2023年9月在视察黑龙江时期提出的一个新概念[①]，这个新概念概括了当今世界生产力发展的主要特点，指明了未来生产力发展的大趋势，也对我国生产力发展提出了升级换代的要求，已经成为我国未来经济社会发展决策的重要指向[②]。新质生

---

* 原载于《江苏高教》2024年第8期，第25-33页。
① 习近平在黑龙江考察时强调：牢牢把握在国家发展大局中的战略定位 奋力开创黑龙江高质量发展新局面 [EB/OL]. 中华人民共和国中央人民政府网，2023-09-08.
② 周文. 加快发展新质生产力的理论意义 [J]. 红旗文稿，2024（7）：22-25，1.

力概念的提出得到了学术界的热烈回响①，被认为是把马克思主义关于生产力理论与中国生产力发展需要相结合的结晶②，也是中国文化中"周虽旧邦，其命维新"思想的充分展现，从而是习近平新时代经济发展思想最新成果的展现③，对我国社会经济改革发展具有长远的、普遍的指导意义，需要全国各行各业认真研究和贯彻落实，因而也是高等教育学界研究落实的重点。高等教育与社会经济发展紧密相连，是高级专门人才培养与最新科技发展的重要联结点，必须深刻地思考、领悟发展新质生产力对高等教育改革发展的内在蕴意。

2. 新质生产力以人工智能技术为代表。④ 发展新质生产力是在"科技是第一生产力，人才是第一资源"⑤ 的大背景下提出的，其中心含义是：人工智能技术代表了当前科学技术发展的最新成果，对我国社会经济转型发展而言是一个难得的机遇，同时也是一个重大的挑战，如果我们能够把握好这个机遇，在挑战中占据优势地位，那么，我国建设社会主义强国，实现中华民族伟大复兴的宏伟目标就能够顺利进行。之所以是一个难得的机遇，就在于人工智能技术虽然发展非常迅猛，但远没有成熟，还有很大的发展空间，从而我们可以在其中发挥更大的作用。之所以是重大挑战，就在于目前我们人工智能技术发展并没有什么明显的优势，真正优势仍然掌握在以美国为主的西方国家手中，从而我们在人工智能技术领域的发展仍然受制于人，缺乏话语权，只有当我们能够掌握充分的话语权，我们才能真正突破"卡脖子"技术所带来的一系列问题，实现真正的强国梦想。

3. 新质生产力以颠覆性技术创新为特征。⑥ 学术界普遍认为，新质生产力

---

① 杨少垒，龚苡慧，付娆．"新质生产力赋能高质量发展"学术研讨会综述［J］．农村经济，2024（4）：143-144；杨广越．新质生产力的研究现状与展望［J］．经济问题，2024（5）：7-17；任保平，豆渊博．新质生产力：文献综述与研究展望［J］．经济与管理评论，2024，40（3）：5-16.

② 罗建文．新质生产力是马克思主义生产力理论的新发展［J］．学术交流，2024（4）：5-20.

③ 陈慧玲，陶文昭．习近平关于发展新质生产力重要论述的创新性贡献［J］．北京理工大学学报（社会科学版），2024，26（4）：1-8.

④ 孙艺．人工智能赋能新质生产力：理论逻辑、实践基础与政策路径［J］．西南民族大学学报（人文社会科学版），2024，45（2）：108-115；肖峰，赫军营．新质生产力：智能时代生产力发展的新向度［J］．南昌大学学报（人文社会科学版），2023，54（6）：37-44.

⑤ 蒋金锵．牢牢抓住第一生产力、第一资源、第一动力（思想纵横）［N］．人民日报，2023-03-24（9）.

⑥ 方晓霞，李晓华．颠覆性创新、场景驱动与新质生产力发展［J］．改革，2024（4）：31-40.

具有一个非常突出的特征,就是人工智能技术领域的许多创新都是突破性的,而且是具有颠覆意义的,按照传统的思维模式往往是难以想象的,而走传统的模仿性创新路线是无法在人工智能领域实现真正技术突破的,只有通过另辟蹊径才能实现技术上的重大突破。这意味着我们过去追赶型的发展道路与发展心态都必须进行极大的调整,不然就无法占据真正的技术优势。只有当我们出现大批的、真正的颠覆性技术创新成果时,我们才能真正掌握标准制定的主导权,我们的技术创新成果才能受到极大的保护,我们才能摆脱长期以来受人摆布的命运。显然,这种技术创新的难度非常大,对研究人员的基本素质要求非常高,都需要强大的内心作为后盾,还必须有良好的制度作为保障,而这些又是我国制度环境与文化氛围中最缺乏的。传统的行政主导管理模式对颠覆性技术创新而言具有致命性的打击,因为这种管理模式不能真正尊重人才个性和尊重创新与创造发明的成果。

4. 新质生产力以可持续绿色发展为目标。新质生产力发展不再是传统的以消耗能源、人力巨大投入和污染环境为代价取得的,而是建立在新材料、新能源、新技术开发和运用基础上的①,生成性人工智能技术发展为绿色发展打开了通道,它是以信息共享为基础,使用的人越多,提供的信息越多,得到的反馈意见越多,从而技术越容易得到完善。当然,这个共享也是建立在人们对信息技术使用具有极高的素养基础上的,因为恶意使用和提供垃圾信息都容易破坏技术走向完整性,而信息封闭和相互割裂都不利于人工智能技术走向完善,显然这些都对信息技术安全问题提出了非常高的要求,都要求相关法律的不断完善和教育培训的迅速跟进,使全体人民都具有较高的信息技术素养。② 无疑,绿色发展是全体人民的福祉,每个人都有责任,都需要承担义务,都不应置之度外,必须作为法治完善的促进者和教育培训的贡献者,共同促进绿色发展成果与全体人民共享。

二、发展新质生产力是高质量发展的内在呼唤

1. 传统生产力面临着巨大改造压力。实事求是地讲,我国生产力发展并不发达,与西方发达国家仍然相差很大的距离,集中体现在生产力发展的不平衡上,在东部沿海地区,生产力比较发达,与西方发达国家的差距并不大,然而

---

① 杜黎明. 汇聚新质生产力发展的绿色动力 [J]. 人民论坛, 2024 (6): 23-25.
② 闫金红, 李繁荣. 新质生产力视域下颠覆性科技创新的伦理分析与风险防控 [J]. 北京理工大学学报 (社会科学版), 2024, 26 (4): 22-28, 67.

在中西部地区，我国生产力水平仍然比较低，不仅与西方发达国家相比非常落后，即使与东部地区相比也有很大距离。东北地区属于传统的老工业基地，是传统生产力代表，虽然也在紧跟时代步伐不断变革，但面临技术改造和升级换代的任务依然非常艰巨，正是这种现状，才使习近平总书记提出发展新质生产力的急迫任务。显然，发展新质生产力不仅针对传统老工业基地，还面向所有行业、所有产业，是中国社会经济发展面临的共同任务，各行各业都需要在新的技术革命面前大有作为，不能懈怠。①

2. 新质生产力正处于快速发展阶段。新质生产力正处于发育和完善的过程之中，这也是我国发展新质生产力的难得机遇，因为这为我们提供了充分的试错空间，一旦错过了这个宝贵机遇，当人工智能技术已经成熟，我们只能购买别人技术的时候，就会面临更多的"卡脖子"技术难题。我国工业体系非常完整，一方面确实面临改造难度大、任务重的客观事实，另一方面却使我们具有了更大的试错空间，从而我们可以有更多的创新可能，一旦我们在人工智能技术上获得了全方位的突破，我国自然就成为世界人工智能技术发展的中心，那时我们的技术成果将向全世界扩散与辐射。如此，中国对世界发展和人类文明的贡献就是难以替代的，就会彻底扭转美国霸权和美元帝国的主宰地位，那时候我们的和平发展主张就更容易在全世界推行。

3. 发展新质生产力是对社会全方位要求。发展新质生产力需要以先进的科学技术发展机制作为基础，需要以先进的管理理念作为导航，需要以先进的文化作为动力支撑，这些都给高科技企业发展提供了宝贵的发展机会，因为它们所具有的技术领先地位也是在先进文化引领下、先进管理制度保障下实现的，没有观念的革命，就无法打破传统管理制度的束缚，就无法解放科技生产力，就不会在技术变革过程中具有持续发展的能力。然而单纯靠这些高科技企业是远远不够的，因为高科技企业是在高投入、高风险下取得的，如果没有很强的市场需求就难以获得高回报的效果，就无法持续发展下去。所以，高科技发展有赖于社会全方位的支持，有赖于全产业产生技术更新的需求，有赖于全系统产生变革的动力，如果没有全社会、全产业、全系统支持新质生产力发展的氛围，新质生产力的发展也会是举步维艰的。

4. 大学应在发展新质生产力中主动作为。从理论上讲，大学在新质生产力发展过程中扮演着一个非常独特的角色。一方面，大学需要为新质生产力的发

---

① 习近平在中共中央政治局第十一次集体学习时强调：加快发展新质生产力　扎实推进高质量发展［EB/OL］. 中华人民共和国中央人民政府网, 2024-02-01.

展输送高素质的人才，从而使他们能够在新质生产力的发展过程中大显身手；另一方面，大学还可以直接参与到新质生产力的发展过程中，因为大学具有多学科的优势，具有非常好的信息化设备，具有专门的信息技术专业人才培养基地，特别是还设立了人工智能技术重点研究方向，这些都是大学所具有的优势资源，如果大学不能有所作为或有更多作为就是辜负了人工智能时代的要求。这就需要大学主动承担时代所赋予的使命，积极倾听社会的呼唤，能够为新质生产力发展培养出更多的高素质人才，同时贡献出更多的高品质的科学技术成果，而不是无所作为，只能作为最新科技成果的使用者或消费者。所以，大学必须积极反省自己，在新质生产力发展过程中要发挥更大作用，有更大作为。

三、大学对新质生产力发展存在不适应性

1. 大学知识生产模式仍然处于传统阶段。不得不承认，大学对新质生产力的发展还存在着很大的不适应性。其中一个典型的表现，就是我国大学的知识生产模式仍然普遍处于传统阶段，即处于知识生产模式Ⅰ阶段。我们知道，当代世界的知识生产模式主体已经进入了知识生产模式Ⅱ[①]，不少国家已经进入了知识生产模式Ⅲ阶段[②]，而且开始进入与人工智能协作的新阶段[③]，而此时，我国大学知识生产模式总体上仍然处于第一阶段，只有在少数领域进入知识生产模式Ⅱ阶段，进入知识生产模式Ⅲ阶段的则微乎其微[④]，当然就遑论更新的模式了。知识生产模式Ⅰ主要局限在大学内部进行研究，其核心活动聚焦于进行理论思辨与实验室研究，基本上不涉及应用知识的生产，基本表现就是以论文发表为主，论文发表主要依靠的是理论知识，应用知识的需求相对较低，而且应用知识往往难以变成论文。论文发表主要依靠个体生产模式，难以合作进行，因为一旦合作就面临着知识产权归属难题，而归属难题与大学的绩效考核制度直接相关。所以，若不能破解绩效考核制度所造成的困扰，大学就无法实现从知识生产模式转型，当然就无法开展有效的合作研究了。

---

① 龚放. 知识生产模式Ⅱ方兴未艾：建设一流大学切勿错失良机［J］. 江苏高教，2018（9）：1-8.
② 刘宝存，赵婷. 知识生产模式转型与研究型大学科研生态变革［J］. 北京大学教育评论，2021，19（4）：102-115，187.
③ 吴飞，段竺辰. 从独思到人机协作：知识创新模式进阶论［J］. 浙江学刊，2020（5）：94-104.
④ 麦均洪，龙飘. 基于知识生产模式3的高校科技成果转化模式变革：以广东省为例［J］. 科技管理研究，2020，40（19）：110-115.

2. 大学学术系统逐渐远离科技发展前沿。在"唯论文"评估模式的主导下，大学逐渐走向了自我封闭，因为一旦与外部合作就会影响论文的生产速度。虽然无论什么时候，发表论文都是重要的，但如果刻意追求论文发表数量的话，论文的生产速度必然成为核心指标，甚至成为唯一指标。这样的论文发表就会越来越失去学术创新的本质，越来越服从于规范化的形式，就会越来越套路化，这也是目前学术论文发表过程中面临的非常尴尬的局面。无法否认，文献计量学的发展助推了论文的量化评价趋势，学术评价主权丧失则是论文量化评价泛滥的根本。① 作为学术实体单位的大学，往往把学术评价主权让渡给校外，虽然这避免了对评价不客观、不公正现象的指责，但这招致了另一个后果，即学术评价不负责任现象的发生和难以抑制。所以，学术评价主权的外移现象造成的结果是双向的，一方面造成了论文产出量越来越高，乃至虚高不下；另一方面造成学术腐败现象越来越多，而且越来越隐性化。这些都是对学术创新的极大遏制。

3. 大学学术评价系统不鼓励应用型科研。正如前述，大学目前学术评价系统对于发表论文是非常青睐的，而对于非论文类的学术成果不怎么友好，关于这一点无人能够否认，但确实存在着难言之痛，因为目前学术界对于论文评价已经形成规范，容易操作，而对于非论文类成果评价并未形成规范，难以操作，对非常注重行政效率与权威的管理部门而言该如何选择就是不言而喻的。因为在我们这样一个盛行论功行赏的评价体系里，如果难以量化评价就无法进行有效激励，从而导致管理无效。而大学管理系统希望证明自身是高效的，需要向上级部门报告自己的业绩，如果上级没有明确的评价标准，显然就无法应对问责，这就是一个管理学难题，目前尚无法破解，除非大学已经拥有了完全的自主权，不需要无休止地应对外界评估，不需要不断地证明自己的绩效，而这对目前处于高度竞争性的学术体系而言是不可能的。正因为如此，破"五唯"命题虽然已经提出了很久，但无破解之策，根源就在于无法提供替代性评价机制，而对论文评价比较简单易行，因为可以由外部评价或同行评价来实施，从而可以消除大学自身的评价烦恼，而且还能够获得客观公正的美誉，如此，既简单又省力还"好"名的事情何乐而不为呢？

4. 行政化管理使大学向封闭型发展。行政化管理的典型特征是只对上级负责，不需要对外部负责，当然也不需要对下级负责，这样的体制结果使得大学系统越来越封闭化。因为听话就意味着资源丰富、安全可靠，当然这一切都取

---

① 周川. 量化评价的泛滥及其危害［J］. 江苏高教，2021（5）：8-14.

决于上级的英明领导。在上级的统一领导下，如果大家都听话该如何分配资源？那就比谁更听话了，这就引入了竞争机制，谁对上级意志反应更敏捷谁就能够获得更大的益处，这就形成了一种优绩主义逻辑。[①] 在这样的竞争体制下，就不乏下级对上级指示命令的过度解读了，以便于获得额外的好处。如此徇私舞弊情况的出现自然就难以避免，寻租情况也无法遏制，纵使有各种外部监督机制都无法消除人性缺陷。当下级把主要精力用于钻研上级意图时就会把学术放在一边，也就无力关注社会的需要和呼声了。毕竟上级部门的要求是多样的、复杂的，无法简单应对的，必须下大力气才能满足的，这实际上是管理的主要压力源。如此，他们自然就无暇他顾了，那么无力与外部开展深度合作也就情有可原了。

四、大学必须担负发展新质生产力使命

1. 大学需要为科技发展输送精英人才。从理论上讲，大学的最大优势就是培养高级专门人才，因为大学拥有大量的、潜力巨大的学生，他们就是亟待开发的宝藏，是发展新质生产力的根本资源所在，如何开发这个宝藏就是当今大学发展的核心主题。如果大学能够创造合适的文化氛围，建立良好的制度保障，设计有效的课程，开展科学的教学，组织充分的实践活动，那么，大学莘莘学子内在蕴藏的创新与创造潜力就能够被激发出来，就能够成为创新发展的重要资源，这就要求必须开展创新创业教育。相反，如果仍然采用传统的灌输式教学，大量地进行知识传授，并且采用标准化考试进行强化，就会出现大量学生对学习没有兴趣，常常通过沉浸在虚拟世界中进行逃避，从而压抑他们身上的潜能。如果他们只是为了文凭而不得不应付考试的话，他们的创新潜力就会被埋没，就不可能具有创新与创造的动力。可以说，绝大多数大学生都渴望证明自己的创新潜力，希望获得表现自己创造能力的机会，为此特别渴望摆脱无效课程与教学的束缚，显然，这需要大学进行管理革命，为大学生个性自由成长提供宽松氛围，不然大学就难以为前沿科技发展输送精英人才。

2. 大学需要面向人机共生世界生存。在当下科技发展飞速的时代，大学必须主动应对人工智能时代来临的挑战。生成性人工智能技术的出现，宣告人作为机器主人的时代走向终结，同时也宣告人机共生时代的开始。如果大学仍然保持过去轻视技术的心态对待新时代的到来，大学就会彻底丧失知识中心的地

[①] 朱慧玲. 优绩主义错在何处 [J]. 哲学动态，2021（11）：95-103；王建华. 高等教育中优绩主义为什么会失败 [J]. 苏州大学学报（教育科学版），2022，10（4）：1-12.

位。在新的人工智能时代，知识形态也将发生根本性的变化，传统的以文字为中心的知识时代可能要走向没落，图像可能会取代文字作为知识的主要媒介，毕竟文字的表达能力是有限的，无法包含丰富复杂的内涵，图像则更为直观，隐含的信息量更大，而今天的人工智能技术开始能够识别图像，开始成为信息传输的工具，这个新工具一旦被普遍使用可能会带来知识系统的革命性的变化，因而大学在这个变化面前不能是无动于衷的。大语言模型出现之后，人工智能技术发生了里程碑的变化，而大学恰恰在这个变化之外。当图像识别技术发展出来之后，大学同样又置身事外，这样不断被边缘化意味着大学作为知识中心的地位开始丧失。大学要维护自身作为知识中心的地位，就必须在未来人工智能技术发展中占有一席之地，发挥更加积极的作用，否则被边缘化的命运就无法逆转。

3. 大学需要为科技开发提供理论支撑。在人工智能技术发展过程中，试错几乎成为技术进步的唯一途径，这意味着技术进步的成本是异常高昂的，而理论引领是严重缺位的，理论支撑也是非常不足的，从而理论如何发挥更加积极的作用是大学必须积极面对的课题。传统知识体系显然难以发挥有效作用，只有创新理论知识才能跟上时代变化的速度。为此，大学必须关注科技前沿发展动态，主动参与科技探索经验整理工作，从中找到规律性经验，变成新的理论知识，进而为进一步的科技探索提供有效参照，努力减少科技探索的试错概率，这也是大学接近科技前沿发展的有效路径。这种知识整理工作对未来科技人才培养而言具有极大的实践意义，对于学科知识积累同样具有奠基意义。这就要求大学必须摆脱过去的对技术性知识的排斥态度，需要以极大的耐心关注科技前沿发生的事件，关注高科技产业的发展过程，关注科技研发过程中的经验与教训，因为如果不能与高科技企业展开有效合作，就无法掌握高科技发展的动态，理论知识就无法发挥有效的作用。

4. 大学需要积极加入前沿科技开发过程。大学要想在新质生产力的发展过程中发挥更加积极的作用，就应该直接加入前沿科技开发的团队，与高科技企业展开有效的协作。显而易见，靠大学独力开展高科技研发越来越不现实，因为高科技研发投入是海量的，非大学经费所能够承担。虽然大学承担了一系列重大项目，但多数属于理论路线比较成熟、风险性比较小的项目，换言之，就是科研成果是可预期的理论项目。而前沿科技开发的风险性异常大，不仅需要巨量的经费投入，还需要巨大的人力投入，这与大学的人才培养要求是不相符的。不可否认，大学向来都是以基础研究作为自身优势的，进行技术研发并非自己所长。在此情况下，与高科技企业合作，为前沿科技研发提供协助力量就是一个适宜的选择。大学的根本优势就在于学科门类众多,学术批判性思维能力非常强,容易提出不同的思维路线,对提出新的技术突破路线而言具有重要的启发意义。因此,大学要主动与高科技企业展开协作,使相关学科的学者有机会加入前沿科技研发团队,发挥自身擅长理论思维的优势,帮助前沿科技的开发更快找到突破路径。

五、大学需要调整与社会经济发展各方面的关系

1. 大学组织面临向创新创业型转变需求。在当今社会,大学再坚守过去的封闭型发展路线已经不适合了。在人工智能技术快速发展的今天,传统的行业与职业都面临着淘汰的危险,如何来应对这个社会变迁呢?似乎除思维方式变革还必须在行动模式上变革才行,只有思想变革而无行动跟进仍然流于空谈。思维方式革命意味着必须进行思维创新,而且要善于接受颠覆性创新思维,不能把颠覆性创新观念视为洪水猛兽,因为这是世界变得越来越多元的写照,是世界走向新科技革命的必然要求。观念的变化就要求行为方式进行调整,变革过去的行为模式,在行动方式上实现突破。对于个体是如此,对于组织也是如此,对于应对世界变化应具有敏感反应能力的大学组织更是如此。为此,大学必须积极地调整与社会各方面的关系,要实现从主要传授过去的知识体系转变为着力适应新的知识增长方式的变革,能够赋予未来走向社会的人才创新创业能力,这是对大学根本变化的要求,否则大学就是不负责任的。大学不可能在社会需求之外培养人才,必须面向社会需要培养人才,重点是面向科技发展变化趋势培养人才。

2. 大学必须打破围墙与产业开展合作。大学要想积极应对社会发展变化要求,就必须主动打破围墙,开展与社会合作,适应社会运行法则,为社会发展提供合适的人才、科研产品与服务。要培养人才具有应对变革时代所需要的创新创业能力,就应该从面对社会需要出发,即从社会发展需要中发现问题,分析问题,并尝试解决问题,这就是培养大学生创新创业能力的根本路径。如果大学不能感知到社会发展变化的需要,就无法发现真问题,对大学生创新创业能力培养也就无从谈起。高科技产业站在应对科技发展变化的最前沿,唯有与高科技企业合作,才能使大学直接进入科技发展前沿。如此,大学就不能固守传统的评价系统和管理规则,必须进行组织变革,实现与高科技企业同频共振,不然就无法摸到科技前沿发展的基本脉络,就无法有更大的作为。所以,如何与产业界开展广泛有效的合作,是当下大学办学面临的重要难题。不打破传统大学管理的封闭性体系,就无法实现有效合作。因此,大学亟待实现办学体制

与机制的创新，大学组织也需要开展新的创业。

3. 大学必须重视应用型科研地位功能。在大学与产业界合作过程中，最为关键的一环就是要尊重产业界的需求并努力满足它们的需求。显然，产业界需要的是应用型非常强的科研成果，绝非那些有待实践证明的理论成果。虽然大学不可能完全按照企业的逻辑进行运转或仅仅从事应用型研究，毕竟大学的学术优势仍然是基础理论研究，但大学必须重视应用型科研，即主动应答产业界的需求。不得不说，虽然大学科研优势是在基础理论研究，但真正能够从事基础理论研究并做出重大突破的仍然集中在少数学者，因为基础理论研究挑战性更强，大量的学者更适合从事应用型科研。所以，从实际出发，大学必须极大地提升应用型科研的地位，使更多的学者能够关注现实问题，并且尝试运用已有知识来解答产业界技术发展问题。这无论是对企业还是对绝大多数的大学教师而言都是非常有利的。因此，大学需要强化分类发展，大学学术职业也应该强化分类管理，注重运用理论知识解决现实问题，并且在解决现实问题过程中反哺理论知识的完善。应用型科研对培养学生的创新创业能力而言更为有利，因为这容易让学生认识到问题所在，从而激发自身的创新潜能，并且激励自身主动成为创新创业人才。

4. 大学必须构建新型学术评价系统。开展应用型科研，没有适宜的学术评价系统的支持是无法实现的。如前所述，传统学术评价系统偏重于论文发表，重视理论研究成果，轻视应用型研究成果，这种偏向导致了学术发表的恶性竞争，而且出现劣币淘汰良币现象。例如，学术界出现重规范而不重思想创新的现象就是这种评价制度弊端的显现。如何来评价应用型科研成果就是大学评价体系重建过程中必须解决的难题。可以设想，仅靠大学内部努力是无解的，只有社会参与学术评价系统的构建才能突围。如此，大学就需要参照企业对科研开发的评价机制和具体评价办法，制定一种相对独立的评价体系，实行双元制评价系统，即在传统的学术评价系统之外建立一种应用型科研评价系统，由教师自主抉择采用哪种评价体系，从而最大限度地激发大学教师的潜能，使学术人才都可以各得其所，避免单一的评价系统导致人才浪费与恶性竞争。无疑，这将改变大学的生态结构，避免大学走向同质化发展倾向，使大学系统真正走向多元化和多样化。

六、创新创业教育有助于大学新使命的达成

1. 创新创业教育要求开展应用型科研。创新创业教育的根本任务就是培养大学生普遍具有创新创业能力，使大学生成功走向社会，在社会上奋发有为。

大学生创新创业能力直接表现为具有发现问题的能力,具有面对问题的勇气,能够深入分析问题的本质,并且能够创造性地思考解决问题的对策,这个培养过程需要实际的场景或情境,如果没有适当的体验机会,学生的问题意识就不会自动生成,发现问题的能力就无法培养。只有当学生具有强烈的问题意识时,他们的探究欲望才能被激发出来,才会去探究问题的本质,才能把过去的知识运用上,当他们无法运用过去的知识解决问题时就会主动寻找新知识。这样的话,问题解决过程就把运用已有知识和探索新知识有机地结合在一起了。显然,能够被学生充分体验到的问题必然是现实中发生的并且是现实中迫切需要解决的问题。换言之,这些问题一般都不是纯理论问题,而是实践性非常强的问题,从事这样的研究自然属于应用型研究,但它又不是现成知识的简单应用,也不是过去知识的综合或推演,而是以问题解决为中心开展的探究,也担负发展知识的使命,但这些知识是应用型的,因此这样的研究无疑是应用型科研。学生参与这样的科研必然需要引领,只有老师开展应用型科研的时候才能进行有效指导,否则就无法指导学生开展。

2. 应用型科研有助于大学教育方式改革。传统的大学学术评价系统使大学的科研与教学逐渐走向了分离状态,因为从事基础性科研要求个体的投入度非常高,同时要求参与者的素质非常高,显然学生是难以真正参与基础理论研究的。而一旦理论研究走向深入之后,研究的问题就会越来越抽象,与现实的距离也就越来越远,那么所获得的成果对于开展教学往往是不利的,因为教学无法演示或解释这样的科研过程,科研结果就无法获得广泛理解,而简单传播就容易造成机械灌输的问题,这样显然不利于培养学生的创新创业能力。如果大学鼓励教师开展应用型科研,教学与科研对立问题就会迎刃而解。因此要开展应用型科研、教师走入现场、深度体会,就需要更多人员参与,因为单凭教师个体无法胜任,而学生的大量加入就轻松解决了这个问题。学生参与科研,不仅会促进教学方式方法的变革,也直接导致了教学内容的变化与更新,学生也不仅是简单的接受者了,而是成为主动的体验者和积极的探索者,这样的话理论与实践分离的教学状态就会被突破。而要培养学生的创新创业能力,就必须开展应用型科研,让学生直接体会到问题所在,从而激发学生的探究欲望,进而为学生注入创新创业动能。

3. 应用型科研有助于促进大学开放办学。开展应用型科研,一个必要的条件是大学必须为教师提供便利条件,必须为教师搭建与企业合作的平台,这是一个有组织的行为,而不是靠单个教师能够解决的。为此,大学就必须开展组织边界的调整,与社会开展合作办学,必须关注社会发展需求,这样才能找到合适的合作伙伴。那么，大学科研管理就不能只重视纵向课题，而是要大量地面向横向课题，接受企业的委托。能够接受企业的委托，说明大学的影响力是足够大的，也说明大学办学机制是灵活的，同时也说明大学对应用型科研是开明的态度。简而言之，只有大学主动为教师开展应用型科研创造条件，教师才会主动走向社会，才能带领学生从事应用型研究，才能在其中锻炼学生，从而培养学生解决实际问题的能力。在今天，实现开放性办学是大学治理面临的重大课题，也是大学走向现代治理的必经之路。没有开放性办学就无法真正解决学生的创新创业能力培养问题，也就无法解决大量的科研成果处于沉睡状态的问题，当然也无法从根本上解决大学适应新质生产力发展要求的问题。

4. 应用型科研要求大学突破传统学术评价系统。开展应用型科研就必须突破传统的学术评价系统，如何才能更大限度地突破传统的学术评价系统？一个根本的策略就是鼓励大学教师学术创业，即鼓励大学教师通过开展应用型科研取得成果直接创办企业走向市场，通过市场反馈来验证科研成果的价值。这样的制度创新是具有颠覆性的，突破了过去教师只能把成果用于论文发表的习惯，突破了教师从事教学科研工作不能兼职的惯例，突破了教师不能获得教学、科研和社会服务之外收入的先例。开展应用型科研需要更高的投入，也应该获得更高的回报，有限的科研经费补贴不足以调动教师广泛投入应用型科研的积极性。当然，真正具有市场潜力的科研成果也是非常少的，大学的科研管理制度也无法使真正具有应用潜力的成果得到充分实现价值，所以制定有效的学术创业奖励制度将是一个破解学术评价系统难以出现重大突破难题的有效路径。

七、开展创新创业教育要求大学自我革命

1. 创新创业教育要求大学人才培养规格从重理论到理论与实践并重。不得不说，开展创新创业教育对大学而言是一次重大的挑战。虽然目前国内大学普遍开设了创新创业教育课程，但绝大多数是为了完成规定任务，而非从学校发展总体设计出发的，即目前创新创业教育并没有成为大学办学的核心理念，也没有成为办学的基本目标，当然也没有转化为课程与教学改革的指南，原因在于人们对创新创业教育理解仍然是狭义的，认为创新创业教育目标主要是培养自谋职业者或自主创业者，从而认为这对绝大多数学生而言是没有太大价值的，因为毕竟希望从事自主创业的人非常少，而从事这样工作的门槛条件又极高，从而它主要是作为一项任务来完成，即按照规定开设课程和设立创新创业训练项目，包括建立大学生创业园和参与创新创业大赛活动等。并且主要由学工系统负责，由辅导员来承担，而辅导员多数都缺乏实际创业经验，故而教学效果

受到影响。虽然有一些学校聘请了一些有创业成功经验的青年企业家开设讲座，在一定程度上满足了有创业需求的学生，但总体而言，由于创新创业教育与专业教育教学活动是割裂的，从而效果是不乐观的。现在人们发现，创新创业教育应该渗透到高等教育活动全过程，应该实行全员参与，实行全方位协同，最重要的就是要与专业教育融合，否则创新创业教育只能是低层次的，不可能出现高层次的创新创业效果。可以说，专创融合已经成为创新创业教育发展的基本趋势。

2. 创新创业教育要求大学人才培养重心从课堂转向社会实践场所。创新创业教育的核心点就是要扭转传统教育只注重理论知识灌输而严重缺乏社会实践训练造成的能力培养缺失状况。这可以说是对高等教育人才培养规格的重新定位。要实现这个转变，就需要进行人才培养方案的大调整，特别是需要对课程结构进行调整，最主要的是实现教学方式的革命，即必须以学生为中心开展教学设计，使学生从被动的知识接受者转变为主动的知识探索者。这个转变意味着大学人才培养重心，要从课堂转向社会实践场所。换言之，仅仅通过课堂教学或主要通过课堂教学是很难培养出创新能力出众的人才的。创新能力培养需要高密度的实践环境，需要给学生主动探索的机会，如果人才培养方案不做根本性变化，要实现这个转变就非常困难。

3. 创新创业教育要求大学治理模式从垂直管理转向社会参与治理。随着人才培养重心的转移，大学治理模式也必须跟着转变。传统的治理模式是一种垂直式管理模式，人才培养主要是为了完成上级规定的任务目标，从而在人才培养方案改革上缺乏主动性。要改变人才培养的重心，就需要社会配合，如果社会缺乏参与大学治理的权力，就不可能主动配合大学人才培养模式改革。只有让社会充分了解人才培养模式改革的意义，了解改革的急迫性，意识到自身应承担的责任与义务以及所享有的权利，才可能使其产生参与改革过程的积极性。这种权利、义务和责任关系需要在法律中予以明确，而且在参与治理过程中社会必须具有充分的话语权，否则他们就会退缩，或只是形式上的参与，而不会深度参与。

4. 创新创业教育要求大学评价重心从重视论文发表转向社会应用。开展创新创业教育要求教师深度参与其中，需要教师设计创新性教学改革方案，需要教师把教学重点从理论传授向实践能力培养转变。而引导教师行为变化的关键环节就是评价指挥棒的变化，如果评价重心逐渐转向适合绝大多数教师参与的应用型科研成果上来，就会激发绝大多数教师参与创新创业教育的热情，因为开展创新创业教育不仅可以顺利实现教学重心的转移，而且能够为广泛开展应用型研究创造条件，此时将学生充分组织起来，将他们的创造性激发出来，就能够让他们变成开展应用型科研的有力助手，有利于教师开展更多的应用型科研项目的研究，从而推动自己科研水平的提升，此时就容易把师生变成一个教学共同体、科研共同体和发展共同体。有了这个基础，不仅学生的创新创业能力得到了充分发展，而且可以帮助企业解决大量的实践实际问题，从而推动企业生产力水平的提升，最终就达到了大学促进发展新质生产力的目的。

八、结语

毫无疑问，发展新质生产力对大学形成了巨大挑战，因为大学的传统运行机制存在着一系列的不适应问题，大学只有不断地变革不适应的管理体制和管理机制，才能逐渐符合新质生产力的要求。大学运行机制变化涉及大学办学理念、大学管理模式，特别是大学的评价方式，这些都是对大学发展的深度挑战。

自不待言，大学应在发展新质生产力过程中主动作为，发挥更加积极的作用，这是建设教育强国的要求，也是高等教育龙头地位的显现。如果大学不能发挥非常积极的作用，就可能丧失自身作为知识中心的地位，就会加剧自我边缘化的趋势。大学在前沿科技发展中不能缺位，必须奋发有为，必须发挥自身传统优势地位，借助人工智能技术更新自我能力结构，在新的科技革命时代发挥推动者的作用。

大力开展创新创业教育不失为大学主动应对人工智能时代挑战的重要策略。当大学生普遍具有创新创业能力，积极投身于科技革命发展过程中，都会成为新质生产力发展的积极因素。新一代人工智能技术发展的现实告诉我们，掌握信息技术的大学生是科技革命中最为活跃的因素，他们一旦拥有了创新创业精神，就可以使科技创新展现出颠覆性的革命力量，会极大地改变我国在最新人工智能技术领域的劣势地位，否则我们就很难避免再一次面临"卡脖子"工程的遭遇。大学生强则技术强，技术强则国家有希望，没有技术的领先地位，就很难实现生产力水平的极大提升，也很难为中华民族伟大复兴提供强大的动力支撑。

培养大量的具有颠覆性创新潜力的青年科技人才的重任历史地落在创新创业教育上。大力开展创新创业教育要求大学实现自我革命，改变不合时宜的学术评价，调动大学教师的创新活力，引导他们把主要精力运用到培养青年科技人才上，培养出一个杰出人才，胜于无数篇没有创新价值的学术论文，一位教师真正的学术能力就应该表现为培养出了杰出的创新创业人才，真正为新质生产力的发展做出了突出贡献，唯有如此才是扎扎实实发挥了对新质生产力的推动作用。

第四章

创新创业教育：中国式教育现代化的基石*

引导语：党的二十大报告提出"中国式现代化"重要命题，成为各行各业推进现代化建设的理论指导。作为"中国式现代化"子命题的"中国式教育现代化"是一个新的理论命题，具有丰富的理论与实践内涵：首先，它是对中国教育发展经验的历史总结，充分肯定了教育改革探索的成功经验；其次，它是对当下教育发展中面临最重要问题的判断，指出面向未来必须解决的重大问题；再次，它提出了解答现实问题的基本思路，指出解决现实问题必须关照的因素；最后，它为未来教育发展指明发展方向，勾勒出教育现代化的光明前景。显然，找准问题是探求有效解决方案的前提。根据学界集体反思经验发现，应试教育仍然是困惑中国教育现代化进程的核心问题，不解决该问题就难以实现教育高质量发展，而创新创业教育正是应试教育的克星。故而推进创新创业教育就成为实现中国式教育现代化的基石。

关键词：创新创业教育；中国式现代化；教育现代化

中国式教育现代化是当下教育理论界最为关注的话题之一，这是教育系统对"中国式现代化"命题的求解，也是教育界学习党的二十大报告精神的反映。在党的二十大报告中明确提出中国式现代化命题后，教育界立即引起了非常强烈的反响[1]，教育学界普遍倾向于认为，在中国式现代化命题中必然包含着中国式教育现代化命题[2]，科学地解读它就成为教育学界必须面对的课题。该命题不仅包含着中国教育发展经验的总结，也包含着对当下教育发展面临问题的判断，

---

* 原载于《江苏高教》2023年第9期，第12-20页。
[1] 杜玉波，姜治莹，杨振斌，等. 推动高等教育高质量发展全面支撑中国式现代化建设（笔谈）[J]. 中国高教研究，2022（11）：1-10.
[2] 王洪才. 中国式高等教育现代化的意蕴与实践 [J]. 苏州大学学报（教育科学版），2023，11（1）：9-17.

特别包含着对中国未来教育发展路径的选择，因此这是一个关系重大的课题。毫无疑问，中国式教育现代化必然是面向未来的，不仅直接指向2035年教育总体实现现代化的目标，而且指向2050年第二个百年奋斗目标，亦为中华民族伟大复兴奠定坚实的基础，因此，设计如何实现这些奋斗目标非常重要。但在设计未来前景时，不可能不对过去教育发展经验进行历史总结，因为这是通向未来的基础。可以看出，中国式教育现代化命题的关键是对中国教育发展过程中障碍问题的判断。如何判断该问题则决定着教育现代化道路的基本走向。根据教育学界长期反思所达成的共识，我们可以发现应试教育乃是中国教育发展过程中面临的最大的顽瘴痼疾，因为它把人们的注意力集中在升学上，而非提升学生的创新能力上，也是"唯论文""唯帽子""唯职称""唯学历""唯奖项"的根源，要解决"五唯"顽瘴痼疾必须从根源着手。换言之，如果不解决应试教育问题，中国教育就无法实现高质量发展，因为高等教育高质量发展的核心问题就是要解决学生的创新创业能力培养问题。① 目前，应试教育的病灶正在全社会蔓延，今天整个社会运行机制都在走向应试化。那么，如何才能解决应试教育问题呢？我们认为，创新创业教育就是为解决应试教育问题而生②，它是解决应试教育的真正良方！因为它是以承认每个人都具有创新创业潜能为前提假设③，从而把开发人的创新创业潜能作为教育的根本使命。那么，教育发展成效就应该以创新创业潜能开发的效果作为评判标准，否则就与教育根本要求相违背。一旦教育评价标准改变了，那么教育运行的逻辑就会改变。如此，推行创新创业教育就成为实现中国式教育现代化的基石。

一、中国式教育现代化命题的意义

中国式教育现代化既然是关于教育发展问题的总命题，那么它必然是中国教育发展道路的总体概括，这些概括已经形成了一些权威性结论，最具有代表性的就是"九个坚持"④。

---

① 王洪才. 创新创业能力培养：作为高质量高等教育的核心内涵 [J]. 江苏高教，2021 (11)：21-27.

② 王洪才. 创新创业教育：中国特色的高等教育发展理念 [J]. 南京师大学报（社会科学版），2021 (6)：38-46.

③ 王洪才，郑雅倩. 创新创业教育的哲学假设与实践意蕴 [J]. 高校教育管理，2020，14 (6)：34-40.

④ 《习近平总书记教育重要论述讲义》编写组. 习近平总书记教育重要论述讲义 [M]. 北京：高等教育出版社，2020：1-224.

1. 坚持党对教育事业的全面领导。这是中国式教育现代化的根本特征或本质特征，如果没有这一条，其他的就无法存在。

2. 坚持把立德树人作为根本任务。这是中国式教育现代化的核心特征，因为它既是对中国教育发展经验的总结，又是对未来教育发展的基本要求，还是对中国文化的继承与发扬。立德树人作为一个综合命题，包含丰富的人生哲理：

（1）成人以德，简言之，"人以德立"，无德则不立；

（2）育人以德，"君子之德风，小人之德草"，育人就是以君子人格来教化人；

（3）立德为务本，本立而道生，道生则万物长，正因为如此才有"十年树木，百年树人"之说，立德树人就是百年大计。

3. 坚持优先发展教育事业。这是中国式教育现代化的基本特征，是对教育战略地位的肯定。今天，人们已经普遍认识到教育是社会发展的基础工程，没有教育的现代化，就没有社会的现代化，各项事业都无法顺畅开展。当然，教育需要预先了解社会发展对人才的规格需求，主动克服人才培养周期造成的滞后性，从而能够对社会发展做出先导性的贡献。

4. 坚持社会主义办学方向。这不仅是我们坚持道路自信的体现，而且也是实现教育公平性的基础，同时是实现共同富裕的保障。

5. 坚持扎根中国大地办教育。我们办教育从根本上讲也是为了解决中国的实际问题，为中国社会发展服务，从长远讲就是为中华民族伟大复兴奠定基石，这既是根本点，又是出发点。如果不能扎根中国大地办教育，就不能了解中国社会发展的需求，当然也无法解决中国社会发展中的实际问题，自然无法适应中国社会发展需要，那么这样办教育就是无效的，也是不可能长久的。

6. 坚持以人民为中心发展教育。关注人民福祉始终是教育关注的中心问题，如果教育不能服务于人民利益，那么它就是无效的。当下，人民期盼高质量教育，它关系到家庭幸福、社会和谐和国家强盛，也关系到每个人的身心健康，所以教育发展就应该把人民的关切当成自己的逻辑起点。

7. 坚持深化教育改革创新。改革是社会发展的基本途径，创新是社会进步的动力。当前，教育发展正面临着诸多挑战，很多是体制机制问题，而且积弊很深，究竟是绕着走还是面对，考验的是每一位教育工作者的责任担当。作为党领导下的教育事业，我们必须勇于面对问题，克服一切困难，必须进行教育的改革创新。

8. 坚持把服务中华民族伟大复兴作为教育的重要使命。服务于中华民族伟大复兴是教育发展的长远利益所在，也是教育发展的总体利益所在，是教育发展的定盘星和指南针,是中国教育优良传统的反映,即在我国教育史上一贯坚持民族利益至上、国家利益至上,个人与组织都应该服从于这个最高的目标。

9. 坚持把教师队伍建设作为基础工作。这既是教育发展规律的要求,也是教育发展经验的总结。教师是教育活动的根本主体,不抓住这个根本,教育质量就无法提升,所以在任何时候,教师队伍建设都是基础工作,也是基础工程中的基础。

"九个坚持"可以说是对中国式教育现代化基本特征的概括。它一方面是对教育发展规律的概括,另一方面是对中国教育发展要求的概括。我们认为,中国式教育现代化最为直接的含义就是要回答如何建设教育强国问题,"九个坚持"指明了方向与路径,要建设教育强国就需要理解中国式教育现代化的深刻蕴意。

二、中国式教育现代化蕴含的四重命题

（一）正确认识中国教育发展的基本特色

中国教育在七十多年的发展历程中取得了许多丰富的经验,有一些经验是值得骄傲的,从而构成"中国经验"的一部分。

1. 教育发展速度特别快。中国教育发展速度快是一个公认的事实,无论是义务教育的普及速度,还是高等教育大众化的推进速度,一旦我们确定了发展目标,就能够在最短的时间内达成,这也是世界上普遍羡慕的政府动员能力的体现,当然也是体制优势的表现。虽然在发展速度快的背后也隐藏了不少的问题,特别是存在着质量缺陷,但规模扩大也是教育现代化必须解决的一个课题。不少研究都揭示了中国教育发展的机制问题,认为这种发展机制与经济发展模式是一样的,即各级政府都采用了锦标赛机制[1],这极大地激发了各级政府的政绩意识,从而下决心大力发展教育,舍得投资。虽然这种行动背后具有强烈的政绩主义冲动,但客观上推进了教育规模的扩大,从而为推进教育公平提供了条件。

2. 教育体系总体上比较公平。这是社会主义制度优越性的体现,又是中国共产党治国理政以人民为中心的具体表现。为了保证教育公平,我国义务教育实行就近入学政策,取消了一切学杂费,而且采用一定的补贴政策,在"小升初"实行免试政策,这对于居民获得公平而有质量的教育提供了保障;在高等教育领域,我国长期以来实行全国统一的高考招生选拔制度,基本上实现了

---

[1] 乔坤元. 我国官员晋升锦标赛机制：理论与证据[J]. 经济科学, 2013 (1): 88-98.

"分数面前人人平等"，客观地推进了社会流动。虽然这个公平仍然是一种机会公平或形式公平，不是结果公平或实质公平，因为实质上的公平是针对每个人不同发展需要和发展潜质而分配适合的教育机会，而目前的统一考试模式主动摈弃了各种个性特色差异等影响因素，这些显然影响人才的主动性和创造性成长。

3. 教育规模巨大。这既是我国教育发展的成就，也是必须面对的基本事实。因为我国人口基数非常大，所以教育规模历来是我们必须面对的现实基础，这种状况也是我国教育发展的基本特色。有人总结我们的发展经验是由两个部分构成，即在改革开放前三十五年是穷国办大教育，而进入新时代后是大国办强教育。[1]

4. 政府在教育发展过程中始终处于主导地位。这是我国教育计划管理体制特征的反映。我国教育采用垂直式管理体制，政府的行政动员力量非常强，这样使教育发展能够做到全国一盘棋，包括东部教育对西部教育的定向支持，能够对少数民族实施优惠政策，对贫穷落后地区实施扶持政策，并且能够动员全国力量实施定点精准教育扶贫。

5. 党在教育事业发展中始终居于领导核心地位。这既是我们的政治优势所在，又是中国教育的根本特色。因为我国所实施的现代化是一种后发外生性的现代化[2]，所走的是一条追赶型发展道路，如果没有强有力的组织动员能力就无法实践。中国共产党发挥了教育事业的领导核心作用，从而保障了教育事业的发展和进步。

（二）正确面对中国教育发展的突出问题

我国教育发展主要面临如下的问题。

1. 钱颖一之思。钱颖一认为，我国教育面临的突出问题是人才培养的效果"均值大、方差小"[3]，直接结果就是拔尖创新人才少。对于这种问题的出现可以有多种解释方式。我们认为，这与我国各级各类教育采用统一的知识传授型教育模式有关，这种模式受到统一考试制度保护，它虽然保证绝大多数人掌握了基础知识，提高了智力水平，从而消除了发展的低谷现象，但同时也抑制了

---

[1] 陈子季. 从"穷国办大教育"到"大国办强教育"：改革开放40年我国基础教育发展成就概述［J］. 人民教育，2018（21）：7-12.

[2] 任剑涛. 从现代化的规范含义理解"中国式现代化"［J］. 江汉论坛，2023（1）：5-14.

[3] 钱颖一. 对中国教育问题的三个观察：均值与方差［J］. 基础教育课程，2015（1）：9-10.

高峰的出现。

2. 钱学森之问。我国著名科学家钱学森提出了"为什么我们的学校总是培养不出杰出人才？"的问题①，这个问题与钱颖一所思考的问题本质上是一致的，可以说指出了教育创新发展过程中的主要难题，即我们的大学还缺乏比较自由的学术环境，无法激发学生展开自由思考，导致学生发展潜力难以真正展示出来。

3. 教育发展不平衡。因为我国教育发展基本上采取的是地方主导发展模式，教育发展好坏与地方教育投入关系比较密切，地方教育投入水平不仅与地方经济关系比较紧密，也与地方政府的教育理念密切相关。这些都造成了教育发展的不平衡，造成了区域教育发展的差距比较大，即教育不仅存在着明显的城乡差别，而且中西部发展与东部发展差别比较大。

4. 教育投入各自为政。虽然我国在教育发展政策上是统一的，但在教育投入问题上基本上是一种各自为政的状态，各地在教育投入上受地方干部意志影响比较大，随意性较大，从而在教育资源分配上不均衡。在教育投入上注重外在办学条件的改善，而对办学理念提升和办学质量提高关注不多。

（三）科学分析中国教育发展的突破路径

1. 重点发展模式——这是我国传统上采用的主要发展策略，是在穷国办大教育情况下产生的一种办学模式，它成为一种教育发展路径，当前已形成了严重的路径依赖效应。这个模式突出特点就是采用资源分配倾斜模式，重点发展少量的学校或项目。其背后的逻辑是相信一切教育发展问题都是资源的问题，并且相信物质激励是教育政策工具的优先选择，从而展现出对物质决定论采取盲目崇拜态度，这对今天社会上流行的物质主义风气具有推波助澜的作用。

2. 均衡发展模式——这是我国在教育发展过程中采用的一种辅助性的发展策略，它实际上是一种受均衡社会理论影响的发展模式。② 因为它认为教育发展关键在于弥补教育发展短板，认为只有均衡发展模式才是高质量发展模式，运用"木桶理论"③ 解释就是教育发展水平高低取决于短板的长短或短板是否被补齐。

3. 实验探索模式——这往往是改革创新所采取的发展模式，也是一种探索

---

① 傅国亮."钱学森之问"的启示 [J]. 教育研究, 2009, 30 (12)：11-12.
② 袁富华. 从发展主义到均衡社会：兼析中国式现代化的规范取向 [J]. 中国特色社会主义研究, 2022 (1)：23-32.
③ 虞崇胜. 补齐短板：木桶原理在国家治理现代化中的运用 [J]. 中共中央党校（国家行政学院）学报, 2020, 24 (1)：26-33.

性发展模式,它认为一个成熟的高质量发展模式并非预先存在,而是需要通过持续的实验探索来逐步构建和完善。比如,开展创新创业教育就是其中的一个实验模式,目前人们虽然认识到培养学生创新创业能力的重要性,但在如何才能培养出大批的创新创业人才这一关键议题上,仍没有什么成熟的解决方案。这不仅是国内面临的挑战,更是国际上普遍关心的问题。实际上对这个问题的回答关系到教育如何实现转型发展。我国开设基地实验班、开展拔尖创新人才培养试验等,皆属于此类。

（四）科学设计中国教育发展的前景

对中国教育未来发展状况可以做如下的基本展望。

1. 人均受教育水平得到较大的提高。我国目前虽然高中的普及率非常高,但与发达国家的人均受教育水平相比仍然存在着不小的差距。虽然教育年限高低并不代表教育发展水平之间的根本差异,但确实能够反映出国民素质水平高低。为了提高我国国民基本素质,提高人均受教育年限仍然是一个非常重要的选择。

2. 各级各类教育发展达到相互协调的程度。目前普通教育与职业技术教育之间存在着很大的不协调,国人受传统文化影响,对职业技术教育仍然采取比较轻视的态度,没有认识到职业技术教育是人的成长之本,是人的谋生之源,换言之,人的一切活动都离不开职业技术教育。当然,职业技术教育已经成为一个消极的文化符码,这种消极影响如何祛除一直是一个值得思考的问题。此外基础教育与高等教育之间不协调,基础教育重视知识灌输,对人的多方面能力发展重视不够,与高等教育对创新人才素质培养要求不一致。学前教育存在着过度化的问题,造成了幼儿智力受到过度开发,影响到人才的成长潜力开发,影响到人才发展后劲。继续教育的特色不明显,目前继续教育仍然是一种补偿性的学历教育,而不是以职业技能提升为主的发展性教育。目前特殊教育很不发达,特殊教育系统很不完备,它在融入普通教育系统过程中具有很大的困难和阻力。

3. 优秀人才辈出。这里的优秀人才首先是指拔尖创新人才,指各行各业的领军人才。目前大学教育虽然开展了拔尖创新人才的实验,但总体上看仍然严重缺乏优秀人才成长氛围。因为优秀人才成长需要自由探索的环境,需要鼓励人才的独创性发挥的氛围,这种氛围不仅是教育系统内部努力构建的目标,也应该是全社会的文化氛围建设目标,换言之,不能只是一种局部的改革试点,而应该是整体改革方向,如果是局部的试点很难形成持久发展态势。

4. 教育水平具有世界竞争力。这是一种最终结果,也是教育强国的根本体现。如果高等教育具有世界竞争力，就会集中体现在世界级优秀学者的汇集，全世界优秀学子来学，这源于教育具有国际高声誉度。人们往往用大学的学术水平代表教育强国的发展程度，学术水平高低虽然在一定程度上体现为学术论文发表数量和高被引论文数量，但主要应该体现在对人类社会发展做出的原创性贡献上，如诺贝尔科学奖就反映了这种贡献能力。

三、中国式教育现代化的核心命题

（一）实现教育高质量发展是中国式教育现代化的核心命题

实现高质量发展是习近平新时代中国特色社会主义思想中的重要内容，新发展理念就聚焦于高质量发展主题上。① 高质量发展是全方位的，不仅包括经济建设，还包括政治、文化、生态和社会建设，当然也包括教育，教育高质量发展是教育强国建设的内在呼唤。

1. 教育高质量发展从发展战略角度讲是从注重规模扩展向注重质量提升转变。这是一个必然趋势。无论是高等教育还是其他类别教育，质量提升都是在规模达到一定程度后才受到关注。高等教育进入普及化阶段后，发展主题自然要向质量提升方向转变，但如何转变不确定。所以，寻找转型路径是高质量发展问题研究的重点。

2. 教育高质量发展从理念角度讲是教育活动从注重知识传授向注重能力发展转变。过去人们比较崇信知识就是力量，但由于人们对知识内涵缺乏有力的解释，从而知识很容易变成学历的符号，认为学历高就是知识水平高。在教育规模比较小的情况下，学历高具有明显的竞争优势，但在高等教育规模巨大的情况下，学历的优势渐渐丧失，知识的含义需要重新界定。如果所学知识是无用的，就不可能是有力量的。如果知识是通过死记硬背方式获得的，那么它的作用可能是负向的，因为它可能阻碍人的思维发展，当然也就限制了人的创新活力，这也是应试教育的最大弊端。目前社会对人才的考核标准已不再是他有多少知识，而是他能够做什么，即他具有什么样的能力，特别是要具备解决困难与问题的能力，也就是社会普遍需要的实践能力与创新能力。

3. 教育高质量发展从培养结果上讲是从接受容器（制器）向创造主体（育

---

① 王大树.新发展理念与高质量发展［J］.北京工商大学学报（社会科学版），2022，37（5）：11-19，113.

人）转变。① 社会上人才观的变化直接影响到人才培养标准的变化和对教育理念的重新审视。以知识为主的教育理念常把学生看作知识的容器，即以学生接受的知识量多少或知识的难易度来衡量，对学生解决实际问题的能力缺乏关注。教学活动重心应该落实在解决实际问题的能力上，如此就必须培养人的主体精神，即必须把人作为思考问题的主体看待，必须让学生体验到问题的真实情境，不然就很难产生问题意识，从而也就很难产生思考问题的动力，那么思维能力就得不到训练的机会。批判性思维能力就是在问题意识中产生的，在具体思考过程中成长的，在解答问题过程中得以升华的。

（二）困惑高质量发展的基本问题仍然是人们具有非常强的急功近利的思维方式与心态

从根源上说，急功近利的思维方式与心态都是被动型人格造成的。现在社会上普遍存在着一种被动心态，就是认为自己所做的一切都是为别人做的，不是自己想做的，是被迫做的，从而普遍存在着一种打工人（打工仔）的心理，即认为自己是身不由己、不由自主的。在这种情况下，人们往往只图眼前利益，得过且过。不幸的是，这种风气也感染了教育，表现为教育的主动性缺失，跟着社会风气随波逐流。在这种社会风气下，人们往往是不自信的，对未来没有什么期望，从而缺乏自我认同感，当然对生活也是缺乏激情的。具体表现为对人生没有明确的目的性，似乎一切都听从环境的安排，仿佛一切都是机缘巧合的结果，从而对逆境绝对不反抗，这种状态说到底就是主体精神缺乏。

（三）高质量发展面临的难题就是如何祛除应试教育的顽瘴痼疾

应试教育之所以能够根深蒂固，是因为它具有外在的公平价值。它有一个比较统一的客观标准，从而能够满足人们对公平的诉求。可以说，它只是照顾了表面的公平，并不符合公平的实质，因为它失去了对个性的尊重。人最大的价值就在于创造性，只有个体创造性得到充分开发，人的价值才算得以实现。

对于如何既照顾公平又能够满足个性发展要求似乎是一件鱼和熊掌不可兼得的事情。究竟是为了机会的公平还是每个人的实质发展，两者并非一种非此即彼的关系，协调两者关系可能需要进行一个结构化设计，如在什么条件下必须是以公平为主的，到什么阶段后则必须以个性发展为主。但人们已经习惯了表面公平模式，特别不习惯于个性化模式，认为个性化很容易变成差异化，乃至特权化，"不患寡而患不均"，这可能正是造成创新人才培养乏力的真正文化根源。

---

① 杨叔子. 是"育人"非"制器"：再谈人文教育的基础地位［J］. 高等教育研究，2001（2）：7-10.

目前应试教育开始走向普遍化、弥散化，已不再囿于基础教育，而是向全社会蔓延，社会各行各业似乎都是在追逐外在目标，不是为了内心的自由和心灵解放或自我实现。这些都会导致人变得越来越被动，这种情况必须改变。遗憾的是，应试主义在新管理主义下得到了强化，因为新管理主义非常强调效率。新管理主义强调目标导向，注重外部激励，从而人的自主性就必然受到抑制。[①]因此，应试主义与新管理主义具有内在的一致性。

（四）高质量发展需要从培养人的主体精神方面进行突破

主体性是作为现代人的基本条件，可以说没有主体性就没有现代性。[②] 毫无疑问，作为主体的人首先应该是自由的人，是能动的人，而唯有自由的人才是能动的人，唯有能动的人才能发挥主体性，才具有创造性，才敢于打破常规，做自己认为正确的事情，这样才可能创新。如果一切行动都听从指挥，那么创新就不可能发生。因为作为被动的人，其内在潜能无法得到充分激发，那么创造性就无法释放。

人的能力发展从根本上讲就是基于主体性的激发。人的一切能力发展都依赖于个体的主观意志的努力，当然这也是基于主体自我规制的结果，即通过自己设定目标，自己努力去达成。如果一个人的主体性无法激发，那么他不可能有自己的成长目标，也无法成就自己。但主体性的展现也必然是建立在社会环境对人性和个性的尊重上，换言之，主体性与环境之间具有很强的依存性，如果缺乏社会环境的有力支持，个体的主体性就无法充分激发。因而，只有在环境比较适宜的条件下，个体才能充分释放自我，主体性才能较好地表达出来。显然，如此环境不是自然而然生成的，往往是建立在国家对个体权利保护的基础上或是社会有意识建构的结果，如果没有国家和社会对人的基本权利的重视和保护，或者说如果个体感觉环境是不安全的，那么个体的主动性难以充分激发。

四、创新创业教育承担中国式教育现代化突破重任

（一）教育高质量发展依赖于教育活动所有主体的创新精神激发和创业能力生成

在今天，教育发展的根本动力依然是创新，没有创新，教育发展中的顽瘴

---

① 张银霞. 新管理主义背景下西方学术职业群体的困境［J］. 高等教育研究，2012，33（4）：105-109.

② 谭凯. 现代性与人的主体性：熊十力徐复观对知识分子的论述［J］. 云梦学刊，2023，44（3）：103-109.

痼疾就难以被突破，这绝非某项制度简单的废、改、立问题，而是对整个教育体系运行机制设计的思维方式和行为习惯进行根本性调整的问题，换言之，这是一个深层次的文化问题。当下，我们不得不面对教育发展的现实问题。在现实中，教育活动主体普遍缺乏主动探索的精神，缺乏对自我发展目标进行根本性设计，因为人们终日忙于外在目标的实现、眼前利益的获得，对自己究竟是谁关注较少，因此生活过得一点也不充实，几乎没有什么幸福感可言，从而出现了学习疲劳和职业倦怠。即便如此人们也不敢放松自我，因为内部竞争非常激烈，存在着严重的内卷化。在这种状态下，人的创新精神很难被激发，创业能力也在大幅度下降，因为缺乏内在动力加持，所以变成了一种疲于应付的状态。显然，如果不能普遍地激发人的创新精神，就无法促进人的创业能力生成，那么教育发展仍然是低质量的。

（二）创新精神激发是克服功利化之弊的根本途径

目前，人们都在抱怨社会上急功近利风气的盛行，但很少有人真正思考如何来改变该风气，好像都觉得自己无足轻重、无能无力，所以也无可奈何，只能是抱怨一下而已。笔者认为，如果不认识功利化的实质，功利化风气就难以根本破除。认识功利化实质，就是认识其根源。人们的行为之所以表现得功利化，从本质上说是因为人们对自我价值认识的严重缺乏，即认识不到自己需要做的更重要的事情，那么只能听从外部驱使获得一些眼前的利益。功利化实质表现就是缺乏长远追求。如果一个人认识到自己的潜能价值，就会认识到自己的独特性，就会产生深层次的行为动力，就会对眼前的利益诱惑视而不见。

显然，认识自己的潜能价值绝非易事。但一个人只有认识到自己的潜能价值，才能成为真正的自己，不然他就会处于一种迷茫的状态，一种被外在命运驱使的状态。如果外界没有一个比较宽容的环境，不鼓励个体进行试错，那么个体很难发现自己的潜能。人都是在无数次的尝试之后才真正发现自己的成长目标和发展方向。而学校固定的科目训练所提供的机遇是极少的，往往仅适合少数人，这样就培养了大量的"失败者"。所以，只有多样化的教育体系才能促进人多方面成长，单一的教育体系容易造成人的发展走向片面化。创新精神激发旨在使人具有克服困难的勇气，人正是在克服困难的过程中才开始认识自己的，也是在克服困难的过程中发现自己潜能的，人的真正知识获得也是通过这一方式实现的。因为人在克服困难的过程中开始挑战自己，开始对世界和自身产生新的认识，于是就开始改变自己的思维方式和行为模式，直至实现了对自我的超越，这种自我超越过程就是创新精神的体现。

(三) 创业能力生成是个体和社会之福祉

创业能力可谓人立身之本，也是个体自我价值实现的基础。因为自立自足是一个人获得尊严的基础，也是一个人获得独立性的前提。创业需要以发现自己的优势发展方向为基础，如此个体的创造性才能充分释放，个体追求才是自觉自愿的，这样个体才能是幸福的。任何社会都需要人人具有充分的创业活力，如此社会才能生机勃勃。显然，这需要人人都具有充分认识自己的机会，教育就应该为每个个体提供充分认识自己的机会，如此才能使教育成为个体发现自我潜能的最重要的机制。毋庸置疑，它要求教育能够为每个个体提供充分表现自我的机会，否则人的潜能会处于一种受压抑的状态。目前基础教育应试化导致学生学习负担过重，学习时间过长，牺牲了休息和娱乐的时间，也挤占了多方面发展的机会，结果造成学生身心健康严重恶化。在高等教育阶段，偏理论化的教学内容和满堂灌式的教学方法，导致学生兴趣阙如，还普遍催生了一种隐性的逃课现象，学生学习很大程度上只是为了获得学分，与发展个人兴趣和开发自我潜能无关，从而无法促进创新创业人才培养。

(四) 创新创业教育肩负创新精神培养和创业能力生成责任

目前，社会上对于创新创业教育的认识仍然不够科学，因为没有认识到它的普遍意义[①]，甚至存在不少误解。例如，不少人认为创新创业教育不过是缓解就业的一种权宜之计，多数家庭认为自己孩子不适合创新创业，绝大多数家长希望自己孩子未来目标就是获得稳定的工作。这些想法都没有意识到目前社会环境已然发生了根本性变化，再不能用传统的思维方式来对待学习与职业的关系。当代社会要求每个人必须具有闯劲，必须具备应对环境变化的能力，这实际上就是广义的创新能力；同时要求每个人具有克服困难的能力，这实际上就是广义的创业能力。显然，这些是对每个个体的基本要求，也是对每个个体创新创业能力的要求，应成为创新创业教育的基本内涵[②]，然而它并未受到普遍重视。

之所以如此，是因为目前高校创新创业教育仍然是一种外生性的创新创业教育，即创新创业教育并未变成学校办学的内在追求，因而并未成为学校办学的核心理念，只是为了完成上级指示要求，换言之，都是为了完成规定动作，

---

① 王洪才. 创新创业教育的意义、本质及其实现 [J]. 创新与创业教育, 2020, 11 (6): 1-9.

② 王洪才. 创新创业能力的科学内涵及其意义 [J]. 教育发展研究, 2022, 42 (1): 53-59.

即处于一种"要我做"的状态,并未深度理解创新创业教育的实质内涵。[①] 未来,所有教育机构都需要向内生性的创新创业教育机构转变,都应认识到创新创业教育是教育发展的必然趋势,必须变被动为主动,即变成"我要做"的状态,彼时创新创业教育就成为学校办学的核心理念!

五、创新创业教育实践需要不断突围

(一) 创新创业教育实践需要办学理念的转变

从理论上讲,当下每个学校都应该把学生创新创业能力培养作为自己工作的核心目标,因为人才培养是教育的中心工作,只有学生成功,才能证明自己办学的真正成功;而学生只有具备了创新创业能力,他们才能真正走向成功,才能证明学校办学的成功。显然,目前高校的主要注意力仍然集中在排名上,似乎排名代表了一切,大学一切活动都围绕排名转。虽然人们很早就认识到"大学不能围绕排名转",而实际情况非但没有缓解,反而呈愈演愈烈之势。这就形成了高校办学的一种顽瘴痼疾,如果不加以根治,中国大学就很难成为世界一流大学,因为这样办学不可能面向真正问题,不可能真正激发创造性,而且围绕大学排名转也是缺乏大学理念的一种表现或者说是缺乏办学定力的表现。这是一种受外力驱动的办学形态,是低级办学水平的体现;而高级办学状态必然是一种自主的发展状态,不是自主的就不可能是一流的。如果我国没有建成一大批世界一流大学,就很难说我国已经建成高等教育强国,也很难为社会经济发展提供强有力的创新动力,那么中国式现代化就很难真正实现。

(二) 创新创业教育实践需要评估机制的转变

毋庸赘言,评估机制在任何时候都发挥着导引作用。目前教育盛行的量化评估机制导致人的追求表面化。此外,教育评估项目越来越琐碎,缺乏统一性,造成大学工作缺乏重心,教师和学生精力分散,难以专心致志做好任何一件事情。从理论上说,多样化的评价指标有助于督促学校全面开展工作和促进个体全面发展,但从实践效果看,这些评估项目由于缺乏系统的顶层设计,容易使各个评估对象为了刷绩点而疲于奔命。无论是学校还是教师或是学生,如果不能静下心来就无法实现认识的深化和能力的转化,而且很容易造成身心俱疲,就会把各种评价项目当成运动来抓,如搞突击、全面动员、一哄而上。因而,扎实推进创新创业教育首先在于让学校端正办学观念,让学校认清社会发展需

[①] 王洪才. 论创新创业教育的多重意蕴 [J]. 江苏高教, 2018 (3): 1-5.

求，也需要让教师认清自己的职业价值，特别是让学生认准自己的发展方向，从而使其都可以在自己的优势领域进行深入挖掘获得突破，进而实现创新能力和实践能力的增长并对社会做出贡献。如果各种评价杠杆不能围绕一个中心共同发力，就很难使高校形成自己的优势特色，使教师形成自己的优势领域，使学生明确发展目标，最终难以实现各自能力发展的突破。

（三）创新创业教育实践需要全体教师创造精神的激发

在任何时候，我们都必须承认，实施创新创业教育的根本主体是教师，特别是教师的创造精神，如果没有教师的创造精神发挥作用，创新创业教育效果就难以令人满意。目前人们切实地感受到绝大多数教师是游离于创新创业教育之外的，他们对创新创业教育是什么并不了解，也不关心，因为他们的主要兴趣是在自己的职称晋升上（唯职称），是在如何获得科研项目上（唯项目）和如何发表学术论文上（唯论文），至于学生该参与什么样的创新创业活动或创新创业能力发展得如何似乎与他们不相干，这种心理状态使创新创业教育与大多数课程教学活动是绝缘的。如果教师在课程教学过程中只是满足于自己准备的教学内容是否授完，而不关心学生是否接受或接受后效果如何，那么教学活动就变成了一种程式化作业。这种教学状态亟待改变，否则难以使创新创业教育深入课堂，使创新创业教育获得实质性效果。因为只有各门课程教学都灌注了创新创业精神，才能真正在校园内形成创新创业教育氛围，才能成为创新创业教育的强大支撑，才能使学生真正意识到创新创业能力培养的重要性，从而使学生形成努力成为创新创业人才的自觉性。

（四）创新创业教育实践需要社会构建创新创业文化

目前，社会舆论已成为教育改革的重要动力来源，因为社会舆论在很大程度上反映了社会需要，反映了人民的呼声。遗憾的是，由于缺乏正确的引导，社会舆论往往关注的是一些教育表面现象，并没有触及教育发展中的深层问题。毕竟对教育问题的辨识需要一定的专业知识，而不少人对教育问题的理解也往往只能从感性经验出发。例如，社会虽然意识到就业问题的严重性，但没有深度思考解决就业问题的真正出路；由于社会大众对高校人才培养过程不甚了解，从而对人才究竟该如何培养缺乏发言权。在此情况下，社会上不少人对创新创业教育仍然持一种排斥心理，认为创新创业是一种富人的游戏，没有意识到创新创业素质已经成为社会的基本要求，没有意识到创新创业能力正在决定一个人的事业成败，没有意识到按照传统就业老路根本就行不通了，没有意识到就业问题的解决最终依靠的是每个人创造性的激发，依靠的是每个人创新创业能力的开发。显然，社会舆论的压力并没有完全传导到大学，许多大学依然按照学科中心主义的路线发展，没有把发展重心放在提升学生能力素质上，特别是培养学生的创新创业能力上。所以，社会舆论焦点应该集中在督促学校变革创新上，这首先要解决教育改革存在的内在动力弱化问题。

六、结语

中国式教育现代化依靠创新驱动为自己增加发展动能，依靠每个人具有强大的创新创业精神实现自我潜能的极大开发，只有把每个人的创新创业潜能充分开发出来，中国式教育现代化的理想目标才能真正实现，才能够为中国式现代化提供强有力的动力支撑，才能够担负起中华民族伟大复兴的光荣使命。因此，创新创业教育应该担负起作为中国式教育现代化奠基石的历史使命，绝不容许有任何回避与懈怠。

第二篇　创新创业教育与教育高质量发展

创新创业教育在高等教育普及化过程中扮演什么角色？对高等教育高质量发展的作用如何？与高等教育内涵式发展是什么关系？对职业教育的影响如何？要回答这些问题，首先必须探明高质量高等教育体系的基本内涵、主要特征与实践路径，如此才能清晰地阐明创新创业教育与教育高质量发展的关系。

第一章

高质量高等教育体系内涵、特征与实践路径*

引导语：建设高质量高等教育体系是实现中国式高等教育现代化的基本要求，为此必须明确高质量高等教育体系建设的基本内涵、主要特征与实践路径。经过哲学思辨发现，高质量高等教育体系建设必须以创新创业人才培养为核心目标追求，从而具有目标明确、规范明晰、主体自觉、社会参与、过程规范、结果可测等系列特征，而激发教师创造性是高质量高等教育体系建设的逻辑起点。为此，需要完善高校治理体系以激发教师的创造性。具体而言，需要通过完善教师参与治理制度、学生评教制度、教学改革促进制度、产教融合机制和教师评价制度等机制建设，进一步夯实人才培养在高校工作中的中心地位，为高等教育高质量发展铺平道路。

关键词：高质量高等教育；基本内涵；主要特征；实践路径；创新创业

2022年10月16日，中国共产党第二十次全国代表大会胜利召开，这是中国共产党历史和中国社会发展史上的一个重大事件，因为这次大会是中国共产党在开启建成社会主义现代化强国的新百年征程关键时刻召开的一次大会，发出了"以中国式现代化全面推进中华民族伟大复兴"① 的动员令。在党的二十大报告中，习近平总书记系统地阐述了中国式现代化这一重要命题，把中国式现代化表述为"人口规模巨大的现代化""全体人民共同富裕的现代化""物质文明和精神文明相协调的现代化""人与自然和谐共生的现代化""走和平发展

---

* 原载于《现代教育管理》2023年第4期，第1—9页，收录时做了调整。
① 习近平. 高举中国特色社会主义伟大旗帜　为全面建设社会主义现代化国家而团结奋斗：在中国共产党第二十次全国代表大会上的报告 [EB/OL]. 中华人民共和国中央人民政府网，2022-10-25.

道路的现代化"①。众所周知，中华人民共和国成立以来，就开始了艰难的现代化探索，经历了无数挫折，改革开放后随着中国特色社会主义理论的提出，中国式现代化道路才开始展现雏形。虽然经历了全球化逆流的考验，但中国共产党始终坚定不移地走中国特色社会主义道路。党的十八大以来，中国特色社会主义建设走向了一个新高潮，中国共产党人在百年未有之大变局形势下进一步推进了马克思主义中国化和时代化，实现了马克思主义基本原理与中国国情的结合、与中华优秀传统文化的结合，开创性地提出了习近平新时代中国特色社会主义思想，带领中国人民走上了从富起来向强起来的转变之路，使我国经济总量稳居世界第二的地位，从而奠定了中国式现代化的理论基础和现实基础。中国式现代化是一个总命题，它包含一系列分命题，中国式教育现代化就是其中的一个分命题，而中国式高等教育现代化是这个分命题的子命题。无论是推进中国式现代化建设，还是推进中国式教育现代化建设，抑或是推进中国式高等教育现代化建设，核心要义就是实现高质量发展，都需要在新发展观引领下统筹推进"五位一体"总体布局和协调推进"四个全面"战略布局。在此背景下，讨论高质量高等教育体系建设具有重要的理论价值和现实意义。

一、高质量高等教育体系的基本内涵

建设高质量高等教育体系是我国高等教育发展进入普及化阶段后提出的一个崭新命题。② 1999年我国实施高等学校大扩招以来，经过近二十年的快速扩张，我们不仅提前完成了高等教育大众化任务，而且顺利地进入了普及化阶段，从而基本满足了人民群众对高等教育入学机会的需求，为人民提高生活品质打下了良好基础，从而有力地支持了我国全面建成小康社会。值此之际，我国高等教育确立了更高的发展目标，即建设高质量高等教育体系。毫无疑问，这与2035年实现教育现代化的战略目标是一致的③，也是建设高等教育强国的召唤，反映了高等教育现代化的内在要求。为了更好地实现高等教育现代化的目标，首先需要明确界定高质量高等教育体系的内涵是什么，因为高等教育现代化的目的是建设高质量的高等教育体系。从学理上看，"高质量高等教育"是一个相

---

① 习近平. 高举中国特色社会主义伟大旗帜　为全面建设社会主义现代化国家而团结奋斗：在中国共产党第二十次全国代表大会上的报告 [EB/OL]. 中华人民共和国中央人民政府网，2022-10-25.
② 陆根书. 对高质量高等教育体系建设的思考 [J]. 江苏高教，2022 (1)：1-7.
③ 刘国瑞. 国家重大战略转换期高等教育现代化的定位与思路 [J]. 高等教育研究，2020，41 (5)：1-9.

对概念，是比较的结果，并无绝对的标准。但从现实角度看，高质量高等教育就是要使高等教育达到世界一流水准，使中国成为世界留学生的向往之地，同时成为国际学者汇集之地，进而成为对世界文明做出重大贡献的国家，从而成为真正的高等教育强国。显然，高质量高等教育不是从学理角度来说的，而是从实际出发的，如此高质量高等教育体系的基本内涵就确定了。

第一，高质量高等教育体系必然把创新创业人才培养作为根本目标，把创新创业能力培养作为它的核心内涵。[①] 培养创新创业人才是当代世界高等教育发展面临的最重要的课题之一，因为只有"敢闯会创"的创新创业人才才能真正适应创新驱动发展时代的要求，一个人只有不断地创新，才能适应社会变化的发展要求，只有持续地创业，才能更好地实现自己的人生价值。所以，一个人如果不能很好地创新创业，非但无法实现自己的人生理想，也无法为社会做出创造性贡献。高等教育只有把创新创业教育做成功之后，才能适应社会发展要求和满足个人发展愿望。因此，确立创新创业人才作为普及化时代高等教育的培养目标是高质量高等教育体系建设的第一位内涵。

第二，高质量高等教育体系必然是以创新教学[②]作为基本手段的人才培养模式，即不再采用传统的"老师讲—学生听"作为教学手段，而是要以问题探究作为基本的教学方式，唯有如此才能培养学生的创新思维、创新意识、创新精神和创新能力，才能使他们真正成为创新创业人才。因为只有当学生真切地面向问题的时候才能真正开始思考如何解答问题，才会认真拷问自己的知识基础如何，才能开始主动地汲取知识；当已有知识无法满足解答问题需要时，学生就会开始探究新知识，在这个过程中，就会逐渐地使自己从知识的接受者转变为知识的探索者。只有经历这个转变过程，他们才能成为真正的高素质创新创业人才。而创新教学是培养高素质创新创业人才的基本方式方法，如果不采取这样的方式方法，仍然采用传统的灌输式教学，注定难以实现人才培养质量的提升。因为只有在探究的过程中，学生才能真正发现自身的潜能所在并且主动地开发自我潜能，从而为自己提出更高的发展目标，最终超越自我发展预期，达到社会对高素质创新创业人才的期许。

第三，高质量高等教育体系必然是一种教、学、做有机融合的过程，因为单靠理论知识教学无法培养实践能力，要培养实践能力就必须进行合适的实践

[①] 王洪才. 创新创业能力培养：作为高质量高等教育的核心内涵[J]. 江苏高教，2021（11）：21-27.

[②] 王洪才. 论大学传统教学与大学创新教学[J]. 苏州大学学报（教育科学版），2017，5（4）：10-19.

教学；而实践教学对教学条件要求非常高，特别是对师资条件要求非常高，没有实践背景的教师难以指导学生如何面对实际问题和如何解决实际问题。"做"是能力培养的核心环节，教与学都需要通过具体做的过程来贯通，只有教、学、做的有机融合，才能使理论指导实践，实践检验理论并丰富和发展理论，如此才能培养学生既会进行理论分析，又会解决实际问题，从而培养出的人才具有真才实干。教、学、做的有机融合，不仅对师生教学素质提出了高标准要求，也对高校办学条件和评价方式提出了高标准的要求。

第四，高质量高等教育体系应当是高等学校内部管理责任明晰化、制约机制有效化的运行状态。换言之，只有高等学校内部建设了健全的质量保障机制，学校、学院、学系都具有明确的办学目标、资源分配机制、质量检验标准和明确的奖惩机制，才可以做到人人尽责、个个作用发挥到位。可以说，如果缺乏健全的内部质量保障机制，是不可能办出高质量高等教育的。

第五，高质量高等教育体系必然是高等学校教师积极性充分调动和创造性充分发挥的结果。因为高等学校工作的基本单元是教师，只有教师的主动性、积极性和创造性都充分发挥出来，那么学校的教育教学水平才可能是高质量的，进而人才培养质量才可能是高质量的，且高等教育运行过程才可能是高效的，否则办出高质量高等教育是不可想象的。

第六，高质量高等教育体系必然是学习者的主动性、能动性充分开发的状态。只有学习者高度投入学习的状态，具有自觉成才的目标，才可能使学习质量提升，才可能使自身成为真正的社会有用之才。一言以蔽之，高质量高等教育最终是看学习者的积极性、能动性和创造性的发挥，没有学习者的自觉意识，高质量高等教育是不可能实现的。

由此可见，高质量高等教育体系包含上述六种基本含义，这六者是内在一体的，最终落实到学生学习的积极性得到体现，这也是以学生为中心的主旨所在。[1] 我们知道，当今社会迫切需要大批创新创业人才，即人们所统称的"敢闯会创"人才。因为创业是需要十足勇气的，没有勇气就无法应对各种困难。但仅有勇气是不够的，必须善于运筹，善于打破僵局，能够打破常规思维，这就需要具有创新思维。因此，创新创业人才实际上就是有勇有谋的实干家，既不是空头的理论家，更不是一个莽夫，而是善于克服困难、善于解决难题、善于推进事物发展的真正人才。这才是社会所需要的理想人才，也是高校人才培养追求的理想目标。然而高校并未普遍具有这种自觉性，因为高校长期以来习

---

[1] 王洪才. 何谓"学生中心主义"？[J]. 大学教育科学，2014（6）：62-66.

惯于学科主义的封闭性逻辑，追求知识的自洽性，而不追求人才的开拓性与创新性。要追求人才的开拓性就势必要与实践结合起来，如果封闭式办学，学校无法为学生提供实践机会，那么学生的开拓性就无法培养起来。而创新性是在打破传统知识框架后实现的，实践是检验知识有效性的根本标准，如果缺乏实践环节，学生的创新性也难以激发出来。就此而言，高校传统的人才培养目标、规章制度建设、学术风气建设和教学管理制度都还不能适应创新创业人才培养的要求。

可以说，建立一套适应创新创业人才培养的规范体系是高质量高等教育建设的当务之急。为此，高校向创新创业教育转型势在必行[①]，而教师首先要成为创新创业人才，这是造就大批创新创业人才的前提[②]。显然，社会对创新创业人才的认可并给予大力支持是高等学校内部改革的动力。不然，高等学校就会按照自己的惯性进行运作，就会按照学科知识的逻辑不断地分化、细化，而且越来越壁垒化，最终成为知识创新和人才培养的障碍。

二、高质量高等教育体系的主要特征

通过对高质量高等教育体系基本内涵的分析，可以得出高质量高等教育体系具有六个主要特征。

第一，目标明确性。目标明确性是指高等教育发展必须具有非常明确的质量标准。有了明确目标就可以规范高等教育行动。例如，对课程标准进行规定，对课程内容进行规定，对课程教学方式进行规定，以及对课程质量监督、监测方式进行规定。我们知道，课程是实现人才培养目标的载体，课程质量高低基本上决定了人才培养质量高低。而课程质量高低实际上直接受制于人才培养目标明确与否。培养目标越是不明确，那么课程建设就越容易随意。相反，人才培养目标越明确，那么课程建设的目的性就越强，进而课程建设质量可能就越高。当然，目标明确是建立在目标本身科学合理的前提下，否则越明确就越具有破坏性。因此课程治理首先是解决课程建设的目标问题，其次是解决课程建设的内容问题，再次是解决课程建设的手段问题，最后是解决课程建设的评估或控制的问题。[③] 这一切都是环环相扣的。

---

① 黄兆信. 推动我国高校创新创业教育转型发展 [J]. 中国高等教育, 2017 (7): 45-47.
② 黄兆信, 曾尔雷, 施永川, 等. 以岗位创业为导向: 高校创业教育转型发展的战略选择 [J]. 教育研究, 2012, 33 (12): 46-52.
③ 王洪才. 论大学的课程治理 [J]. 山西大学学报（哲学社会科学版）, 2021, 44 (3): 129-135.

第二，规范明晰性。没有明确的规范，就很难产生强约束力。随着高等教育发展，高等教育已经成为一个庞大的社会系统，为了维系高等教育系统运转，必须建立明确的规范系统，否则就难以摆脱传统大学的松散性组织的特征。只有运行规范明确，才能为大学规模扩张提供质量保障，否则就难免出现低质量状况。众所周知，随着高等教育规模的不断扩大，单位学校规模也在不断扩大，高等学校内部管理已经成为一个实实在在的问题，如果不建立一套基本的运行规则，形成明晰的运行规范，对一个超大规模的学术组织而言是非常危险的。这也是高等教育普遍加强行政权力的缘故。① 当一个组织规模达到一定程度之后，如果仍然采用传统的学术自治方式，一切都经过教授讨论，不仅效率低下，而且成本也难以承受。这也是大学管理改革运动兴起的必然要求。② 当然，大学管理改革运动不是单向的，而是双向的，一方面要求增加高校行政方面的决策权力，另一方面要求扩大社会参与治理的范围，即让社会利益相关人能够参与大学治理，其目的不仅是保证决策信息来源的广泛性，而且是为了约束行政权力的滥用。此外，还增加了教师申诉和学生投诉的权利，无疑这也是对行政权力的有力制约。传统大学运行主要依据在长期办学过程中积累下来的经验或习惯进行，在新形势下这种管理模式已经不适应了，需要引入依法治理规则，特别是程序正当原则，否则就不能把尊重利益相关人的基本利益诉求当成办学的基本准则。虽然大学在明确规章制度之后，可能会在一定程度上提升运行成本，但同时也可以促使决策机构更慎重，从而降低运行风险。就此而言，以降低决策效率来换取决策效益提升是值得的。规范明晰性可以使大学内部治理改进与社会治理的进步实现同步化，避免大学内部行动与社会需要脱节太远。

第三，主体自觉性。所有的社会活动都依靠人的主动性发挥才能成功，如果参与主体不是主动的、自觉的，而是被动的、麻木的，其效果注定是不佳的。高等教育活动包含四个基本主体。一是政府。政府是高等教育的举办者，是高等教育活动的决定性主体，不仅对高等教育负有投资支持的责任，而且也担负高等教育质量监管的责任，所以，促进办学目标明确、学校规章制度完善都是政府应该肩负的责任。因为如果没有明确的办学目标，就不可能有高质量的教育教学；没有完善的规章制度建设，就无法建立高质量高等教育体系。政府在其中负责目标确认和制度审查的工作，从而能够对高等学校办学行为进行有效

---

① 张银霞. 新管理主义背景下西方学术职业群体的困境 [J]. 高等教育研究，2012，33 (4)：105-109.

② 王思懿. 新管理主义情境下全球学术职业的变革与坚守：基于组织专业主义与职业专业主义分化的视角 [J]. 外国教育研究，2021，48 (6)：33-45.

的督察。党的二十大报告中提出，"充分发挥市场在资源配置中的决定性作用，更好发挥政府作用"①，其蕴意也在于此。二是大学管理者，就是以校长为首的行政工作班子。他们是政府的委托人，负责落实政府交付的办学任务。他们应该明确人才培养目标要求，知道实现办学目标的基本措施，知道合理的规范究竟是什么，如何做才是有效的，从而使自身的管理行为不是无的放矢，而是有理有据的。大学管理者是上通下达的纽带，是高等教育活动的关键主体，他们的作用发挥如何直接关系到办学效果的好坏。三是大学教师。教师是高等教育活动的核心主体，因为教师是教育教学活动的直接承担者，是管理者与学生之间最重要的媒介，如果他们的作用发挥不到位，就会直接影响教育教学效果。教师作用的发挥依赖于他们对自身责任的自觉体认，换言之，教师的责任不是被强加的，而是自我意识的结果，只有这样才能变成他们的主动行为而非被动行为。但如果学校规章制度不合理，就会束缚教师主动性的发挥，对于应当承担的责任也不会产生自觉行动。因为人对环境具有依存性，制度本身就具有规范和导向的作用，不合理的制度自然会影响教师的积极性发挥，而合理的制度才会激发其主动性发挥。制度合理需要由教师进行独立的评价，需要教师直接地参与到制度建设过程中获得真实体验并进行理论思辨，如此才能获得主体身份确认。如果他们是以被规制的身份存在，那么会产生一种天然的抵制性，从而就阻碍了其主体性的发挥。缺乏了教师的主体性，大学办学质量就处于低水平。四是学生。如果教师是大学办学的核心主体，那么学生就是大学办学的根本主体，因为大学有了学生才能被称为学校，否则就可能只是一种研究机构。学生是大学最重要的原材料和最重要的成果，学生质量就代表学校的质量，所以办学目标是否已经达成最终是看学生的培养质量如何。培养质量不仅依靠外界评价，更需要学生自己评价，离开了学生的体验和评价，所有评价都是不真实的，只有学生自身评价才能使评价具有实质性内涵。学生体验首先是来自课堂，其次是来自课下实践，再次是来自大学氛围的熏陶，最后是来自社会评价的反馈。可以说，学生体验是多重的，尤其是在信息时代，人们经常有意或无意地交流彼此的体验与感受，这些交流就是对教育效果的评价，同时也在促进他们进行自我反思和重新体验。只有当学生认识到自己的责任和价值使命时，才能使自身的主动性充分激活，内在的创造性充分释放，才能主动地向创新创

---

① 习近平．高举中国特色社会主义伟大旗帜　为全面建设社会主义现代化国家而团结奋斗：在中国共产党第二十次全国代表大会上的报告［EB/OL］．中华人民共和国中央人民政府网，2022-10-25.

业人才的目标努力。失去这种主动性，创新创业人才培养就会落空。

第四，社会参与性。缺乏社会参与的高等教育不可能是高质量的高等教育。社会参与不是随机参与和随意参与，而是有组织地、有目的地和有条件地参与。由于高等教育专业性非常强，没有一定资格就难以真正参与到高等教育治理活动中。只有当大学办学具有开放性特征时，社会才会参与进来，否则社会不会主动参与。社会参与的目的就是希望大学办学反映社会需要，在人才培养计划制订过程中能够反映社会诉求，特别是反映社会对创新创业人才的品格要求。他们希望以有组织的方式进行参与，这种组织性可以使他们的声音得到充分尊重，从而使他们的意见受到重视。可以说，建立有效的社会参与机制是大学治理改革的重点。[①] 目前，社会力量普遍缺乏有效参与大学治理的机会，他们对人才培养的规格要求还没有受到充分重视[②]，因为他们在很大程度上依然是大学活动的局外人，没有体验到大学与社会之间的有机互动过程，从而无法判断大学运转与社会需求之间在本质上是否一致。社会参与度在很大程度上决定了大学办学的开放性与创新性程度。社会参与度越高，大学就越能感受到社会需求的重点，就越能把握社会所关注的重点，从而就越可能为社会发展做出创造性贡献。任何创新都是在解决现实难题的过程中实现的，科学难题往往来自社会生活生产过程中的实际问题，而且这些是社会自身无法解决的，只有大学才可能运用智力集中的优势帮助他们尽快地解决。随着知识生产模式转移[③]，大学发展越来越依靠通过加强社会联系环节来发现科学难题并与社会力量合作解决这些难题，从而实现发展方式的转变，达到社会与大学相互促进的效果。

第五，过程规范性。随着人才培养过程逐步完善，人们可以从中提取出大量的行动规范，从而使人才培养过程变得有章可循，改变人才培养过程中的随意化弊端。尽管人才培养过程无法实现完全的统一化，必须尊重人才培养的个性化规律，但对于人才培养过程的规范性具有越来越高的共识度，从而就成为人才培养质量的基本保障。过程规范化的目的在于规避大量的无效行为，使教育教学活动高效率运行。教育作为一种公共产品，运行过程必然要受到监督，这些监督一般都是通过一系列规范实践的。大学特别尊重学术自由，但学术自

---

① 阎光才. 关于当前大学治理结构中的社会参与问题 [J]. 清华大学教育研究，2020，41（1）：1-5.
② 阎光才. 关于当前大学治理结构中的社会参与问题 [J]. 清华大学教育研究，2020，41（1）：1-5.
③ 殷朝晖，黄子芹. 知识生产模式转型背景下的一流学科建设研究 [J]. 大学教育科学，2019（6）：61-66，122.

由也必须遵循一定规范，否则就会使自由主义泛滥。规范性从另一个角度可以理解为管理者与教师之间订立的集体协定，也是管理者进行有效管理的基本依据。当然它也是教师保证学术自由的基本屏障。目前，高校的规范建设还不成熟，往往是单方面的规定，未进行充分讨论，合理性不足，严重妨碍了教师的学术自由，加重了教师的工作负担。这表明，大学管理从行政化走向服务型还有很长的路。

第六，结果可测性。人才培养质量必须有客观观察标准，否则人才培养质量就失去了保障。目前，高等教育评价存在过度化的弊端[1]，在教师群体中产生了不良反应[2]。显然，我们不可能因为评价过度而完全不要评价。对人才培养质量必须通过社会评价环节才能获得广泛认可，通过评价也可以及时发现问题并加以反馈，进而促进培养过程的改进。人才培养过程不可能一成不变，必须根据社会需求的变化而不断改进，必须不断地发现问题、分析问题和解决问题。教师是教育教学的主要行动者，必须不断地研究在人才培养过程中存在的问题并找到解决问题的对策。大学管理者也是教育教学的重要参与者，也必须努力发现教学管理中存在的漏洞并加以改进，不断提高管理水平。结果可测性最终指向学生的发展程度与培养目标的符合度以及与社会需要之间的差异度。故而对学生能力发展水平的测量是高等教育研究的重点课题，客观地制定学生发展目标是进行学生发展有效评量的基础。

三、高质量高等教育体系建设面临的主要挑战

显然，高质量高等教育体系最突出的表现应该是教师积极性充分激发，教师创造性地开展教学与科研工作，事业心和责任心得到最大激发，充分发挥立德树人的作用。我们知道，在人才培养过程中，教师始终发挥着核心作用，教师的引导和示范作用是不可替代的。例如，在价值观引领和科学方法论掌握等关键问题上，只有教师才能发挥引导性作用。如果教师作用无法充分发挥，那么教育质量就会严重下降。一般而言，教师作用无法充分发挥与教师评价制度不合理有关。如果教师的学术贡献得不到承认，学术自由权利得不到尊重，就

---

[1] 余三定. 必须治理学术评价过度症［J］. 社会科学论坛（学术评论卷），2009（4）：80-82.

[2] 高江勇. 大学教育评价中的过度量化：表现、困境及治理［J］. 中国高教研究，2019（10）：61-67.

会出现自我怀疑的状态。"人的本质是社会关系的总和。"① 每个人都是在社会关系中发现自身价值的，可以说学术评价系统直接影响教师的自我认知。如果学术评价系统不能很好地承认教师的学术贡献，那么，教师在精神上就会出现自我放逐的状态。对教师而言，健康的学术氛围是最重要的，没有健康的学术氛围，教师就失去了精神家园，其创造性就会被封闭。学术评价系统的合理性直接关系到学术氛围的塑造。

正鉴于此，21世纪以来高等教育改革的重心就转移到了现代大学制度建设上，这也是"去行政化"命题的根本由来。② "去行政化"绝不是不要行政管理，而是呼唤用尊重学术的方式来管理学术。学术具有自己的规律，它的最基本规律就是尊重学术自由。目前，现代大学制度建设进展并不顺利，虽然各高校普遍建立了学术委员会组织，但并未真正建立起有效的运行规则③，从而效力并不明显④，在鼓励学术创新和原创性成果方面并无多大作为⑤，还没有摆脱"花瓶"的命运⑥。之所以出现学术委员会运行不畅的局面，从深层次讲就是行政化影响太深，人们不自觉地走向行政路径依赖，没有把学术委员会制度作为一种根本制度进行建设⑦，这也是出现"五唯"⑧ 现象的重要原因。所以，要破"五唯"就必须进行制度的反思，审视学术委员会制度是否发挥了学术权利保护、学术创新促进、原创性成果激励的功能。

诚然，现代大学制度建设是一个长期工程，并非一蹴而就。它需要开展解放思想运动，即从观念上明确建设什么样的制度、为什么要建和该如何建的问题。例如，学术委员会建设的主体应该是教师，需要经过广大教师的讨论，回

---

① 汪信砚，程通. 对马克思关于"人的本质"经典表述的考辨［J］. 哲学研究，2019(6)：32-41.
② 钟秉林. 关于大学"去行政化"几个重要问题的探析［J］. 中国高等教育，2010 (9)：4-7.
③ 王洪才，毛芳才. 我国高校学术委员会的生成逻辑与优化路径［J］. 厦门大学学报（哲学社会科学版），2021 (1)：122-130.
④ 叶桂方，黄云平. 论高校学术委员会运行的逻辑路向与机制创新［J］. 国家教育行政学院学报，2019 (8)：24-30.
⑤ 魏小琳. 我国高校学术委员会运行的有效性研究［J］. 教育发展研究，2016，36 (19)：63-69.
⑥ 钟秉林. 现代大学学术权力与行政权力的关系及其协调［J］. 中国高等教育，2005 (19)：3-5.
⑦ 王建华. 从正当到胜任：高校学术委员会建设的进路［J］. 中国高教研究，2018 (5)：58-64.
⑧ 王洪才. 高等教育评价破"五唯"：难点·痛点·突破点［J］. 重庆大学学报（社会科学版），2021，27 (3)：44-53.

应人们的各种质疑。如果不经过充分的讨论，仅仅按照上级指示要求进行制度文本制定，那样就不可能具有真正的效力。教师是学术活动的根本主体，学术制度建设必须调动广大教师充分参与，只有这样的制度建设才会发挥正向的激励作用。如果教师的主体作用发挥不出来，那么他们就无法成为有效的治理主体。当教师不参与学术委员会制度建设时，学术委员会制度也只能是一个空架子，成为传统行政化的翻版。教师们积极参与学术委员会制度讨论并积极建言献策之际，学术委员会才会深入他们的生活，影响他们的价值抉择和行为方式。

当教师们体验到自己是高校真正主人时，才会主动地承担自身教书育人的价值使命，才可能产生使命担当的责任感。这种使命担当的责任感表现就是从探讨究竟为社会培育什么人开始的，并且最终以为社会贡献什么知识作为自我价值衡量标准。当前社会呼唤高校培养大批的高层次的创新创业人才，服务于经济发展转型的要求。然而高校教师对创新创业人才培养目标普遍缺乏深度的认同，因为他们普遍对该目标缺乏深入思考，他们关注的重心是如何完成科研指标任务并获得快速的职称晋升。个人发展需求无疑是非常重要的，但个人发展必须建立在对社会责任的有效承担的基础上，如果一个人逃避应承担的社会责任，那样就很难被社会承认。所以，个人发展与社会责任之间必须有机地统一起来。当然，这种统一不仅需要个人的积极努力，更需要环境的有力支持。当学术环境非常有利于个体发展时，个体就会积极地回馈社会，主动担负社会责任。显然，过度竞争的机制往往不利于培养个人的责任意识，反而会鼓励人们走向极端的个人主义。目前大学考核制度并不鼓励合作，而是鼓励个人奋斗，使人的社会责任感渐趋淡漠，但人往往在合作过程中才更能激发个人的社会责任感。

对一个大学而言，只有全员目标一致，才能办出高质量的高等教育，对整个高等教育系统亦然。如果缺乏共同的人才培养目标，人们的价值观念多元，就很难形成合力。只有全员目标一致，人们才能共同努力，并为实现共同目标献计献策。当然，在这些发展计策中，明晰的规范建设是第一位的，因为只有这样才能有利于全员达成共识，减少摩擦，降低协调成本，促进办学效益提升。

四、推进高质量高等教育体系建设的实践路径

推进高质量高等教育体系建设，就必须从激发广大教师的主动性和创造性出发，夯实高质量高等教育体系的地基，为此需要构建一系列有利于大学教师积极性发挥的体制机制。

第一，健全教师广泛参与治理的制度。随着大学内部竞争越来越激烈、考核标准越来越高,教师越来越多地专注于自己的专业领域,对参与学校治理的积极性越来越低。高质量高等教育依赖于高质量治理体系和治理能力建设,没有全体教师积极参与就无法实现高质量治理。因而必须完善全体教师参与重大事项讨论的机制,使每个教师都有充分表达意见的机会,从而获得被尊重感,进而调动其参与的积极性。全员参与治理正是全过程人民民主的体现,是中国式高等教育现代化努力的目标。

第二,尽快完善学生评教制度。学生评教对教师的积极性影响非常大。如果学生评教无法为教学改革提供积极的反馈,就会沦为一种鸡肋。[1] 不合理的评教制度设计会抑制学生参与的积极性,降低评教的有效性,从而无法为教学改革提供科学指引。[2] 完善学生评教制度需要从真正尊重学生学习权利出发,而且必须尊重教师的学术权利,避免学生评教功利化。[3] 为此,我们就需要理顺评教机制,建立师生共同参与制定评教规则和实施细则的制度,从而使教师的教学权利和学生的学习权利得到有效维护。

第三,建立教学改革创新制度。传统教学管理规范是围绕讲授式教学设计的,重视教师的知识传授能力,不重视培养学生的创新创业能力,已经严重不适应当下创新驱动发展时代的要求了。要培养学生创新创业能力,首先就必须增加学生实践实习机会,强化学生问题意识,如此才能培养学生的探究精神。这就要求高校必须进行教学模式改革,鼓励教师开展教学创新。为此,我们需要提升教师对实践教学的关注度,主动了解实践需求,带领学生探讨实践问题,增强学生对知识的应用能力和探索新知能力。事实证明,学生在参与解答现实问题的过程中,其创新创业的潜能容易被激活,其创新能力和实际能力就能够得到很大的提升。

第四,完善产教融合机制。产教融合不仅是打破高校封闭式办学的重要手段,也是高校吸引社会资源的重要媒介。产教融合的真正难点在于构建共同利益机制[4],克服短期效应。推进产教融合的关键在于构建一种共同培养创新创业人才的机制,其中要以产业界最为关心的问题为抓手,吸引教师投身其中开展

---

[1] 周继良. 高校学生评教行为偏差影响因素的实证研究:基于制度分析的视角 [J]. 高等教育研究, 2018, 39 (2): 59-72.

[2] 梁迎春,宋书琴,赵爱杰. 高校学生评教制度异化研究 [J]. 学校党建与思想教育, 2020 (18): 55-57.

[3] 姚志琴,万姝. 高校学生评教的"功利化"倾向及反思 [J]. 江苏高教, 2020 (9): 73-77.

[4] 王洪才. 论高校促进产教融合的难点、重点与突破点 [J]. 高等教育评论, 2021, 9 (1): 13-20.

应用型科研，然后根据科研成果进行教材和课程的开发，这样不仅使教学与科研成为一个有机统一体，也使科研成为产教融合的纽带。

第五，着力完善教师评价制度。高校教师评价制度建设是高质量高等教育体系建设的关键所在。目前高校普遍面临破"五唯"的难题。想让高校教师把科研论文写在中国的大地上，就需要推进高等教育治理体系与治理能力现代化①，而最大难题是如何摆脱传统路径依赖②。如果高校教师评价制度能够取得突破性进展，就可以在一定程度上撬动高等教育治理体系与治理能力现代化转动的齿轮，也会为国家治理体系与治理能力建设做出示范性贡献。

第六，确立人才培养的核心地位。高校在学科排名导向机制作用下，科研与教学呈现越来越严重的分离趋势，高校以人才培养为中心的理念无法得到贯彻。只有建立教学与科研的良性互动关系，才能促进师生共同体形成并实现产教融合。教师只有深入产业内部，才能更好地了解产业发展需求并找到真正问题，才能激发其创新潜力，进而为教学改革提供动能。这也是促进产教融合的必由之路。教师是实现产教融合的根本主体③，如果没有教师的主动参与，产教融合就无法走向深入。只有教师的创造性得到激发，才能真正带动学生的创造性。当学生的创造性普遍获得激发时，高质量高等教育体系才能真正形成。

可见，教师广泛参与治理的制度、学生评教制度、教学改革创新制度、产教融合机制都与教师评价制度密不可分，也与人才培养的地位紧密相连，只有开展系统的制度建设，高质量高等教育体系建设才能获得实质性突破。

---

① 蒋凯，王涛利. 高等教育治理体系与治理能力现代化的关键问题和推进路径 [J]. 厦门大学学报（哲学社会科学版），2021（1）：105-114.

② 王洪才. "双一流"建设与传统路径依赖超越 [J]. 高校教育管理，2017，11（6）：1-7.

③ 王洪才. 论高校促进产教融合的难点、重点与突破点 [J]. 高等教育评论，2021，9（1）：13-20.

第二章

创新创业教育：高等教育高质量发展的基石*

引导语：我国高等教育大踏步进入了普及化阶段，发展重心将从规模扩张转向内涵建设，高等教育高质量发展命题由此应运而生。高等教育高质量发展的根本目标是满足国家在创新驱动发展时代对大批创新创业人才的急迫需求，因此，有效推进创新创业教育成为高等教育高质量发展的战略选择。开展创新创业教育，根本在于激发大学生的创新潜能。那么，尊重个性独特性、实施个性化教育就成为高等教育高质量发展的逻辑起点。为此，需要创设有利于个性表达的宽松环境，推进课堂教学革命，完善教师评价机制，促进教师投身教学，使创新创业教育成为普及化时代高等教育高质量发展的基石。

关键词：创新创业教育；高等教育；高质量发展

中国式现代化的关键是实现高质量发展，推进中国式高等教育现代化也有赖于高质量发展。要推进高等教育高质量发展，就必须探讨其逻辑起点，抓住有利时机，选对突破口，实现教学革命，通过管理机制改革加以导航和保障。

一、个性化是高等教育高质量发展的逻辑起点

（一）高等教育普及化呼唤实施个性化教育

我国高等教育快速走进普及化时代，呈现出明显的高速度特点[①]，同时质量控制难题也随之出现。为此，高等教育发展的急迫任务就是把提高人才质量放在中心位置上，从而满足国家发展对大批高素质创新创业人才的需求。要提高

---

* 原载于《教育科学》2023年第3期，第59-65页。
① 胡建华. 高等教育普及化的中国特点 [J]. 高等教育研究，2021，42（5）：27-34.

76

人才培养质量，就必须遵循教育规律。"因材施教"是最基本的教育规律[1]，其蕴含的基本原理就是个性化，要求教育者针对学生每个人的个性特长进行施教，以此促进个体的最大化发展。故而，个性化教育是提高人才培养质量的必然选择[2]。要推进个性化教育，就必须充分尊重学习者的意愿，否则就难以激发学习者的主动性。高等教育普及化带来的入学机会越来越多，为人们充分表达自己的学习意愿提供了可能。与此同时，入学选择对高校发展的影响也越来越大，促使高校必须充分尊重学生的意愿、以学生为本。高质量教育意味着充分尊重学生的主体地位，使学生的学习意愿获得最大程度的满足，最大限度地激发学生的学习动力。因此，尊重学生的主体地位是高等教育高质量发展的内在要求，而个性化是尊重学生主体地位的根本体现[3]与高等教育高质量发展的逻辑起点。

（二）个性化教育是高等教育高质量发展的根本路径

教育的根本目的是"使人成为人"[4]。当然，前一个"人"是"自然人"或生物意义上的人，后一个"人"是"社会人"或理想意义上的人。显然，不同时期、不同社会对人有不同的定义，因为不同时代、不同社会具有不同的教育理想。要成为一个理想的社会人，就必然要遵循人的自然天性，否则人就无法健康成长。这一认识的内在寓意就是个性化[5]，换言之，只有遵循个性化教育的路径，才能使人实现最好的发展，否则人的潜能就会受到抑制。人的潜能一旦遭到抑制，其创造性就难以发挥。从心理学角度讲，自我实现是人的创造性潜能充分发挥的状态。高等教育高质量发展的目的就是促进大学生的创造性潜能充分发挥，从而使大学生成为社会所需要的创新创业人才。要实现这个目的，就必须走个性化教育的路径。因而，个性化教育是高等教育高质量发展的根本路径。

（三）个性化教育要求高等教育办学走出统一化模式

我国高等教育受传统计划体制影响，非常强调统一模式办学，"千人一面"和"千校一面"的状况并未得到根本改变，这对于推进个性化教育是非常不利

---

[1] 朱智贤. "全面发展因材施教"的方针是符合个性发展的客观规律的 [J]. 人民教育，1956（9）：16-18.

[2] 刘献君. 课程教学中的个性化教育 [J]. 中国高教研究，2020（11）：49-53.

[3] 陈学东，陈妹妹. 个性化教育：美国大学创新人才培养对我国素质教育的经验启示 [J]. 江西师范大学学报（哲学社会科学版），2020，53（6）：101-108.

[4] 孙建中. 教育使人成为人 [J]. 红旗文稿，2012（19）：36-37.

[5] 刘献君. 个性化教育模式探索 [J]. 高等教育研究，2020，41（1）：1-8.

的。传统计划体制按照统一模式设计专业，制定统一的专业目录。虽然专业目录几经调整，但仍然无法适应社会对多样化人才的需求。尽管高校也可以设置目录外专业，但所设置的目录外专业毕竟是少量的。高校在专业设置上越来越趋同，在课程设计和教学规范上也是雷同的，这就是"千校一面"的成因。而且专业设置一旦完成就难以再调整，从而容易造成课程陈旧、教学内容陈旧、教学方法陈旧等情况。随着招生规模扩大，大班授课越来越成为常态，这使得讲授式教学大有市场，教学改革越来越难。由于这种讲授制教学模式非常不利于学生主动性的发挥，因此出现大面积"死气沉沉"的课堂就不足为怪了。随着智能手机的普及，大学生隐性逃课行为越来越普遍①，这引起了国家对本科教育质量的高度关注，"以本为本，四个回归"②正是在此背景下提出的。可以说，不打破这种统一化办学模式，今天在大学课堂出现的困局就难以消除，就难以激发大学生的学习积极性。故而，要实践个性化教育理念，就必须挣脱传统统一化办学模式的束缚。

（四）推崇个性化教育是中西方教育界的基本共识

我们知道，尊重学生个性一直是教育学探讨的基本命题。在古典教育时期，人们就已经意识到教育的个性化原理了。孔子很早就提出了"因材施教"原则③，其基本蕴意就是教育必须尊重个性差异，顺应每个人的天性；苏格拉底通过"认识你自己"隐喻开启了西方理性主义教育的先河④，奠定了西方教育哲学的基石，其寓意就是让人充分认识自己的发展潜能，他提出了著名的苏格拉底教学法——"产婆术"，开创了西方启发式教学的先河⑤。由此可见，中西方教育界都把个性化视为教育的基本原则。

二、创新创业教育为个性化发展创造了时机

（一）个性化教育在现代化过程中遭遇挑战

尽管个性化教育成为中西方教育界的共识，但在教育现代化过程中仍然遭

---

① 段海丹，汪滢.大学生无聊感与隐性逃课：手机依赖的中介作用［J］.电化教育研究，2021，42（10）：108-113.

② 唐景莉.坚持"以本为本" 推进"四个回归"：新时代全国高等学校本科教育工作会议述评［J］.中国高等教育，2018（Z2）：11-12.

③ 梁秋英，孙刚成.孔子因材施教的理论基础及启示［J］.教育研究，2009，30（11）：87-91.

④ 高崖.认识你自己：苏格拉底的哲学绝唱［J］.理论探讨，2005（2）：45-46.

⑤ 陈桂生.孔子"启发"艺术与苏格拉底"产婆术"比较［J］.华东师范大学学报（教育科学版），2001（1）：7-13.

遇了强劲挑战。教育现代化是从教育普及化开始的，随着教育规模的扩大不可避免地走向了标准化和统一化①，因为标准化和统一化非常有利于质量控制和效率提升②，但也造成了对人的个性品质的压抑。与产业界通过标准化和统一化走向流水线式的集约化生产相似③，教育也出现了统一目标、统一课程、统一教材、统一考试、统一招生、统一管理，并推动人才培养走向了模式化，这种情况一直延续至今。其中，人的个性特长被忽视、创造性天赋被压抑。这种情况在追赶型现代国家表现得最为明显，应试教育就是它的集中体现。目前，应试教育出现了全方位蔓延，从幼儿园到大学均受波及，考研"高考化"就是它的一个鲜明例证。应试教育使学生失去了自由学习时间，从而使其创造性天赋遭到了严重压抑④，与知识经济发展对人才的要求严重相悖。

（二）知识经济时代要求大力开展创新创业教育

人们普遍相信，21世纪是一个知识经济时代，而知识经济发展的内核就是创新，所以大国竞争最终靠的是创新实力，这也是我国建设创新型国家的内在动力。对一个国家而言，如果没有创新能力，就无法真正立足于世界。那么，开发人的创新潜能就成为教育最重要的话题。创新教育自然应该从中小学乃至从幼儿园开始，因为创新能力素质培养应该从小做起。然而，要成功实施就必须从高等教育开始，因为高等教育是教育系统的风向标，如果高等教育选拔机制不变，中小学教育改革就很难成功。而且只有到了高等教育阶段，学生的升学压力才能得到真正缓解，因为高等教育文凭已然是进入职业市场的通行证。当然，如果要适应职业市场挑战，就必须具备创新创业能力，即必须具备面对新问题开拓进取的能力，否则就无法适应职业市场变动的要求，也必然会在激烈的竞争中被淘汰。随着高等教育规模不断扩大，现成的就业市场逐渐趋于饱和，越来越需要开辟新的职业市场，而不断出现的新技术为创造新业态提供了可能，为掌握新知识、新技术的大学生提供了机遇。而且各行各业都面临着新科技革命的挑战，都需要不断地创新创业，否则就可能被淘汰。这正是"大众

---

① 邱昆树. 新异化的隐忧：对现代教育速度逻辑的反思［J］. 教育研究，2022，43（9）：76-86.
② 张权力，杨小微. 教育现代化的陷阱、挑战及其应对［J］. 高教发展与评估，2017，33（4）：1-8，117.
③ 乔瑞金. 后现代性与人的自由［J］. 自然辩证法通讯，1999（2）：9-10.
④ 邱昆树，张寅. 教育现代性批判：基于社会加速批判理论的视角［J］. 教育发展研究，2020，40（Z2）：14-22.

创新、万众创业"① 的缘起，也是全社会开展创新创业教育的源头。

（三）创新创业教育需要针对不同个性而实施

显然，创新创业教育实施必须因人而异，无法采用统一的模式。尽管我们鼓励每个人都成为创新创业人才，但在社会上立志创新或立志创业的人属于少数。创新型人才是指那些把创新作为志业的人，创业型人才则是指那些把创业作为志业的人。创新型人才之所以能够取得成功，是因为他们能够在知识探求的过程中获得乐趣，逐渐把求知作为人生目标。他们非常享受求索的过程，往往将创新作为行为动机。显然，这种人在现实中是极为少见的。而在现实中，多数人往往将追求物质回报作为人生目标，他们的创新动力源于物质报偿，表现出非常明显的功利性。虽然他们对探究本身也具有兴趣，但如果缺乏外在激励，他们的兴趣就难以维持。由于他们把追求功业作为人生主要目标，故而他们属于创业型人才，因为他们更注重结果而非过程。从教育实践来看，我们无法把所有的人都变成创新型人才，也无法把所有的人变成创业型人才。从个人发展来看，每个人都应该成为既能够创新又能够创业的人才。学生只有具备了创新和创业的能力，才能根据志趣、爱好成长为不同类型的人才。

（四）创新创业教育适应了人的个性化发展要求

之所以有的人能够成功，就在于他们能够充分认识自己的潜能并立志实现它，且为之进行艰苦不懈的努力。对绝大多数人而言，都有成为创新创业型人才的可能。所谓创新创业型人才就是指那种既关注问题的解决，又关注问题解决的社会价值的人才，他们既不是为了问题而问题，也不是为了成功而成功。换言之，他们既不是为了理论而理论，也不是为了创业而创业，而是希望在理论与实践之间获得平衡。所以他们既不做无谓的理论探讨，也不完全受功利主义左右。相反，他们是以问题为导向，具有浓厚的探究兴趣，但主要目标不在于建构理论，而是为了解答现实问题，他们认为知行合一才能获得人生的最大价值。他们在解答现实问题的过程中使自己的理论认识获得了升华，既使自己的理论认识落了地，也使现实问题找到了可行的解决方案，从而打通了现实与理论的联系，成为理论与实践的双向促进者。可见，创新创业型人才是当下社会最急迫需要的人才。社会发展不能没有理论创新，但在理论创新之前要先解决实际问题，满足现实发展的需求。只有兼顾理论和实践的双方面需求，才能使理论与实践产生有机的互动，促进双方面发展。这正是创新创业教育的目标

---

① 国务院办公厅关于深化高等学校创新创业教育改革的实施意见 [EB/OL]. 中华人民共和国中央人民政府, 2015-05-13.

指向，也是创新创业人才培养的真正意义所在。

三、创新创业教育需要从创设个性化教育环境进行突破

（一）创新创业教育的成功有赖于构建个性化的教育环境

"君子和而不同，小人同而不和。"[1] 培养创新创业人才必须坚持个性化理念[2]，而坚持个性化理念就要尊重个体的独立人格和独立判断能力，从而使他们的任何判断都建立在内心诚实的基础上并成为真正的人才。为此，必须创造宽松的社会氛围，不能完全强求一律。因此，开展创新创业教育必须创设有助于个性充分表达的环境，通过创设理性讨论的规则，使每个人的意见都能够得到充分的尊重。如此人们就可以心平气和地交流，既可以自由地表达自我意见，又能够聆听他人意见，从而达到视野融合的境界，促进彼此的成长。可见，优良的制度环境就是民主教育的实验室，不仅能够促进人的性格趋向高雅，使个体的创造潜能得到释放，并且使人乐于交往，成为促进社会和谐发展的积极分子。

（二）高等教育大众化对个性化教育产生了巨大挑战

高等教育进入大众化阶段后，虽然为大众接受高等教育提供了更多的机会，但受成本提高和单位教育规模扩大的限制，个性化教育越来越难以实现，不可避免地走向市场化。市场化的重要表现就是追求规模效益，从而出现办学规模越来越大、班级规模也越来越大、大班教学成为常态的现象。虽然网络发达为实施个性化教学提供了可能，但师生比太高、教师压力太大的现状使这种可能性越来越小。与高等教育大众化相伴随的另一个问题是就业压力与日俱增。显然，就业压力容易使人导向职业主义和物质主义，将求学的目的设定为就业和物质报酬，势必会影响个人抱负和目标追求。如果人们缺乏高远追求就难以激发创新精神和创业动力，就无法缓解就业压力。可以说，创新创业教育命题的直接缘起就是为了缓和就业压力，实现以创业带动就业、以创新带动创业。从长远看，创新创业教育是为了满足创新驱动发展时代对大批创新创业人才的要求。

（三）高等教育普及化为个性化教育创造了有利条件

高等教育进入普及化阶段后，学生开始有机会思考自己的学习意愿，越来

---

[1] 乐爱国.历代对《论语》"君子和而不同，小人同而不和"的解读：以朱熹的诠释为中心［J］.社会科学研究，2021（6）：138-143.

[2] 王洪才.创新创业教育必须树立的四个理念［J］.中国高等教育，2016（21）：13-15.

越注重未来发展潜力而非眼下的工作岗位。随着新技术的层出不穷,职业升级换代频繁,几乎每个人都面临职业更换的挑战。这说明,学生需要具有持续发展的能力以应对未来的挑战,这种持续发展能力就是创新创业能力。为此,高等教育专业设置、课程教学内容和教学方式都必须围绕创新创业能力培养进行改革,否则所培养的人才不具有长远发展潜力。可以说,入学机会越来越多,就业压力越来越大,这恰恰是推进创新创业教育的契机,因为未来职业市场竞争的核心是能力而非学历。只有具备创新创业能力,才能形成真正的竞争力。此时,学生逐渐摆脱了短期职业主义困扰,愿意通过多次尝试选择自己喜欢的职业。为此,学生必须具备终身学习能力,重点培养自身的创新创业能力,不再对职业抱持从一而终的传统观念。于是,教育与就业之间的紧密联系逐渐松弛起来,教育与兴趣的关联越来越紧密。这对传统的专业教育制度是一个极大的冲击,却为创新创业教育创造了良机,因为创新创业教育的出发点就是要尊重学生的兴趣爱好。可以说,社会物质条件越富裕,就越能够支持个性自由发展,那么开展创新创业教育的时机就越成熟。

(四)创新创业教育以尊重独立个性为逻辑起点

创新创业教育的目的在于引导学生充分地发现自我、发展自我、成就自我,实现个人价值和社会意义的统一,因此,引导学生认识自我是创新创业教育的第一位目标。然而,学生很难准确找到自己的发展方向,往往是在不断试错。因此,创新创业教育的真正价值就在于给学生提供试错的机会,让学生及早地发现自己,找到最适宜的发展方向,发现人生的真正意义,进而形成发展的内在动力。从现实看,认识自我往往是人之为人的第一位需求。自古以来,认识自己就是一个难题[1],也是困惑人类精神发展的一个哲学命题[2]。进入现代社会以来,随着物质主义兴起,个性价值出现了迷失,人越来越物质化,越来越失去自我。人要想找到失去的自我,唯一的途径就是发现自身的创造潜能,使自己变成创造性主体。而承认独立个性是人成为创造性主体的前提,也是创新创业教育的逻辑起点。

四、创新创业教育呼唤大学课堂教学革命

(一)智慧校园建设倒逼课堂教学革命

高等教育进入普及化阶段之后,人们发现传统高等教育模式已经不适应高

---

[1] 吴艳. "认识你自己":教育现代性危机的超越[J]. 福建师范大学学报(哲学社会科学版),2010(6):147-151.

[2] 余卫东. "认识自己"的三面镜子[J]. 哲学研究,2012(12):119-121.

等教育发展了,因为传统高等教育模式以学科为中心,以知识传授为目标。

以学科为中心导致大学以科研为中心,追求知识的系统性而非实用性,无法满足学生发展的要求。社会发展要求大学以解答社会发展遭遇的实践难题为目标,并且把培养立志解决社会发展难题的人才作为基本功能,这正是创新创业教育的社会环境。如此,高等教育发展就面临急迫的转型任务,即必须把实施创新创业教育作为高质量发展的基石。如果大学教学不以学生发展为中心,只满足教师的专业发展要求,那么不可避免出现师生关系疏离、学生兴趣从课堂教学中转移等状况。所以,要提高教育质量必须从激发课堂教学活力做起,必须以激发学生学习兴趣为出发点。这要求高等教育摆脱传统"老师讲—学生听"的教学模式,让学生成为教学活动的主体,并且成为知识探究的主体,从而掀起一场课堂教学革命。目前,大学普遍变成了智慧校园,学生可以随时随地使用网络,一旦学生对教学内容不感兴趣,他们便向虚拟世界逃逸。在今天的大学校园里,"手机控"现象[①]并不罕见,而且也频频出现在课堂里。要把学生从虚拟世界拉回来,就需要对课堂结构、课程内容、教学方法和师生关系进行系统变革,这无疑是一场课堂教学革命。因为只有学生充分参与的课堂才可能是高质量课堂,只有高质量的课堂才有高质量的教学,才可能有高质量的教育。所以,要实施高质量教育,就必须深入开展课堂教学革命。

(二) 创新创业教育是课堂教学革命的突破点

事实上,自高等教育大众化伊始,人们就发现,过去以知识传授作为目标的教育理念已经过时,因为它无法适应市场对多样化人才的要求。为此,高等教育必须分层分类发展。[②] 然而,要获得真正的突破却举步维艰[③],因为传统教学模式很难打破,人们仍然固守知识本位传统,很难以学生为中心开展教学。这种知识本位观[④]仍然坚持权威主义知识观,视学生为知识的接受者而非知识的探究者。这种知识观维护了教师的中心地位,抑制了学生的主体地位,导致了大学课堂教学仍然固守"老师讲—学生听"的传统习惯,并以此作为标准教学模式。在这种传统的教学模式作用下,学生的课堂参与越来越被动。然而,就

[①] 张建,杨帅.大学生"手机控"现状调查与对策分析 [J].西南民族大学学报(人文社科版),2019,40(1):143-151.

[②] 史秋衡,冯典.转变政府调控方式优化高校分层分类 [J].高等教育研究,2005(12):31-35.

[③] 张应强,周钦."双一流"建设背景下的高校分类分层建设和特色发展 [J].大学教育科学,2020(1):14-21.

[④] 王海福,李军强,王振杰.理性对待教育中的"知识中心主义":对《认真对待"轻视知识"的教育思潮》的回应 [J].全球教育展望,2006,35(7):12-15.

业压力使学生心理越来越焦虑，竞争的内卷化趋势又加强了这种焦虑，导致学生出现心理疾患甚至躯体化①现象。要想彻底解决这一问题，就要从激发学生主体性出发，让学生真正认识自我价值、找准发展方向、激发其内在学习动力。只有如此，才能使学生从被动学习转变为主动学习，自觉成为创新创业人才。如果不推行创新创业教育，就很难转变学生的学习状态。要想推动创新创业教育，就要开展课堂教学革命，使学生成为课堂教学活动的主角，打破"老师讲—学生听"的传统教学模式。

（三）创新创业教育要求摆脱工具主义思维方式

无法否认，随着高等教育大众化的推进，职业主义逐渐成为高校办学的基本理念，也成为衡量教学质量的基本标准。换言之，如果学生无法顺利就业，就不能说是教学成功，当然也不能说是办学成功。如此，教学管理设计就不得不参照就业市场要求的标准进行改革。显然，这种改革并没有与学生的理想人格塑造有机地结合起来，往往引导学生满足于眼前的职业追求而不顾个人长远发展需求，从而导致学生在物质利益和精神价值追求方面的失衡，不能成为适应市场变化的主体，只能成为迎合市场需求的客体。为此，大学管理者必须转换思维方式，变被动适应为主动引领，把创新放在核心位置，培养学生创新创业能力，使他们能够辩证地看待职业与生活，从而使自身成为创业主体而非被动适应职业要求的客体。换言之，我们要摆脱工具主义束缚，不能把自己视为谋生工具，而是要把自身变成生活的主宰，把创造作为人生的根本价值，通过实现自我价值而创造社会价值。只有"做真正的自己"才能成为创造主体，这意味着我们必须善于割舍一些眼前的物质利益，拒绝外在的诱惑，摈弃内心的虚荣，勇于做出真正的自我选择。

（四）创新创业教育迫切要求大学管理模式转变

高等教育大众化带来了入学需求的多元化，如此"统一化"的教学标准难以适应多样化的学习需求，因而迫切要求教学范式从"以知识为中心"走向"以学生为中心"。"以学生为中心"就是要适应学生多样化的学习需求，照顾学生的个性特点，制订个性化的教学方案，从而促进学生最大化发展。显然，这对高等教育管理范式提出了巨大挑战。为此，过去以服从上级命令为特征的管理模式应该转向以服务学生发展为中心的治理模式；过去以制定统一教学标准为特征的管理方式应该转变为以促进教师主动变革教学模式为目标的协同模

---

① 汪新建，陈子晨."医学无法解释症状"的界定：躯体化诊断的本土视角[J]. 南京师大学报（社会科学版），2014（2）：110-116.

式，从而为个性化教学开辟空间，为实施创新创业教育扫平障碍。我们知道，教学管理规范越烦琐，教师就越缺乏成就感，就越不乐于从事教学，教学与科研就越是分离，创新创业教育开展就越困难。只有把教师吸引到教学改革过程中，使教师乐于在教学过程中展现知识创新成果，创新创业教育才会有扎实的根基。因为教师的创造性能够点燃学生的好奇心和求知欲，能够把学生从被动接受知识的状态变成主动探求知识的状态。如此，创新创业教育就具有燎原之势。可见，大学管理模式的改变是推进创新创业教育的关键，没有教师评价制度的改变，就没有教学改革动力，也就很难改变传统教学模式，那么也就难以转变学生的学习模式，难以推动创新创业教育的发展。因而，教学模式转变是创新创业教育必须突破的难关。

五、创新创业教育是高等教育高质量发展的根本选择

（一）社会发展要求不断地强化创新创业教育

随着知识经济在社会发展中轴心地位的确立，高等教育必然要不断地强化创新创业教育，要求大学生具有创新创业意识。然而，要把这种意识变成一种持久的自我能力提升计划并不容易，因为这需要学生克服自身的惰性和保守主义心理，培养一种冒险精神，即敢于尝试、敢于失败，如此才能形成创新创业能力。当然，要把这种能力转变为一种不懈的意志追求就更难，因为这需要充足的内在动力源，非具有坚强的人格品质不可。这就是一种创造性人格，因为只有创造性人格才能在挑战困难的过程中体验到极大乐趣，从而将乐趣的获得变成自身内在持久的动力。能力形成来源于实践，不参与具体的社会实践就无法生成能力；要形成稳定的能力，就必须持久地参与社会实践，否则能力也会退化。可以设想，在实践过程中不遭遇挫折是不可能的，在遭遇挫折之后仍然具有顽强的意志就是创造性人格形成的标志，这也是创新创业教育的根本目标。这种人格品质能促使个体不断追求卓越并最终为社会做出突出贡献。

（二）创新创业教育要求高等教育观念革命

显然，让每个大学生都具有艰苦奋斗精神，是高等教育进入普及化之后亟须解决的问题。人如果没有艰苦奋斗的精神，就缺乏创造性。但随着高等教育大众化的推进和普及化时代的到来，学生不再担心入学机会，学习动力也有所退化，甚至沉迷于网络游戏。[①] 这说明高等教育的意义和价值系统已然发生了变

---

① 何广寿，陈广亮. 高校预防大学生网络游戏成瘾的教育方法探讨［J］. 学校党建与思想教育，2014（21）：65-67.

化，但许多人还没有适应，因为此时高等教育不再是一个获取学历的机会，而是一个发现自我和实现自我的机会。为此，人们的高等教育观念必须转变，必须变知识获得为知识求索，学生应该从客位转变为主位，否则就难以成为创新创业人才。为此，大学管理者必须率先做出改变，首先要把大学变成能动的机构，即创造性主体，否则就难以适应时代的变化。大学要成为创造性主体，第一要做的就是要关注生活在大学中的每个个体，关注他们的内心需求，尊重他们的独特感受，如此他们的主体精神才能被唤醒，才能使学生成为具有创造性的主体。唯有大学的每个成员都成为主体，大学才能成为真正的主体。个体主动性的激发是其成功的前提，只有主动性被激发，个体的创造性潜能才能充分发挥，而个体主动性激发是从自我价值发现开始的。

（三）高等教育亟待把创新创业精神融入所有教育活动之中

大学要充分激发大学生发展潜能，就需要把创新创业精神贯穿于所有的教育教学活动中，实现真正的全员、全过程、全方位育人，即让每个人都担负起创新创业教育的责任，在每个教学环节都渗透着创新创业精神，让每个角落都融入创新创业内涵。如此，就构建了一种创新创业文化氛围，使开展创新创业教育成为大学的一种行为模式，并且转化为一种办学模式，或许这是中国大学模式建设的原型。因为中国大学要建成世界一流大学，没有自己的办学模式不行，办学模式不创新不行，办学模式不能培养出时代所需要的人才更不行。唯有创新创业教育符合时代的要求，适合于大学转型发展的要求，才能成为中国大学模式的理想定位。全方位实施创新创业教育的根本在于转变专业教育与通识教育理念，把创新创业精神作为专业教育与通识教育的灵魂。换言之，专业教育的真正价值在于培养人具有创新创业能力，而通识教育的真正意义在于培养人具有创新创业意志。专业教育如果灌注了创新创业精神就会具有更大的生命力，通识教育如果具有了创新创业内涵才算把握了时代脉搏。否则，专业教育就容易变成机械灌输，通识教育就容易沦为空洞说教。所以，无论是专业教育还是通识教育，都应该担负起时代的使命，主动承担起创新创业人才培养的责任，积极向创新创业教育体系转轨。当它们完成了这个转变，高等教育就开始走上高质量发展轨道。

（四）创新创业教育是高等教育高质量发展的落脚点

高等教育向创新创业教育体系转变是一个艰难的过程，其难点就在于传统高等教育是一种专业教育体制，所有教师都是以专业人身份进入的，所代表的是自身专业利益，并且以自身专业发展为目标，并未把育人放在中心位置。这显然与教师评价制度有关，因为科研业绩才是他们晋升的主要依据，教学活动则处于附属的地位。通识教育往往只承担强化学生基本素质的作用,远未实现灵魂塑造的功能,而且它常常与专业教育割裂,没有服务于以育人为中心的目标设计。新时代社会发展需要培养大批创新创业人才,需要以培养创造性人格作为教育教学的引领,否则教育质量就大打折扣。正是鉴于此,创新创业能力培养就成为今日高等教育高质量发展的核心内涵。① 高等教育普及化虽然为更多的人成为创新创业人才提供了机遇,但如果不进行教师评价制度改革,不推进课堂教学革命,那么创新创业教育就难以真正实施。所以,在高等教育普及化时代,必须把承认每个人都具有创新创业潜能②并且开展个性化教育作为高等教育高质量发展的逻辑起点,从而为每个人的创新创业潜能发挥提供适宜的条件。③ 如此,创新创业教育就会发达起来,高等教育高质量发展目标就会实现。

---

① 王洪才.创新创业能力培养:作为高质量高等教育的核心内涵[J].江苏高教,2021(11):21-27.
② 王洪才,郑雅倩.创新创业教育的哲学假设与实践意蕴[J].高校教育管理,2020,14(6):34-40.
③ 王洪才.创新创业教育的意义、本质及其实现[J].创新与创业教育,2020,11(6):1-9.

第三章

创新创业教育：高等教育内涵式发展的关键*

引导语：建设高等教育强国是中华民族伟大复兴"中国梦"的一个有机组成部分，它要求高等教育必须走内涵式发展道路，而创新创业教育正是实践内涵式发展战略的有效路径。创新创业教育要求把学习的主动权真正还给学生，使学生成为探究主体和创新主体，这无疑是对传统"接受式"教育的一场革命。当学生真正从知识的接受者转变为知识的探究者，中国高等教育将具有一个崭新内涵，创新创业教育将成为中国高等教育的重要标识，并为中国大学模式注入实质内涵。创新创业教育凸显了"实践本位"特色，强调真正知识的获得必须依据对现实问题的解答而非对书本知识的接受，如此将超越传统大学的"认知本位"模式，从而使中国大学真正扎根于具有悠久传统的"知行合一"特色的中国文化。由此，创新创业教育将成为高等教育内涵式发展的关键。

关键词：高等教育；创新创业教育；内涵式发展；实践本位；人才培养；教学改革

21世纪是一个挑战与机遇并存的世纪，也是中华民族伟大复兴的重大机遇期。① 在经济改革成功的基础上，中国的社会、文化、教育、科技将进入一个全面发展期，而高等教育在其中发挥着轴心作用，中国高等教育的快速发展也为高等教育强国建设提供了基本条件。无论是高等教育大众化目标顺利实现，还是世界一流大学建设向纵深发展，或是国际学生的剧增以及孔子学院的广泛建设，都说明中国高等教育取得了引人瞩目的成就。目前中国高等教育规模已稳居世界第一，博士研究生教育规模也位居世界第一。然而，高等教育的巨大规模也使其面临着巨大风险，它可能会引发就业危机，而如何预防并化解这些风

---

* 原载于《武汉科技大学学报（社会科学版）》2021年第1期，第110-116页。
① 袁征. 中美博弈影响下的中国战略机遇期[J]. 人民论坛，2019（17）：22-23.

险就是中国高等教育发展面临的重大抉择。唯有将就业压力变成创业动力，才能有效地预防并化解这一潜在风险。因此，开展创新创业教育可谓正当其时，而且也是适应社会经济向创新驱动发展、实现中国高等教育转型发展的根本举措。

一、创新创业教育为中国高等教育注入新内涵

当中国高等教育规模达到世界第一的时候，一个急迫的命题也就随之提出：如何使高等教育质量也达到世界第一？固然，世界上并没有形成关于高等教育质量的统一标准，但使人民群众满意就是一个基本指标。如果人民群众普遍对高等教育表示满意，那么说明已经实现了高质量目标。高质量正是在应答人民群众需求、促进社会经济发展过程中实现的，这也是"以人民为中心"的具体体现。

高等教育强国建设就是为了满足人民群众对高质量的高等教育需求而产生的。只有成为高等教育强国，高等教育能够为科技发展输入源源不断的人力资源，人人能够成为创新主体，经济发展转向了创新驱动模式，高等教育对经济发展的支撑作用才算发挥出来了，中国高等教育自身的竞争力也就体现出来了。因此，中国大学要成为世界一流大学，首先要能够为中国经济走创新驱动发展模式提供充足的智力支持和强有力的人才保障。中国经济的增长过去主要依赖于劳动力密集型、资本密集型和资源密集型产业，如今必须转向依靠技术密集型、知识密集型和资源节约型产业，实践创新驱动型发展模式，就需要数以千万计的创新创业人才，这正是高等学校开展创新创业教育的现实要求。而目前教学模式仍然是以培养知识接受式人才为主，无法适应培养创新创业人才要求，从而成为高等教育向内涵式发展转型的阻力。要培养创新创业人才，高等教育必须进行观念的变革。

第一，人才培养观念必须从知识接受型转向能力开发型。[1] 传统高等教育把功能定位于系统知识的传授，即将学科前沿知识系统整理之后传授给学生。这种模式的优点是能够让学生快速地接收到系统的、前沿的知识，这种教育模式适合知识量小的精英教育阶段，不适合知识爆炸时代的大众化教育阶段。对今天的学生而言，他们并不关心知识本身如何，而是关心知识对自身发展的意义，只有知识对其能力发展具有价值才能激发其学习兴趣，这要求人才培养观念必

---

[1] 王洪才. 论大学传统教学与大学创新教学［J］. 苏州大学学报（教育科学版），2017，5（4）：10-19.

须转变，必须转移到"以学生能力发展为中心"上来。

第二，大学教育必须确立"以人才培养为中心"的理念。传统大学既要从事科研，又要从事教学，还要进行社会服务，往往是社会服务牺牲科研，科研又牺牲教学。因为社会服务直接面向市场，对大学具有直接的经济效益，从而很容易成为大学管理层关注的中心，科研对大学的声誉具有直接的影响，大学管理层也非常关注，而教学的效果不显著，往往被大学管理层忽略。忽视教学的后果就是人才培养质量不高、人才的创新能力不强，无法适应高科技就业与创业的需要。大学只有以培养人才为中心，以此来统筹科研与社会服务工作，落实教学的主体地位，才能扭转目前盲目追求论文数量指标和科研经费数量指标的不良倾向。

第三，大学教学重心必须从"教师的教"转向"学生的学"。传统大学非常关注教师如何教，而不太关心学生如何学。因为传统大学把知识看成真理来传播，认为教师就是真理的代言人，不尊重学生的主体性，从而强调教师要系统传授、学生要完整接受，其结果往往使学生头脑固化，压抑了学生的发展，学生成为知识的容器。如果不允许学生以自己的方式来理解知识，就无法实现知识与学生的经验融合，也就无法转变为学生自己的知识，更无法成为学生自身的能力。因此，新的教学理念要求必须从"学生如何学"出发来设计该如何教，以激发学生学习兴趣，使学生成为探究主体。

第四，大学办学必须从关注排名转向关注真正社会需求。目前大学办学中的突出弊端就是过分关注学科排名和大学排名，而不关心是否符合学科发展规律和学术发展规律，更不在意是否满足学习者的探究兴趣，当然也无心去关注是否针对社会发展需要中的重大问题，如此造成的恶果就是过分注重短期利益，忽视大学发展后劲和战略发展。大学必须走出自我封闭式的办学模式，必须以社会发展为第一需要，把学生发展和教师发展作为根本的利益诉求，打破本位主义的桎梏。

第五，大学组织变革要适应知识生产模式Ⅱ的要求。① 在知识生产模式Ⅰ时代，知识生产主要来自图书馆或实验室，学生的闲逸好奇是知识生产的主要动力，知识发展主要以单学科方式进行；在知识生产模式Ⅱ时代，知识生产跨越了传统的学科边界，需要多学科协同，需要跨越大学的边界，需要与产业界、科技界主动合作，如此才能解答社会生产和社会生活面临的复杂问题。

---

① 陈洪捷. 知识生产模式的转变与博士质量的危机 [J]. 高等教育研究, 2010, 31 (1): 57-63.

二、创新创业教育呼唤人才培养模式变革

（一）人才培养目标必须从培养学科专家向造就高素质公民转变

创新创业教育对中国高等教育而言几乎是一个全新概念，因为传统高等教育强调的是知识接受，而创新创业教育要求把知识应用与转换能力放在中心的位置。

我们知道，知识历来都是教育活动的中心，没有知识就无所谓教育，然而知识本身并非目的，促进学生发展才是目的。传统教育观把知识传递作为目标，学生接受知识多少就成为衡量教育成败的依据。那么，对教师而言，就是知识传授得越多越好、越难越好，而无需关注学习者需要什么和喜好什么，对学生而言，就是知识掌握得越多越好、越难越好，这就成为传统教育运行的基本逻辑，其理想是"塑造知识人"①。

这种观念显然已很难适应高等教育大众化形势要求了，因为学生对简单接受知识已经失去了兴趣，只有当学生认识到知识的价值时才能激发他们的学习兴趣，不然就是在"刷分数"，这正是传统课堂教学失败的根源。学习的本质在于完善和提升自我，而非为了成为知识的仓库。只有把知识运用于生活和生产实际，才能使知识焕发出内在的魅力。创新创业教育要求高等教育改变目标设计，以问题解决为导向、以知识应用为媒介，使学生在知识应用过程中获得深度体验，形成对知识的理解和驾驭能力，从而使自身素质得到全面提高。

所以，创新创业教育第一位要解决的就是人才培养目标的问题。② 在过去，我国高等教育的目标是培养科学家和技术专家，显然，这一目标定位并不适合进入大众化阶段后高等教育发展的形势。在大众化状态下，人才培养目标必须及时地转移到培养高素质的社会公民上来。新时代高素质公民应以养成独立人格为出发点，使其具有自信心、进取心、责任感、使命感、正义感、创造性、风险意识等一系列的主动型人格特征。③ 这正是创新创业教育的真正意蕴，即培养能够主动适应社会要求的、富有创造性的实践者，而非书斋式的理论家。

（二）课程与教学的重心必须从知识传授转向探究能力培养

目标变化要求课程体系改革相伴随。传统教学论强调要将最先进、最系统

---

① 鲁洁. 一个值得反思的教育信条：塑造知识人 [J]. 教育研究，2004（6）：3-7.
② 刘隽颖. 论大学创新教学的理论与实践特征 [J]. 大学教育科学，2016（2）：70-73，77.
③ 王洪才. 论大学素质教育的起点与归宿 [J]. 辽宁高等教育研究，1997（5）：69-72.

的知识传递给下一代,这样的课程强调理论化、系统化和标准化,但与学生发展要求严重脱节。这种课程设计也使教师很难逃脱系统知识传授框框的束缚,同时也把学生的探索激情消磨殆尽,最后只能以死记硬背作为回应。[①] 创新创业教育要求课程体系设计必须从激发学生的探究兴趣出发,以培养学生实践精神作为归宿,以培养学生的创新创业能力为标志。实践证明,以问题为中心的课程设计是最为适宜的。

要培养学生的创新创业能力,就必须从培养其探究兴趣开始,这就需要大量的生成式课堂、实践性教学,而非固定的放映机式教学。传统教学围绕"学科知识逻辑"展开,学生处于被灌输状态,其主体性被严重遮蔽,难以体会到学习的乐趣。真正的知识不是给予的,而是自我求索的结果,只有在主动求索的过程中,学生才能体验到求知的乐趣。培养学生的探究兴趣意味着教学必须联系生活实际,不能依靠理论灌输来培养,学生只有在接触现实生活过程中才能激发其探究欲,最终达到对理论知识的掌握并将其运用于实践。

教学内容与方法的转变,还需要评价体系转变跟进。创新创业教育注重学生的思维水平和实践能力的提升,那么,评价体系就应重点考察它对学生发现问题能力、合作沟通能力、独立思考和表达能力发展的意义。无疑,这种评价模式要求教师更多地投入教学工作,否则就难以提高学生发现问题、解决问题的能力以及达到培养学生团结合作能力等综合素质的目的。

(三) 教师评价模式必须从"唯论文"向多元评价变革

一旦确立了"能力中心"教学评价观,就要求对教师的评价必须跟上。过去对教师的评价偏重于学术论文的发表量,而不关注论文能否对社会发展和教学本身产生实际价值,如此就导致了教学与科研相互割裂的状态,显然不利于教师专注于教学。那么,什么样的科研才能促进教学与科研的结合呢?答案是应用型科研。因为应用型科研有助于教师了解现实真实问题,丰富教学素材,从而能够使教学内容更加生动,这就更容易吸引学生的注意力,也能够把学生吸收到教师的科研团队中,如此,教学与科研的关系就从分离走向统一。因此,鼓励教师从事应用型科研是高等教育质量保障的有效机制。

传统的教师评价是依据大学排行榜而定,即大学排行榜有什么样的指标就考核教师什么,大学排行榜中不容易测量的指标就会被忽略,这样,大学对教师的评价就容易陷入简单化、机械化、数字化、形式化的误区,很难关注教师

---

① 原北大副校长王义遒:教育难担培养杰出人才全部责任 [EB/OL]. 科学网,2009-11-12.

的真正发展需求，当然也无法真正尊重教师的学术权利。所以，要真正解放教师的科研生产力，使教师的创造力释放出来，就必须从改变大学对教师的评价方式做起，不然教师就无心于教学。

要促使教师有更多的精力投入教学，就必须鼓励教师开展理论联系实际的应用型研究。唯有如此，教师才能把学生当作自己的合作伙伴，才能把学生的探究能力培养当成自己的任务，也只有这样，才能保障创新创业教育的高质量开展。

三、创新创业教育要求改变封闭性办学模式

（一）封闭式办学的根本特征就是不关注社会需求

开展创新创业教育，要求教师必须首先了解市场需求和社会需求，因为只有开展有针对性的应用型科研，才能为创新创业教育提供丰富的素材，才能实现专业知识教学与社会实践需要有机结合。教师开展创新创业教育的能力取决于其从事应用型科研的能力及善于指导学生发现问题和解决问题的能力。传统上，我国高校偏向采取"先有成果，再寻市场"的科研模式，存在着严重的"脱离实际定选题、关起门来搞科研"的倾向，其结果往往是只具有学术价值而缺乏应用价值，并不适应市场需要，造成了大量的科研成果"睡大觉"的情况。创新创业教育意味着科学研究必须解决实际存在的问题，而不能单纯从"闲逸好奇"出发，以"无用之用"自慰。

强调知识的应用价值绝非追求庸俗的实用主义，相反，注重应用是对知识价值的激活，是对知识的真正尊重。① 学术的本质是为了解答社会发展中存在的实际问题，科学研究必须解决实际存在的问题，即便是最基础的研究，也是以最终追求知识的应用为目的的。② 创新创业能力培养要求高校必须改变传统的封闭办学模式，必须关注社会的深层需要，把学术创新、教学改革建立在真正的社会需求上，不再走学科自我发展、自我循环的老路，而要回归高等教育发展的本质——应答社会发展需要，为社会培养创新型人才。只有真正开展创新创业教育，高校才有可能突破传统的科研范式，实现从"论文中心主义"中的真正突围。

---

① 王建华. 创新创业：大学转型发展的新范式[J]. 南京师大学报（社会科学版），2018（5）：24-32.
② 王建华. 以创业思维重新理解学科建设[J]. 清华大学教育研究，2018，39（4）：40-48.

（二）创新创业教育需要大批创新创业型教师

创新创业教育的开展急需一大批具有创新精神和创业能力的教师。如果教师不具备创新创业的基本素质，则很难培养出具有相应素质的学生，这就需要大学教师以自己的创新精神和创业能力引领大学生成为创新型人才，从而使大学教育引领社会发展。具体而言，开展创新创业教育要求教师具备解决实际问题的能力和对现实问题的敏感度，要求教师必须关注社会现实需要，了解社会对人才成长的基本要求，寻找理论知识与现实问题的契合点，要求教师必须能够面向社会经济发展需求来思考、设计自己的教学内容。

显然，如此要求非传统高校教师所能为，因为他们普遍缺乏企业实践经验，对企业生产经营缺乏直接的体验。而来自企业的教师更了解企业需求，如此，为了推进创新创业教育，就必须聘请来自企业界的导师，为学生进行创新实践指导，否则创新创业教育将难以推进，而这一举措将带动高校师资结构的整体变化。

目前，要改变教师的"系统知识传授"行为模式遇到的阻力非常大，因为进行系统知识传授已经成为教师的固定"身份"，它背后折射的是"教师中心主义"逻辑。创新创业教育的目的在于培养学生运用知识解决实际问题的能力，要求专业知识的传授与创新创业能力的培养融为一体，课程体系应围绕创新创业能力培养进行设计。这一设计隐含着"学生中心主义"逻辑，因而课程内容必须根据学生发展需要进行重新选择和组织。

具体而言，在创新创业教育的课程体系设计中，知识的前沿性、系统性并非绝对标准，适宜性才是根本标准。① 课程体系的重点将落脚于培养学生的实践应用能力，在于引导学生不断地面对新生活，引导学生自觉开展自己的生命活动。与此同时，创新创业教育不能脱离专业基础，因为离开专业基础，创新创业教育就失去了根基。所以，创新创业教育必须与专业教育结合，实现对学生有深度和有高度的创新能力培养，而专业教育只有与创新创业教育结合，才会从根本上转变传统的"老师讲—学生听"的教学模式。

（三）理论联系实际是解决封闭式办学的根本出路

当前教育的根本弊端就在于脱离生活，只有走出教室、开展实践才能培养学生创新创业能力。② 开展创新创业教育要求重建学生的主体性地位，如果教学

---

① 王洪才. 大学创新性教学的本质与实践策略 [J]. 中国高等教育，2012（12）：13-15.
② 孟建伟. 教育与生活：关于"教育回归生活"的哲学思考 [J]. 教育研究，2012，33（3）：12-17.

囿于书本知识，学生终将是知识的奴仆，只有让学生接触社会、接触自然，才能唤醒他们探究的冲动，学生才能变成真正的认识主体，才能成为知识的主人。教师只有尊重学生的主体性，尊重他们的体验和见解，才能激发他们的探究欲望和实践追求。

当学生的探究欲望和实践动力被激发出来之后，其创造潜力也就显现出来了，此时，学生才能真正体味到学习的乐趣、领悟到生命的真谛。因此，只有开展创新创业教育，教学方式才有可能实现从"以知识传授为中心"向"以能力发展为中心"的转变，教学才有可能成为真正服务于个体生命实践的活动，学生也才有可能在教学过程中增强自我发展的能力。

社会需要是大学发展的根本动力，大学不能无视社会需要而封闭办学。我国教育体系具有典型的封闭性特征，集中表现在教育与社会需求脱节、教学内容与实际生活联系太少[①]，如果要培养学生创新创业能力，就必须解决这一传统痼疾。

创新创业能力的培养要求教育与社会需要紧密结合，注重知行统一，注重学生的实践体验，增强学生对社会的适应性。创新创业能力的培养首先要引导学生关注现实问题，培养其探究欲望，这是其创新创业能力增长的源泉。这说明，高等教育必须从封闭的办学模式解放出来，大胆、积极、主动实现教育与生产劳动和社会实践的紧密结合，只有这样，才能真正解决高等教育供应与社会需求之间的矛盾，才可能建立高校与社会共同育人的长效机制。

四、创新创业教育对大学教学改革的基本启示

（一）创新创业能力培养必须以激发学生探究兴趣为前提

创新创业能力培养需要以创新精神培养为基础、以创新人格形成为方向、以创新思维形成为关键。创新思维就是一种科学思维，它以问题发现为开端、以问题解答为目的，显然，如果学生没有探究问题的兴趣创新就无从谈起。创新创业能力培养首先在于教会学生发现问题，只有当学生发现了问题，才会产生解决问题的冲动，此时问题开始与他们的生命意义相互关联，从而促使他们产生强烈的探究欲望，这样，学生就会体验到知识的价值，学生的内在潜能才会被激发出来，学生才会成为知识探索的主体。探究兴趣实际上是解决问题的强烈动机，它促使人希望知道问题的究竟和根源。如果没有学生的主动探索，

---

① 谈松华，王建．人才培养模式创新的时代抉择［J］．中国高等教育，2012（6）：4-8，14.

靠接受理解的方式就不大可能激发学生真正的探究兴趣，没有探究兴趣，创新创业教育便失去了前提。

毋庸置疑，创新创业能力的培养依赖学习者主体性的觉醒，依靠学生创造潜能的激发，在挑战困难中进行磨砺。靠知识的灌输无法促成学生能力的养成，创新创业能力培养拒绝灌输！当学生源于自身兴趣探索知识时，学习就变成主动探索的过程，学生"反复思考、不断质疑，在几番提出问题、解决问题过程中便会生发创造，便会养成能力"①。

（二）创新创业能力培养要求教学必须理论联系实际

要培养学生创新创业能力，就必须从实际出发，从让学生学会发现问题开始。如果不让学生体验实际，就无法使其发现问题，学生只有在接触实际过程中才能发现知识是否真的有用，知识能否解答实际问题，这正是培养创新创业能力的源泉。个体活动离不开现实的生活基础，这也是教育发挥作用的经验界限，脱离这个界限，教学将是无法理解的，将是游离在学生发展之外且容易形成压迫的。② 如果教学不能提供理论联系实际的机会，就难以激发学生求知的兴趣；如果教学过程缺乏与具体实践的联系，只进行单纯的书本知识传授的话，教学过程很容易变得机械、呆板、无趣。③ 当教学围绕真实问题情境设计的时候，随着学生对知识探究的欲望的增长，知识便自然增长，能力也会随之得以培养。

学生的能力只能来自亲身实践。要提高学生的创新创业能力，教学必须给学生提供更多、更好的实践机会，正如王阳明的"知行合一"所论，知行本身就是一体。④ 创新创业能力的培养要求教学必须深入生活的内核，找到学生不断发展的经验基点和兴趣所在。只有解决了知识与学生需求脱节的问题，才能使知识变成学生的内在需要，此时学生才有可能真正参与到教育教学活动中，这样的教学才可能是有效的，知识才是有价值的，能力的培养才是水到渠成的。

（三）创新创业能力培养要求教师必须与社会建立紧密联系

创新创业能力培养要求教师必须与社会建立紧密联系。如果教师没有与社会联系的渠道，他自己就没有研究实际问题的能力，也就没有使自己知识活化的基础，那么他的教学也就不可能生动，也就难以吸引学生的注意力，当然也

---

① 王义遒. 中国高等教育：多样化与教育教学质量（上）[M]. 北京：高等教育出版社，2016：188-189.
② 靳玉乐，黄黎明. 教学回归生活的文化哲学探讨 [J]. 教育研究，2007（12）：79-84.
③ 鲁洁. 教育：人之自我建构的实践活动 [J]. 教育研究，1998（9）：13-18.
④ 郑宗义. 再论王阳明的知行合一 [J]. 学术月刊，2018，50（8）：5-19.

就难以引导学生深入实际发现问题并带领学生去解决问题。绝大部分现实问题是课堂中无法解决的，教师只有走出课堂才能真正了解实际问题，才能为教学设计提供源头活水，这也是寻找科研课题的真正出路。

教学与科研结合的真正出路就在于走向实践，去回答生活中的现实问题，而正是这些实际问题才能真正激发学生的求知兴趣。在教师以问题为导向设计的课程中，学生首先接触到的是现实中的真问题，通过教师的引导对问题进行分析，进行问题解答的方案设计，通过自主运用所学知识寻求答案，学生在解答问题的过程中，能力得到肯定，价值也得以实现。如此，学生困惑解答的过程便是其能力发展的过程。

（四）创新创业能力培养要求学生必须学会合作并了解社会要求

创新创业能力的培养需要走出课堂、走向实践、走向市场、走向社会。学生在实践中就会发现，要做成任何一件事都必须学会合作，与他人进行有效沟通。人只要走出去，就必须了解社会要求、必须遵守社会规范、必须学会承担责任，这样才能赢得别人的尊重并获得别人的帮助和配合。个人英雄主义的时代一去不复返了，一个人只有善于与环境进行协调并获得周围人的支持才能获得成功。任何人的实践都不是孤立的个体活动，而是社会性实践，实践只有在社会中才有可能。

毋庸讳言，当代年轻群体比较缺乏合作精神和合作能力，自我中心主义倾向比较严重。创新创业教育必须教会学生如何与人相处、与人沟通，如何清晰地表达自己的意见和想法，从而能够让别人充分地理解自己的设想。为此，就要大力鼓励学生的相互交流和相互启发，通过不同观点的碰撞来构建完整的认识，事实上，这也是一种获得相互支持的过程。

（五）创新创业能力培养要求学校必须给学生更多的学习自由

创新创业能力培养依靠以问题为导向组建个性化课程。组建个性化课程就必须给学生充分的学习自由，同时也必须给学生充足的学习指导，使学生能够在探索的过程中促进自我能力的发展与提升，并最终形成自己的创新创业能力。开展创新创业教育的前提是承认并尊重学习者的主体地位，培养学生的自由探索精神和创造性。学生是学习的能动主体，只有充分的学习自由，才能激发学生的创新潜能，这意味着要将学生从繁杂的课程学习中解放出来，让他们主动去建构自己的知识，以形成自己的能力。

学习自由意味着学生能够独立思考，根据自己的见解采取行动。在自由探究的过程中，学生才会发现这个世界原来如此有趣，自己可以成为知识的主人，许多困惑可以通过自己的探索得到解决。在这一探索过程中，学生的能力得到培养，自我价值得以发现。因此，创新创业教育要求摒弃传统的"规训"模式，转向让学生自主探索模式，使学生具有独立思考的能力，形成独立个性，这是创新创业教育走向成功的前提。

五、创新创业教育对中国高等教育发展的意义

（一）创新创业教育具有深厚的中国文化根基

当中国经济转向创新驱动发展模式，高等教育规模逐渐趋于稳定，就必须走内涵式发展道路，创新创业教育就是向内涵式发展转变的标志。在创新驱动发展的新时代，真正决定大学在经济社会发展中轴心地位的可能是创新创业的成败。[①] 开展创新创业教育将颠覆大学传统行为模式。创新创业教育是对中国文化"知行合一"思想的传承，是"经世致用"思想的展现。

（二）创新创业教育把人的自我实现需要凸显出来

大学在传统的封闭办学模式下，逐渐将学生发展与社会需要隔离开来，不关注学生的发展需求和社会发展要求。创新创业教育则以开发个体潜能为出发点，以促进人的自我实现为目的，它要求克服传统的学历主义，要求将人的发展作为衡量办学成功的根本尺度。创新创业教育的深层意义在于"走向生命"，即以学习者为中心，使之成为一个自我筹划、自我决断、自我生成的自由人。因为每个学生内心都蕴藏着创新的潜能，都具有创新的需求，但在日复一日的规训中被压抑了，慢慢地丧失了怀疑、想象和冒险的勇气。创新创业教育首先就是要激发学生的探究兴趣，鼓励学生发现问题、分析问题和解决问题，从中不断地提升自己的认识能力和实践能力。

正是在这种自主探究的过程中，学生内在能量得以开发，他们的潜能和价值得到体认，从而培养出独立自主、自强自信的品格。所以，创新创业教育的目标在于唤醒学生处于"冬眠"状态的创新天性，将被压抑的创新欲望和创新潜能"解放"出来。故而，创新创业教育是一个敞亮个体生命的过程，为学生自我的生成、心灵的成长、潜能的实现提供了可能，为每个生命个体找到存在的意义和价值。它帮助个体体验到自己是一个独立自我的存在，从而能够自主寻找生活意义和世界意义；它充分释放人的生命潜能，改变传统国民性格中保守、依附的一面，培植独立、创新的新型人格。

（三）创新创业教育将创造一种实践主导型的大学发展模式

现代大学发端于西方，其原型是德国大学模式，它特别强调纯粹理论知识

---

① 郑宗义. 再论王阳明的知行合一 [J]. 学术月刊, 2018, 50 (8): 5-19.

的价值，即强调理论知识在大学中的核心地位，大学科研目标在于创建系统的理论知识体系。美国在学习德国大学模式基础上创建了自己的模式，也不自觉地遵循着以理论知识为中心的逻辑，虽然美国具有发达的、多样化的高等教育体系，但核心无疑仍然是注重学术研究的研究型大学。美国创业型大学的出现正在颠覆传统的研究型大学概念，也成为创新创业教育的发源地。而创新创业教育是一种真正以社会需求为中心的大学发展模式，与以理论知识发展为使命的传统大学模式具有本质性的差别。我国开始普遍推行创新创业教育，很可能成为一种以应用知识发展为主导的大学发展模式。这种务实精神也是中国文化的反映，因为中国文化一贯轻视纯粹知识的探求[1]，"知行合一""经世致用"即这一文化的展现。这一文化传统恰恰适应了当代社会发展要求，能够为创新创业教育提供强有力的文化支撑。

（四）创新创业教育将塑造一种新的实践本位型的大学教育模式

创新创业教育的根本意义在于将知识创造与每个人的实践活动联系起来，使每个人都成为创造的主体，成为自己知识的主人，如此就承认了个体微观知识的价值，为个性化知识发展留下了空间[2]，这是一种实践本位的教育模式。创新创业教育目标不在于教会学生习得许多知识，而在于真正促进学生发展。人的发展不可能脱离知识的获得，但知识获得不是从外部注入的结果，而应该是学生自我探索的成就，唯有提供适宜的实践环境才能使学生进行主动探索。因此，创新创业教育内在呼唤实践本位的大学教育模式建设。

创新创业教育推进需要把学生的主体性从传统教育的遮蔽和异化中解放出来，把学生的"微观知识"或"个体知识"及"实践性知识"纳入自我发展谱系，以"述行性"知识观展现个体生命的意义，成就自己的发展。[3] 创新创业教育将促使大学模式从理论型向实践型转变，从而塑造一种实践本位型的大学教育模式。

（五）创新创业教育将知识还原于生活的本质

知识来源于生活。人只要认真思考生活并勇于探索，就能够把握生活的奥秘，就能够成为知识的主人。创新创业教育使知识还原于生活的本质，因为教

---

[1] 李军，尹月.中国大学3.0模式：传统、现代与前瞻[J].清华大学教育研究，2016，37（4）：24-35.

[2] 王洪才.大学创新教学：缘起·现状·趋向[J].四川师范大学学报（社会科学版），2017，44（6）：71-79.

[3] 钱颖一.批判性思维与创造性思维教育：理念与实践[J].清华大学教育研究，2018，39（4）：1-16.

育本质就是为了"发展人",而创新创业教育推动了大学与生活世界的结合,使人的发展具有了更大的可能性。知识本身并非目的,生活才是目的。① 学校不能为了知识传授而传授,必须服务于生活世界的召唤。所以,真正的知识必然要能够服务于实际生活的需要,并通过生活实践展现其价值。②

创新创业教育的开展,意味着知识必须能够应用于实际生活,而非仅仅应付考试。为此,知识必须与现实生活发生联系,必须与学生的现实困惑发生联系,而不能仅停留在书本上。创新创业教育呼唤所有的知识都成为对生命的注解和对生命意义的揭示,让知识成为生活的需要,从而彰显知识的真正价值。如此,知识不再是游离于人之外的、存在于思辨之中的符号,而是真正存在于现实生活中的知识。可以说,创新创业教育使知识回归到人的生活,使创新成为一种生活方式。

六、结语

传统高等教育模式是在历史中形成的,而创新创业教育为大学模式再造提供了一次重大机遇,只有抓住它才能真正实现内涵式发展,带动中国高等教育质量的提升。可以说,创新创业教育为高等教育改革确立了基本方向,引导高等教育走向与知识经济相互促进的发展道路,从而将为中国经济转型发展提供引擎,也为塑造中国大学模式提供牵引,注定将在中华民族伟大复兴征途中扮演重要角色。

---

① 鲁洁. 一个值得反思的教育信条:塑造知识人 [J]. 教育研究, 2004 (6): 3-7.
② 刘铁芳. 知识学习与生命成长:知识如何走向美德 [J]. 高等教育研究, 2016, 37 (10): 10-18.

第四章

创新创业教育：高等教育普及化的核心命题*

引导语：高等教育进入普及化阶段后，发展重心势必转移到高质量发展主题上。高质量发展需要合适的实现载体，以创新创业人才培养为目标的创新创业教育就成为一个必然选择。创新创业教育以大学生创新创业能力培养为中心，适应了创新驱动发展时代对人才的创新精神和创业能力的要求，是解决大学生就业难题的根本出路，也是带动大学教学方式转变、促进大学发展转型的动力源，有助于从根本上解决大学创新活力不足的问题。但要扎扎实实推进创新创业教育，就需要广大教师确立创新创业教育理念，排除功利主义干扰，倾力投身教育教学改革，同时也要求大学治理能够为创新创业教育的顺利开展扫平障碍，特别是从评价机制上松绑，扭转目前大学重科研、轻教学的态势，保护教师投身教学改革探索的积极性。

关键词：创新创业教育；高等教育；高等教育普及化时代；核心命题；大学治理

一、创新驱动发展时代呼唤大力开展创新创业教育

在任何时代，高等教育都首先要面对"培养什么人"的问题。在创新驱动发展时代，社会要求高等教育必须培养大批创新创业人才，从而适应科技发展迅速、环境变化繁复所带来的压力和张力。所谓创新创业人才，就是勇于挑战困难，主动调适自我，敢于把创新思维付诸行动的人才，即"敢闯会创"人才。随着社会发展变化，越来越多的新问题、新困难亟待解决，也就需要越来越多的人成为创新创业人才，从而勇于挑战困难和解决问题，敢于尝试新路径、新方法，走前人没有走过的路。主动调适自我，就是要不断地改变自己的思维方式和行动习惯，积极地应对环境变化带来的挑战。这种敢于尝试新方法并获取

---

* 原载于《四川师范大学学报（社会科学版）》2023年第5期，第117-123页。

成功的过程就是创新创业。因此，创新创业人才就是那些善于运用科学的思维方法去发现问题、分析问题和解决问题并且持续奋发进取的人才，这正是时代赋予创新创业教育的使命。高等教育只有把全部学生培养成为创新创业人才，才能实现真正的高质量发展。

显然，创新创业教育遵循了三个基本原则：一是以社会发展需求为指向；二是以满足大学生发展需求为出发点；三是以教师主动性发挥为基础。离开了社会发展需求，人才培养就失去了坐标；不从学生发展需求出发，教育就失去了科学基点；不能发挥教师的主动性，教育就失去了内在动力。

（一）审视社会发展需求，培养社会发展急需人才，反映了教育外部关系规律的要求

教育外部关系规律告诉人们，教育发展以适应社会发展需求为前提。[1] 审视社会发展需求，即审视在今天技术高度发达的社会，究竟培养什么样的人才是适合的，或者说培养什么样的人才能与技术变革迅速的社会相匹配。当代社会最需要的就是具有创新创业能力的人。因为在技术发展非常迅猛的时代，如果一个人只知道守成，无法创新，不能主动变革自己，就无法适应社会发展变化要求，当然更无法成为社会的强者。一个人想要改变自己，不能只有心动而没有行动，行动就是要将想法变成实际的规划设计，形成自己的理想目标和具体行动措施。这实际上就是要求人不仅要有创新思想，还必须具有创业行动，即必须具有创新创业能力，才能成为创新创业人才。而且，社会发展变化正在倒逼每个人都要成为创新创业人才，特别是大学生，因为大学生毕业后必然要走向社会，必然要谋得一份职业，其必须能够自食其力，从而为自己赢得一份尊严。为此，大学生就必须能够发现社会需求，找准自己的发展定位，否则就难以立足于社会。这不是危言耸听，而是客观现实。今天，传统职业岗位已经人满为患，严重内卷，而且许多简单的劳动岗位不断地被人工智能技术所替代，从而使未来职业竞争越来越激烈。一个人只有充分发挥自身优势，不断地开发自身的创造潜能，才能在激烈竞争的环境中谋得立足之地。所以，一个人如果没有自己的独特性就很容易被替代，就很难具有竞争优势。这也是今天要求高等教育大力开展创新创业教育的根本原因。创新创业教育就是要立足每个人的实际，发现每个人的创造性潜能所在，创造一切可能的条件，为其创造性潜能发展提供充分的机会，促进个体不仅主动地发现自我潜能，而且可以积极地实现自我潜能。这也是创新创业教育的根本价值所在。

---

[1] 潘懋元. 教育的基本规律及其相互关系 [J]. 高等教育研究，1988 (3)：6-12.

(二) 审视大学生发展需要，做好人才培养规划，是教育内部关系规律的必然要求

教育内部关系规律告诉人们，只有适应学生身心发展需要，教育才可能成功，否则就不可能顺利。① 审视大学生的发展需要，就是根据当代社会发展要求，审问当代大学生最缺乏的是什么，从而思考如何来弥补这些短板。没有这个基础工作，则人才培养的规划设计是盲目的。

对当代大学生而言，他们虽然普遍地感受到了就业危机的存在，但又普遍地缺乏改变自我行为的动力，因为他们行为中的被动性已经根深蒂固，这也是传统应试教育体制所造成的恶果。在应试教育体制下，人们所注重的是寻求标准答案而非对问题的创造性解答，从而导致创新意识和创新能力严重不足。他们甚至连自我发展目标都缺乏，仿佛进入大学就是万事大吉了，以后自动就有工作了，没有意识到要找到一个适合的工作始终都具有挑战性。他们可能也没有意识到，即使找到了固定的工作岗位，也存在着变动的可能性，因为旧的工作岗位可能消失，必须去面对工作岗位变化的压力和挑战。他们可能也没有意识到固定知识的危险，也没有意识到该如何应对这样的危险，对于危险他们往往倾向于本能性的逃避，从而使得开拓精神、冒险意识严重匮乏。因为传统教育模式满足于固定知识的传授，并未培养学生面对不确定性的风险应具备的创新创业能力，如此就使得创新创业教育显得尤为急迫。许多人在进入大学之后都有一种松口气的想法，甚至还有混文凭的思想，没有意识到社会发展变化对自己提出的严峻挑战，从而缺乏责任感与使命感。所以，不少人总是在被动地完成作业和考核要求。殊不知，社会要求每个人都必须具有负责精神和担当能力，这是时代提出的要求，而且要求每个人必须具有创新意识和实干本领，从而主动适应变动的环境的要求。传统的以固定知识传授为目标的教育模式显然无法培养这些素质，这恰恰是创新创业教育的基本使命。在创新驱动发展时代，如果人们缺乏主动创造精神，不能自觉地关注社会发展需求，就不会主动地、有意识地培养这些能力素质，那么会被激烈竞争的职业市场抛弃。

(三) 审视教师心理状态，确立创新创业教育观念，是教育内外部关系规律的要求

教育内外部关系规律告诉我们，教师是教育活动的根本主体，如果教师不能领会社会发展要求，不尊重学生发展需求，就不可能把培养创新创业人才作

---

① 王洪才.教育内外部关系规律学说：中国教育学发展的一面镜子：潘懋元教授专访[J].苏州大学学报（教育科学版），2013，1 (1)：48-52，126.

为自己教育教学工作的根本目标。审视教师心理状态，就是要审问大学教师是否认同创新创业教育理念，是否意识到成为创新创业人才也是自己的人生目标，从而愿意为推动创新创业教育贡献自己的一切。

从目前大学教师的工作现状看，许多人并未真正认同创新创业教育理念，没有觉察到自己首先应该成为创新创业人才，当然也没有意识到培养创新创业人才的过程能够成就自己。大学教师作为知识探究和传播的主体，自身就应该成为创新创业活动的主体，因为他们从事的活动应该首先服从于内心的求知动机，而非为了外在的功利目标，探求知识本身就是一种创新创业活动，获取真知就是创新创业的成功。传播知识、培养人才同样也是创新创业活动，因为传播知识和培养人才过程也会遇到许多新问题和新挑战，都必须采取科学的方法才能获得突破、取得成功，这无疑也是创新创业过程。所以，反观自身的创新创业活动过程，大学教师就应当首先确立创新创业教育理念，立志为培养创新创业人才做出贡献。只有当教师确立了创新创业教育理念，才能以极大的热情投入创新创业教育，才会主动改变教育教学方式，主动适应社会需要，研究学生身心发展特点，努力把学生培养成为创新创业人才。可以说，没有教师的倾情投入，创新创业教育很难成功。

所以，当高等教育面临创新驱动发展时代要求时就提出了培养创新创业人才的命题。高等教育普及化恰与创新驱动发展时代相遇。于是，如何培养大批创新创业人才就成为高等教育普及化面临的核心问题。如果不能培养大批高素质的创新创业人才，高等教育无疑就是失败的。只有培养出大批高素质的创新创业人才，才能证明高等教育是高质量的。

二、创新创业教育以培养学生创新创业能力为中心

开展创新创业教育，必须以培养学生创新创业能力为中心，因为成为创新创业人才的标志是具有较高的创新创业能力，如果一个人不具备较高的创新创业能力，就很难被称为创新创业人才。

我们知道，在高等教育进入普及化阶段之后，发展重心正在发生转移，已经开始从过去重视规模扩大转向注重质量提升。因为随着高等教育规模扩张，入学机会越来越充分，人们所期盼的不再是能否获得高等教育机会，而是如何获得高质量的高等教育。高质量的高等教育就是人民满意的高等教育，只有从满足社会需要出发、充分尊重学生学习意愿和极大地激发教师创造性才能达成这一目标。显然，社会发展的需要，就是人才成长的方向；学生学习意愿，就是学生成长的动力源；教师的创造性就在于实现学生潜能开发与社会发展需要

相一致，达成社会对高质量人才的期盼，回应社会对创新创业人才的呼唤。我们认为，只有学生的创新创业潜能得到充分开发，他才能成为真正的高质量人才；只有当教师真心投身于教学改革实践中，才能实现高等教育高质量发展。唯有深入开展创新创业教育，才能培养大批高素质的创新创业人才，才能适应创新驱动发展时代的要求，这就是创新创业教育成为普及化时代高等教育的核心命题的缘由。

在今天，开展创新创业教育已经成为高等教育发展面临的最为急迫的任务。因为随着高等教育规模的扩大，大学生就业压力就会越来越大，那么，如何变传统就业压力为创新创业动力，是时代对高等教育的呼唤，创新创业教育可谓应运而生。[①] 对今天的大学生而言，树立创新创业信念已经刻不容缓，成为创新创业人才就是自己的使命担当，这也是改变自己人生被动局面的唯一选择。因为在今天的社会，无论依靠谁都无法真正解决自身发展的问题，只有自己主动应对困难，自觉调整心态，主动确立发展目标并持之以恒地努力，才能使自己获得持续发展，这个挑战自我和实现自我的过程就是把自己塑造成创新创业人才的过程。

一般而言，当代大学生对自己的人生发展目标并不明确，因为他们的入学志愿并非自己确定的，往往都是家长愿望、教师盼望、他人推荐乃至从众的结果，所以他们对所学专业并未真正认同。虽然经过入学教育和自我调适，对所学专业产生了一定程度的认同，但对自己未来究竟应该成为什么样的人仍然缺乏意识，因为他们对未来职业缺乏想象力，不清楚未来需要自己做什么，也不清楚自己的潜能优势是什么，从而仍然处于一种茫然的状态。换言之，因为他们缺乏真实的实践体验，所以对自己究竟是谁、究竟该怎么做并不清楚。这恰恰是创新创业教育的起点。创新创业教育要求教育工作者首先要从让学生认识自己的潜能优势开始，从而使其确立自己的人生发展目标，进而注入发展动力。没有这一步，他们就无法确立正确的人生目标。只有当学生认识到自己的潜能优势，才能找到发展自我的根本动力。故而，无论专业教育还是通识教育，都是在为大学生发现自我、认识自我提供机会。每一次的学业体验，每一次的交流互动，都在促使学生认识真正的自己。没有一次次的历练，学生就很难认识自己。每个人都是在挑战自己的过程中认识自己的潜能和优势的，如此才能真正确立自己的努力方向。

[①] 王洪才. 创新创业教育：中国特色的高等教育发展理念 [J]. 南京师大学报（社会科学版），2021（6）：38-46.

因此，从发现学生潜能出发，就是创新创业教育的出发点；从促进学生潜能发展入手，就是创新创业教育的突破点；以促进学生潜能最大发展为目的，就是创新创业教育的宗旨。这三点可谓创新创业教育的三原则。它们不仅是以学生为中心的高等教育理念的充分展现，也是推动高等教育普及化深入开展的行动纲领。它所反映的价值理念是，越是能够满足学生发展需要的教育，越是比较好的教育，就越应该加强。学生发展的根本需求就是实现自我潜能的最大发展。只有当学生发展需求得到充分满足之后，学生的创造性才能最大程度地发挥出来。这既是高等教育发展的内在诉求，也是创新创业教育的基本目标。只有将学生的创造性充分激发出来，才能满足现时代社会发展对创新创业人才的需要。

这种价值观念的变化，反映了高等教育发展主旨的变化：培养学生的创造性才是教育活动的根本目标，以系统知识传授为目标的传统教育实质上是把学生塑造成了接受知识的容器。具体而言，新时代高等教育必须把创新创业能力培养作为高质量发展的核心内涵[1]，即高等教育质量高低就取决于学生所具有的创新创业能力强弱。因为在人类进入人工智能时代后，知识储存任务可以交由机器运算来完成，不再需要把人类智慧的大脑变成储存知识的仓库，人类智能应该运用于解决更高级的、更具复杂性的其他问题。为此，再把掌握的知识量和其难易程度作为衡量标准就已经过时了，应该适时地把创新创业能力培养放在首位，把创新精神和实践能力培养作为高等教育的基本任务，如此高等教育才能进入高质量发展轨道。

那么，衡量人才培养成功的标准也必须随之改变。过去，人们在评判人才是否优秀时往往把能否胜任某项具体工作作为判断标准，从而形成了"对口式"人才培养模式；而现在，人们逐渐倾向于把能否开创一番事业作为人才是否优秀的衡量标准，这实际上反映的就是一个人的创新创业能力，这也是创新创业教育成为高等教育改革发展方向的根本原因。因为未来是不确定的，人必须具有创造性适应能力，只有善于开拓、不断进取的人才能成为未来社会的优胜者。我们知道，完成某一项具体工作是比较容易的，因为它有比较明确的任务目标和评判标准，只要想法达到标准要求即可，难度并不大；但要开创一番事业就很难，因为它充满了不确定性，需要从认识事物本身开始，从发现事物本质规定性进行突破，以促成事物良性发展作为目标，并且需要在认识过程中逐渐摸

---

[1] 王洪才. 创新创业能力培养：作为高质量高等教育的核心内涵[J]. 江苏高教, 2021(11)：21-27.

索出对事物发展状况优劣的评判标准，这个过程往往是漫长的。这些都需要一个人具有面对不确定事物的能力，其实质就是创新创业能力。如果一个人缺乏面对不确定性的能力，他就不可能在充满变动性的工作中占据主动地位。因为人在面对不确定的事物时，仅仅凭借已有知识系统是难以解决的，它要求个体必须去创新知识，即首先，敢于面对新事物，以包容的态度接纳新事物；其次，敢于大胆尝试各种可能性来探究新事物的规律性，从而形成对新事物的稳定认识，这就是创新知识过程；再次，积极开发自身资源，利用有利条件，推动新事物良性发展，这实质上就是创业过程，当然它是以前期的创新认识为基础的；最后，通过不断尝试，认识到推动事物发展的基本规律，达到对事物的理性认识，从而保证事物持续健康发展，达到创新创业的成功。这种创造性解决问题的过程，正是创新创业能力的展现，也是当代社会对大学生走向未来的基本要求。故而，创新创业能力培养，必然是普及化时代高等教育的核心内涵。

三、推进创新创业教育走出狭隘化认识误区

虽然创新创业教育在全国各地高校开展得如火如荼，但在社会上，包括学术界，特别是教育界内部，对于创新创业教育是什么、为什么和怎么办尚未达成广泛的共识，这严重阻碍了创新创业教育的深入开展。人们对创新创业教育的认识还受到传统思维定式的严重束缚，其中，最具有代表性的是许多人仍然把创新创业教育理解为培养企业家的教育，把创新创业教育实践简单地理解为创办公司企业，特别是创办科技公司企业，并且把创新创业大赛成绩作为考察高校创新创业教育成效的最为主要的指标，似乎开展大学生创新创业训练计划项目的目的就是为参加创新创业大赛做准备，好像创新创业教育的理想目标无外乎要培养出诸如微软创始人比尔·盖茨或苹果创始人史蒂夫·乔布斯抑或是Facebook创始人马克·扎克伯格等科技产业的精英。

可以发现，上述关于创新创业教育理解具有严重的狭隘化倾向，也是对创新创业教育的严重误读的表现。因为这些理解无法使创新创业教育面向大众、面向全体，只能使它局限于极少数的精英群体，即那些具有科技创业特殊天赋的人群。我国学界已经认识到创新创业教育应该面向全体学生，是一种广谱式教育[1]，主体应该是岗位式创业[2]，而非独立自主创业。因为独立自主创业对参

---

[1] 王占仁."广谱式"创新创业教育体系建设论析[J]. 教育发展研究，2012，32 (3)：54-58.

[2] 黄兆信. 推动我国高校创新创业教育转型发展[J]. 中国高等教育，2017 (7)：45-47.

与者要求甚高，这种苛刻的条件容易把广大学子吓退，不符合我国开展创新创业教育的主旨。我国开展创新创业教育的目的在于培养学生具有创新精神和创业动力，使其成为社会有用之才，能够成为社会改革发展的积极主体，因而这种教育是面向全体的，而且应该渗透在专业教育过程中，与思想政治教育融合为一体①，成为通识教育的灵魂。因为通识教育目的在于培养健康的人格，而创新创业教育根本目标在于培养创造性人格。专业教育重在培养学生解决实际问题能力，当融入了创新创业精神之后，就能够鼓励学生创造性地运用专业知识，大胆地开创一片新天地。思想政治教育重在明确责任和社会价值，当与创新创业教育融合后就能够鼓励个体脚踏实地干出一番事业。② 这正是人们呼吁创新创业教育应该全方位、全过程、全员参与的意义所在。

不过，这些误解的背后也传递了一些重要的信息。首先，它间接地承认了大学生也具有无限的创新创业潜力，这是对于过去单纯强调大学生主要任务是系统接受专业知识观念的一次质的超越。其次，它也间接地批评了教育过程中实践教学的缺失，倡导应该多方面为大学生提供实践机会，帮助大学生发现自我潜能，实现综合素质和能力的提升。再次，它已经意识到创新创业教育与思想政治教育的内在联系，认识到创新精神、创业动力与青年的使命担当精神直接相关，从而由团组织负责推动具有政治优势。最后，它已经意识到创新创业能力不能进行单纯的知识灌输，必须进行实际的训练，从而吸引大学生参与创新创业计划训练项目（简称"大创"项目），通过组织团队、聘请指导教师、项目申报评审、结项验收等来培养大学生的创新创业素质。③ 可以说，这些都是创新创业教育开展取得的成果。

然而，这些误解造成的负面效应却是不容忽视的。首先，它把创新创业活动局限在科技创业范围内，从而大大缩小了创新创业活动的空间和内涵，也降低了创新创业的意义和价值，因为这样只能把创新创业活动集中在少数人身上，即集中在那些具有科技创新天赋的少数大学生身上，如此就在无形中向多数人关上了大门。其次，"大创"项目和创新创业大赛活动具有明显的功利性质，虽然在一定程度上可以激发大学生的创新创业精神，但很难深入和持久，特别是

---

① 王占仁，吴晓庆. 创新创业教育对大学生思想政治教育的重要贡献论析 [J]. 思想教育研究，2016（8）：33-37.

② 王占仁. 创新创业教育与思想政治教育的关系论析 [J]. 深圳大学学报（人文社会科学版），2018，35（1）：111-115.

③ 柴莹，肖晓. 大学生创新创业训练计划管理模式的构建：基于项目管理的视角 [J]. 中国大学教学，2018（2）：70-73.

对培养大学生具有牢固的科学精神而言并不十分有利。再次，创新创业活动虽然与思想政治觉悟之间具有较强的关联，但两者不可相互替代，强化两者之间的关联很容易造成一种错觉，认为创新创业活动是团委的事情，是一项思想政治教育工作，是学工部门的责任，与其他部门的关系不大。这种错觉容易在条块分割的大学内部管理体制下得到彰显。最后，虽然意识到了大学生创新创业教育实践不可能脱离专业教师的参与，但如何调动专业教师参与是一个实实在在的难题，如此也显露了由学工部门主导的创新创业教育实践的局限性。这也是对大学内部治理提出的一个重要课题。

问题的关键还在于创新创业精神如何培养，其难点在于如何培养大学生具有创造性人格，即培养大学生以创造性贡献作为人生最高追求。我们知道，如果大学生没有这种追求，就难以激发大学生持久投身于创新创业的动力，就无法指望产生理想的创新创业教育效果。因而，创新创业精神追求是创新创业人才培养的前导，它需要进行系统的设计，绝非一两门课程或一两次活动就能够解决，它需要全员动员、全方位设计、全过程跟踪的创新创业教育实践才能完成。即只有全体教职员工投身于创新创业教育实践，实现课堂内外教育实践中融入创新创业精神，最终才能实现全体学生的创新创业素质能力的普遍提升。其中最关键的是专业教育与创新创业教育理念相融合，因为目前大学教育仍然是一种专业教育，人们仍然把专业技能提高作为教育成败的关键。从理论上讲，课堂教学是培养大学生创新创业精神的最佳阵地，因为课堂是师生互动的主阵地，也是理性教育和情感培养的主要载体。如果大学教师具有强烈的创新创业教育理念，就会自觉地把创新创业理念融入课堂教学之中，那么创新创业精神就会很好地渗透到学生的思想和行为中。

这说明，创新创业教育的真正土壤是在课堂教学过程中，是依靠教师的专业精神、学术追求和做人风范培植的。这也是立德树人的深意所在。我们知道，师风影响学风，也影响校风。如果教师缺乏创新创业精神追求，缺乏科学态度，对大学生缺乏关心爱护，就不可能给大学生正向的引导。无论专业课教学还是公共课教学，教师都应该秉持科学的立场，都应该贯穿科学的精神，都必须基于事实，而且要针对现实问题，提出解决问题的科学思路与方法，这样才能做到理论与实践相结合，才能进行生动的科学教育，否则就容易沦为机械的教条灌输。当然，教师做到这一点的基本前提就是从事真研究，研究真问题，寻求真正答案，解决现实问题。教师如果这样做，实际上就贯穿了一种创新创业精神，因为研究真问题就是为了获得新知识，就是在从事创新；解决现实问题就是在做出贡献，就是在从事创业，即为持续的学术发展创造基业。创新创业是一个持续不断和持续提升的过程，贯穿了人的终身。教师如果拥有了这种精神，就具备了创造性人格，就可以给大学生很好的精神熏陶。

不得不说，如果大学生具有很强的创新创业精神，再参加"大创"项目，效果将大大提升，因为这样将促进其创造性潜能充分释放，从而成为创新创业活动的真正主角，无论是组织团队还是聘请指导教师，他们都有自己明确的目标追求。学校的有效支持就可以促成他们达成目标，如此，创新创业实践活动就成为培养大学生创新创业能力的最佳阵地。

四、创新创业教育呼唤有效的大学治理作为保障

推行创新创业教育无疑是一场系统变革，因为它需要从观念转变开始，进行教育制度系统设计，最后需要落实到具体的行动中来，并且需要不断完善制度设计，充实教育理念，改进行动效果，所以这场改革牵一发而动全身。确切地说，创新创业教育需要高校内外部系统一起变革才能真正奏效，否则就事倍功半，收效甚微，甚至是走过场。在现实中，创新创业教育开展仍然是局部的，仍然停留在某种活动或某门课程上，缺乏总体设计。这些正是创新创业教育需要突破的方向。

我们发现，要把创新创业教育理念落实到行动面临的最大障碍就是传统的评价机制问题，因为评价机制发挥着行为导向作用，直接影响人们对创新创业教育理念的接受程度，也影响人们对创新创业教育的投入程度。在创新创业教育理念形成过程中，学校领导的观念具有表率作用，如果他们认识不到创新创业教育的重要性，那么创新创业教育理念就无法立足，创新创业教育就不可能成功；只有学校领导高度重视创新创业教育，决心改变传统的评价制度，才能使评价制度向促进创新创业教育发展的轨道转变。

推进创新创业教育意味着大学办学必须把人才培养放在第一位，而且首先要抓好本科生教育，目标就是要培养数以千万计的创新创业人才，为此就需要在教学观念上进行系统的转变。过去的教学任务集中在知识传授上，并不关注学生能力发展，而培养创新创业人才就要求必须以学生能力发展为根本，这对传统教学观念而言是具有颠覆性的。过去的教学模式是以教师为中心设计的，现在要以学生为中心，为此必须以激发学生的兴趣为出发点，否则教学就是无效的。过去惯常采用的是"老师讲—学生听"的教学方式，现在要倡导以问题为中心开展教学，教师要带领学生探究问题、解决问题，这就要求培养学生的主动精神，改变学生的被动接受习惯。过去强调进行系统知识的传授教学虽然有利于学生掌握知识，但不利于培养学生探究兴趣和创新知识的能力，特别是

创造性应用知识的能力。过去对实践教学是忽视的，现在必须大力加强实践教学，因为实践教学有助于学生发现问题，激发学生探究兴趣，从而有助于学生从知识的接受者向知识的探究者转变。过去大学教学管理主要针对教师的教，不关注学生如何学；现在必须首先关注学生是如何学习的，要关注如何促进学生从浅层学习向深度学习转变。[1] 显然，这一切转变都是创新创业教育的内在要求，大学治理就需要从这些内在要求出发，改进大学教师评价机制，促进教学管理方式转变，从而带动教师变革教学理念和教学方式，进而推动创新创业教育深入开展。

不仅如此，如果要真正推动创新创业教育深入开展，还必须改变传统的条块分割的组织模式，使创新创业教育理念融入全部教育教学过程中，使创新创业能力培养作为教育教学活动的中心目标。这不仅有赖于教师对创新创业教育理念的深度认同并自觉转化为教育教学改革行动，而且也有赖于学校行政系统提供的保障能力。换言之，如果教师不能倾情支持创新创业教育、甘心投身于教育教学改革探索，那么要把创新创业教育推向深层次就很难。与此同时，如果缺乏行政部门对教师教育教学改革行动的有力支持和保护，那么教师的教育教学改革动力也不会持久。行政部门支持必须是全系统的，而非个别部门的，即要形成全校支持创新创业教育的办学氛围，各个部门主动承担为创新创业教育保驾护航的责任，如此才能推动大学科研与教学围绕创新创业人才目标而展开。大学课堂教学无疑是创新创业人才培养的主阵地，在这里不仅要培养学生的创新创业精神，而且要培养其创新创业的基本能力，特别是训练科学思维的基本方法。有了这一切，才能使学生有效地参与到创新创业实践活动中去，更有针对性地提升创新创业能力。为了实现创新创业教育力量的整合，许多高校成立了创新创业学院或创新创业教育学院[2]，目的在于打破传统行政体制存在的条块分割局面，这是很好的改革创新举措。

当前，影响大学教师投身于创新创业教育的主要障碍因素就是绩效评价机制，换言之，"重科研、轻教学"的绩效评价杠杆阻碍教师投身创新创业教育。在绩效评价中重量化评价、轻质性评价，又使教师偏重量的增长而轻视质的提升。如果这种评价机制不改变，非但不能使教师投身创新创业教育，即使开展科研也是低质量的。

---

[1] 王洪才.大学创新教学：缘起·现状·趋向 [J].四川师范大学学报（社会科学版），2017，44（6）：71-79.

[2] 陈耀，李远煦.改革开放以来我国高校创新创业教育组织变迁及其启示 [J].高等教育研究，2019，40（3）：46-52.

我们认为，理想的学术生态应该使教学与科研相结合，而不是相脱节，其中，教学问题应该成为科研主题，科研应该服务于教学质量提升。因此，教学质量提升应该是教师科研的基本动力。科研不单纯局限在专业知识领域，应该服务于学生发展中遇到的现实问题。所以，促进学生发展应该是大学教师的首要职责。这既是"以学生为中心"理念的体现，也应该成为教师绩效评价的准则，否则就无法从根本上调动教师真正关心教学质量的提升。显然，这需要大学教师管理部门（人事处、师资处）、大学教学管理部门（教务处、研究生院）、大学科研管理部门（科研处、科技处）和大学学生事务管理部门（学生处、学工部、团委）联合发力，共同研究科学的教师绩效评价方案，真正把学生发展放在中心的位置，然后转变为大学人事管理制度，成为大学教师评价的基本准则，最终落实到大学教师评价的实施过程中。没有多部门的相互协同发力，单纯靠某一部门努力，无法解决这个全局性的问题。显然，推动这个工作，没有高校主要领导的参与是不可能成功的。

故而，在高等教育进入普及化阶段后，促进学生的多样化发展、个性化发展就是人才培养面临的基本任务，也是每个教师研究的基本课题。大学教师只有投身创新创业教育之中，才能成功解答这个课题，为此，就必须开展创新教学探索[1]，以问题为中心开展教学，努力使学生成为知识探究主体，改变其被动接受知识的习惯。只有这样才能把创新创业精神灌注到课堂教学实践中，让学生在学习的过程中感受创新的魅力、创业的吸引力，自觉地提升自己的创新创业能力和素质，自觉成长为创新创业人才。如此，创新创业教育作为高等教育普及化的核心命题才能得到真正的破解。

---

[1] 王洪才. 论大学传统教学与大学创新教学 [J]. 苏州大学学报（教育科学版），2017，5(4)：10-19.

第五章

创新创业教育：职业教育高质量发展的灵魂[*]

引导语：在建设教育强国的背景下，职业教育如何实现高质量发展就是一个急迫的时代命题。职业教育具有自身的特性，长期以来受传统观念和传统体制束缚，难以充分发挥自身的优势。开展创新创业教育是职业教育走向高质量发展的一条根本出路，也是职业教育充分展示自身优势的关键所在。充分发挥职业教育与企业联系紧密、实践性强的优势，就能够高质量推进创新创业教育的开展，从而为职业教育发展注入新的灵魂，就能够从新质生产力发展过程中异军突起，从而扮演非常积极活跃的角色。

关键词：创新创业教育；职业教育；高质量发展；灵魂

在大力推进教育强国建设的背景下，我国职业教育亟待实现高质量发展，提高它自身的吸引力，从而成为教育现代化过程中的重要一环。然而，如何才能使职业教育走上高质量发展的轨道呢？学术界对此意见不一，但基本上离不开"产教融合"[①]"数字化转型"[②]"校企合作"[③]等。无论哪种途径，都必须找到真正的动力源，而创新创业教育是职业教育高质量发展的动力源，从而是职业教育高质量发展的关键和灵魂。换言之，如果不从创新创业教育视角来审视职业教育发展之路，职业教育就无法走出传统技能训练的老路，就无法与新质生产力发展需要接轨。为此，就必须阐明创新创业教育与职业教育的内在联系，分析一下传统职业教育的弊端，看一看创新创业教育能否改变职业教育的内核。

---

[*] 原载于《福建教育》2024年第22期，第4-7页，收录时做了调整。
① 樊沛鑫. 职业教育高质量发展的路径思考［J］. 中国高等教育，2023（Z1）：77-80.
② 金波，郑永进. 高质量发展背景下职业教育数字化转型实现路径研究［J］. 中国高教研究，2023（7）：97-102.
③ 查永军，李启波. 我国高等职业教育高质量发展的时代关切与推进路径［J］. 中国电化教育，2023（9）：83-90.

113

一、创新创业教育与职业教育具有天然的内在联系，这一点往往被掩饰、被忽视

创新创业教育的目的与一个人的生涯规划密切相关，职业教育就是直接面向生涯设计的教育，故而两者之间具有天然的内在联系。从我国创新创业教育兴起过程就可以看出，它是因大学生就业困难而生，所以它最初的名字是创业教育，而且往往加上两个字"自主"，即称为自主创业教育。[①] 目前高校创新创业教育就与学生处、大学生就业指导中心关系非常密切，这些部门开展的一项重要活动就是就业指导，进行生涯规划设计指导，创业教育课程也是由他们来负责，所以很多学校创业教育课程主要由辅导员队伍来承担。可以说，创新创业教育是因时而生，是随着高等教育大众化推进而出现的，是因为越来越多的大学生出现了就业困难才产生的，目的是指导大学生要预先做好规划设计，提前为就业做好准备，如果可能的话就自己独立创业，因为这样不仅解决自身的就业的问题，而且还可以促进社会就业问题的解决。这确实是一个如意算盘。

当然，这样的打算面临一个实际困难，即凡是出现就业困难的学生大部分是学习不主动的，学习成绩不好的，不善于与人交往的，也不善于了解社会需求的，说到底，是社会适应性比较差的类型，所以提升他们的就业能力关键是改变他们的心态，改变他们的学习态度，要引导他们主动适应社会需求。由此可见，传统的底线思维策略往往是无效的，必须从高线思维出发，即要培养学生具有创新意识，这是前提，有了创新意识，才能具有创业动力，才能具有学习动力，也才能最终提升自身对社会的适应力。这显然不是部分学生所需要的，而是全体学生都需要的，即全体学生都需要从根本上提升自己的创新意识，培养自己的创新能力，增强自己的创业动力，从而提高自己的学习能力，最终提升自己对社会需要的适应力。

不过此时的创业是广义的，不再是独立创办企业了，而是指参与各种各样的工作[②]，因为当我们走向社会的时候，一切都是新的，都需要去适应、去面对、去开创，也就是在创业。这虽然与开办企业的类型不同，但性质上是一致的，都需要个体有自己的独立思想、有自己的规划设计、有自己的行动目标和行动策略，必须锻炼自己的待人接物能力，必须善于与人交往和与人合作，善于适应组织或团队的要求，当遇到困难的时候主动想办法去克服，不能遇到困

---

① 王洪才．创新创业教育：中国特色的高等教育发展理念［J］．南京师大学报（社会科学版），2021（6）：38-46．

② 黄兆信，曾尔雷，施永川，等．以岗位创业为导向：高校创业教育转型发展的战略选择［J］．教育研究，2012，33（12）：46-52．

难就退缩，稍微遇到挫折就灰心丧气，且不再具有继续奋斗的勇气和信心。因此个体必须始终保持饱满的热情、坚定的信念、一往无前的精神、敢于挑战困难的勇气，有不达目的决不罢休的意志，有善于反思自我、善于学习和不断进步的品质，这些都属于创新创业教育的内涵，是所有进入职场的人必须保持的态度，否则就会在激烈的竞争中被淘汰。

这就需要大学在学生在校学习期间培养其创新创业能力，必须提供适宜的场合进行培养，因为靠简单的说教灌输是无济于事的，这就对大学的课程设置提出了严峻的挑战，因为这些都是传统课程所没有的。设置一些创业教育课程显然也是无济于事的，因为它只能教一些关于创业的具体知识，无法培养这些适应创业过程所需要的品质。培养这些品质需要特定的情境，此时开展项目式教学的意义就凸显出来了。因为项目式教学通过设计一些具有挑战性的项目，让学生扮演一定的角色，从而可以按照一定的流程，让他们分别体会到实践过程中的挑战性、合作性、风险性、机遇性、独立性、韧性、耐性和自主性的价值，促进他们在反思中成长，这种体验是成长的动力源，所培养的能力品质也具有极强的迁移性，这就是创新创业教育的目的所在。

二、创新创业教育本质上也是一种职业教育，只不过在专业方向上不是预定的，而是生成的

一般而言，传统职业教育是根据社会不同行业的人才需要状况设置相应的专业开展教育，以便培养与之相符合的人才。从而未来职业岗位基本上是预先设计好，个体在职业设计面前是被动的，没有多大选择余地的。但随着社会发展速度的加快，传统的岗位设计越来越过时，新的岗位变化越来越大，一个人不可能终身只在一个岗位工作，也不可能只掌握一门技术就可以终身享用，如此职业教育的内涵也在发生变化。传统职业教育的岗位技能设计越来越显得落伍，因为许多技能都可以被机器人取代，从而职业教育的意义也需要重新认识。于是，职业教育就不能再满足于简单技能传授和特定技术的学习了，更重要的是让学生掌握机器人使用原理和操作技术，特别是培养其与人工智能机器人协同工作的能力，并且在共同完成工作任务过程中发现问题、分析问题和解决问题并反过来改进人工智能机器人设计的能力。这意味着职业教育面临着升级换代的要求，即走向智能化，适应新质生产力发展的要求。

如此，新的职业教育要求打破过去预先设计专业方向的思路，要求建立开放的专业设计，即先让学生广泛地学习各种与未来就业可能相关的知识，让学生在广泛的学习体验过程中找到自己的兴趣和兴奋点，然后以此作为专业努力的方向，这正是西方学分制设计的基本原理，也是其通识教育运行的基本原理，正是在此基础上才出现了专业分化，才开始实施具有个性化的专业教育。过去认为专业教育是一种严密的系统设计，这实际上是一种理想，现实中从未发生过，因为每个人在进行了所谓的系统专业知识学习之后都不会自动就适应了未来专业发展要求或工作岗位需求，都需要进行大面积的调整甚至是做根本性的调整才能适应，因为传统专业教育基本上是书本上的，是比较空洞的，而且也不是非常连贯的，因而是与现实结合不紧密的，到现实工作过程中才会发现，许多知识都是无用的或无效的，必须靠自我切身体会赋予其内涵。

未来职业教育设计也需要从一些通用的实践技能学习入手，设计一套由浅入深的实践性非常强的课程，特别是要注重让学生通过项目进行学习，从而让学生了解未来职业要求的本质，而不是仅仅让学生接受一些书面的知识。原来的按照细化的专业进行设计的课程体系也需要被打破，应该根据未来工作场景需要进行课程与教学设计，让学生在其中获得不再是某种单纯的技能，而是一些综合性的能力。当然，其中最重要的就是发现问题、分析问题和解决问题的能力，以及沟通协调能力、把握机遇能力和防范风险能力，这些都是创新创业能力的核心品质。[①] 当学生具备初步的能力之后，可以逐步让学生独立承担项目和合作承担大项目，从而进一步培养学生的独立研究能力、领导管理能力和市场营销能力，这些能力都是卓越工程师和拔尖创新人才所必需的能力。未来的卓越人才必然是善于发现技术更新发展趋势、善于捕捉市场需求、善于进行资源整合和善于抓住发展机遇的人，只有真实的研究项目才能培养这些品质。显然这些研究项目是应用性非常强的项目，纯粹的理论研究项目对于这些积累不多的大学生或者高中生是非常不适合的。

三、职业教育具有开展创新创业教育的突出优势，仍然需要不断被开发

我们从调研中发现，对创新创业教育最为积极的往往是那些高职院校，而非那些具有较好学术声誉的研究型大学或教学型大学抑或教学研究型大学。之所以如此，首先，在于高职院校学生面临的就业压力最大，因为他们处于教育系统的低端，缺乏学术符号资源方面的优势，那么只能靠硬实力来证明自己，而创新创业教育是证明自己实力的最佳时机。其次，因为职业教育的实践性非常强，容易进行创新创业教育课程与教学设计。普通教育往往偏重于理论教学，

---

① 王洪才. 论创新创业人才的人格特质、核心素质与关键能力 [J]. 江苏高教, 2020 (12)：44-51.

如此开展创新创业教育课程教学设计就非常困难。我们知道，创新创业教育最突出的特点是实践性强，必须付诸行动，不能停留在空想阶段，需要用行动证明观念是有创意的，是具有实用价值的，是可以做出产品的，而且是可以转化为商品的。创新创业教育目标无外乎激发学生的想象力，根据社会需要，设计出具有市场潜力的作品，并且能够制成产品，最后可以成为商品，即能够满足社会需求。而职业教育的应用性非常强，与生产生活的需要结合得非常紧密，学生在学习过程中很容易明白其现实价值，不会感到它非常空洞，这也是职业教育的最大优势。

此外，职业教育还有一个巨大优势，那就是它与社会企业部门联系非常紧密，主动与企业合作建立专业和课程以及实践基地，包括送学生到企业实习锻炼等，这种紧密的关系使职业院校在开展创新创业教育时不缺乏研究项目，不缺乏让学生实际体验问题的场景，不缺乏让学生验证自己创新性设想的机会，从而更容易使学生体会到创新创造的价值，进而也激励他们尽快地成长为创新创业人才。

然而，如果职业教育仍然遵循过去的技能训练路线，只是为了让学生掌握某种技能，把技能训练与实际生产需要隔离开来，学生也会觉得这种训练是机械的、呆板的、无趣的，从而就难以激发其学习的兴趣。只有超越技能训练观念，把学生作为适应未来工作场景的活生生的人看待，职业教育的趣味才能凸显出来。这实质上是要求职业教育必须包含丰富的人文素质教育，培养学生具有独立思维的观念，具有把技术技能用于解决生活现实问题的强烈意识，让学生真切地体会所学知识技能与社会生活之间具有密切的关系，从而使自身充满了要解决实际问题的责任感与使命感，最终带动自己学习能力提升、创新意识提升和创业动力生成，如此，职业教育就进入了创新创业教育的轨道。

职业教育一旦注入创新创业教育的精神内涵，就会立即使它自身变得卓越起来，因为它可以使学习者不再是一个被动的接受者，而是一个主动的探索者，即学生自己开始成为学习的主人，自己可以去发现有价值的和有趣的事物，自己有能力去实现人生的价值和意义。事实上，每个人身上都蕴藏着巨大的创新创业潜能，创新创业教育的目的就在于开发每个人身上的创新创业潜能。[①] 人的创新创业潜能都是在实际解决问题过程中展现的，如果缺乏适当的教育场景，无法让学生体会到问题情境，学生的挑战意识就不会出现，那么他们的潜能也

---

① 王洪才，郑雅倩. 创新创业教育的哲学假设与实践意蕴［J］. 高校教育管理，2020，14（6）：34-40.

不会被激发。因而，创新创业教育的关键环节在于问题情境的设计，能否设计合适的问题情境决定了创新创业教育的成败，项目式教学的设计原理就在于设计了一个具有挑战性的问题，这个问题是学生自身可以感知的，而且通过其自身努力是可以解决的，在解决问题的过程中是能够体验到成就感的，这种内在的激发力量使他们投身其中，乐此不疲，这种专注度就是学生创新创业能力成长的关键。我们知道，无论从事任何工作，如果缺乏非常高的专注度，就难以实现突破，就难以出现创造性。正是挑战度与专注度共同塑造了学生的创新创业能力成长过程，让他们逐渐走向卓越的道路，成为未来的创新创业能手，乃至成为行业的领军人才。

不难发现，创新创业教育与职业教育之间具有非常密切的关系，甚至可以说，创新创业教育不仅是高等教育高质量发展的基石[1]，也是职业教育高质量发展的内生动力源，是培养新型职业技术人才所需要的，也是为新质生产力发展培养新型的劳动者所需要的。在新质生产力发展过程中，传统职业教育面临着全面改造的压力，如何使职业教育全面升级换代，就是一个急迫的时代课题，而创新创业教育可以为职业教育自我改造提供方向和灵魂指引，因为创新创业教育志在培养具有创新精神和创业动力的人，这种人具有非常强的创新创业能力，能够根据社会发展需要调整自己的知识和能力结构，善于适应社会发展变化要求，是职业教育理想的人才培养目标，故而创新创业教育能够引领职业教育实现自我改造，实现办学观念的转变，实现社会地位的提升。

---

[1] 王洪才，史正东．创新创业教育：高等教育高质量发展的基石[J]．教育科学，2023，39（3）：59-65．

第三篇　创新创业教育与教育发展模式创新

创新创业教育与中国高等教育模式建设是什么关系？它的意义、本质又是什么？它的哲学基础是什么？它能否承担建设中国高等教育模式的理念先导责任？要回答这些问题，我们需要从创新创业教育的多重意蕴开始分析。

第一章

创新创业教育的多重意蕴与实践旨趣[*]

引导语：在高校大力推进创新创业教育是我国提升高等教育质量的一项重要举措，而全面地把握其内涵是有效推进的关键。概括起来，创新创业教育主要内涵有多重意蕴。首先，从根本目的上说，创新创业教育是一种人格教育，而从本质上说是一种科学教育，但其核心是一种能力教育；其次，从实践性上说，创新创业教育又兼具通识教育和专业教育品性，从过程性上说又具有合作教育和终身教育的旨趣，而其逻辑起点是一种主体性教育。科学地把握创新创业教育的内涵，挖掘大学教育潜藏的优势，直面它在实践中遭遇的难题，是大学创新创业教育获得突破的关键。

关键词：创新创业教育；人格教育；能力教育；科学教育

大力开展创新创业教育，是当前我国高等教育改革发展面临的最为急迫的任务之一，因为它关系到能否为我国社会经济转型发展培养一大批急需的创新创业人才问题；它也是我国高等教育质量提升工程的一项重要内容，因为高等教育质量集中体现在人才的培养质量上，尤其体现在所培养的人才是否具有适应社会经济转型发展所需要的创新创业能力上；它同时也是推进我国高等教育综合改革的一个重要抓手，因为开展好创新创业教育，需要高校内外部各方面的大力合作，只有高校内外部各方面形成了有效的合力，创新创业教育才能真正推进。[①] 因此，很好地开展创新创业教育，是对高校综合实力的考验。无疑，要开展好创新创业教育，就必须全面而又深刻地理解它的内涵。唯有如此，才能把握其中的关键，才能使它在实践中的阻力最小，才能带动高等教育整体改

---

[*] 原载于《江苏高教》2018年第3期，第1—5页，收录时做了微调。
[①] 国务院办公厅关于深化高等学校创新创业教育改革的实施意见 [EB/OL]. 中华人民共和国中央人民政府网，2015-05-13.

革发展稳步推进。

一、创新创业教育首先是人格教育，从而也是通识教育

创新创业教育的第一重含义是它代表一种健康的人格教育。之所以如此，就在于它首先是在倡导每个人都应该具备一种创新的精神和创业的意志，成为社会发展中发挥积极作用的一员。这是对创新创业教育的广义理解。为此，必须反对把它狭义地理解为一种创业技能教育或仅仅针对少部分具有经营天赋或科学天赋人群的教育。因为这是一种流俗的理解，是一种"以成败论英雄"的解读。它反映的是一种功利化的要求，是与绩效主义联系在一起的教育观念，而非"以育人为中心"教育理念的反映。正是这种流俗的理解，阻碍了大学创新创业教育的推进，因为它排斥了绝大多数人接受创新创业教育的可能。对绝大多数人而言，终其一生都不可能开办一家属于自己的企业或做出一项科学发明、发现，如果按照狭义的理解方式，那么在大学广泛开展创新创业教育是无意义的。显然，这不符合我国高校开展创新创业教育的内在规定。因为创新创业教育的真正目的在于培养人具有一种创新创业的精神，对人生具有一种坚定的、执着的追求，具备一种自强不息、止于至善的品质，使自己的生活充满一种昂扬的斗志，即不能保守守旧，不能依赖守成，必须不断进取，不断拓宽事业基础，必须不断地适应环境发展变化，特别是要适应科学技术发展的挑战，适应全球化环境的挑战，尤其是适应传统职业岗位被取代的挑战。

由此可见，对于创新创业教育，我们不能将其简单化为一种创业技能教育（如仅仅让创业成功人士谈谈创业经验和诀窍，或开设各种创业技能培训班等。尽管这些是必要的，但不是根本的），也不能简化为一种培养老板的教育（不少学校为提高创新创业教育效果开设了老板班，这种班级主要是针对那些具有经商基础的学生而设。可以说，这是一种特殊类型的创新创业教育，绝不是那种普适性的创新创业教育模型），更不能认为它仅仅是针对少数人的教育（现在高校为了提高创新创业教育成效，广泛开展各种创新创业大赛，而参与大赛的仅为少数具有科学发明的天才，而非所有的大学生），从而也不能以收入高低或创业成败来衡量的教育质量（这是一种最为功利性的教育评价方式，它认为创新创业教育是否成功就在于学生开办了多少企业，创造的产值和利润有多大。这是一种过分以结果来评判教育成效的方式。它往往忽视教育的长效性，鼓励人们急于求成、急功近利，不利于学生形成健康人格）。

衡量创新创业教育成败的根本标准就在于大学生是否形成了一个健康的人格，是否具有一种积极向上的精神状态，是否形成了一种善于反思自我、不断

追求自我完善的意志品质。显然，这是针对每一个大学生的，是普遍的，不具有排他性的。其他衡量指标都必须建立这一标准的基础上，如果与这一标准相冲突，那么它将是无效的。

要使创新创业教育避免成为一种简单的技能教育，就必须使它建立在广泛的知识基础上。换言之，它应该是一种高层次的理想教育，是一种对人生、对世界具有通达认识的教育，故而它是一种通识性教育，即一种有关人生意义和价值的教育。概言之，创新创业教育是一种促进人理解人生意义与本质的教育。

洞悉人生的意义与本质，是每个人都需要面对的课题，大学生当然也不例外，因为他们是社会的希望与未来，更需要对人生意义与本质进行透彻的把握。只有他们真正理解了人生意义和价值，才能更好地指导他们的人生，才能为社会做出更大贡献，否则就可能成为社会发展的负担。我们希望大学生人人都是积极向上的，是具有理想追求的，绝不希望他们是萎靡不振的和无所事事的。要做好人生意义和价值的教育，绝不能靠说教，也不能靠灌输，必须靠引导，必须靠启发。哪些知识对大学生人生最具有启发和引导意义呢？无疑，那些人类文明发展过程中积累下来的经典名著可以担当这样的角色，因为这些经典名著经过了历史的考验，受到了人们的推崇，具有广泛的启迪意义和润物细无声的效果。这些经典名著往往通过生动的事例来说服人，而非进行简单的教条灌输，它们与每个人都是亲近的。

所以，读经典名著，就是为了获得人生启迪，就是为人生寻找航向。故而，开展创新创业教育，目的之一就是为大学生的人生奠基，使之树立正确的人生观和价值观，形成健康向上的人生坐标系。大学教育必须能够使每个大学生认识到，创新创业是每个人必须面对的成长和发展课题，因为它质问的是一个人将成为什么样的人，如何认识他自己，如何成为社会所期望的人。为此，要使大学教育富有成效，就必须汲取人类所有的智慧精华，把所有的人类文明财富都纳入创新创业教育体系中来。换言之，只要能够对人的精神成长产生启迪作用，它就可以成为创新创业教育的有机构成。

无疑，这里就对教育方式提出了一个重要要求，即学习不应该是一个被动的过程，也不应该是一个被灌输的过程，而应该是一个主动求索的过程，是一个发挥个人主动性的过程。换言之，学习必须是探究式的，而非被动接受式的。由此，开展创新创业教育也在挑战传统的固定的教育内容教育方式。因为传统的教育都是以传承—接受为目标的教育，是以适应社会规范—养成保守品质为目的的教育，而非以学习者自我发现为目标的教育，也非以学习者潜能开发为目的的教育。

二、创新创业教育属于专业教育，而重心是能力教育

毋庸置疑，创新创业教育必然是一种专业性教育。我们知道，专业教育是一种专门化的教育，是一种以特定人才培养为目标的教育，并在长期实践基础上形成了一套规范化的教育方式。简言之，专业教育具有自己的理论基础和操作规范，能够有效地解决实践需求和指导实践前进方向，从而成为教育活动的精华部分。我们说高等教育属于专业教育就是从这个意义上说的。进行创新创业教育，也必须依赖一定的专业基础，它不可能是没有任何基础的开展，也不满足于现有的专业教育体系，即不是以专业知识的传授为目的，也不只是从事一种守成式教育；相反，这是一种超越式的教育，即在既有的知识体系基础上根据现实环境的变化要求进行创造性实践并丰富已有的知识体系。换言之，现实环境是复杂的、多变的，人们无法按照固定的知识体系来解答现实问题，必须在发挥个体主动性、能动性基础上创造性地回应现实的需求。

显然，如果不依据过去的知识经验积累，直接实现这种超越是不可能的。进而言之，如果不因循以往积累下来的成熟经验，一切重新开始，成本将是巨大的，是社会无法承受的。尽管传统的知识体系存在着很大的缺陷，但这并不妨碍它可以作为前进和发展的参照系。因为只有认识到其存在的缺陷，才能实现真正的超越。正是在认识传统知识体系存在的缺陷过程中才能找到个人的突破方向和发展目标，使每个人的潜能获得最大限度的发挥，那么，专业教育就为个体发展提供了一个成长的平台，使个人能够站在人类认识的高地上发展自己。这说明，只有充分地享受人类文明发展的成果，才能使自己的个性潜能得到极大的开发。它告诉我们，开展创新创业教育不是另辟天地，而是必须与专业教育实现有机融合，否则就可能是一种低质的、无效的或形式化的教育。

必须指出，创新创业教育的核心是一种能力教育或以能力培养为核心的教育，而非一种只重视知识传授和知识累积的教育。传统教育理念把高深知识的授受作为大学教育的核心，认为只要学生接受了这些高深知识，其能力素质自然而然就得到发展了。[①] 事实上，这是一种错误的观念，因为它把能力当成知识的附属品，没有意识到知识和能力分属于人的认识和行动两种不同发展区域，两者之间虽然有联系，但本质上并不相同。接受知识往往是一种内化行为，而能力养成是一种外化行为；知识积累一般是一种理智的建构活动，而能力养成

---

① 王洪才. 论大学传统教学与大学创新教学 [J]. 苏州大学学报（教育科学版），2017，5 (4)：10-19.

是一种实践的建构过程。前者的重心在于认识，后者的重心在于行动。

创新创业教育，核心目标在于培养一个人具有不断改造自身和改造自然以及改变社会的能力，显然这主要是一种实践能力或行动能力，而非认识能力或想象能力，这种实践能力首先体现为一种自我反思能力，其次是一种逻辑建构能力，再次是一种组织行为能力，最后是一种利用外界条件有效达成目标的能力。虽然认识能力与实践能力之间存在着不可分割的联系，但两者终究是不可同日而语的，因为两者的关系近乎手段与目标的关系。而且实践能力的形成远比认识能力的提高复杂，故而具备了一定的认识能力，不一定具备相应的实践能力。

此外，实践又是认识的源泉，实践能力反过来推动认识能力提升。认识能力往往是对事物表面的、静止状态的反映，很难达到立体化、辩证的思维水平；而实践能力要求对事物关系的处理必须是灵活的、发展的，否则就无法解决复杂的实践问题。

三、创新创业教育起点是个性化研究，终点则是合作教育

创新创业教育的基点是一种个性化教育，是以承认学习者独立的主体地位为前提的，即以尊重学习者的主体性为前提，否则它就无从开展。[①] 因为要真正实施创新创业教育，就必须以学习者主动性的激发为前提，只有他们主动参与了，学习才有成效，否则就是无效学习。如果不尊重学习者的主体性，使学习者始终处于一种被动状态，那么创新创业教育就可能变成一种形式训练，就与创新创业能力培养的目标南辕北辙。所以，创新创业教育实践是一种以开发学习者主动性、能动性为中心的活动，必须把学习者放在活动中心的位置。因此，创新创业能力不可能由被动的灌输式教育养成，显然这将是对传统教育体制、传统教育方式和传统教育观念的一场巨大革命性变革，因为传统教育体制保护灌输式教育，并且以考试选拔的方式来强化灌输式教育。而传统教育观念偏重于文化知识的传承而对创新的重视不够，常常把创新当作知识积累的自然结果，这些观念都是落后的，无法适应知识经济时代的发展要求。如果不进行一次彻底的变革，将阻碍创新创业教育的开展。创新创业教育把学习者放在中心位置，也是对终身教育原理的尊重[②]，为此它要求课程内容设计必须基于学生的发展需

---

① 王洪才．创新创业教育必须树立的四个理念［J］．中国高等教育，2016（21）：13-15．
② 王洪才．心灵的解放与重塑：个性哲学的终身教育论［M］．北京：教育科学出版社，2011：190-192．

求,基于学生的兴趣爱好,如此才能保证学习者不是被动的。学生的学习内容也不应是固定不变的,必须根据学习对象不同而进行调整。因而,创新创业教育要求开展生成性教学,使教学活动变成一种创造性过程。

此外,创新创业教育必然是一种合作性教育。合作教育的基本含义是教育学生学会合作,具体而言就是教育学生学会沟通、学会理解他人和学会有效表达以及进行有效配合。想一想,如果一个人不具备通识知识,就无法理解他人,自然也就无法与他人进行有效沟通,当然也就难以有效地配合。我们知道,实践能力的养成不可能停留在书斋中,必须走向实践,走向实际,走向市场,走向企业,走向社会。一个人要把自己对现实需要的认识转变为一种满足现实需要的操作性方案,就必须深入实际,调查社会真正的需求,调查操作方案在实践过程中将遇到哪些障碍,探求克服障碍的对策。一个操作性方案的成功实施,不可能关起门来仅由一个人负责操作实施,必须说服他人接受这一方案并采取相应的配合行为,或征求他人意见完善方案并获得他人的认同,不然这就是一种无效方案。

因此,个体认识要变成一种实践能力的话,就必须参与实践,就必须与他人进行合作,变成一种众人理解和可接受的方案,那么,就必须有机会了解社会的真正需求,了解人们的基本的行为方式,了解社会的价值规则和判断标准。显然,这就需要学校与社会合作,教师与产业部门合作,与生产一线的技术人员合作,还要与学生进行合作以及学生与学生之间的合作,特别是学生要主动地与实践部门的需求方进行合作,因而,单靠个人努力而不动员他人参加是不可能获得这种实践能力提升的。不难看出,这实际上是一种主体间性的教育,在此之际,学生必须学会包容、理解他人。

四、创新创业教育既是一种终身教育,也是一种科学教育

创新创业教育必然是一种终身教育。因为人生本质上就是一种创业过程,都是为了寻找自己的理想发展空间而奋斗,即为了找到自己可以终身为之奋斗的事业而努力。只有找到了自己所倾心的事业,人才能真正获得一种成就感,才能真正实现自我价值,否则,人很难体验到真正的幸福。所以,幸福的本质在于自我价值的实现。

毋庸讳言,现代人时时刻刻都在面临着变动的环境的挑战,在信息化时代的今天尤其如此。环境的变化实质上都是在挑战人们的认知结构和行为方式。人们普遍发现,我们现在很难跟上环境的发展变化,必须不断地调整自己以适应社会变化,因此必须不断地学习,否则就要落伍了。这一切,都需要自己的

认识能力和实践能力的重建，因为如果不更新自己的知识结构、认识方式和行为习惯，就难以适应环境的变化。这说明，人的终身都将处于不断调整和适应之中，也就是在接受创新创业教育。换言之，创新创业教育不可能终止于人生的某个时间点，我们必须始终努力才能适应社会环境变化发展的需要。难道人没有休闲的时间？当然不是，休闲教育也是创新创业教育的组成部分，换言之，休闲是为了更好地工作，而非单纯为了休息。如此，创新创业教育必然要纳入终身教育体系，不可能仅仅是针对某些人或某个阶段的教育，因此是一种普适性、终身性教育。只不过，对于不同的人和不同的人生阶段，创新创业教育的重点不同，意味也不同。

创新创业教育从本质上说是一种科学教育，即只有通过训练学生科学的思维方式才能提升学生的创新创业能力。科学思维方式是一种智慧的思维方式，它主张世界上一切问题的解答最终都需要采用科学的思维方法，除了这个没有其他方法。科学的思维方法就是一种发现问题、分析问题、提出方案、验证方案、完善方案的过程，这一过程实质上就是一种行动研究路线，它遵循了杜威的科学思维五步法原理。① 我们知道，生活过程从本质上讲也是一个不断面对问题和解决问题的过程。它与科学家的科学探索没有本质的差异，差别就在于对问题所采取的态度不同。在日常生活中，人们在面对现实问题时常常采取一种保守的策略，即依靠过去的经验来解决，生怕承担任何风险。惯常的方式是遵循约定俗成的规定或依照他人的经验加以解答，主要目的在于息事宁人，很少认真地思考这种解答方式是否真正有效。这显示出人确实是一种文化的存在，人们的思维方式天生具有一种保守的特质，换言之，人都有逃避风险的本能，往往不敢积极面对风险的挑战。

而科学的思维方式要培养人积极地面对风险，主动地探寻危机产生的根源，努力寻找解决危机的根本策略，因此，这是一种主动面对风险的策略和迎难而上的品质。这实际上就是科学家的思维品质，因为他们不断地打破常规，追根求源，对面临的一切问题采取创新的思维方式解决，即敢于挑战传统、敢于提出新的假设、敢于进行尝试，从而最终能够对所面临的问题进行突破性的解决。创新创业教育从本质上讲就是要养成这种科学思维的习惯，形成个体具有科学思维的能力，这正是创新创业教育的目的所在。

---

① 杜威.民主主义与教育[M].王承绪，译.北京：人民教育出版社，1997：174.

五、大学开展创新创业教育的有利环境与制约因素

目前，大学在开展创新创业教育过程中具有一种天然的优势，从而也最有利于创新创业教育开展。首先，大学教育是一种面向职业市场的教育，有助于人们认识自己的职业定位。在就业问题面前，每个人都不能回避，必须积极地思考自己究竟适合什么样的职业岗位以及自己该储备哪些职业技能。人们也必然倾向于选择那些最能够发挥自己个性特长的职业。这也是最容易培养人的创新创业潜力的方面。因此，按照个体的职业定位来进行创新创业教育，就更容易成功。其次，开展通识教育是大学的一种基本职责。大学普遍都把培养自由的、理性的、自觉的人作为自己的目标，这既是古代博雅教育的目标，也是今日通识教育的目标。大学具有多学科知识综合的优势，从而能够使人的视野与思维不偏于一隅；大学具有浓厚的学术研究氛围，容易培养人的理性批判精神；大学内在的理性批判精神，也促进人们自警自省，从而有助于培养其自觉意识和责任意识。这一切都是培养科学思维能力的沃土。再次，大学从事专业教育具有自己的优势。因为大学设置仍然是依照学科逻辑而来，并且依照专业方向进行分化，这为每个人按照自己的专业旨趣发展提供了可能。尽管目前的专业设计还不能使每个人自由地选择专业，但无论哪一个专业，都可以将学习者带向知识的前沿，为个人的创新创业潜能开发提供基础。最后，大学具有鼓励创新的文化氛围，因为它具有鼓励自由探索的基因，这也间接地在鼓励个性发展，而个性的充分发展是创新能力发展的前提。我们知道，要开展创新创业教育，就必须建立一个包容失败的文化氛围，只有这样，才能鼓励人们大胆尝试，才能培养人们永不言弃的品质。

不可否认，目前大学在开展创新创业教育中需要突破一系列不利因素的影响。简而言之，如果教师缺乏对教学改革的投入，缺乏对学生学习的主动性的尊重与开发，不能从促进学生自觉成才角度去设计课程与教学，那么对创新创业教育有效开展就很不利。我们知道，无论什么样的教育，教师都是第一位的重要因素，没有教师积极性、创造性的发挥，教育就不可能是高质量的。显然，教师积极性的发挥与大学的教师管理政策之间具有非常紧密的联系。目前大学排行榜对大学管理政策的制定影响甚大，它在无意识间使大学教师更加注重对科研的投入而减少了对教学的投入，从而使教学改革、人才培养逐渐变成了一块受到忽视和冷落的荒地。为此，大学管理层必须充分认识到，创新创业教育的有效开展将是大学长期健康稳定发展的基础，直接决定着大学的竞争力，因为它将直接决定大学所培养的校友质量，从而也间接地决定大学未来的声誉如何，而声望是大学办学过程中最重要的资源。一句话，不重视人才培养质量提升的大学注定是没有前途的。

这就迫切要求大学领导人普遍地提高对创新创业教育理念的认识，认识到它对大学办学质量提高的直接意义，从而能够在大学管理层形成一种广泛的共识，进而形成一种注重创新创业精神和能力培养的价值观，并最终转化为有效的大学管理政策和大学教师的自觉行动。如果没有这个转换过程，那么创新创业教育就永远只能停留在口头上和形式上。

第二章

创新创业教育的意义、本质及其实现*

引导语：创新创业教育已然成为中国高等教育发展的一个新标牌，因为世界上没有一个国家能够在所有高校普遍开展创新创业教育，而且要贯穿于教育活动全过程。但要使创新创业教育理念在高校扎根并变成高校自觉行动就必须找到它的哲学根基，以证明创新创业教育具有普适性。经过哲学审视发现，每个人都具有创新创业潜能，而且都具有创新创业的现实需求，只要为其提供适宜的条件，就可以把创新创业潜能变成现实的创新创业能力。创新创业教育的意义在于承认每个人都具有创新创业的潜能和需求并愿意为之提供合适的条件，它的起点是人探究兴趣的培养，条件是构建创新教学的文化氛围，其本质在于形成科学思维习惯。

关键词：创新创业教育；意义；本质；实现

创新创业教育已成为我国高校改革发展的一项重要任务乃至根本性任务[1]，因为社会经济发展需要大批的"敢闯会创"的创新创业型人才，高校必须承担这个任务，这是国家、社会发展对高等教育提出的要求[2]。但创新创业教育要有效开展就必须处理好与专业教育和通识教育的关系，否则就可能造成高等教育思想观念的混乱。人们相信创新创业教育不能独立于专业教育之外，更不能脱离通识教育。换言之，只有当创新创业教育能够充分融入专业教育与通识教育并构成一个有机体时，它才可能是成功的。如此，创新创业教育是一种以创新创业精神培养为基础、创新创业能力发展为中心、面向所有学生开展的具有专

---

* 原载于《创新与创业教育》2020 年第 6 期，第 1-9 页。
[1] 国务院办公厅关于深化高等学校创新创业教育改革的实施意见 [EB/OL]. 中华人民共和国中央人民政府网，2015-05-13.
[2] 教育部关于大力推进高等学校创新创业教育和大学生自主创业工作的意见 [EB/OL]. 中华人民共和国教育部网，2010-05-13.

业水平的教育，是适应当代社会发展要求的新型高等教育发展模式。如果中国高等教育在此取得了成功，那么可能为世界贡献一种中国高等教育模式。但要证明创新创业教育是可行的，首先必须证明创新创业潜能是普遍存在的，其次证明创新创业能力的培养理应成为新时代高等教育发展的目标，再次证明能够找到培养创新创业能力的有效途径，最后必须找到创新创业能力发展的检测办法，如此才能证明创新创业教育可以成为一种新型的高等教育发展模式。

一、创新创业潜能的存在具有普遍性

要证明创新创业潜能存在的普遍性，就必须认识创新创业的本质，否则人们就无法达成共识。但要回答该问题，必须先回答创新创业究竟是一回事还是两回事，内在的关系是什么，否则就容易出现两个概念相互混同或相互代替的情况。只有厘清了两个概念之间的逻辑关系，才能回答何者应该为先的问题，并进一步确定创新创业潜能究竟是普遍存在的还是个别存在的问题，它直接关系到创新创业教育的路径选择问题。

"创"本义是开辟的意思，"新"乃是相对"旧"而言，"创新"就是开辟前所未有的新局面。对一个人而言，他经常会面对新情况、新问题，他必须适应和解决，不能回避，不然就无法前进。一旦遇到新情况、新问题，人们就会从过去的经验中寻找答案，当过去经验失灵时就不得不尝试新的方法，此时就会开始创新自己的认知模式，一旦成功就会形成一种新的认识方式，进而也会带动行为方式的变化。人的发展过程不外如此。可以说，人只要想适应环境变化，就必须创新自己的认识方式并改变自己的行为方式，否则就无法成长和发展。皮亚杰的同化与顺应规律很好地揭示了这个心理过程。[①]

创业的基本含义是有计划地开创一番事业。显然，创业中就包含了创新的因子。因为开创的事业是指自己先前未从事的新事业。但创业要求个体必须精心地谋划，要求目标必须非常清楚，要求周密地规划行为策略。如此，创业就超越了一般意义上的创新，要求个体必须进行系统的规划设计才算是真正意义的创业。如果说创新是个体从不自觉转向自觉的话，那么创业要求个体必须是高度自觉的，是充分调动个体的潜能的，否则是难以胜任的。之所以创业的难度远胜于创新，就在于创新赋予个体更多的试错的空间，而创业要求个体尽可能地降低出错概率，向最大成功可能方向努力，这正是创业压力远大于创新压

[①] 徐小会."同化顺应"理论在概率论教学中的作用[J].辽宁师范大学学报（自然科学版），2005（3）：378-379.

力的意义所在。人们往往惧怕面对风险，而创业必须面对风险，如果没有风险实际上就没有创业存在的必要了。因为创业是一个面向未来的事业，也是无法模仿他人的事业，风险或挑战处处存在，从而使人不敢掉以轻心。如此，创新、创业存在着对立性，因为创新要求必须给予个体充分的自由，让个体在尝试错误中找到正确的行为方式，形成正确的认知模式；而创业要求个体必须预计到各种潜在的风险，做好周密的布置和应对策略，尽可能减少错误的概率，把风险控制在最小范围，个体必须全身心地投入、开发出自身最大潜能才能成功应对各种风险。

可见，创新与创业实际上是两个不可分割的活动，创新是创业的起点，创业是创新的延续和提升。创新侧重于思想认识层面，创业侧重于行动实践层面，虽然两者之间存在着交叉，但差异非常明显。思想是自由的，人们只有"敢想"才能创新认识；但"敢想"不一定"敢干"，"敢干"指在风险可预计、可控制范围内的行动。所以，一旦涉及行动实践就需要小心谨慎，必须精心筹划。从逻辑上说，一个人首先必须有新思路、新想法，形成对事物的一种独特认识，只有他在论证自己的新思路、新想法是正确的时候他才会去实践。当一个人有了一个真正属于自己的创新认识之后，要转变成行动意志，还需要经历许多痛苦的抉择行为。当他真正决定付诸行动时，他就必须筹划如何把自己的创新认识变成现实，为此他需要开展一系列行为，如推销自己的想法，组织志同道合者一起努力，共同研究社会需求状况，共同承担相应的风险与责任等。可以说，创新重在认识方式上形成新的理念，而创业重在如何实践自己的创新理念。

从创新认识转变为创业行为需要个体的抉择行为，这与个体长期以来的人格特质联系非常紧密，往往敢于冒险、敢于挑战困难的人更容易把认识转变为行动，这就涉及人的执行力问题，并非人人都具有非常强的执行力。人们往往形成新想法容易，但变成行动比较困难，因为这需要面对实实在在的困难，挑战个体内心的承受力，没有坚强的意志品质，没有宽松的社会环境就难以做出大胆的抉择。如果社会对失败是宽容的，人们就敢于大胆尝试。由此可见，创新创业本质上就是一种探索自我和实现自我潜能的过程，只要环境适宜，这种潜能就能够转化为现实的能力。这就是创新创业教育的理论基础。

由此可知，创新与创业是两个非常不同但又存在重叠的概念。因为创新重在认识，创业重在行动，所以有创新不等于有创业，但有创业必定有创新。一个人一旦决定创业，就必须先战胜自我，形成对自我新的认识，并且表现在意志力提升方面。随着这一转变的深入，原本的创新认识开始转变为创新意志并成为创业动力了。无论创新还是创业都有双重意义，一是个体的意义，一是社会的意义。就个体的意义而言，我们不断地更新自己的观念和修正自己的行为模式的过程，就是在创新。这正是中国古人早已认识到的《礼记·大学》中的"苟日新，日日新，又日新"的道理，因为每个人每天都可能要面对一个不同的自己，人只要在努力地改变自己就是在进行自我创新。所以，创新是普遍存在的。但就社会意义而言，只有移风易俗、改变社会认知方式和社会行为方式才能叫创新。社会创新含义非常广，有文化创新、制度创新、科技创新等。人们往往从社会意义的层面来理解创新，较少从个体意义方面来认识，其实这是偏颇的。因为如果没有个体层面的创新的不断累积，就不可能出现社会层面的创新，即群体寓于个体之中。

二、创新创业教育需要恰当时机

过去人们普遍存在的高等教育理念是：一个人上了大学，第一位任务就是完成学业，即获得大学文凭，然后才去工作，或是就业或是创业。人们之所以会产生如此认识，就在于过去的高等教育机会非常短缺，必须经过激烈竞争才能获得，如果不完成学业的话就是一个极大的资源浪费，对社会而言是不公平的，对自己而言是不负责任的。人们也很少会在求学期间产生创业念头并想象其能够创业成功，因为他们认为只有获得文凭才是获得高层次就业岗位的敲门砖。即使一个人在读书期间产生了一些创新念头，但因其无法确定这些念头究竟是否具有价值，且无人提供帮助和指导，那么这些有创意的念头也会渐渐冷却并最终被抛弃，因为人们不相信自己有成功的可能。换言之，当时社会没有创业的氛围，也不支持学生去创业。人们普遍信奉：要去实践、就业或创业，就必须事先储备好理论知识，不要等到需要时才去学习，必须做到"宁可备而不用，不可用而不备"。

正是这种社会心态，湮灭了多少大学生的创业念头。而且当时人们也把获得书本知识看成绝对的，认为它本身就是目的，从不把捕捉机遇、创造财富作为教育的目的，似乎这样的目标是庸俗的。今天看来，这种观念有点陈腐，但它在人们的下意识中隐藏得很深，即很少人把知识应用作为目标，只把知识学习本身作为目标，至于这些书本知识究竟是否适合市场需要并无多少人关心。但随着高等教育实现了大众化，特别是开始接近普及化之后，高等教育机会已变得不再稀缺，再坚守"一旦入学就必须完成学业"的信条就失去意义了。因为一个人的创业热情一旦熄灭就很难再唤起，一个创新念头一旦被搁置就会消失于无形，这可能会造成巨大的社会财富损失，所以，把握创新创业机遇非常重要。这也是高等教育必须调整的理念，即高等教育要为创新创业让路，人的

133

学习机会是终身性的，而不是一次性的。高等教育要从一次性教育转变为终身教育。而且人的成功不是靠学历，而是靠能力。

由此我们必须检讨过去的大学教育理念。对年轻人而言，大学时光无疑是人生最为宝贵的时光，因为这个时候的人们有理想、有闯劲，从而也是人生创业的最佳时刻。大学教育的真正意义并不在于学生获得多少知识，而在于其找到了自己的理想目标，发现了自我的人生价值，明确了自己前进的方向。可以说，当下青年最缺乏的是难以找到自己的理想和奋斗目标。因而，大学教育的目的也不在于让人获得一种系统的知识，而在于激发人的创造潜力。

故而，培养人的创造力理应是当今大学教育最重要的目标。过去在精英教育时代，由于知识存量非常小，大学教育的目的可以是获得系统知识。那时大学也是按照学科设置进行系统的专业教育，一个人接受大学教育，就是为了获得系统的专业知识。而在大众高等教育时代，特别是在信息技术发达的今天，知识已经打破了学科壁垒，也冲出了大学围墙，系统知识开始呈模块化供给，从而大学教育的目的就必须重新设计，就不能停留在系统知识传授的阶段，必须上升到创造力培养阶段，即不仅要训练人的批判性思维能力，更要培养人的大胆实践能力，并且把重心落实到培养人的创新创业能力上。这无疑将对传统大学教育理念提出一场革命性的挑战，即必须重新思考大学教育究竟该如何开展？是按照传统的学科设置按部就班进行，还是打破学科界限，按照"以问题为中心"的路线进行重新设计？可以说，前者是一种知识性教育，后者则是一种能力性教育，实际上目标指向培养创新创业人才。

创新创业教育，正是以培养人的创造力为中心的教育，目标就是培养创新创业人才。不得不说，传统大学教育虽然也存在许多创新创业教育的因子，但远未成重点或重心。众所周知，西方大学继承了古希腊的博雅教育传统，非常注重人的理性精神培养，但创新创业教育并未成为其大学的典型特征，相反一度形成了保守色彩极重的经院传统。西方大学继承了中世纪大学以来的学术自由风气，但偏重于理论探索，比较轻视技术教育，所以职业技术教育多寄身于技术学院或社区学院。美国大学具有很强的实用主义精神，把社会服务作为大学的内在精神，从而注重市场需求成为其办学特征，进而创造出美国大学模式，而且还发展出一批创业型大学，成为大学发展新趋势。这种新型的办学模式也成为著名高等教育学家伯顿·克拉克关注的一个重点。[①]

---

① 杨兴林. 关于创业型大学的四个基本问题 [J]. 高等教育研究, 2012, 33 (12): 33-41.

在今天，创新创业教育已经成为国际高等教育改革发展的一个基本方向。中国鲜明地树立起创新创业教育大旗，并且把创新创业教育作为大学生的必修课，成为中国高等教育改革发展的一大景观。无疑，这是中国高等教育发展的战略抉择，是推进高等教育从外延式发展向内涵式转化的重要举措。因为中国高等教育实现了大众化目标，质量保障就成为头等重要的事情。要提高教育质量，就必须找到突破口，选择创新创业教育是一个明智决定。因为高等教育的基本职能之一就是促进就业[①]，它不仅关系到民生，更关系到社会和谐问题。显然，传统的就业方式已经走不通了，需要走创业型的路子。而高等教育的根本价值应该表现在对人的创造潜能的激发上，满足社会对创新创业人才的大量需求，开展创新创业教育可谓正应其时。而中国高等教育深受应试教育之苦，亟待摆脱，创新创业教育可谓对症下药。因此，推进创新创业教育不仅适应了高等教育改革的现实需要，也是主动适应国际先进高等教育理念的战略举措，同时也是解决高校毕业生就业问题的根本对策。多方力量汇合，就可能使创新创业教育成为中国高等教育的特色。

中国高等教育具有集中化的体制优势，从而可以迅速地把创新创业教育精神内涵变成一系列政策文本，变成大学的行动策略，进而形成一种中国大学文化，并最终上升为一种中国大学精神。如果这一策略是成功的，就创造了一种中国大学模式，可以为世界各国开展创新创业教育所借鉴。不仅如此，中国大学还具有绵延不断的中国文化支撑，因为中国文化中蕴藏着不可穷尽的创新创业精神，《周易》中写道"天行健，君子以自强不息"，《礼记·大学》中写道"苟日新，日日新，又日新"，《诗经·大雅·文王》中写道"周虽旧邦，其命维新"，《孟子·告子下》中写道"天将降大任于斯人也，必先苦其心志……"，《孟子·公孙丑下》中写道"当今之世，舍我其谁也"……凡此种种，皆是中国文化中创新创业精神的展现。随着高等教育向终身化方向转变，个体创造力的培养必然会置于高等教育发展的核心位置。这些都为建设高等教育强国注入了动力，为创新创业教育成为中国高等教育特色创造了条件。

当然，创新创业教育实践所面临的阻力也不容小觑。第一位的阻力就是应试教育思想对创新创业精神的禁锢作用，因为大学教育自身改变很难直接影响到中小学教育改革。第二位的阻力是"官本位"文化阻碍，它把人们的注意力吸引到权力上而非创新创业上。第三位的阻力是封闭的学科文化影响，它使人

[①] 王洪才，陈娟. 促进学生就业：当代高校一项重要新职能 [J]. 江苏高教，2010（4）：77-80.

满足于系统的专业知识学习而非创新创业实践。第四位的阻力则是传统的大学教育观念,它重知识传授而不重能力培养。第五位的阻力来自传统的大学管理方式,它仍然停留在控制上而非提升服务水平上。所有这些阻力集中体现在教学方式的落后上:大学里仍然习惯于系统知识讲授式的教学方式,还没有普遍开展"以问题为中心"的探究式教学,这对面向全体学生所推行的创新创业教育而言是非常不利的。换言之,目前大学教育目标还没有把激发每个学生的创新创业潜能作为教育目标。

三、创新创业教育的逻辑起点

创新创业能力培养是否只有在系统接受知识之后才能成功?显然不是。创新创业能力来源于个体强烈的探究兴趣,这种探究兴趣并非由系统知识传授而获得,而是发生在与实践联系紧密的切身体验中,而"以问题为中心"的教学方式容易激发人们的探究兴趣。

一般而言,系统的知识传授往往消灭了问题,因为老师在准备教案的过程中已经清除了这些疑难问题,从而无需进一步思考求索,学生的任务只要接受这种现成答案就可以了。可以说,系统知识传授很容易变成标准答案式的教育。而真正思考发生在"有疑"的过程中,而"以问题为中心"的教学,就容易使学生感受到问题的存在,就会开动脑筋思考。一旦人们创造性地解答了疑难,就有一种把它付诸实践的动力。所以,提供合适的、有价值的现实问题,促进学生进行思考,就能够培养学生的创新思维能力,也能够培养其创业精神。一旦人们发现了自己的创造潜力,就会产生创业的强大动力。

大学教育阶段,往往是人生创造力最为旺盛的阶段,一旦被开发出来,就会变成巨大的社会财富。以下两个经典案例证明了大学教育阶段对人的创造力培养的价值。第一个是微软公司联合创始人比尔·盖茨的案例。众所周知,这位荣膺世界富豪排行榜首位多年的美国首富是哈佛大学的辍学生,即他大学未毕业便开始了创业。而且他在大学期间并未专心于自己的专业学习,而是把主要精力用在发展自己的兴趣上,由此才创造了他的创业奇迹。第二个则是苹果公司创始人史蒂夫·乔布斯的案例,他所就读的里德学院,在美国名气不大,而且他因为对学校课程安排不满很快就退学了,退学之后他却根据兴趣旁听了课程,这些课程激发了他的创业灵感,而且也获得了巨大成功,成为信息技术行业的传奇人物。由此可见,只要有创新观念,然后去执着地追求,就能够获得创业成功。当然,其间人们必须不断地与市场进行互动,选择自己的合作伙伴,推销自己的创新理念,组建自己的创业团队,把握市场机遇,善于营销,不断地进行技术革新，这样才能成就他在科技王国中的地位。

可以说，大学教育最重要的价值在于培养人的探究兴趣，因为有了探究兴趣，就可能产生创新理念，就容易使人站在科技前沿并发现市场潜力，从而为创业提供巨大动力。如果大学教育安于进行书本知识传授，不主动回应社会需求，就不可能培养学生的市场意识和追踪科技前沿的意识，也就不能培养学生的创新创业精神。

长久以来，人们在思想上有一种错误认识，认为只有掌握了前人传递下来的知识之后才能进行创新。这个认识的错误在于人们把知识发展看成直线的、连续的，忽视了人类认识发展实际上是曲线的、跳跃的。更大的错误在于人们把前人传承下来的知识当成真理，不加置疑，从而当成了教条来传授。他们忽视了真理的相对性，即任何认识都是不完整的，都需要进一步完善。如果把前人传承下来的知识当成真理的话就会陷入路径依赖的困境，就很难再有创新。创新往往在于另辟蹊径，创新的本质在于对现实需求的有效回应。

要培养学生的创新精神，那么大学教学方式就必须做根本性的变化，就必须改变过去的传授型教学模式，开展创新教学。具体而言，就是要从"老师讲—学生听"状态，转变为"以问题为中心"的"师生共同探讨"状态。① 可以说，没有教学方法的变革，大学教育就不可能真正变革，因为教学方法是教育思想观念实践的载体。大学要开展创新创业教育，就必须先对传统大学教育目标进行彻底变革，即培养学生从知识的接受者向知识的探究者转变，使每个人都成为知识的主体而非知识的受体。唯有如此，创新创业教育才能真正落地。

因此，大学教育必须把创新作为基本价值，把创业作为对创新精神的检验，把创新创业精神作为新时代大学教育的灵魂，那么人的探究兴趣的培养就自然应该成为大学教育的出发点。唯有如此，大学教育才可能从传统的专业培养模式向创新创业培养模式转轨。

大学创新创业教育该从何处出发？显然要从培养人的探究兴趣出发！因为探究的本质在于发现自我发展的潜力，找到自己价值实现的方向，从而确立人生目标和动力。人只有具有了自己的奋斗目标，人生才具有意义，生活才是充实的。否则，就是虚无的。

从理论上讲，人的探究兴趣的培养不应当从大学教育开始，而是应该从基础教育开始，实际上应该从幼儿教育开始，因为人的探究欲望源于人的好奇心。

---

① 王洪才. 论大学传统教学与大学创新教学 [J]. 苏州大学学报（教育科学版），2017，5 (4): 10-19.

众所周知，人在幼小的时候，对世界充满好奇，而且在幼儿教育阶段，人们也非常注重保护孩子的好奇心，教育方式也常常是采用启发式的，而非采用灌输式的。但到了中小学教育阶段，教育方式慢慢转向了灌输式，因为渐渐地纳入了应试教育轨道。应试教育不鼓励人的好奇心，而是激励人们采用标准化答案，这种教育的结果使学生的好奇心逐渐泯灭，学习也变得越来越无趣。直到最后，学习变成了一种苦役，人们越来越想逃离这种教育。到了大学教育阶段，再想点燃人们的好奇心，就变得非常困难了。而创新创业教育必须从激发人的探究欲开始，如果学生对知识没有好奇，那么学习就变成了一种被动接受，人的潜能就处于一种被压抑的状态，人就很难具有创造性。所以，激发学生对知识的好奇心，就是在培养学生的探究欲，就是在为培养学生的探究兴趣打基础。

如此，我们就不得不反思传统教育的失误。传统教育把学生培养成知识的容器，而不是知识探究的主体，因为它不鼓励学生提出不同的答案。如前所述，人最初都是具有好奇心的，如果得到鼓励就可能发展为一种探究能力，反之，人就会丧失探究的兴趣，也难以形成探究能力。中国传统教育最大的弊端就在于并不鼓励学生探究，喜欢为其提供现成答案，认为既然有了现成知识，再探索就成了经验主义。殊不知，授人以鱼，不如授人以渔。不经探索而获得的知识往往容易形成学生对教师的依赖心理，而人的能力成长恰恰是在求索过程中获得的。不注重求索能力培养的后果是人的好奇心和探究欲被扼杀了。如中小学教育偏重于给学生灌输多而难的知识，认为这样可以迅速进入知识前沿，没料到，这反而抑制了学生对知识的兴趣。在应试教育的体制下，人们把大量记忆标准答案当成了灵丹妙药，题海战术成为每个人必走的独木桥，经过这个训练之后，学生差不多完全丧失了知识探究的兴趣，一心只想获得标准答案，致使大学教育也变成了应试教育。

无数事实证明，具有探究兴趣是一个人成为创新人才的第一步。所有成功人士，都具有持久的探究兴趣，他们都把挑战困难当成乐趣，为此也喜欢冒险。人生的乐趣，就在于为不确定的事物找到答案，这就是探索的价值。一旦开展探索，就不可能不遇到困难和挫折，只有那些不断克服困难和战胜挫折的人才能最终取得成功。如果一个人在经历困难和挫折之后就裹足不前，那么他自然与成功无缘。只有在遭遇困难和挫折后仍然能够奋起，并且愈挫愈奋，那么他才可能最终获得成功。毋庸置疑，社会环境、家庭氛围和教育方式都对一个人的成长发挥着难以估量的作用。如果家长和教师能够给以适时的、适合的鼓励和引导，就能够使学生正确对待困难和挫折，从而在经历困难和挫折后能够迅速崛起。一般而言，能力都是在个体经历了困难的挑战和失败的考验并不断修正行为模式后获得的,其中,善于反思是一个关键。一个人只有善于反思,才能找到改进的路径,才不会重复过去的失败。因此,应为学生提供一个试错的条件,从而使其尽快地找到最适合自己的发展领域。换言之,如果不能实行自由选专业和转专业制度,学生就不能实行充分自主的学习,那么要培养学生的创新创业能力就成为无稽之谈。

必须指出,对创新创业成功者切忌神秘化。因为无论任何人的成功都与勤奋分不开,都与不断地进行自我反思分不开,也与善于总结经验教训分不开。虽然个体之间确实存在着很大差异,但每个人都有自己的发展潜能,都可以发现自己所擅长的活动,从而都可以进行创业。显然,创新创业能力并非一项具体能力,而是一种总体性能力,它包含了许多能力要素,如自我审视能力、自我定位能力、人际沟通能力、自我控制能力、专业技术特长、经营管理能力和团队合作能力等。一个人要成功,第一,必须能够认识到自己的优势和不足,这就是一种自我审视能力,只有这样,才能做到扬长避短,较易成功。第二,必须能够准确地自我定位,确立一个合适的目标,否则就容易好高骛远,最终壮志难酬。第三,必须善于进行人际沟通,如此才能理解社会需要做到准确回应,否则就容易孤芳自赏,难以被人接受。第四,自我控制能力也非常重要,因为这是一个人自律性、坚韧性的表现,是人抵挡诱惑和克制情绪冲动及耐挫折的能力。第五,专业技术特长也是一种综合能力的体现,它代表了一个人的核心竞争力,它是一个人长期磨炼和积累的结果,往往具有不可替代的品质。第六,经营管理能力也是创业成功的核心要素之一,因为一个人再有技术,如果不懂经营、不善经营的话仍然不可能成功。第七,团队合作能力也是一种综合能力,因为它建立在沟通协调能力之上,与个体的自我审视能力、自我定位能力和自我控制能力密切相关,是一个人走向未来不可或缺的一种能力。因为任何一个人的能力都非常有限,只有发挥团队的优势才能实现能力叠加效应。越是高科技创业,越需要组成团队,越需要沟通与协作。团队合作能力,本质上是一种领导力。因为领导的职责就是要做好协调,促进合作,增加凝聚力。

如前所述,在创新创业教育过程中,最难的是找到适合个体发展潜力的发展方向,因此它也增加学生的直观体验,这种体验不仅能够加强学生对知识的深度理解,也能够加强学生发现问题和分析问题的能力,间接地提升学生解决问题的能力。

可以看出,"发现问题"就是找到事物发展存在的真正缺陷;"分析问题"就是找到形成缺陷的原因,这一过程往往也是收集资料的过程,不然就很难找到问题的根源;"解决问题"就是找到弥补事物缺陷的最佳方案,相当于杜威的

"提出假设"环节。"反思总结"就是一个验证过程,即对思考过程进行一个总体检视,看是否有任何遗漏。因为很多思考是情境性的,可能在当下情境成立而换为另一个情境的话就可能不成立,如此就必须考虑到它的适应性。这个考虑是非常必要的,不然要下结论就是贸然的,也是比较冒险的。所以,"问题意识—发现问题—分析问题—解答问题—反思总结"与杜威的"情境—问题—假设—推理—验证"① 是内在一致的。

所以,如果在大学教学中加强了科学思维训练,就可以大大地提升人才的创新能力,特别是能够培养学生的自信心,从而他们就不惮于去冒险或去社会上闯一闯,由此来检验自己的能力和自己所学知识是否真正有用。正是这种尝试与检验,促进了个体创新创业能力的提升。故而,一旦人们形成了科学思维的习惯,其创新创业能力就在不自觉中得到了提升。

---

① 杜威. 民主主义与教育 [M]. 王承绪, 译. 北京: 人民教育出版社, 2001: 149.

第三章

创新创业教育的哲学假设与实践意蕴[*]

引导语：创新创业教育是当下中国高校普遍面临的一项实践性难题，其难点在于如何引导师生充分参与。只有证明创新创业教育关乎每个师生的切身利益，才能激发其内在的参与热情，为此就需要进行哲学审辨。研究发现，创新与创业关乎每个人的人生意义与价值实现，均具有个体性与社会性双重含义，且以个体性为本，而人们往往偏重其社会性而忽略其个体性。从个体意义看，创新即实现自我超越，创业即追求理想价值实现；从社会意义看，创新是指实现了科技突破，创业是指获得了经营成功。而创新创业教育必须从关注个体创新创业潜能开始，经过专业教育与社会实践才能达到发明创造与经营成功的终点。创新创业教育重点是培养学生创新创业能力，其中包含七个关键能力，即目标确定能力、规划设计能力、大胆尝试能力、沟通合作能力、把握机遇能力、规避风险能力和抗挫折能力，此七者不仅构成一个序列，而且循环上升，从而形成一个闭环系统。对高校而言，开展创新创业教育必须因地制宜、因材施教，从"创新带动创业""创新创业融合"和"创业引领创新"三种类型进行突破。

关键词：创新创业教育；哲学假设；实践意蕴；七个关键能力

一、创新创业教育有效开展需要一个哲学前提

在今天，人们对创新创业教育的认识越来越深入，对创新创业教育意蕴的揭示也越来越全面，并提出了"广谱式"岗位创业与专业教育融合发展之路。[1]这些认识无疑都是对高校创新创业教育实践反思的结果。然而创新创业教育理念并未被普遍接受，在实践过程中出现了许多问题，如师生对创新创业教育满

---

* 原载于《高校教育管理》2020年第6期，第34-40页。
① 王占仁．"广谱式"创新创业教育体系建设论析［J］．教育发展研究，2012，32（3）：54-58．

意度不高[1]、创新创业课程建设质量不理想[2]、创新创业师资队伍建设滞后[3]、创新创业教育缺乏科学的评价体系[4]、创新创业教育很零散并容易成为少数人的专利品[5]等。这些问题实际上都指向一个基本问题：创新创业教育具有普适性吗？如果创新创业教育仅适合少数人的话，出现上述状况就不足为奇了。但如果创新创业教育具有普适性，那么上述问题的出现就必须被给予高度重视。而要实施创新创业教育就必须论证"创新创业教育具有普适性"这一基本哲学假设，否则创新创业教育就必然是有选择性的，不适宜大面积展开的教学方式。

我国高校创新创业教育是在大学生就业压力陡增、社会经济向创新驱动转向需求越发迫切的背景下提出的，直接动因就是政府提出"大众创业，万众创新"[6]的倡议。显然，政府在创新创业教育兴起过程中扮演着主导角色，而很多高校只是被动地遵照执行，并未进行真正的理性思考。人们对创新创业教育概念的认识也并不到位，很多人只是从各种各样的创新创业大赛[7]，特别是动辄上百万人参加的"互联网+"大学生创新创业大赛来感受创新创业教育的[8]。也有人把它当成一种"活动"，并不认为其是一种真正的大学教育，尽管这个"活动"深受高校领导层的重视[9]，并成为高校展现实力的平台。目前多数高校均成立了专门的创新创业学院[10]，将创新创业教育作为大学生的必修课，并围绕各

---

[1] 王占仁. 高校全面推进创新创业教育的争论与反思［J］. 教育发展研究，2015，35(Z1)：113-119.

[2] 刘帆. 高校创新创业教育现况调查及分析：基于全国938所高校样本［J］. 中国青年社会科学，2019，38(4)：67-76.

[3] 陈春晓. 地方高校创业教育师资队伍建设的困境与机制创新［J］. 高等工程教育研究，2017(3)：170-173.

[4] 王占仁，刘志，刘海滨，等. 创新创业教育评价的现状、问题与趋势［J］. 思想理论教育，2016(8)：89-94，103.

[5] 王占仁. "广谱式"创新创业教育的体系架构与理论价值［J］. 教育研究，2015,(5)：56-63.

[6] 国务院办公厅关于深化高等学校创新创业教育改革的实施意见［EB/OL］. 中华人民共和国中央人民政府网，2015-05-13.

[7] 丁三青，王希鹏，陈斌. 我国高校学术科技创新活动与创新教育的实证研究：基于"'挑战杯'全国大学生课外学术科技作品竞赛"的分析［J］. 清华大学教育研究，2009，30(1)：96-105.

[8] 王弘扬. 创新创业教育"大阅兵"：记首届中国"互联网+"大学生创新创业大赛［J］. 中国高等教育，2015(21)：42-44.

[9] 吴爱华，郝杰，汪凯. 办好"互联网+"双创大赛壮大创新创业生力军［J］. 中国大学教学，2017(9)：4-7，20.

[10] 陈耀，李远煦. 改革开放以来我国高校创新创业教育组织变迁及其启示［J］. 高等教育研究，2019，40(3)：46-52.

种各样大赛组织了形式各样的创新创业活动①,但这一切并未消除人们对创新创业教育的疑虑,人们并不知道创新创业教育究竟能够做什么,其目的究竟是获得奖牌还是提升学生创新创业素质。

不少人对创新创业教育的理解还停留在"创业教育"阶段②,即主要针对少数具有创业兴趣的学生开展;而创新教育主要是针对少数拔尖学生进行学术性教育,往往以成立专门精英学院的形式进行。无论是创新教育还是创业教育,对绝大多数学生而言目前主要是开设一些创新创业教育概论课,实践性并不强,学生兴趣普遍不高。高校设立的创新创业学院很多时候成为一个空壳③,并未真正起到引领、统筹、推动和评估创新创业教育的作用,而各种创新创业竞赛也是独立于专业教育之外进行的④,与专业教育呈"两张皮"状态。这些事实都说明,创新创业教育还没有成为高校办学的核心,创新创业教育还仅局限于几门课和少量"活动"的层面,并未融入教育教学的全过程。

因此,创新创业教育要想真正融入高校教育教学的全过程,就必须证明自身具有普适性,是每个人必须面对的;证明真正的创新创业教育是与专业教育有机融合的,是能够培养人的创新精神与创业能力的,从而促进每个人全面自主发展。唯有如此,创新创业教育才能深入人心,从根本上激发广大师生的参与热情,也才能成为一种真正的大学文化,融入教育教学全过程。

二、创新创业教育的哲学蕴意与现实基础

要想把创新创业教育贯穿于人才培养全过程⑤,就必须确立一个稳固的哲学基础:人人具有创新创业的潜能,人人具有创新创业成功的可能性。一个人的成功虽然主要靠个体努力,但是外部条件同样非常重要。这就是对"创新创业教育具有普适性"哲学假设的破解:每个人都具有创新创业潜能。教育需要针对每个人的创新创业潜能展开,必须提供适宜的条件来挖掘和激发学生的创新

---

① 李建国,杨莉莉."双创"教育新模式的实践探索:以华中科技大学为例[J].中国高校科技,2019(10):55-58.
② 刘贵芹.深化高校创新创业教育改革进一步提高人才培养质量[J].中国高等教育,2016(21):5-7.
③ 成希,张放平.高校创新创业教育组织模式的现状分析与发展策略:基于40所高校创新创业教育组织模式的调研[J].中国高校科技,2017(9):80-83.
④ 刘福才,王发明.高校创新创业教育:理性反思与实践路向[J].国家教育行政学院学报,2016(8):6-11.
⑤ 陈希.将创新创业教育贯穿于高校人才培养全过程[J].中国高等教育,2010(12):4-6.

创业潜能。实际上，这就是我国开展创新创业教育的哲学根基。

显然，我们如果将创新局限于传统的狭小领域——科学发明发现，将创业局限于过去的狭隘范围——独立创办企业，那么创新创业对普罗大众而言真的就是一个天方夜谭。为此，我们必须拓展创新与创业的内涵，这就必须从创新与创业对每个人成长的意义出发。如果从生命价值角度来看待创新创业，创新是一种观念更新并带动行为方式调整的过程，其本质就在于实现自我认识的革新，以最终实现自我认识的超越。如此而言，人人都具有这种潜力，不然人就无法成长。因为每个人都是在不断地超越自我、不断地自我革新的过程中成长的，其根源在于每个人的成长过程中都会遇到一系列挑战，正是在应对这些挑战的过程中人才得以成长。人们在应对挑战的过程中需要改变自己的认知方式，以适应环境的变化，这实质上就是一个创新的过程。创业也是如此，因为创业是为自己奠定生存的基业，这个基业必然要从谋生开始，然后以实现人生重大目标终止，中间必然以满足社会需要为过程。一个人如果不能满足社会需要，就无法获得社会的回馈，进而无法谋得生存的资料，当然也就无法实现自己人生的宏大目标。所以，满足社会需要是一个人成功的基础，也是一个人健康成长的价值坐标。谋生可以说是一种被迫行为，因为它是一个人必须面对的课题，但创业则是一种主动行为，是在自己认识到自己的价值或潜能之后主动采取的行动，而行动过程也是验证自己认识的过程，同时也是丰富自己认识的过程。这个行动过程不仅是在进行创业，同时也是在进行创新，因为每一个行动都在挑战自己的传统认知，其过程具有创新的相关特征。如此，创新创业实质上就是一体的活动，故而不存在只有创业而没有创新的活动，也不存在只有创新而没有创业的活动。在现实中，人一旦认识到自己的价值就会迫不及待地去验证、去实践，这种内在动机除非在遭遇外部威胁后才会被抑制，但风险一旦降低或消除，人又会迫不及待地去实践，这是人的一种本能。从这个意义上说，创新创业潜能人人都具有，问题在于它是否被重视，是否被开发，能否被充分表达出来。

这就从普遍意义上即哲学意义上回答了人人具有创新创业潜能的问题。但这种哲学上的回答并不能令每个人满意，因为现实中人们的创新创业潜能是有差别的。这是一个客观事实，不容回避。正是这个差别，使我们不能搞统一化的创新创业教育，必须针对不同个体具体实施。如何针对不同个体实施，这就取决于个体对自己的创新创业潜能的认识程度：如果他已经意识到了自己的创新创业潜能，并且具有强烈的实现愿望，那么对其进行有针对性的教育，效果就会是显著的；反之，如果他压根就没有意识到自己蕴藏的创新创业潜能，甚至不清楚自己的人生目标,那么这样的教育往往是低效甚至是失败的。所以,教育的第一步就是要让学生认识自己,认识自己所具有的潜能,从而确定自己的成长方向。也可以说,教育的根本价值就在于开发学生的个性潜能,即通过有效方式引导学生发掘个体所具有的不同天赋。教育绝对不是按照某个模式进行统一灌输,使学生成为刻板化的"机器人",而是要培养学生成为自觉的、能动的、具有主体性的人,从而体现出其真正的个体价值。故而,发现学生(潜能)是教育成功的前提,发展学生(潜能)是教育活动的基本过程,成就学生(潜能)是教育追求的理想结果。

综上,教育的职责就是要整合尽可能多的资源,为每个学生个体发现自我潜能提供条件。而传统的教育往往认为学生的天赋是差不多的,所以其可以接受的知识也应该差不多,加上出于公平的考虑,对学生进行的教育基本一样。这就是应试教育的运作机制,但它不适合培养具有创新精神和创业能力的人才,当然也无法造就大批的科学家和企业家。而造就大批的科学家和企业家是新时代对大学教育的要求。科学家与企业家就是那些为社会做出重大贡献的人。他们显然对自我潜能认识的程度比较深,自我发展目标定位非常清晰,意志也非常坚定,这些使之能够通过各种挑战,最终走向成功,从而成为创新创业成功的典范。显然,创业成功不仅属于企业家,也属于科学家,只不过科学家所从事的是科学事业,而非企业家所面对的商业企业。科学家进行发明创造,企业家同样也进行发明创造,只不过企业家发明创造的主要是技术产品,也包括服务和管理,但只要他们把自己的创意运用到解决社会生活实际面临的问题当中,克服生产和运营过程中所遇到的困难,那么他们的行为就是在创新。之所以称之为创新,就是因为他们解决了前人没有解决的难题,尽管这些不是对科学理论命题的解答,但仍然具有非常强的创新意义,而且具有直接的经济价值,能够直接创造出物质产值,这也为"大众创业,万众创新"提供了空间。

所以,就创新与创业而言,至少具有两重含义。第一重含义是针对个体而言的,只要实现了自我认识的革新就是在创新,只要实现了行为模式的转变就是在创业。一个人往往是通过认识方式的转变来为自己确立新的人生目标,人们要实现人生目标就必须不断改变自己的行为方式。当一个人确立了自己的奋斗目标并努力追求它,这就是在创新创业。第二重含义是针对社会层面而言的,即当一个人为社会提供了新认识,改变了人们传统的认识方式,这就是他的创新成果;如果他为社会创造了财富,无论是精神的还是物质的,这都是创业成功。所以,第一重含义的创新创业是指超越自己和实现自己,第二重含义的创新创业是指超越了前人和发展了前人。从学理上讲,这两者是统一的,只有先实现个体层面的创新创业，才可能实现社会层面的创新创业。而从本质上讲，社会层面的创新创业仍然从属于个体层面的创新创业，只不过此时个体的认识与实践都已经走在了社会前沿。所以，第一重含义的创新创业更具有普遍意义，更接近于哲学层面的理解。现实中人们思想上存在一个很大误解，即试图不承认个体层面的创新创业而直接达到社会层面的创新创业，这实际上是一种舍本逐末的行为，因为只有重视个体层面的创新创业，才可能实现社会层面的创新创业。换言之，今天的创新创业教育也必须从重视和开发个体潜能出发，舍此并无他途。

当下社会上所普遍注重的那些科学意义上的创新，正是从社会层面上理解的"创新"；高校大力开展的创业教育，也主要是针对从社会层面出发所理解的"创业"。这种理解的依据在于它们都取得了显著效果，而个体意义上的创新创业含义很难见到成效，因为那些创新创业渗透在日常生活和行为之中，从而容易被人们忽视，但这才是根本。所以，如果创新创业教育不回到根本，不从提升人的创新潜力出发，不从培养人的奋斗意志出发，那么创新创业教育也就成了无本之木、无源之水。

三、创新创业的能力构成与结构差异

毋庸置疑，创新创业教育必须从培养学生创新创业能力入手，能力养成是教育成果的直接体现。但创新创业能力并非一个简单能力，而是一个能力集合。换言之，创新创业能力是由一系列能力构成的，这些能力的不同构成使得大学生创新创业能力表现各异。正是因为结构不同，才出现了形形色色的创新创业活动和创新创业成果。但创新创业的基本能力应该是一致的，否则人们所从事的就不是同一类型或同一性质的活动。因为创新创业活动几乎涉及人类所有的能力素质，所以我们只能聚焦于其中最为突出的能力品质。

哪些能力品质应当属于最为重要者之列？从逻辑上讲，第一个是自我认知能力，其在创新创业活动中具体表现为自我定位能力或目标确定能力。从哲学上讲，一个人认识自己才是认识世界的开始。现实生活中，人们通常只是了解自己，并不是真正认识自己，对自己的潜能优势并不完全清楚，很多时候需要别人去发现，而且都是通过一些偶然的行为表现出来的。在创新创业活动中，如果一个人不知道自己具有什么样的潜力和品质，是很难成功的。

第二个是规划设计能力。当一个人知道自己是谁，且有了准确的自我定位之后，就要开始规划自己的发展路径。显然，这个规划设计不可能一下子达到完备无缺的程度，一般在开始时只是一个草图，后来才逐渐完善。人如果一开

始就制订出非常详细的路线图，随后只是简单地执行，那么这样的人多半是失败的，因为他太过自信了，觉得自己似乎可以掌控一切，这显然是不可能的。所以，规划设计只是一个大致路线图，具体行动策略则是在执行过程中逐渐生成的。

第三个是大胆尝试或勇于实践的能力，即敢于把不太确定的行动方案在现实中进行推行，然后根据运行结果进行不断调整。这在创新创业活动中是无时不在的。大胆尝试既是一种品质，也是一种能力，那些优柔寡断的人是不具备这些品质或能力的，只有富有冒险精神的人才敢大胆尝试。我们经常说，人生处处是冒险，就在于人生很多地方是无法预先设计的，所以想事事都计划得非常完善本身就是一个误区，只有不断冒险才是人生的真谛。所以，是否敢于冒险就决定了一个人能否成功。当然，冒险也应当有一个限度，因为它不是一种盲目行为，而是一种理性的尝试。

第四个是沟通合作能力。一个人在冒险过程中才能真正体会到沟通合作的价值，因为通过沟通合作可以降低风险，提高成功概率。合作需要取信于人，这就需要考验一个人的处事能力。所以，沟通合作能力不是一个简单能力，它以复杂的能力为基础，包括沟通协调、意见管控、树立愿景等。

第五个是把握机遇的能力。因为机会不是随时都有的，但有了之后必须能够辨识，并且能够成功把握，这需要很强的当机立断能力。人只有善于把握机遇才能快速成功。用今天的话就叫"借势发力"，一个人如果完全不借助外界的力量是很难成功的，因为任何个体力量都是非常有限的。

第六个是规避风险的能力。机遇与风险往往是并存的，如果一个人只意识到机遇而没有意识到风险或危机的话，那么他很大程度上是一个缺乏谋略的人。一个人只有善于扬长避短，善于利用外界的优势并规避其带来的风险，才能对自身发展产生强大助力。这需要考验一个人的生存智慧。

第七个是抗挫折能力。因为不管怎么规避，有些风险总是无法避免的，正所谓"智者千虑，必有一失"。遇到风险时是相信自己的能力还是听从命运摆布，结局是完全不一样的。只有那些抗挫折能力强的人才能最终走向成功，很多人在面对挫折时往往选择了放弃，进而半途而废，与成功失之交臂。当人经历了挫折与考验，其对自我的认识就会更为深入，自我定位就会更为清晰，规划设计、大胆尝试、沟通合作、把握机遇、规避风险以及抵抗挫折等能力也会随之进一步提升。

通过以上分析，我们可以得出一个基本认识，即创新创业能力绝不是某种单一能力，而是一系列能力，或者说是一个能力丛。因为在每一个关键能力背后还隐藏着其他一些能力。上述列举的这些关键能力只是在走向成功的路上表现得最突出，当然也是无法绕过的能力，而在它之后存在一个能力束，这个能力束又因个体的不同而表现不同。不仅如此，各种能力也处于一个动态发展的过程中，都会通过实践锻炼而获得提升，使潜力得到进一步开发。

这些能力虽然都具有复杂性，但同时它们又都是基础能力。之所以复杂，是因为这些能力都包含无数的具体能力，不是训练某一种能力就可以提高的。但它们对从事创新创业活动而言又是非常基础的，是必须面对的，无论哪一种都是不可或缺的，因为它们代表了一个事物的发展过程，代表了人们从事一切行为的基本流程。不同的人在各个能力表现上又是不同的。对不同的人而言，"确立目标—制订计划—积极尝试—沟通合作—把握机遇—规避风险—抵抗挫折"的意义都是不一样的。因为目标有长远和眼前之别，计划有细致和粗略差距，冒险有盲目和谨慎差别，合作有短期与长期区别，机会有大小分别，风险有单一和多重的区隔，抗挫折能力有有限与无限的差别。

对不同类型高校而言，大学生的创新创业能力结构是不是一样的？从理论上讲，这些能力结构必然存在差别，因为他们各自的成长环境不一样，自身素质不一样，自我认知能力不一样，对自我的期待也不一样，这一切都决定了创新创业教育在具体实施时应该是有差别的，不应该是统一的。但我们又必须承认，大学生创新创业基本能力应该是一致的，否则就无法进行创新创业教育。所以，我们既要承认大学生创新创业基本能力的一致性，也要认同他们能力结构间的差异。之所以如此，是因为他们受不同文化环境的影响，他们自身素质本身也是有差异的，这种差异主要表现在认知结构和行动模式上。可以看出，这些差异是先天因素与后天因素相互作用的结果。先天因素就在于每个人的智力水平是不一样的，每个人的气质类型也是不一样的，这是一个客观事实，谁都无法否认。后天因素就更多了，但其中学校教育发挥的作用较大[1]，甚至在一定程度上可以改变先天的素质结构。例如，一个人性格变化可能受班主任的影响：班主任如果是民主型的，可能让一个人形成开朗、直率的性格；如果班主任是独裁型或放任型的，就可能使其原本活泼、开朗的性格变得抑郁封闭或非常任性。所以，教育环境既能够成就人，也容易毁掉人。因此，个体能力结构差异实际上是个体与环境互动的结果，这个互动过程就是性格塑造的过程。

---

[1] 尹向毅. 创业是否可教：基于教育学视角的分析[J]. 高等教育研究，2017，38（5）：64-71.

四、创新创业教育需要与办学条件匹配

既然每个人的创新创业能力结构之间是有区别的,这种区别究竟是一种能力数值上的差别还是一种能力关系之间的差别?一般而言,这种差别可能既有数值上的也有关系上的。但一个人最终成为科学家与一个人最终成为企业家,两者的能力结构之间的差别可能既非体现于能力数值上,也非体现在能力层次关系上,而是性质上的差别。换言之,能力构成的基本要素间已经出现了明显的差异。因此,大学生创新创业能力结构必然存在高校类型间的差异,如此高校创新创业教育的开展既要与办学条件相匹配,以符合学生群体性发展特征,又要激发和发展学生个体的自我认知能力,以此促进学生创新创业能力的整体提升,满足其个体发展需求。这就是创新创业教育的实践意蕴。

在具体的创新创业教育实践中,不同类型的大学有着不同的条件,也应采取和实施不同的教育方案。① 借鉴国外大学的"发明型、改进型、商业型"三种创新创业教育模式,② 我国三种类型高校理论上也存在着三种不同的创新创业教育类型。首先,在研究型大学,由于学生所受到的理论思维训练比较多,其理论思维相对见长,他们在学习前沿知识过程中容易产生一些创新认识,这些认识一旦被认定具有市场价值,就能够带动他们去创办产业(如微软、Facebook 的创办等)。这就是一种"创新带动创业"的类型。其次,在教学型大学,学生所接受的知识与实际关系密切,从而容易发现市场需求和对知识技能的新要求,如此就容易激发他们创新创业灵感(如开展家教服务或从事广告服务等)。他们的创新创业活动是融合在一起的,属于一种"创新创业同步"类型。最后,在高职高专,学生受到的技能训练比较多,一旦发现市场需求,就可以直接去创业(如开展电商活动等)。而且他们在实践中能够发现原有知识与技能的不足,进而去更新知识和提升创新能力。他们所表现出的是一种"创业带动创新"的类型。

存在不同类型的创新创业教育实际上反映了大学生创新创业能力培养受环境条件的影响。基于创新创业能力既存在基本能力的一致性,又存在能力结构的差异性,各类型高校在培养大学生七个关键能力的同时应该从不同的切入点

---

① 张彦. 高校创新创业教育的观念辨析与战略思考 [J]. 中国高等教育,2010 (23):45-46.

② 陈霞玲. 高校创新创业教育模式与实践研究:以美国四所高校为例 [J]. 国家教育行政学院学报,2019 (7):74-81.

和侧重点创设有利于提高大学生创新创业能力的环境。对研究型大学而言，专业教师队伍的培养与深化其自我认知、提高其自我定位能力，是大学持续创新、引领学术前沿的关键所在。

不可否认，从最根本上来说，所有类型高校开展创新创业教育活动必须激发内生动力①，即必须把创新创业人才培养作为自己办学的目标，否则就缺乏教学改革的动力和科研管理改革的动力。如果人才培养目标不改变，仍然以系统理论知识接受程度作为判断人才培养质量的标准，那么学生就必然会将大量时间用在理论知识的输入上，缺乏时间和精力开展真正的自我反思，进而也不可能深入地认识自己，也就无法提高自我定位能力，更不用谈及参与创新创业实践活动。同样的，如果教师评价标准不改革，那么教师就会将大量时间投入职务、职称晋升与考核所需的论文发表和科研课题的争取中，从而无法潜心于从事真正具有实践意义的应用型科学研究之中，更无法专注于促进学生发展的育人事业上。这些均无益于高校创新创业教育的开展。

---

① 李凤. 内生型高校创新创业教育的新探索：以浙江万里学院为例 [J]. 教育理论与实践，2018, 38 (9)：6-8.

第四章

创新创业教育：中国特色的高等教育发展理念[*]

引导语："创新创业教育"概念乃中国本土原创，是中国高等教育转型发展需求的反映。"创新创业教育"概念的提出代表了中国高等教育改革发展的重要方向，其理论意义在于承认每个学生都具有创新创业潜能，其实践意义在于引导每个学生都成为创新创业人才并促进高校教育教学范式转型。政府在创新创业教育发展中发挥了主导作用，高校作为积极响应者和参与主体，企业作为志愿者，学者作为反思者，共同参与了创新创业教育建构，创造了一种"政—校—企—学"四元合作模型。目前创新创业教育仍面临挑战，其难点在于如何把全体教师充分调动起来，实现专业教育、通识教育共同融入创新创业教育体系。

关键词：创新创业教育；中国特色；高等教育理念；建构

创新创业教育，是一种具有中国特色的高等教育理念，反映了中国高等教育从精英阶段向大众化转变的特殊需要，具有浓郁的本土气息。可以说，它反映了中国高等教育发展的客观需要，蕴含了中国高等教育发展的价值观，体现了中国高等教育体制优势，发挥了高等教育发展导向作用，创造了一个有效的实践模型，成为中国高等教育走向世界的窗口，为中国高等教育现代化做出了积极贡献。目前它仍面临挑战，亟待完善，具有明显的开放性与发展性特征，代表了中国高等教育改革发展基本方向。理解和解读创新创业教育理念生成过程是中国特色高等教育理论建设的重要使命。

---

[*] 原载于《南京师大学报（社会科学版）》2021年第6期，第38-46页，收录时进行了参考文献格式的调整。

一、创新创业教育的基本假设：人人具有创新创业潜能

创新创业教育，是一个诞生于中国本土的概念①，具有多种蕴意，代表了一种新的教育发展方向。它的最显著特征是面向全体学生，倡导"广谱式"教育，其中蕴含了一个基本理论假设，即每个大学生都具有创新创业潜能，从而大学有责任提供适宜的条件把它激发出来，使他们都成为创新创业人才。2014年，国务院原总理李克强在夏季达沃斯论坛上提出要在中国大地上形成"大众创业"浪潮和"万众创新"态势②，随后他又在首届世界互联网大会③、国务院常务会议④和十二届全国人大三次会议⑤等场合频频阐释这一关键词，从而为中国创新创业教育注入了独特的精神内涵。我们知道，无论"大众"还是"万众"，都是一种概指，而不是确指，意思是指芸芸众生，而非特指某个人或某个群体。这显然是对每个个体的尊重与信任，从而颠覆了传统创新与创业观念。过去人们习惯上认为创新与创业都是少数人的事情，如创新是科学家的专利，创业是企业家的专利，一般百姓是与此无关的。而"大众创业，万众创新"口号的提出不仅展示出中国领导人的豪迈之情，更是把人民群众当成历史创造者的反映。当它与创新创业教育结合在一起之后，就形成了具有中国特色的"双创"教育的理论内涵。

无疑，创新创业教育概念是为解决中国高等教育发展问题而提出的。众所周知，在中国高等教育实现大众化之后，所面临的最急迫问题就是毕业生就业问题。如果就业问题不能解决，中国高等教育大众化就很难持续。显然，传统的就业路线潜力有限，必须开辟新的就业路径。鼓励大学生自主创业就是在这一背景下提出来的。既然鼓励大学生自主创业，就必须为之提供相应的支持与帮助，高等教育必须在此有所作为。创新创业教育目的就在于使就业培训指导、创业教育和创新教育从分离走向融合，变成一种系统的教育，从而诞生出具有中国特色的高等教育发展理念。

---

① 王占仁.创新创业教育的历史由来与释义[J].创新与创业教育，2015，6（4）：1-6.
② 李克强出席第八届夏季达沃斯论坛开幕式并发表致辞[EB/OL].新华网，2014-09-11.
③ 李克强：促进互联网共享共治 推动大众创业万众创新[EB/OL].中华人民共和国中央人民政府网，2014-11-20.
④ 改革提速让万众创新"红火起来"[EB/OL].中华人民共和国中央人民政府网，2014-12-04.
⑤ 李克强.政府工作报告：2015年3月5日在第十二届全国人民代表大会第三次会议上[EB/OL].中华人民共和国中央人民政府网，2015-03-05.

传统上中国教育体系的保守性特征非常明显,教育主要任务是传递前人积累下来的知识,目的是把个体变成社会发展变化的适应者,而不是成为社会改革发展的创造性主体。所以,在教育方式上非常注重标准化知识的传授,在评价方式上习惯于采用统一考试模式,在教育过程中习惯于以教师为权威,在教育内容上习惯于以书本为中心,在教学场所上习惯于以教室为中心,很少人相信大学生能够做出创新成果。与此相应,大学生的自我定位也比较现实,即获得一个现成的、稳定的工作岗位。在计划经济时代,工作岗位一般由国家包分配,大学生就业由国家统一安排,从招生到就业可谓"一包到底",而且工作分配之后还享受国家干部的待遇。但随着高等教育规模逐渐扩大,出现了"双轨制"招生后[1],自费生毕业后开始"自谋职业",于是出现新的大学生就业方式,但这部分毕业生总体上属于少数人。当高等教育大扩招开始之后,过去由国家"包分配"方法根本行不通了,因为用人部门开始在用人权方面实现了自主,于是"双向选择"就业模式开始流行,"自谋职业"就业方式也日益普遍,被广大毕业生所接受并视为常态。这种转变具有历史的必然性。

"自谋职业"的出现实际上开辟了大学生自主择业的先河,它在很大程度上解放了人们的职业思想,改变了人们的就业观念。人们发现,自谋职业除工作稳定性差,在收入待遇方面并不低,而且首先富裕起来的群体主要是这一部分人,因为他们的劳动付出与收入是直接挂钩的,从而率先打破了传统的平均主义分配模式,成为改革开放的最大受益者之一。今天,这些人一般自称为"体制外"就业,即他们工资不是国家发放的,而是自己是自己的老板,从而他们成为最先富起来的群体成员。用今天的眼光看,他们都是创业成功者,是一种创新创业人才,因为他们敢于打破传统就业观念,勇于挑战自我,敢于去实现自己的人生价值,为社会发展做出了积极贡献。我们知道,这些最早的自主创业者,除部分是因为国家无法安排工作而自谋职业,还有部分是主动从"体制内"转向"体制外"的,当时的时髦词叫"辞职""下海",即他们敢于抛弃"铁饭碗",端起了"瓷饭碗",这些人奋斗精神普遍非常强,因为他们不喜欢过"体制内"安逸生活或接受固定的死工资,希望找到更适合自己的人生舞台,实现自己的人生理想,他们敢闯敢试的精神成就了自己。因为敢于挑战自己,更富于冒险精神和创新精神,从而开辟了非常辉煌的事业。这种奋斗精神、创业精神正是创新创业教育的核心内涵。

---

[1] 狄枚. 高校招生和毕业生就业制度改革新举措"双轨制并轨"试点[J]. 中国高等教育, 1994 (Z1): 23-24, 16.

二、创业教育概念引入与创新教育的兴起

20世纪末，我国高校正式引入创业教育。有研究指出，创业教育最早出现在20世纪40年代的哈佛大学，为商学院而设，是培养企业家的教育，之后30多年的时间里发展并不快，直到20世纪80年代才开始发达。[1] 相对而言，欧洲大学开展创业教育比较晚，在20世纪80年代才起步。[2] 国外创业教育仍然主要集中在工商管理硕士（Master of Business Administration，简称MBA）和高级管理人员工商管理硕士（Executive Master of Business Administration，简称EMBA）领域。直到今天，国外创业教育课程都是自由选择的，而不是一种强制性的教育。

我国在引进国外创业教育理念时，基本上因循了其创业教育模式。直到2010年，才与创新教育概念合成为创新创业教育，并赋予了中国的独特内涵。[3] 如今，创新创业教育已成为大学生必修课，是为了提升大学生就业能力而开设。但这门课不是由西方"创业教育"演化而来，而是具有自己的生成路径。它最初是一门生涯规划课，之后变成就业指导课，再后来变成了创业培训课，最后才变成一门公共必修课。由西方引进的创业教育仍然继续保留，但集中在管理学院或商学院，是一种专业教育，而面向大众的创新创业教育是由新成立的创新创业学院负责，它统筹创新创业课程、创新创业活动以及创新创业大赛的培训等。因此可以说，创新创业教育是随着我国高等教育大众化进展而出现的，也可以说是高等教育大众化的伴生物。

创新教育最初是作为一种教育思想出现的，主要目的是培养学生的创新精神，可以说是我国高校开展文化素质教育的产物，这在第三次全国教育工作会议报告中体现得尤为明显。后来本科教育改革[4]也提出了培养创新能力和研究性教学等改革建议[5]，甚至在高中阶段开展研究性学习试验[6]，但都没有获得推

---

[1] 刘志. 哈佛大学创业教育课程建设的历程与经验 [J]. 教育研究，2018，39（3）：146-153.

[2] 梅伟惠. 欧盟高校创业教育政策分析 [J]. 教育发展研究，2010，30（9）：77-81.

[3] 王占仁. 中国创业教育的演进历程与发展趋势研究 [J]. 华东师范大学学报（教育科学版），2016，34（2）：30-38，113.

[4] 教育部关于批准高等教育教学改革立项项目的通知 [EB/OL]. 中华人民共和国教育部网站，2005-12-20.

[5] 教育部关于印发《关于进一步加强高等学校本科教学工作的若干意见》的通知 [EB/OL]. 中华人民共和国教育部网站，2005-01-01.

[6] 教育部关于印发《普通高中"研究性学习"实施指南（试行）》的通知 [EB/OL]. 中华人民共和国教育部网站，2001-04-09.

广。众所周知，中国应试教育传统非常悠久，教育具有浓厚的功利主义色彩，读书是为了博取功名，学习内容主要是儒家经典，学习方法注重死记硬背，考试采用八股取士的科举制度。我国在恢复高考制度之后，应试教育思想重新复活，采用"题海战术"进行应试的风气非常盛行，学生学习的被动性比较强，因为人们学习目标主要是为了应付考试，也是为了文凭与证书，而非为了个性和自我的解放。此时，教育主要承担社会阶层流动功能。人们对创新的理解简单而神秘，认为那是科学家的事情，意识不到自己也具有创新潜力，从而认为创新距离自己非常遥远，认为创新必须是"站在巨人的肩膀上"才可以，作为学习者只能老老实实地积累知识，因而大学生谈创新几乎就是一种奢望。在学习过程中如果自己有不同想法，一般都会认为是自己错了，是没有真正理解书本或老师意思的结果，不认为可能是自己的创新见解。在考试中普遍强调使用标准答案的做法也强化了人们否定自我的意识，从而人们老老实实地把训练记忆力作为应付考试的法宝。所以，当谈到创新教育时，人们认为那是针对少数具有科学天赋学生而言的，如大学科技少年班学生、后期的拔尖创新人才实验班的学生等。一句话，创新属于绝对的小众，与大众无缘。即使是在研究生教育阶段，也是强调打基础，进行规范训练，很少提到创新能力培养。故而创新是一个专有名词，与一般人是无缘的。

直到微软公司联合创始人比尔·盖茨的横空出世，才彻底颠覆了人们的认知，人们发现大学生也可以创新，也可以创业成功，甚至可以完全改变社会经济发展格局。人们惊奇地发现：创新创业与年龄大小无关！与学历程度高低也无关！这个发现所带来的震撼是非常大的，完全颠覆了人们的认知。后来苹果创始人乔布斯、Facebook创始人扎克伯格出现之后，再一次强化了人们关于大学生具有创新创业潜能的认知，从而人们才开始正视大学生是一个具有活力的创新创业群体，换言之，大学生是一个真正的创新创业的宝藏，亟待开发。我国开展的"挑战杯·创新创业大赛"与此背景不无关系。后来的"互联网+"创新创业大赛，则是它的升级版。虽然我国1998年《中华人民共和国高等教育法》就提出了培养大学生创新精神内容，但并未真正落实。在2015年《中华人民共和国高等教育法》（后简称"高等教育法"）修订版中又特别增加了社会责任感的内容。[①] 人们认识到，唤醒大学生的创新创业意识比让他们单纯去接受一些现成知识更重要，让他们具有一种主动探索意识和探索精神是赋予他们真

---

① 全国人大常委会关于修改《中华人民共和国高等教育法》的决定（主席令第四十号）[EB/OL]. 中华人民共和国中央人民政府网，2015-12-28.

正的人生财富。

三、创新创业教育为中国学术界带来一场思想革命

直到今天，在中国持"大学生可以创新创业"观者仍然是少数，绝大多数人仍然认为大学教育就是进行专业知识学习，进行系统知识的继承，认为只有在继承的基础上才能创新。换言之，如果不因循前辈的路径而另辟蹊径，简直是不可思议，所以在大学内非常讲究资历，论资排辈风气积习甚深。故而，大学教学主要任务是进行系统知识传授，认为这样才能给学生打牢知识基础，以后才能根深叶茂，茁壮成长，进而才能创新。所有创新都是包容的、递进的，没有继承就必然没有创新。正因为这种思想占据绝对主流地位，所以人们对待权威思想和经典言论就只能是诠释而不能批判，只能唯唯诺诺而不敢越雷池一步。显然，这种保守主义观念对年轻人的思想产生了巨大的抑制作用。

进入21世纪之后，大学里思想观念逐渐走向开放，对传统理论观念不再抱着必须遵循的态度，而是开始带着质疑或批判性眼光进行审视，逐渐从传统的"一元化"思维方式中解放出来。不得不说，后现代主义哲学在其中发挥了巨大的作用。后现代主义颠覆了传统的知识观和伦理观。人们的思维方式开始从身份束缚中解放出来，师生关系从服从式向伙伴式转变。随着大批留学人员的归国，他们把亚里士多德说过的"吾爱吾师，吾更爱真理"平等讨论的教学思想引入课堂和校园，对师生平等概念确立产生了革命性影响。但对大学生而言，他们还无法迅速地从过去的应试学习状态转变到自主学习状态，甚至还会迷失在无人管教的舒适区中，从而有不少人沉迷在网游、韩剧之中，甚至懒得走出宿舍。当然，也有不少人在经历迷惘期之后开始调整自己，具备了自我负责的精神。但他们并没有从真正开发自我潜能出发，而是遵循传统路径，即通过升学找到自己的未来归宿。毕竟大学校园内的归国教授属于少数，而且在科研压力下真正热心于教学的人并不多，所以他们还没有真正把国外大学自由平等讨论的教育思想引入课堂上，还没有把课堂教学变得像研讨课一般，但他们已经开始改革了，而且意识到必须进行改革了。因为人们已经发现，传统的满堂灌输式教学越来越失去了吸引力，学生发现这种获得知识方式"少慢差费"，网络资源完全可以替代这种教学方式。只有网络无法替代的课堂才是真正的有效课堂，研讨课就是这种课堂。这也是大学内慢慢开展"翻转课堂"的原因。

这种教学革命对大学生创新精神的培养具有直接的意义，因为在这种课堂上，学生的主体精神才会被激发，学生可以发表自己的意见，不需要对老师的意见随声附和。在传统课堂上，学生必须被动地跟随老师的PPT进行学习。而

在翻转课堂上，学生通过课前学习环节，完全可以熟悉老师的教学思路，在课堂上可以直接针对问题进行讨论。如此，学生的理解方式必然是多元的，看法也不可能完全统一，这样的话学生的个性特点就能够充分展现出来。没有学生个性的充分展现，学生的创造性就无法表现出来。[1] 教师如果没有很深的知识积累和丰富的教学经验，就很难驾驭这种课堂，这种课堂需要教师具有教学智慧。只有鼓励学生参与，才能使课堂持续下去，不然课堂就会回归传统的沉闷状态。所以，可以从课堂的活跃程度来发现教学的创新程度。教学创新程度越强，对学生的创新能力培养作用就越大。离开了课堂教学改革作为基础，学生在课外活动中也不可能真正活跃起来，除非课外活动完全与专业知识无关。

四、政府在创新创业教育推进中扮演了主导角色

在创新创业教育概念形成过程中，政府发挥了主导作用[2]，体现了真正的中国特色，是中国高等教育体制特征的集中反映。2002年之前，国内只有个别高校开展创业教育探索。2002年，教育部选择在清华大学、中国人民大学等9所院校中开展创业教育试点工作[3]，这些高校在创业教育开展过程中发挥了先导作用。在试点过程中，各院校依据自身特点尝试构建起了一些具有个性特色的创业教育模式，为创业教育广泛开展打下了基础。2008年，教育部设立了100个创新与创业教育类人才培养模式创新实验区[4]，促使高校创新创业教育工作全面深入地推进。2010年，教育部颁布第一个推进创新创业教育的全局性文件《教育部关于大力推进高等学校创新创业教育和大学生自主创业工作的意见》（后简称《意见》）[5]，《意见》首次正式使用"创新创业教育"这一新概念，并成立"教育部高等学校创新创业教育指导委员会"。《意见》提出"在高等学校中大力推进创新创业教育……创新创业教育要面向全体学生，融入人才培养全过程。要在专业教育基础上，以转变教育思想、更新教育观念为先导，以提升学生的社会责任感、创新精神、创业意识和创业能力为核心，以改革人才培养模式和

---

[1] 王洪才. 创新创业教育必须树立的四个理念 [J]. 中国高等教育, 2016 (21): 13-15.
[2] 梅伟惠, 孟莹. 中国高校创新创业教育：政府、高校和社会的角色定位与行动策略 [J]. 高等教育研究, 2016, 37 (8): 9-15.
[3] 清华大学发起成立"中国高校创新创业教育联盟" [EB/OL]. 清华大学官网, 2015-04-15.
[4] 教育部 财政部关于批准2008年度人才培养模式创新实验区建设项目的通知 [EB/OL]. 中华人民共和国教育部网, 2009-03-10.
[5] 教育部关于大力推进高等学校创新创业教育和大学生自主创业工作的意见 [EB/OL]. 中华人民共和国教育部网, 2015-05-13.

课程体系为重点,大力推进高等学校创新创业教育工作,不断提高人才培养质量"。并且提出"把创新创业教育有效纳入专业教育和文化素质教育教学计划和学分体系,建立多层次、立体化的创新创业教育课程体系"。之后,教育部建立了高教司、科技司、学生司、就业指导中心四个司局的联动机制,形成了创新创业教育、创业基地建设、创业政策支持、创业服务"四位一体、整体推进"的格局。2012年8月,教育部印发《普通本科学校创业教育教学基本要求(试行)》①,对创新创业教育进行整体规划和顶层设计,推动高校创新创业教育科学化、制度化、规范化建设。2015年5月,国务院颁行《关于深化高等学校创新创业教育改革的实施意见》②,站在国家实施创新驱动发展战略、促进高校毕业生更高质量创业、就业的高度,明确了深化高等学校创新创业教育改革的指导思想、基本原则、总体目标,并提出了主要任务和措施。可以看出,在2010年之前,创新教育与创业教育是两个不同系统进行的。③ 创新教育主要停留在思想层面,目的在于引导教学改革,而创业教育集中在课外实践活动,目的是促进就业。前者仍然是为了系统知识传授,后者则是为了培养实践素质。而且两者也隶属于两个不同部门进行管理。课堂教学由教务部门管理,课外活动则是由学生处、团委管理,前者主要是管老师,后者主要是管学生。显然,如果两者不能够有效协作,教育教学效果就不会好。那么,怎么把两者变成一种有机协作状态呢?这就需要一种智慧和创造。如此就需要进行顶层设计。

  首先,把两者合在一起的直接意义就是提高创业的起点。传统的面向大众的创业教育活动主要是练地摊、开网店,重点培养学生的商业素质,目的就是赚钱,人们把这种创业称为"生存型创业"④,此时创业活动基本上没有涉及学生所学的专业知识,所以出现了不少因为创业而荒废学业的情况,这也引起了人们的非议。把两者合在一起后就是要给创业教育一个新的导向,同时也提出了新的要求,对高校而言就是不要单纯追求参加创业的人数,而是要追求创业质量。其次,把两者合在一起对专业教育也提出了要求,即不能只传授一些纯理论性知识,而是要结合现实需求,关注现实难题,进行科学创新和技术创新,

---

① 教育部办公厅关于印发《普通本科学校创业教育教学基本要求(试行)》的通知[EB/OL].中华人民共和国教育部网,2012-08-01.
② 国务院办公厅关于深化高等学校创新创业教育改革的实施意见[EB/OL].中华人民共和国中央人民政府网,2010-05-13.
③ 王占仁.创新创业教育的历史由来与释义[J].创新与创业教育,2015,6(4):1-6.
④ 李爱国.大学生机会型创业与生存型创业动机的同构性和差异性[J].复旦教育论坛,2014,12(6):41-49.

如开展项目教学、以问题为导向的教学等，从而使课堂教学内容逐渐丰富起来、生动起来，与实际的联系也逐渐紧密起来。如此创新创业活动就受到越来越高的重视，因为从中可能走出许多具有开创意义的新产业领域，带动社会经济发展。正因如此，才产生了把创新创业教育融入教育教学全过程的思想，不仅实现创新创业教育与专业教育融合，也要实现与思想政治教育的融合[①]，从而具有改变人才培养模式的意义[②]。

要把创新创业教育政策落地，需要借助一些有力的实践载体。各种创新创业大赛，是政府采取的独特的推动创新创业教育的方式，这种全员动员能力是其他国家无法比拟的，原因就在于该项活动受到了高层领导的高度重视。[③] 政府高层重视本身对高校领导人具有很大吸引力，从而它成为大学实力评比的一个重要砝码。不仅如此，它也引起了各级政府的高度重视，吸引了大量企业参与其中，他们提供的风险投资极大地激发了大学生创新创业热情。学术界也对这一新颖的教育实践形式予以很高的关注，不断发现创新创业教育过程中出现的问题并试图予以解答。如此就形成了一种"校—政—企—学"共同参与的实践局面。当然，主力军仍然是高校，高校才是创新创业教育的本体，也是创新创业大赛的参与主体，而难点仍然在于实现第一课堂与第二课堂的统合。

目前各种创新创业大赛主要是针对第二课堂，第一课堂的参与性仍然非常不足，这也是创新创业教育理论构建过程中遇到的一个难题。[④] 这说明，尽管高校是创新创业教育的实施主体，但参与者主要是高校管理者，特别是身兼管理和教师双重身份的辅导员队伍，而非广大的专业课教师。虽然政府、高校、企业和一批学者都已经认识到了创新创业教育必须与专业教育结合，但对绝大多数教师而言仍然缺乏说服力，因为教师们主要精力是放在自我发展上，简而言之就为了自己职称评聘，这可能是考核压力的结果。目前教师聘任考核不仅有质的要求，而且对量的要求也非常高，这使不少教师只能把主要精力用在应付评聘考核上，对于青年教师更是如此，因为他们面对的是"非升即走"新体制。

---

① 教育部高教司司长吴岩：推动双创教育与思政教育、专业教育融合 [EB/OL]. 人民网，2018-03-30.
② 万玉凤，梁丹. 吴岩：创新创业教育改革推动人才培养模式实现两个转变 [EB/OL]. 中国教育新闻网，2019-10-10.
③ 吴岩：创新创业教育：培养范式的深刻变革与新的质量观 [EB/OL]. 搜狐网，2019-12-15.
④ 吴岩：创新创业教育不是"搞搞活动"而已 [EB/OL]. 凤凰网，2019-12-11.

所以，高校评价中"五唯"现象出现并非偶然，而是考评压力的产物。① 如果高校教师评聘考核的指挥棒不变，那么想实现第一课堂与第二课堂的有机协调就很困难。对教师而言，谋求职业生存是第一位的。综合评价改革是当前高等教育改革发展过程中遇到的最大难题，这既是高校内部改革的需要，更是外部改革的需要，因为高校内外部之间是紧密联系的。

五、全员动员是中国创新创业教育的基本特色

在中国大学，创新创业教育是动员全员参与的教育，不仅要求全部高校参与，而且号召全体教师参与，因为教育教学全过程其中当然包括全体行政人员。如前所述，政府在其中发挥了主导作用。政府扮演了积极动员的角色，是创新创业教育的直接推动者。政府采用多种动员方式，除通过下达政策文件等方式，也通过举办大赛和纳入大学评估等方式进行。高校在其中自然发挥主体的作用，高校对政府呼吁的积极响应是构成创新创业教育有效性的基础。如果没有高校的积极响应，创新创业教育在很大程度上就是无效的。这个动员与响应过程，发挥了计划体制独有的优势。计划体制的特征就是集中管理，指挥权在中央，然后是全国一盘棋。但不得不承认，不少高校并没有发挥创造性主体的作用，仅仅作为一般性配合者的角色出现，因为不少高校仅仅把创新创业教育当成一种活动或一门课对待，而没有意识到这是一种新的办学思想和办学观念。换言之，创新创业教育应该与高校所有工作联系在一起，因为创新创业教育目标是培养创新创业人才，需要全员配合和共同努力，需要高校领导人做一个系统设计。显然，许多高校领导人对此都缺乏这种深刻的认识。

相对而言，高职院校领导人对此认识更深刻一点，也许因为他们距离就业市场更近一点。高职院校普遍建立了创新创业学院等全校性协调统筹机构，把专业课程教学与创新创业的课外实践培训进行统一规划设计，并且在校园塑造浓厚的创新创业氛围。② 应用型高校领导人也有一定的积极性，因为他们也面临较大的毕业生就业压力，需要为毕业生更广的就业谋出路。但不少高校为了升格，对创新创业教育的重视不够。而研究型大学对创新创业教育关注度最低，因为科研压力巨大，基本上都是以科研为中心运转的。在研究型大学里，虽然

---

① 王洪才. 高等教育评价破"五唯"：难点·痛点·突破点 [J]. 重庆大学学报（社会科学版），2021, 27（3）：44-53.

② 王洪才，赵祥辉，韩竹. 以"院园融合"为基点构建一体化创新创业教育体系 [J]. 现代教育管理，2019（7）：1-8.

广泛存在着创新教育,也存在着专门性的创业教育,当然也有面向大赛的创新创业教育活动,但都是分散的和零星的,缺乏有机整合,无法与专业教育和通识教育实现真正的融通。一般而言,研究型大学的创新教育主要集中在研究生阶段,特别是博士生教育,少量的硕士生教育和个别的本科生创新实验班之中也有。创业教育主体仍然是商学院MBA或EMBA,也零星地分散在大学生服务社、商学院课堂和大学生实践实习环节。创新创业教育则主要集中在大学生准备参加的创新创业大赛活动中,参加的人数比较少,而且集中在理工科。

  在大学校园中,大多数教师对创新创业教育活动参与性很低,因为不少人把创新创业教育理解刻板化了,认为创新创业教育目的就是参加创新创业大赛,而这与他们所从事的专业课程教学距离甚远。他们没有意识到只要专业课程教学与实践实际结合起来就可能激发学生的创新创业火花。当然,他们也没有主动了解创新创业教育的科学内涵,因为他们主要精力用于发表论文和职称晋升等自我发展事项上。多数管理人员也没有意识到创新创业教育与自己有关,认为这是教务部门或学生管理部门的事情。这说明大学中还没有真正兴起创新创业文化,说明创新创业教育理念还不普及,没有使广大管理工作者和教师们意识到创新创业教育与他们日常工作以及他们的发展前途息息相关。只有学生管理和政工系统干部比较认可这一项活动,并定期组织这项活动,通过申报、筛选、评比、培训、参赛及总结反馈等环节来完成大赛的参与过程,才能使他们逐渐成为从事创新创业教育研究的主力军。可以说,在这个群体之外,专门研究创新创业教育的人员并不多。一般而言,多数高校都创办了大学生创新创业教育实践基地或创业园。教务部门负责开设创新创业教育必修课,都有一个必修学分,而承担创新创业教育课程任务的主力是缺乏创新创业经验的辅导员队伍。团委部门一般通过聘请创业成功人士开设专题讲座来培养校园创新创业教育氛围。虽然每个辅导员都参与了这项活动,但积极投入这项活动的人并不多,因为他们本身对这一活动的了解非常少,不能为大学生参与创新创业大赛提供多少帮助。

  由此可见,创新创业教育的主要障碍是校园文化氛围缺失,创新创业教育理念还没有与管理文化、教学文化和科研文化实现有机融合,与传统教育教学仍然处于隔离状态,而关口卡在了广大教师环节。广大教师应该是推动创新创业教育实践的真正主体,如果他们不能进行教学改革,仍然按照传统方式进行教学,实际上就是不支持创新创业教育。这一点也是中外创新创业教育的重大差别所在。在国外著名高校,创新教育的影子无处不在,已经广泛融入课程教学环节,也渗透在管理活动之中,因为他们非常尊重个性特长,这就为个体创新思维发展提供了充足的空间。国外大学课堂广泛采用研讨式教学，注重学生实践体验，如此为学生创新能力培养创造了无限可能。课堂评价不完全按照结果评价，而是主要根据学生的参与性进行评价，这就培养了学生的主体精神和负责意识，这在无形中训练了学生的合作能力和创造性思维能力。对每个大学生而言，他们很早就开始为自己负责，不存在"国家分配工作"一说，所以教育中自然就包含了就业服务元素。创业教育主要是针对那些希望独立创办企业的学生而设，从而是一种比较专门的教育，与我们所开展的"广谱式"教育根本不同。因而，国外的创业教育与我国开展的创新创业教育内涵具有本质的不同。

必须指出，创新创业教育在目前仍然处于建构中，还没有形成一种可复制的模式，因为许多问题仍然处于探索中，例如，如何处理专业教育与创新创业教育的关系；如何提高广大教师参与创新创业教育的热情；如何解决大学教学过程中的创新活力不足问题；等等。创新创业教育只能通过行动研究来完善，即在行动中研究问题、解决问题和完善行动方案。这种行动研究可以逐级推进，例如，首先从加强对大学生就业服务切入，其次通过创新创业大赛进行深化，再次通过创新创业教育必修课程开设进行普及，最后通过与专业教育融合来实现人才培养模式变革。显然，与专业教育融合是一个艰难过程，因为它需要调动全体教师参与，没有他们的参与，创新创业教育就无法完成。

创新创业教育吸引了一批学者参与研究，并且对此寄予了很高期望，他们不仅对我国创新创业教育实践进行了总结，而且试图构建一门创新创业教育学科①，虽然这个学科的应用性非常强，但确实为开展系统的深入的理论研究奠定了基础。学者的参与大大拓宽了创新创业教育探讨的范围，促进创新创业教育实践走向深入，对创新创业教育理论提升发挥了重要的作用。目前人们已经从多角度来思考创新创业教育，如从比较的②、可行性角度思考创新创业教育定位③，从评价角度促进创新创业教育走向科学化④，从学科构建角度促进创新创

---

① 王占仁. 中国高校创新创业教育的学科化特性与发展取向研究 [J]. 教育研究，2016，37（3）：56-63.
② 崔军. 英国高校创新创业教育国家框架：理念更新与思路借鉴 [J]. 比较教育研究，2020，42（5）：63-69.
③ 黄兆信. 推动我国高校创新创业教育转型发展 [J]. 中国高等教育，2017（7）：45-47.
④ 徐小洲. 创新创业教育评价的VPR结构模型 [J]. 教育研究，2019，40（7）：83-90.

业教育提升师资实力和理论层次①，从哲学层次揭示创新创业教育蕴含的基本原理②，从政策角度解读它对中国高等教育现代化的意义③，特别是它对中国高等教育发展转型的意义④。这种多元多维探索，为创新创业教育理论的完善打下了坚实的基础，从而为中国大学模式创建准备了丰富素材，成为中国高等教育走向世界的前奏曲。

六、结语

创新创业教育成功需要一场教育管理革命，需要对高校教师评价模式进行彻底改革。只有高校管理方式改变了，教师评价方式改革了，才能使创新创业教育真正从观念形态走向实体形态。这要求高校评价体系进行系统改革，当然，首先是对高校外部评估系统进行改革。这也是对高等教育治理体系与治理能力现代化提出的命题。毋庸置疑，如果不能把教师从自我发展专注中解放出来，创新创业教育就找不到真正的实施主体，就很难真正落地。这无疑呼唤大学必须进行科学管理，一定要给教师减负，不能无限制为教师增负。显然，这需要尊重教师的工作特性，给他们更多的专业自主权，吸引他们更多地关注教学，关注学生发展。所以，高校教学评价改革是一个重大攻关课题。从这个意义上说，高校评价"破五唯"迫在眉睫，因为"五唯"反映的是唯科研、唯期刊，不是唯贡献、唯育人。

---

① 王军超，李韬．高校创新创业教育师资队伍建设面临的困境与突破路径［J］．河北农业大学学报（农林教育版），2018，20（6）：116-119.
② 王宁．高校创新创业教育中的四大哲学思考［J］．继续教育研究，2018（1）：25-28.
③ 孙大永，杨璐，寸凯宁．全渠道：从理念到价值：新时代我国创业教育政策解读［J］．思想政治教育研究，2018，34（2）：144-147.
④ 王洪才，汤建．创新创业教育：高等教育内涵式发展的关键［J］．武汉科技大学学报（社会科学版），2021，23（1）：110-116.

第四篇　创新创业教育的科学内涵与实践旨要

　　创新创业教育目标志在培养大批高质量的创新创业人才，最终必然要落实到创新创业能力的培养上，如果一个人不具备创新创业能力，就很难称得上是创新创业人才。因此，创新创业能力培养对高等教育实现转型发展的意义重大，可以说它是高等教育内涵式发展的关键，也是高质量高等教育体系建设的核心内涵。要加强创新创业能力培养，就必须搞清楚创新创业能力的科学内涵，必须了解创新创业教育的内在要求，必须具有正确的理念导向。

第一章

创新创业能力的科学内涵及其意义*

引导语："大众创业，万众创新"的时代背景为高校推进创新创业教育提供了良机。然而创新创业教育面临的一个"卡脖子"的技术难题就是如何对创新创业能力进行测量，如果不能对创新创业能力进行科学测量，则创新创业教育就失去了有效凭据。要对创新创业能力进行科学测量就必须先对创新创业能力进行科学阐释，否则就难以突破。在遵循学术界关于创新创业能力基本共识的基础上，运用哲学透视方法，发现创新创业能力实质上是人的自我发展能力的展现，包括七个关键能力，反映了人才成长基本规律，可作为创新创业能力测量的理论依据。

关键词：创新创业能力；哲学透视；科学内涵；意义

创新创业教育是我国高等教育实现内涵式发展的关键①，也是我国高等教育改革发展的重要突破口②。目前创新创业教育已经成为大学生的必修课③，几乎每所高校都建立了大学生创新创业实践基地，并且积极参与国家举办的每年一度的大学生创新创业大赛，创新创业教育已经成为高校一种新的学术风气。然而创新创业教育在推进中依然面临着如何融入教育教学全过程的难题，首先是人们在思想上还没有完全认同④，创新创业教育还没有成为大学教师课程与教学

---

* 原载于《教育发展研究》2022年第1期，第53-59页。
① 王洪才，汤建. 创新创业教育：高等教育内涵式发展的关键 [J]. 武汉科技大学学报（社会科学版），2021，23（1）：110-116.
② 教育部关于加快建设高水平本科教育全面提高人才培养能力的意见 [EB/OL]. 中华人民共和国教育部网，2018-10-08.
③ 教育部关于做好2016届全国普通高等学校毕业生就业创业工作的通知 [EB/OL]. 中华人民共和国教育部网，2015-12-01.
④ 王占仁. 高校全面推进创新创业教育的争论与反思 [J]. 教育发展研究，2015，35（Z1）：113-119.

改革的指南，甚至也没有成为高校提高办学质量的根本举措。究其根由，在于创新创业教育还处于经验摸索阶段，缺乏科学的指导，这已成为创新创业教育深入开展的瓶颈。要改变这一状况，就需要解决制约创新创业教育走向科学化的关键难题。而对创新创业能力理解不深就是第一个难题，缺乏创新创业能力的科学评价体系则是根本难题。我们知道，创新创业教育面向全体学生①，旨在培养学生创新创业精神并最终落实为创新创业能力，促进学生全面发展和终身学习，因而它必须建立一个普适性的评价体系，引导创新创业教育科学地开展。只有当创新创业能力具有可测性时，创新创业教育的科学性才能得到真正的提高。为此，我们必须先搞清楚创新创业能力的基本内涵，确定其科学构成要素，完整地诠释创新创业的精神实质，最终使创新创业教育理念融入教育教学全过程。

一、关于创新创业能力的基本假设

目前学术界对创新创业能力已达成了一些基本共识，这些共识包括以下三个基本假设。

假设1：创新创业能力并非一种简单能力，而是一种系统的复合能力。从字面上看，创新创业能力可以分解成创新能力和创业能力两个部分，但无论创新能力还是创业能力都不是简单能力，而且两者也不能简单相加，因为两种能力经常是融合在一起的，很难把两者严格地区分开来。从根本上说，创新与创业活动都并非完全受意志控制，其中常常包含一些无意识行为。创新本质上是一种挑战自我的行动，很多时候它仅发生在观念层面，是不可观察的，但常常在无意识中影响到人们的行为。创业过程确实是有目标、有计划的行动，而每一步都包括了对自我的挑战，从而创业成功包括了无数个自我超越，是一种真正的自我价值实现的过程。当然，创新活动很多时候也表现为有目的地克服困难的过程，这个过程未尝不是一种创业行为。所以，创业与创新的界限很难严格区分。人们常常以创新作为开始，以创业作为结果，或以创业为目标而创新贯穿创业全过程。无论谁想要获得创业成功，都不能因循守旧，都必须大胆创新，而且必须时时把创新作为目标和驱动。可以说，创新最终必然指向创业，创业结果必然包含创新。

但无论是创新能力还是创业能力，它们都是系列能力的集成，而不是个别

---

① 教育部关于大力推进高等学校创新创业教育和大学生自主创业工作的意见［EB/OL］. 中华人民共和国教育部网，2010-05-13.

能力的展现。从创新创业意识出现到创新创业目标确立再到创新创业过程筹划，最后到创新创业目标达成，其中包含无数个具体能力，如资源筹划能力、市场营销能力、团队协作能力、技术创新能力、产品开发能力等。而且各种能力是交错在一起的，无法清晰地分辨开来。因而，创新创业能力是一个整体，无法细化为具体组成部分。换言之，它是一种综合能力，不是一些简单能力的拼凑，往往与个体人格气质紧密联系在一起，个性化色彩非常强。而且创新创业能力也是在不断磨砺过程中成长的，并非固定不变，具有明显的发展性特征，甚至会出现反复，即创新创业能力并非一直是增长的，也可能会出现倒退现象，这与个体的抗挫折能力具有直接关系。人的抗挫折能力越强，其发展空间就越大，否则就可能出现停滞或倒退现象。由此可见，创新创业能力非常复杂，这也是科学测量必须面对的难题。

假设2：创新创业能力概念的形成经过了一个复杂的演化过程，具有明显的祛魅化特征。众所周知，创新创业教育概念并非一开始就有[1]，同样，创新创业能力概念也不是一开始就有。这个演化过程代表了人们对它的内涵认识不断深化和外延不断扩展的变化过程。最初，"创业"一词是人们对那些经过了艰苦努力所开创的辉煌事业的一种尊称，因为其取得了令人瞩目的业绩，从而创业者身上就带有一种神秘的光环。如人们常说的"创业难，守业更难"就是如此，人们一般不会把普通的开办产业活动说成是"创业"，仿佛如此就降低了对创业成功者的尊敬。后来，在我国出现就业难的情况下，"创业"内涵发生了变化，开始变成了一种特称，即专指那种自谋职业的就业行为，是相对传统的依靠国家分配工作而言的；之后，"创业"概念开始泛化，把凡是个体独立创办企业的行为都称为创业行为。最后，创业概念才具有哲学的内涵，即把人们追求理想目标的过程都称为创业，这为"大众创业，万众创新"奠定了理论基础。

"创新"一词同样也经历了一个祛魅化过程。最初，"创新"也是一个很神圣的概念，是与一般百姓无缘的，人们经常用它专指科学家的发明创造活动，如提出什么新理论、新思想或创造出新的专利产品之类；后来创新变成了一种意识形态，即凡是改革就是在创新，因为破除传统观念与传统习惯的束缚是非常困难的事情，"不破不立"就是这个含义。人们经常说，如果观念不创新就无法适应社会变化，因为人们意识到，观念障碍是一切障碍的根源。此时创新与改革几乎是同义词，创新概念开始出现泛化，被广泛地运用到各行各业的革新

---

[1] 王占仁. 中国创业教育的演进历程与发展趋势研究 [J]. 华东师范大学学报（教育科学版），2016，34 (2)：30-38，113.

活动中，如管理创新、文化创新和技术创新等；后来创新与创业建立起联系，专指产生新的思想、新的产品、新的技术等。一句话，凡是人们有新的创意并付诸生产、投向市场，就构成了创新创业活动。最后，人们才开始从哲学层面理解创新含义，认识到一个人要发展必然要创新，并且进一步认识到创新创业其实是与每个人紧密相关的事情，只要我们不断地更新观念就是在创新，创新在本质上就是挑战自我的过程；只要我们有理想、有目标并付诸行动就是在创业，从而创业在本质上就是一个实现自我的过程。如此，人们在思考创新创业时，逐渐地从宏大叙事转向日常生活、从社会精英转向日常百姓。在这个思考的转向过程中，我国兴起的"大众创业，万众创新"的形势发挥诱因作用。

假设3："创业教育"概念是一个舶来品①，而"创新创业教育"概念是中国本土首创。国外学术界很少使用"创新创业教育"概念，似乎创业必然包含创新，从而不必另提创新。所以国外大学开展的教育活动一般都称为"创业教育"，无论是专业式的②、素质式的③，还是培训式的④，抑或是普及式的⑤、大众式的或精英式的⑥。"创新创业教育"概念是我国教育界的发明，具有明显的本土化特色。⑦这与我国教育传统具有密切的联系。我国传统教育过程中比较强调文化知识的传授与接受，很少涉及创新，从而间接地把创新神圣化了，认为只有科学家才配享受这一荣誉，没有意识到每个人都具有创新潜能，创新是每个人生活的必要构成部分，这种认识也是造成被动型人格的根本原因。我们的教育教学方式非常强调规训和灌输，压抑了个体的主动性和创造性，从而把创新看成高不可攀的事情。

形成这一传统的根本原因在于应试教育体制，在考试指挥棒之下，人们学习的目的在于获得外界承认而没有意识到要开发学习者的个体潜能。人们也习

---

① 郭伟，李建东，殷红，等. 浅议创新教育、创业教育与创新创业教育的产生与内涵[J]. 科教文汇（中旬刊），2016（32）：120-121，140.

② 王占仁. 中国高校创新创业教育的学科化特性与发展取向研究[J]. 教育研究，2016，37（3）：56-63.

③ 蒂蒙斯，斯皮内利. 创业学[M]. 第6版. 周伟民，吕长春，译. 北京：人民邮电出版社，2005：3.

④ 李文英，王景坤. 澳大利亚高校创业教育模式探析[J]. 比较教育研究，2010，32（10）：76-80.

⑤ 梅伟惠. 美国高校创业教育模式研究[J]. 比较教育研究，2008（5）：52-56.

⑥ 陈诗慧，张连绪. 大学生创新创业教育的国际模式、经验及借鉴：基于美国、德国、日本等三国的比较[J]. 继续教育研究，2018（1）：115-120.

⑦ 王占仁. "广谱式"创新创业教育体系建设论析[J]. 教育发展研究，2012，32（3）：54-58.

惯于把学习过程看成一个积累知识的过程，从而在无形中把学生作为知识仓库对待，并未注重去开发学生的主体性和创造性。虽然有一些中小学开展了青少年科技小发明竞赛活动，并且组织了专门的科技创新班，但这些活动往往是针对少数具有科技天赋的学生，不属于正规制度的一部分，也没有把它与正式教育联系在一起。实质上这仍然是把创新神秘化的表现，因为它把创新指向少数具有特殊禀赋的人，与绝大多数人无关。对绝大多数人而言，接受教育主要是为了实现"知识改变命运"，即通过升学实现社会流动，人们学习知识的目标是谋得一个好的工作岗位，而成为科学家是天才的事情。进入全球化时代之后，特别是国际科技竞争日趋激烈对我国国内经济与社会生活造成严重影响时，我们才感觉到我国原创性、前沿性科研成果严重缺乏，才发现亟须培养创新人才，如我国拔尖创新人才培养计划的提出与实施就是如此。这也进一步说明，人们仍然把创新与少数具有科学天赋的学生联系起来，并且试图通过选拔机制将这些苗子筛选出来进行重点培养，以实现快速培养创新人才的目标。虽然我国高等教育法中已经确立了培养人的创新能力和实践能力的目标[1]，但长期以来并未真正落实。直到高等教育大众化快速推进带来了巨大的就业压力之后，人们才开始意识到应该重视大学生的创业潜力培养。特别是受到美国微软创始人和苹果创始人的创业成功的激励，我国教育界充分认识到大学生有可能成为科技创新的主体，成为经济发展的龙头。过去一贯坚持"只有积累充足知识"之后才能创新的观念终于被打破。[2] 今天大学生参与科研项目也与此有关。

国外大学在教育理念中始终鼓励学生自由思考，教学方式很少采用灌输式方法，因而学生的个性价值得到很大程度的弘扬。不仅课堂教学氛围是平等主义的，而且课下学生的自治社团也可以把大学生的创造性激发出来，可以说，他们已经受到了全方位的创新教育熏陶，故而他们不必再提创新教育，而是只提创业教育，即鼓励学生把自己的创意观念付诸实践，学校提供系列的指导与帮助。换言之，创新活动或创新元素自动地镶嵌在创业教育过程中，无需独立地开展。而我国由于创新教育氛围的缺乏，必须从改变教师观念开始逐步到管理观念的改变，使整个教育体系宽容创新精神、鼓励创新意识、支持创新举动，培养人们的创新素质。进行创业教育必须与创新教育结合在一起，如此才能出现高水平创业，出现中国的"比尔·盖茨"或"乔布斯"等科技创业先锋人

---

[1] 中华人民共和国高等教育法［EB/OL］.国家法律法规数据库，1999-01-01.
[2] 王洪才．创新创业教育的意义、本质及其实现［J］.创新与创业教育，2020，11（6）：1-9.

物。可以说，当我们提出创新创业教育观念时，基本上实现了与国际上的创业教育理念的融通。

由此可见，要科学地理解创新创业能力概念，就必须了解创新创业教育的形成过程，否则就难以领会其中独特的本土内涵。尽管创新创业教育概念的形成经历了一个曲折复杂的过程，但我们依然意识到它的革命性意义，因为创新创业教育需要真正把个体作为主体对待，需要从个性化出发①，否则就不可能成功，这对于改变传统的灌输式教学模式具有革命性意义，有利于改变传统教育生态，成为教育质量提升的根本举措，为中国大学模式注入核心内涵。认识到这一点就要求我们必须对创新创业能力进行科学的分析，使创新创业教育效果具有可测性，使之能够成为指导创新创业教育的科学依据。如此就必须对创新创业能力概念进行逻辑分析，找到其中不变的因素，使之成为科学测量的基本点。

二、创新创业能力的逻辑构成

要对创新创业能力概念进行逻辑分析，就需要借助于哲学分析的方法，不然就无法获得彻底的解决。所谓哲学的方法，就是发现事物本质的方法。我们可以从逻辑的角度把创新创业能力区分为创新能力与创业能力两个部分，虽然这种区分有点机械，并不科学，因为创新创业能力实质上是一个整体，而且是一个动态的发展过程，把它截然地区分为两个部分有点简单化之嫌。但要科学地认识它就必须从创新与创业两方面入手。

创新能力就是从新角度认识事物的能力。它是一种超越传统认识方式的能力。如果一个人善于从多角度、多方面思考问题，就说明其创新潜力大。如果一个人始终不能跳出传统的思维框框，因循守旧，那么其创新潜力就弱。那么，创新能力的本质是什么呢？它就是一种超越自我的能力。②说到底，它就是敢于否定自我的表现，敢于从新角度来审视自我。一个人一旦形成了一个固定想法，就会不自觉地向这个固定想法趋同，不敢打破这种固定的认识，因为他没有发现这种认识的局限。如果他善于反思的话，就会很快地发现这种认识的不足。超越自我，说到底就是发现了新的自我，也发现了自己新的发展可能性。创新人格的理念古代就有，《论语·子罕》中的"四勿"说就包含了创新理念：勿

---

① 王洪才. 创新创业教育必须树立的四个理念［J］. 中国高等教育，2016（21）：13-15.
② 王洪才，郑雅倩. 创新创业教育的哲学假设与实践意蕴［J］. 高校教育管理，2020，14（6）：34-40.

意、勿必、勿固、勿我。

　　创业能力是一个人敢于把自己的想法付诸行动的能力，说到底就是一种实践能力。一个人经常会有一些新想法但不会去行动，因为行动意味着必须进行改变自己传统的做法，克服自己对传统的依赖趋势，这种行为习惯的改变对自己而言确实挑战非常大。这说明，创业能力本质就是实现自我的能力。创新为自我找到了新的发展方向，而创业使人格发展走向完善，这实质上是一个成就自我的过程。

　　一个人之所以具有强大的创新创业动力，在于他发现了自己的成长方向，认识到自己的发展前途，为自己的行为注入了强大的动力。而创业过程就是一个实现自己理想的过程。一个人发现自己的发展方向是在不断试错过程中完成的，其间他不断接受挑战和内心不断经历挣扎，这是一个战胜自我的过程，即战胜自己懦弱的一面，强化坚毅的一面，使自己的信心更强。故而，创新创业过程是一个不断建构自我的过程，实质上是一个实现自我主动发展的过程。

　　人的一切行为从根本上讲都是思想观念的表现，无论是有意识的还是无意识的；而一个人的思想观念又是主体与环境互动的结果，如果没有思想观念作为一个人行动的基础，那么他的行为就是不可理解的。每个人都有多个面相，如既有坚强的一面，也有懦弱的一面；既有阳光的一面，也有阴暗的一面；既有自信的一面，也有自卑的一面，关键是哪一面占据上风。这种表现往往与环境的影响有直接的关系，也与自己人格特质有关，如果一个人生长在一个支持性的氛围中，就更容易展示自己阳光的一面、坚强的一面、自信的一面，否则就会展示出另一面。人的成长过程往往使每个人都呈现出多重人格，而非始终不变的单一面相。每个人都有多重面相，在环境的作用下某些面相得到了强化，某些面相受到了抑制。既不存在天生善良的人，也不存在天生的恶人，一切都是环境熏陶的结果，只是人们意识到或未意识到。

　　创新创业活动显然需要许多能力相互支持、相互配合，不是仅靠某种能力就能够完成创新创业活动。所以，我们通常所说的创新创业能力是一个概括能力、总体能力、系统能力和综合能力，而不是单纯指某一方面的能力。因为创新创业活动几乎涉及所有能力，但不能把所有能力都罗列为创新创业能力。故而，我们在指称创新创业能力时一般只是称其中的关键能力，即缺乏了那些能力就无法开展创新创业活动，它们是创新创业教育重点培养的能力。

三、创新创业能力蕴含的七个关键性能力

　　我们认为，一个人从有创新想法到有创新行动中间经历了一个巨大的转变，

对人的发展而言是一个质的飞升。人们经常说,思想与行动的距离往往只有一步之遥,事实上它们是咫尺天涯的关系。首先,从思想变成行动,它是对一个人自信心的挑战,一个人只有具有充分的自信,才敢把自己的想法变成行动。其次,这也是对一个人意志力的巨大挑战,因为一旦开始行动,就意味着充满了许多不确定性,就会遇到许多未知的风险,所以他必须意识到,一旦采取这样的行动就会面临许多未知的风险,他必须估计一下自己能否承受或忍耐这样的挑战,因为一旦选择了就没有回头路,这是一种决断行为。再次,这是对他理智分析能力的考验,因为他必须能够预估到可能出现的风险,只有在充分预估到可能出现的风险之后才能采取相应的降低风险的措施。为此,他也必须善于分析事物的本质,从而可以预计到可能出现的利害冲突,预计到难关所在,知道自己行为的要点,知道如何去抓重点,因为抓住了重点,其他事情就可以迎刃而解。这实质上就是考验他的行动筹划能力如何。这两者合起来就是对一个人胆识的考验。从次,一个人要行动,必须知道如何争取资源,争取别人的支持,知道合作之道,知道人们希望什么、不喜欢什么,这实际上是一种开放自我的能力或社会交往能力。一个人只有能够让人尊重,才能真正去影响别人。要影响他人,无外乎是来自硬实力与软实力。硬实力主要体现在技术本领上,即能够解决技术上的难题;软实力就主要是人的交往能力,当然也包括个人的人格魅力。因为在交往能力的深层所体现的是一个人的道德人格或人格魅力。一个人善于与人相处,就在于知道人们所崇尚的价值是什么、知道人们需要什么,这实际上就是一种识人之明。只有懂得人心与人性才能善于与人合作。如果说确定目标所展示的是一种自我认识能力,那么与人合作所展示的就是一种认识他人的能力。不认识自己就不可能认识他人。人的理性行动是从认识自己开始的,知道自己需要什么、追求什么,从而形成自己的判断力。每个人的知识框架都是以自我为中心建构起来的,接受式学习无法建立真正的知识框架。最后,就是考验人对失败的承受能力,因为一个人只有能够承受失败的打击才能继续前进,否则就可能一蹶不振。如果他善于反思自己,从失败中汲取经验教训,就可能使自己未来的路更稳健,从而取得更大成功。

由此可见,创新创业能力实质上是一种有效行动能力,是自我发展过程中勇于突破难关的能力。一般而言,创新创业过程中都会遇到七个关口。①

第一个关口是"定位关",即准确地自我定位,就是要知道自己究竟该做什

---

① 王洪才. 论创新创业人才的人格特质、核心素质与关键能力 [J]. 江苏高教, 2020 (12): 44-51.

么和能做什么。这涉及对自己的优势、劣势的分析，包括对环境状况的分析，只有进行这种理智分析之后，才能确定自己的行动目标。显然，如果认识不到自己的优势和劣势就无法采取任何有价值的行动。所以，一个人能够客观准确地认识自己是成功的第一步。当然，认识自己是以环境发展变化为参照的，在某种状况下，自己的优势是真正优势，换一种情境可能就不再是优势了。自我定位的能力说到底就是目标确定能力。

第二个关口是"谋划关"，即能够深思熟虑，知道自己应该采取什么样的发展路径去实现自己的目标、知道自己该怎么做。这就是在考验一个人的行动谋划能力，其中既有战略层面的也有战术层面的。其关键点是认识到行动目标与行动策略之间的关系，知道自己行动所依赖的因素，能够对这些因素之间的复杂关系理出一个清晰脉络，即知道它们之间相互依存的关系，不把它们看成简单的、固定不变的关系。特别是认识到各要素之间联系的关键点所在，这样才能抓住要点。显然，这是对一个人认识能力状况的系统检视。

第三个关口是"抉择关"，即知道该从哪里起步和从何处突破、知道自己该如何抉择。所谓开局顺，步步顺；开局差，扳回难。所以，怎么把握事物的龙头非常关键。首战告捷能够大大鼓舞士气，能够增强自信心，否则可能使一个人重新选择，甚至简单地否定自我。任何重要发展节点都需要进行决断，可以说，如何决断关系到事物整体发展方向、决定事物发展全局。所以，决断力不仅是勇气的表现，更是智慧的表现，也是一个人气魄的表现，格局大小在此处能充分体现出来。所以"抉择关"考验的是果断抉择能力。

第四个关口是"合作关"，即知道该如何经营和维系团队，能够动员一切可能的资源而形成合力。经营能力实质上是一种合作能力，即如何带领团队进行共同奋斗的能力。人们一旦付诸行动就必然会产生与人合作的问题，就面临团队如何经营的问题。即使个体户也需要与家庭成员进行沟通，不然家庭内部也会闹矛盾。与人合作的过程实际上就是分工协作问题，其关键点是利益分配问题和相互制约问题，也可以说是责权利相统一的问题。这个说起来容易，做起来非常烦琐复杂。许多人刚开始采取平均主义策略，时间一长就发现这容易失效，就需要重新制订分配策略，这样就会出现矛盾。所以，一开始就确定一个主导者非常重要，这就是一种争端解决机制，如果采用平均主义分配策略，就容易导致责任不清，之后再进行调整就非常困难，甚至会导致反目成仇。显然，该关口所考验的是沟通合作能力。

第五个关口是"机遇关"，即知道如何抓住发展机遇。机会往往稍纵即逝，不善于捕捉机遇很容易事倍功半。任何时候机遇只留给有准备的人。一个人的发展经常会遇到一些微不可察的机遇，善于发现并善于捕捉就容易成功。任何发展都需要借势，而不是简单地使用蛮力。"乘风破浪会有时"，就说明机遇的重要性。如果不善于借势发力，很难在竞争中取得优势地位。说到底，在这个关口所需要的是机遇把握能力。

第六个关口是"风险关"，即善于防范风险。任何人做任何事情都存在失败的风险，要想避免失败，就必须进行周密部署，防范风险的发生。一个人无论如何精明，都不可能做到万无一失，因此必须做好风险防范的准备。无论从事什么活动都会遇到成本问题、效用问题和信任问题。风险往往发生在机遇捕捉过程中。往往有失才有得，关键在于是否舍得。风险防范过程也是对个体预见力和胆识的考验。这个关口挑战的是风险防范能力。

第七个关口是"挫折关"，即能够抵御失败造成的影响。一个人完全不遇到挫折和失败是不可能的，当挫折和失败真正发生之后，就必须勇于面对并承担所带来的不利后果。一旦风险无法抵御，超过了预期，就需要理性地接受，这是对其自信心的重大考验。通过了失败的考验，自信心就会提升一个层次，反之则可能会出现自信心退化现象。因此，抵御风险是对个体能力素质特别是意志力的全面考验。在这个关口，就是考验一个人是否具有逆境奋起能力。具备了这种能力，才能克服重重险阻，才能顺利到达成功的彼岸，个体的能力素质也能由此而获得提升。相反，如果人不具备逆境奋起能力，就可能在遭遇挫折后一蹶不振，能力素质发展就会出现退化。

如果把握了人在发展过程中的这七个关键能力，就可以对一个人的创新创业潜力进行测量，从而进行针对性的指导，进而为创新创业教育提供科学的理论依据。

四、创新创业能力是自我发展能力的集中展现

一个人之所以能够开展创新创业活动，就在于他能够充分认识自己的发展潜力，对自己充满信心。当他的发展潜力得到了社会的确认，他就开始担负起为社会做贡献的责任。做出贡献无疑需要挑战各种困难，如此就需要他具有一种大无畏精神，实质上这就是一种冒险精神。这一点往往是中国学生最为缺乏的。因为挑战困难本质就是要面对不确定性，如此就需要具有一种坚韧的品质，能够吃苦耐劳，勇往直前，而习惯于过舒适生活的人是不堪承受的。要克服各种困难挑战，仅凭一己之力显然是远远不够的，必须善于合作，这就需要具有一种合作精神，正视在合作过程中出现的各种问题。具备合作精神的根本目的是应答社会发展需求提出的挑战，只有把握了社会发展需求才能获得成功，而

把握社会发展需求就是具有市场意识的反映。换言之，有了市场意识才可能把握社会需求，才有自己的发展机会。在把握机会的同时也不能不注意它可能带来的风险，这就是对风险意识的要求。一旦风险出现，就必须具有抗挫折性，即善于从挫折体验中迅速恢复过来，重新振作。可见，自信心、责任心、冒险精神、合作精神、市场意识、风险意识和抗挫折性是创新创业过程中必须具备的心理素质。

一个人无论做什么事情，都必须先对自己做一番审视，即审问一下自己是否适合做。这个审问过程实际上是对自信心的考验。人们在做任何事情之前，总要问值不值、该不该以及为什么的问题。这个过程实质上就是在为自己确立行动目标。其中不仅涉及个体发展价值的问题，也必然涉及社会发展取向的问题，因为谁都无法把自己与社会截然分开。这就涉及对一个人的社会责任感和责任心的追问。而每个人对自己的认识都是一种有限理性状态，都无法完全把握，因为人在任何时候都受环境制约，不可能完全由自己决定，这就考验是否具有试一试的勇气，即是否具有冒险精神。只有试一试才有机会，不敢尝试就没有机会。但只要尝试就有风险，风险与机遇是同在的。要克服个体理性的局限，寻求合作是唯一出路，不善于合作就无法成功。因而，培养合作精神是一个人成功的关键所在。只有认准了社会需求，才能认识到发展机会，不面向社会需求就没有发展机会。这就是在考验一个人是否具有敏锐的市场意识。而把握发展机会，必须与自己能力相称，否则就是蛮干。只有能力储备合适，才具有更大的成功把握。这就是风险意识。一旦失败就需要迅速掉头，不能一条道走到黑，更不能沉迷在失败的情绪中无法自拔。"不经天磨非好汉"，只有在失败后重新站起才能最终取得成功。

人的一生都在创新创业，无论是主动的还是被动的。人生充满了选择，这个选择的过程就是在为自己确立行动目标并引导自己开展行动，如此就要求自己必须去筹划，去挑战风险、减少阻力、把握机遇、防范风险和抵御挫折，这些活动贯穿于人的一生。所以，创新创业能力实质上是自我发展能力的展现。人接受的挑战越多，发展的机遇就越多，人越是主动则能力发展越快，人如果被动应付则其发展空间就很小。

人往往是在成年之后才会真正确定自己终身发展的方向，这也是在前期不断尝试之后的结果。人如果没有经过前期的不断尝试，就不可能产生真正的理性抉择。人正是在不断尝试过程中才发现了自己的潜力、自己真正的发展方向以及自己的理想价值追求。所以，人生就是一个自我发现的过程，同时也是一个自我发展的过程，更是一个追求理想自我的过程，人就是在不断否定传统自我基础上才真正发展起来的。故而，运用自我发展理论能够很好地解释创新创业能力发展的过程，能够揭示创新创业能力的本质。以此作为理论框架，就可以对创新创业能力进行科学评价，科学地指导创新创业教育的开展。这是本土化创新创业教育理论的基石。

第二章

创新创业能力培养：高质量高等教育的核心内涵*

引导语：创新驱动发展时代呼唤高等教育培养大批创新创业人才，创新创业能力培养理应成为高质量高等教育的核心内涵。高质量高等教育不仅要求人才培养以创新创业能力形成为中心，而且要求高等教育发展机制是公平的、规范的、协调的和个性化的，这些是构成高质量高等教育的一般内涵。理解高质量高等教育的核心内涵与一般内涵，需要超越对高质量高等教育认识的四个误区，重温创新创业能力的结构模型，从而把人生目标教育、职业生涯规划、科学方法训练和人文精神陶冶有机地融合起来，共同形成创新创业能力培养的合力。

关键词：高质量高等教育；创新创业能力培养；人生目标；职业生涯；科学方法；人文精神

一、对高质量高等教育核心内涵的剖析

"创新创业能力培养"之所以是高质量高等教育的核心内涵，就在于高质量高等教育第一位的含义就是指它的目标属性，换言之，要培养什么样的人是高质量高等教育首先要回答的问题。在今天的社会发展背景下，培养创新创业人才无疑是最好的选择。这意味着，如果不选择创新创业人才作为培养目标，这样的高等教育就是低质量的，就是要被淘汰的。何以如此？因为当今社会是一个创新驱动发展的社会，社会发展变化非常快，如果一个人不能适应社会发展变化，就注定是无法获得快乐的。快乐是人生意义的基本内涵，没有快乐，人生的基本价值就丧失了。人都希望自己能够主导自己的命运，适应社会发展变化是最基本的诉求，不然就谈不上为自己做主。要适应社会发展变化，个体必

---

* 原载于《江苏高教》2021年第11期，第21-27页，收录时进行了修订。

须具备创新思维，即必须善于改变自己的思维方式，接受事物发展变化，调整自己的心态，提升自己的能力，从而能够应对社会发展变化。这种创新思维能力，就是一种基本的创新能力。为此，个体在面对社会纷繁复杂的局势时，必须能够认清自己的定位，从而能够从容地选择自己的行动方向，保持自己基本的价值追求，而且在关键的时候能够做好抉择，做好利弊权衡。当然，这需要个体对事物发展变化本身具有很强的辨别能力，即认识事物的本质，理解事物的内在规定性，从而能够按照事物发展的内在要求进行取舍，没有这种辨别能力，就没有后续合理、果断的抉择。如此而言，个体就必须具备一定的专业思维能力，即能够站在一定的专业水准上思考问题，从而找到自己前进的方向。故而，适应社会发展变化已经成为当代高等教育对每一个学习者的基本要求。所谓适应，就是顺应社会发展变化趋势，改变自己不能适应的部分，从而使自身具有良好的心理状态。

可以看出，创新能力从根本上说就是根据环境变化要求做出自身调整的能力，即自己不再固执于过去的行为习惯、思维方式或既得利益，而是勇于放弃这些包袱，使自己更好地应对社会发展局势。显然，这种适应不是一种简单的适应、被动的适应，而是个体主动的适应，是有选择的适应，是根据自己发展潜力和自己内在的召唤，选择适合自己的方向，做出主动调整。不难发现，个体的价值导向在其中起到了根本性作用。如果一个人没有自己的成长目标，那么在关键时刻是无从抉择的。而每一次的挑战，就会促使个体进行深入反思，强化自己的价值追求。个体在思考自己的价值追求之际，也在思考如何才能更好地实现自己的价值目标，如此他就会考虑如何把价值目标变成可操作的现实目标。现实目标之中既有长远发展目标，也有近期工作目标。在个体工作目标中就包括日常必须完成的任务和平时必须满足的要求，如此就是一种自律的表现，是个体主动性的显现，也是使个体保持创造性活力的基本表现。我们知道，日常工作是繁杂的、琐碎的，如果缺乏长远目标导引，那么一个人就会很快面临精疲力竭的状态。正是长远奋斗目标给个体平凡的生活以意义，使个体工作具有方向感和成就感，因为此时个体的每一分努力都是在向理想目标迈进。可以说，这种向着理想目标前进的过程就是个体创业的过程。① 进而言之，如果一个人没有这种长远奋斗目标，就会丧失基本的生活乐趣。

创新创业能力培养，就是要使一个人更好地认识自己，认识自己的潜能、

---

① 王洪才，郑雅倩. 创新创业教育的哲学假设与实践意蕴 [J]. 高校教育管理，2020，14（6）：34-40.

认识自己的努力方向、认识自己必须做的基本工作，从而使自己持续不断地努力，进而使自己的人生充满意义。正因于此，创新创业教育具有终身教育的意蕴，也具有通识教育的意蕴，同时还具有科学教育和专业教育的意义。[1] 显然，如果不遵守科学规律，不接受专业教育，就很难使个体的认识水平达到事物的本质，也就很难为自己人生提供充分的指导。对各方面知识的获得，有助于个体做出正确的价值选择，为自己确立正确的人生目标，也可以为个体制订正确的行动计划提供参考，这就是通识教育的意义所在。个体必须终身学习才能使自己的思想水平站在时代发展的前沿。这种终身学习能力的培养就是在自我不断反思过程中形成的，是个体在与环境变化的互动间形成的，是创新能力的基本内涵，也是创业能力的构成因素。我们知道，高等教育的成功就在于使每个学习者都变成主动的人、有价值追求的人、具有高度社会责任感的人、具有创造社会价值能力的人，这些都是创新创业人才的基本品质，其核心内涵就是一个人具备了创新创业能力，知道自己该做什么和该如何做，从而满足自己成长的需要和社会发展的要求。如果高等教育能够使每个学习者都具备了这种能力，无疑就是高质量的。如此而言，创新创业能力培养作为高质量高等教育的核心内涵是成立的。

如果说高质量高等教育核心内涵就是创新创业能力培养，那么它的一般内涵是什么呢？具体而言，首先，它是指公平的高等教育，即每个人都有机会接受创新创业教育，培养自身的创新创业素质，使自身具有较高或比较理想的创新创业能力，从而胜任人生的挑战，使自己能够赢得并享受精彩的人生。其次，它是指规范的高等教育，即个体所接受的创新创业教育符合一定的规范要求，得到了权威的认证，不会是滥竽充数的创新创业教育。再次，它是指协调的高等教育，即个体在接受创新创业教育过程中，无论是师资条件还是外部条件都是相互支持的，不会对创新创业教育产生掣肘，从而使个体可以享受一个良好的创新创业教育环境。最后，它是指个性化的高等教育，即当个体接受创新创业教育时，其课程设置和考核要求与个体的个性爱好是比较一致的，从而也是个体喜欢的，因而也能够调动个体能动地参与，唯有如此，才能达到高质量要求。

二、超越高质量高等教育的认识误区

目前人们对高质量高等教育认识中存在着不少严重的误区，集中表现在以

---

[1] 王洪才. 论创新创业教育的多重意蕴 [J]. 江苏高教，2018（3）：1-5.

下四方面。

　　第一个误区是不少人在潜意识中把高质量高等教育看作豪华的高等教育，认为仪器越先进越好，大楼越漂亮越好，教师的学历越高越好，学生生活条件越舒适越好。换言之，就是根据高等教育的物质条件来判断高等教育质量的。我们既不能否定物质条件所具有的必要的支撑作用，又不能持全盘的物质决定论的态度，因为高等教育的核心价值在于育人，育人的根本在于塑造人的灵魂，使人具有超越自我的追求，而非使人迷恋于物质享受。事实上，物质满足与精神消退之间具有内在的关联，往往是贫乏的物质生活条件更能够磨炼人的意志，而奢华的生活条件会让人丧失奋斗意志。不可否认，豪华的校园有助于吸引到优质的生源，但如果不能给学生以正确的价值引导，奢靡的生活条件容易成为学生不思进取的温床。目前办学条件评估往往走向了一个极端，即只问拥有了什么样的物质条件，而不问这些物质条件究竟发挥了什么作用，这样就容易把办学引向误区，即人们只追求投入成本，不问产出效益。显然，豪华型高等教育无法推广，不适合大众化和普及化的高等教育。

　　第二个误区就是把科学研究成绩代表高质量，这是当下办学过程中最突出的一个问题。高等教育质量离不开科学研究活动，因为高等教育质量依赖于知识本身的质量，如知识的科学性、先进性和全面性等，但科学研究投入增加并不代表人才培养质量的提升。科学研究无疑要解决科学发展中面临的难题，但更需要解决生产生活过程中面临的突出问题，这些问题是复杂的、综合的，并非传统的科学研究所能够解决的。社会发展到一定程度之后，越来越依靠提高社会管理水平，对社会治理的现代化水平要求越来越高，这些都非传统的学科研究能够回答的。如果高等学校把过多的精力投身于外在的科研指标提升，而忽视了人才培养过程中的基本科研课题，特别是与学生成长有关的现实课题，那么科学研究对人才培养的支撑作用则是非常有限的。不仅如此，如果教师普遍把精力集中于科研指标的提升上，无心于课程教学质量的提升，甚至无心与学生进行交流与互动，那么，科研指标提升可能与人才培养质量提升之间就是一个负相关关系。遗憾的是，这种现象非常普遍，已经危及高等教育质量的根本，是当前人们对高等教育质量忧虑的重点所在。"破五唯"命题的提出很大程度上就是在回应社会对高等教育质量的焦虑。[1] "高质量高等教育"命题提出也正基于此。故而，以科研指标代表高质量是高等教育不规范发展的表现。

---

[1] 王洪才. 高等教育评价破"五唯"：难点·痛点·突破点［J］. 重庆大学学报（社会科学版），2021，27（3）：44-53.

第三个误区就是把高科技手段运用作为高质量的标识,这也是当下高等教育的流行病。当下正处于信息技术高度发达的时代,高新技术层出不穷,从而直接影响到高等教育环境建设。当下网络发展已经成为大学办学的基本条件,智慧校园建设成为衡量大学办学先进性的重要指标。不仅如此,传统教学方式、教学手段普遍面临着挑战,人们在讨论是否可以用新的信息技术全部替代过去的教学方法方式。新兴起的慕课、微课、云课堂、虚拟大学等正在抢占传统教育空间。然而,无论信息技术如何发达,都无法完全取代传统课堂,无法全面超越面对面授课的优越性。但传统课堂又经历着深刻的危机,因为目前大量的课堂教学已经成为无效教学。显然,传统课堂的无效性无法用信息技术来弥补,因为它是由授课质量本身决定的,是传统授课方式落后和教学内容的不适应性造成的,而非实体课堂教学本身引起的。但不少人经常混淆这两者之间的关系,认为只要有了信息技术之后就可以改变无效课堂的局面。然而事实也证明,大量的慕课也容易成为无效课程,网络教学的有效性也不容乐观。这说明,人们所关注的焦点仅仅是课程教学的形式和手段,而没有注意到课程建设的本质内涵,即没有从课程内容上下功夫,没有从师生互动方式上下功夫。如此,把课程教学质量寄希望于信息技术就是一种误区。这种误区是高等教育发展物质条件与思想创造不协调的一种表现。

第四个误区就是把高质量高等教育进行简单化、单一化、标准化理解,似乎清华大学(后简称"清华")、北京大学(后简称"北大")是中国高质量高等教育的标志,哈佛大学(后简称"哈佛")、麻省理工学院(后简称"麻省理工")就是美国高质量高等教育的标志,牛津大学(后简称"牛津")、剑桥大学(后简称"剑桥")就是英国高质量高等教育的标志,如果每个学校的教育质量与这些标杆学校看齐之后,那么高等教育就必然达到了高质量水平。显然,这种误区存在是普遍的,而且很多时候是潜意识的,常常会不由自主地流露出来。这种流露常常表现在言谈间频繁提及清华北大、哈佛麻省理工或牛津剑桥等顶尖学府,而且也表现在不自觉的模仿行为中。这个误区之所以发生就在于人们对高等教育本质缺乏了解,对高等教育质量内涵缺乏深刻理解,不明白高等教育本质就在于促进个性最大的发展,不理解高等教育质量本质就在于创造条件满足个性发展需求,特别是对个体潜在的创新创业潜能的激发与培养,使之成为一个独立自主的人、具有高度责任感的人和能够创造社会价值的人。清华北大所实施的是一种精英式教育,教育的难度与挑战度自然都很高,这种教育形式与内容并非适合所有人。因为有人群的地方就有竞争,适度的竞争是有利于个体发展的,而过度竞争并不利于个体发展。每个人的发展程度不同，所具有的竞争潜力也不同，要适应清华北大的竞争氛围并非易事。故而适应不同个体发展的高等教育必然是多样化的高等教育，如果高校主动为每个学生发展进行个性设计，能够促进每个个体潜能的最大发展，它就是高质量的。因此，高质量的高等教育必然是个性化的高等教育。用统一化标准来要求整个高等教育显然是错误的，是非个性化的典型表现。

三、重温创新创业能力的结构模型

创新创业能力是一个人在事业追求和奋斗过程中所表现出来的能力总和，它是以创造性人格形成为根本、以创新创业素质形成作为中介和以创新创业关键能力形成作为支撑的人格—素质—能力系统。[①] 可以说，一个人只有具备了创造性人格，才能使自身从根本上向创新创业人才方向发展。如果一个人没有把服务社会作为根本价值追求，就不会产生不断超越自我的人格追求，就无法支持其长期奋斗的动力。当一个人认识到"只有通过发明创造才能真正推动社会发展"是其基本的认识模式时，并且认识到"自己就应该成为发明创造的一分子"是其努力的方向时，那么不断地向这个方向努力就是其人生成长的动力，这就是创造性人格的基本特征。

首先，具备这样的人格特质的人表现为主体性非常强，坚持自己的独立判断，实事求是，不等不靠，一切依靠自我奋斗和努力，把人生成功的根本建立在自我努力的基础上，从而坚持真诚是第一位，把求索作为对人生意义的注释，把求索结果贡献于社会作为人生目标追求。其次，具备这样特质的人批判性非常强，他不断地发现自身存在的不足，也在批判社会发展过程中存在的弊端，从而具有一种至善追求的动力。这种对至善的追求实质上也是对美的追求，因为通过对至善的追求他自身才能获得快乐，从而无法容忍自身和社会上的不善持久地存在。具有至善追求的人格使他们具有果断性品质，勇于抉择个人利益，会主动从社会利益出发选择自己的价值立场。再次，为了达到社会至善的结果，他选择了以合作作为手段，因为他意识到只凭个人力量是无法改变社会整体局势的，只有与他人展开广泛的合作，形成社会合力，才能达到比较满意的社会效果，才能更快地实现自己的人生理想。最后，为了实现社会理想目标，他会对自己提出非常严格的要求，从而行动的逻辑性非常强，同时思维的逻辑性也非常强，即使自己的一切行动服从自己的根本价值追求，而且自己在任何行动

---

① 王洪才. 论创新创业人才的人格特质、核心素质与关键能力 [J]. 江苏高教, 2020 (12): 44-51.

之前必须进行缜密的思考。另外，他仍然保持非常强的反思性，以行动的效果来检讨自己的思考与行动是否严密，是否合乎规律，这种反思性品质也是其成长的动力来源。此外，他具有强烈的实践性品质，希望无论什么样的美好设计都可以通过实践来检验，不希望自己仅仅停留在空想中。所以，创造性人格品质具有主体性强、批判性强、果断性强、合作性强、逻辑性强、反思性强和实践性强七种系列的内在品质。① 这些品质都隐含在个体思维方式和行动过程中，如果不进行认真品味就无法发现，但只要认真关注，就会发现这种内在气质贯穿于他的所有行为之中，因为它们已经成为他的基本思维方式和行为原则。

　　创新创业能力是通过一系列心理素质表现出来的，这些心理素质构成了由低到高七个等级。② 一是自信心非常强，自信心就是对自我能力的认可，是对自我的肯定，也是自我效能感的体现。正是自信心的强大才使一个人善于谋划与决策，敢于与他人进行辩论与合作，争取最大的利益实现，也使他们能够在关键时刻舍得自己的利益甚至放弃自己利益，从而服务于更高的目标要求。二是责任心非常强，他忠诚于自己的价值信仰，敢于为实现自己的理想目标承担起相应的责任，因为他知道无论自己做出什么样的选择都会对别人产生直接或间接的影响，所以一个人必须对自己的行动负责。三是冒险精神非常强，他意识到无论做出什么样的探索都需要有付出，如果一个人斤斤计较的话将一事无成，从而在很多时候必须为了长远目标的实现而牺牲个人眼前的利益，不然自己的事业就无法取得进展。换言之，成功是在抛弃一些利益束缚和羁绊之后才能实现的。四是合作精神非常强，因为他知道单枪匹马是干不成大事的，只有通过组织大家，将大家团结起来才能成就一番事业。所以乐意沟通、非常关注他人的需求也是他的基本心理素质。五是市场意识非常强，因为他知道满足社会需要是根本目标，社会需要的满足不能单靠个人的一腔热血，还需要经过市场选择的淘汰，只有具备很强的社会服务精神才能经得起淘汰选择。六是风险意识非常强，因为他意识到任何努力都可能存在失败的风险，都不必然取得成功，为此就必须慎之又慎，不断地完善和优化自己的行动方案，尽可能做到万无一失，这实际上就是一种精益求精的精神的体现。七是具有非常强的抗挫折性。因为任何成功都是有条件的，而任何时候人的思维都具有局限性，只有当个人努力与外在环境条件非常契合的时候才能获得成功，然而这种非常契合的时候

---

① 王洪才. 论创新创业人才的人格特质、核心素质与关键能力 [J]. 江苏高教，2020 (12)：44-51.
② 王洪才. 论创新创业人才的人格特质、核心素质与关键能力 [J]. 江苏高教，2020 (12)：44-51.

并不多，总是会存在这样或那样的意外或问题，从而总会遭遇到一定的挫折甚至是非常严重的挫折，而且有可能是非常致命的打击。但无论什么样的挫折和打击，都要求他必须能够积极地承受，而不能一蹶不振。自信心与抗挫折性具有一种互生效应，如果说两者是一体两面也不为过。

创新创业能力集中表现在七个关键能力上，这七个关键能力之间也是一种递进的、螺旋式上升的、循环往复的关系，甚至受到环境影响会出现逆向发展情况。① 从根本上讲，一切能力发展都取决于个体的主体性品质，其直接表现则是自信心素质。在这七个关键能力中，第一位的是目标确定能力，因为一个人只有确立合理的行动目标，才可能为随后的行动开好头、铺好路。目标确定能力受到的影响因素非常多。首先就是个人视野，因为个人视野是他在进行目标确定时最主要的参照系；其次是他的经历，他的经历背景就决定了他的目标确定的范围；再次是自我期望，即对个人发展前景的自我定位，不同定位对目标的预期也不同；最后是他所处的环境，具体所处的问题情境不一样，直接影响他的目标抉择。第二位的是行动筹划能力。行动筹划能力与目标确定能力具有直接的依存性，因为行动受目标牵引。行动筹划能力受个人的知识面影响，受个人的交往关系影响，受个人的资源状况影响，受环境的急迫性影响。一个人的知识面越广，那么思考的维度越多，就会思考得越全面、越立体；一个人的交往关系越广，那么进行取舍的范围就越广，行动筹划就越容易。个体自身拥有的资源越多，那么对外界的依赖性就会越低；如果一个人所处的环境不是非常紧迫的，那么他的行动筹划过程就会越从容。第三位的是果断抉择能力。当一个人面临众多可选择对象时，特别是每一种选择都意味着不同的利害关系时，确实在考验一个人的抉择能力。是否善于抉择，就看一个人自信心如何，看他对各种风险状况的分析程度如何，特别是他对各种资源的调动能力如何，最重要的是看对自身的抗挫折性的估计如何。这些因素都影响个人的抉择能力。任何时候都需要当断则断，否则反受其乱。第四位的是沟通合作能力，这实际上显示的是一个人的领导管理能力，因为它反映了一个人能否与他人结成利益共同体，使他人心甘情愿地与他一起奋斗，而不仅仅是一种临时的利益联盟。所以，沟通合作能力往往反映的是一个人的人格魅力，是他的沟通技巧，是他对他人的尊重和利益维护。只有他具有令人信得过的品质，人们才会心甘情愿地与他一起奋斗。第五位的是机遇把握能力，这实际上考验的是一个人的市场敏

---

① 王洪才. 论创新创业人才的人格特质、核心素质与关键能力[J]. 江苏高教, 2020(12): 44-51.

感性，对社会需要的深度认知、对各种资源的调配能力以及对各种政策的灵活运用。如果一个人习惯于按部就班，就很难把握机遇；如果一个人对市场不敏感就会错失机遇；如果一个人对社会需要缺乏深度的感知，很可能被表面现象所迷惑。当一个人认识到机遇但又没有充足的资源实现自己的计划，也只能看着机遇的错过。所以，灵活地采用各种政策，使各种政策相互搭配、相辅相成，就体现了一个人的创造性天赋。第六位的是风险防范能力，这种能力就是考验一个人是否具有辩证思维能力，是否具有一种危机意识，是否能够未雨绸缪，是否善于不断反思总结过去的经验教训，唯如此，才可能有意识地规避各种可能的风险。第七位的是逆境奋起能力。这当然更是考验一个人是否善于换位思考，是否善于辩证思考，是否善于变被动为主动，是否善于重新整合资源。因为每个人都是从失败过程中走出来的，不经过失败锤炼是不可能获得更大成功的，在失败经历锤炼下，如何使一个人性格更加顽强，对理想目标更加坚定，自信心更加提升，从而使个体变得更加精于行动筹划，都是创新创业人才成长过程中的必修课。

四、对创新创业能力培养的基本释义

该如何培养每个学生的创新创业能力？我们认为应该重点抓好四方面的教育。

首先是进行人生目标教育。这种教育绝不是灌输式的，必须是启发式的，是通过广博知识学习和实践体验进行的。广博的知识学习，有助于使个体发现自己的潜力和发展方向，而真实的实践体验能够促进个体进行自我反思，找到自己真正的努力方向，所以，没有广泛的知识涉猎和挑战体验过程，个体就难以找到人生发展方向和目标。显然，个体的兴趣爱好与成长环境是密不可分的，正是长期的生活体验让个体逐步发现了自己的潜能所在。而自己究竟要成为什么样的人需要个体不断尝试和不断反思，只有不断尝试过程才能使人对事物认识从表层进入深层，人们也是在不断反思过程中来矫正自己的认识偏差的。不得不说，每个人的选择都是有限的，都只能是在自己所接触的范围内进行选择。而且根本不存在什么最为理想的选择，只有是否适合自己的选择，一个人只要找到自己适合的并且喜欢从事的职业类型就基本上找到自己的人生目标。因为每种职业都具有自己的价值，都可以做出创造性的贡献，这也是该职业发展的动力。而每个人的性格特征与不同职业之间具有或多或少的关联，与职业关联度越高说明自己越适合，否则就越不适合。人们总是倾向于找到与自己个性特征关联度强的职业，如此才能够使个体心情舒畅，乐意从事，而且不计得失，如此才能更好地激发自身的创造性潜能。只有一个人找到最适合的工作领域，才能最大程度地激发他的创造潜力。毋庸置疑，个体的创造性越强，则发展潜力越大。可以说，人生目标教育就是在训练人的目标确定能力，而且是根本性的训练。

其次是进行职业生涯规划教育。职业生涯规划已经成为大学必修课，在国外，职业生涯规划已经进入中小学课堂，因为人们从很小的时候就开始畅想以后从事什么样的工作，只不过当时对人生目标认识处于一种懵懵懂懂的状态，是不确定的，容易受到环境影响，而且随着年龄增长和成长环境的改变，职业目标也会改变。进入高等教育阶段，人们的职业目标越来越确定，从而就开始人生发展规划。此时，人们就会不自觉地向理想职业目标进行对标，看看自己究竟具备什么条件，还缺乏什么样的条件，以及该如何巩固自己的优势和弥补自己存在的不足。人们无不把专业知识学习作为职业生涯规划的基础，把课内课外的实践机会当作能力培训的阶梯，因为人们相信，个体储备的专业知识越多就会给自己带来越大的发展空间，个体越擅长交往就越能够为个体赢得发展机遇。在专业学习同时，人们也非常关注相关知识的学习，希望自己未来职业发展具有更大的灵活性，不至于终身固定在具体的职业之中。由此可见，人们对未来职业进行主动筹划是人的理性本质的反映，因为人们都不希望在面对未来职业挑战时完全是门外汉。人们在接受高等教育阶段一般会比较主动地思考未来职业究竟需要什么样的能力，应该具备什么样的素质，这些思考会变成他在课程选择、活动参与的参考。职业生涯教育的核心就是进行行动筹划，以便确定自己该做什么和不能做什么。那么职业生涯教育的重点就是培养个体的行动筹划能力，从而它就是创新创业能力之中的第二个关键能力。

再次是进行科学方法训练。"工欲善其事，必先利其器"，科学方法是一个人获得成功的前提。高等教育的重心不在于给学生传授或灌输多少知识，而是教给学生探索知识的方法，这个方法无疑就是科学的方法。科学方法就是人们发现问题、分析问题、提出假设、验证假设、做出结论的方法。[①] 我们知道，一个人无论知识有多么丰富，如何充盈，都无法直接去面对现实问题，因为现实问题非常复杂多样，都必须进行具体问题具体分析，都无法按照书本上的原理进行照搬照抄，否则就会遭遇挫折，为此就必须学会如何分析问题和解决问题的基本方法。分析问题的过程就是找到各种影响因素的过程，解决问题的过程

[①] 王洪才. 创新创业教育的意义、本质及其实现 [J]. 创新与创业教育，2020，11 (6)：1-9.

就是找到最关键影响因素并把它转变为实践操作方案的过程，其中就蕴含着对事物发展状况的分析判断、提出假设、收集资料、经验验证和做出结论的过程。人们经常习惯于用过去的经验去分析问题、做出判断，然而，如果不结合具体问题情境，仍然会面临失败的打击。所以，如何掌握具体问题具体分析的原理就是一个人面对生活挑战时必须具备的基本功。科学方法训练，就是让大学生直接面对现实生活和生产中存在的问题，组织他们尝试找到最优解决方案。今天的探究式教学、创新创业计划训练，就其实质而言，都是在进行科学方法训练，而且在这个训练过程中，也就是在培养学生的目标确定能力、行动筹划能力、果断抉择能力、团队合作能力、把握机遇能力、防范风险能力和逆境奋起能力。

最后是人文精神陶冶。创造性人格的养成需要以丰富的人文知识为积淀，如果没有历史上的先贤为榜样，一个人就很难具有超越的理想目标。正是先贤的历史功绩和艰难困苦的经历，才激励后人不断超越。人文精神的核心在于具有普世情怀和对他人的责任感，这经常被人们理解为家国情怀，即对国家、对民族、对社会、对集体、对家人的爱。每个人都是社会的一分子，也是民族的一分子，更是家庭的重要成员、集体的一个细胞，都是现代国家的公民，都具有为社会进步、民族昌盛、国家强大、集体兴旺、家庭幸福做出贡献的责任和义务，就必须思考自己该如何进行价值定位，思考在个人目标实现过程中如何促进社会发展。只有通过服务于社会，贡献于社会，才能赢得个人的地位和荣耀。有了这样的价值定位就能够为个体不断探索、不断创造、不断成长输入源源不断的动力。

第三章

创新创业教育必须树立的四个理念*

引导语：开展创新创业教育是当代中国大学面临的一项急迫任务。推行创新创业教育必须打破传统的人才培养观念，树立新型人才观。大学需树立个性化、应用型、创新性和国际视野人才培养理念。

关键词：创新创业教育；个性化；应用型；创新性；国际视野

大学开展创新创业教育无疑是当今中国高等教育改革面临的一个最急迫的课题，这不仅是源于中国经济升级换代、转型发展的要求，也是为了增加国家综合实力和持续发展动力的需要，更是为了破解当前大学生就业难问题的需要，当然也是提升高等教育质量的需要。

要在大学中推行创新创业教育，就必须打破传统的人才培养观念，树立新型的人才观。传统的人才培养是大一统的、标准化的生产模式，创新创业教育要改变这种模式，就必须走特色化、应用化、国际化的创新发展之路。中国社会经济转型发展最亟须的是具有国际视野，具有创新动力，具有应用实践能力和个性特色的人才。推进创新创业教育，要树立个性化、应用型、创新性和国际视野人才理念。

一、个性化人才理念

具有个性特色是一个人具有独立判断能力的标志，只有当一个人在表现出与众不同的判断时，才使他的个性特色得以充分彰显。因此，尊重个性，是创新教育的第一要义，没有创新精神就难以真正创业。一个人在彰显个性之时，也正是他的主体性得以发挥之际。实现个性化的过程，就是自我肯定的过程。显然，在这个走向自我肯定的过程中，必须有良好的外部氛围给予支持，如果

---

* 原载于《中国高等教育》2016年第21期，第13-15页。

没有环境的默许和鼓励,要形成明显的个性特征是比较困难的。因为个性品格总是个体在与环境的互动过程中形成的,甚至可以说是环境塑造的结果。不可否认,个体意志力在其中发挥着巨大的作用,但环境有利与否对个体成长的快慢和方向产生着决定性的影响。

要进行创新创业教育,首先必须充分尊重个性的价值,要承认"创造性寓于个性之中"这一基本原理。我们知道,健康的人格寓于富有创造性的个性之中。为此,在教育中必须开展个性化教学。所谓个性化教学,就是根据每个人的特点进行施教,而非采用统一模式进行灌输。个性化教学说到底,就是尊重每名学生的不同理解方式,而不强求统一。

大学要培养个性化人才,就必须在教育教学过程中注重因材施教,不能按照一个模子进行统一化培养。这直接挑战了传统的人才培养模式,因为传统的人才培养方案都是按照学科专业设计的,并没有照顾到学生个性的特色。在这种模式下,同一个专业的学生都学习一样的课程,选修课的意义也没有彰显。说到底,这仍然是"大一统"培养模式在作祟。

进行个性化教学的一个基点就是尊重学生的求知兴趣,因为正是这种兴趣才带动了个体对事物进行深入的探求。探求来自一种内动力,具有很强的抗干扰能力。传统教学往往无视学生的独立人格,使学生很难体会到求知的乐趣,学习成了学生为满足外部要求而不得不做的事情,而没有体验到学习是一种自我价值的实现过程。

因此,实施个性化教学从根本上说就是要尊重学生主体性。个性化教学也是实践创新教学的基本要求。传统的教育方式基本上不承认学生的主体性,他们所学习的知识与自身的经验是隔离的,只能是一种"死"知识。

可以看出,提倡个性化教学与传统的统一化教学是矛盾的。统一化教学强调的同一步调,个性化强调设计不同的教学方案,尤其提倡每个同学都可以有自己的独立的学习方案设计。

二、应用型人才理念

要培养出个性特色的人才,必须走出传统的理论知识传授模式,走培养应用型人才的发展之路,重点培养学生对知识的理解和应用能力,而非知识接受能力或死记硬背能力。在真正的理解过程中,只有结合每个人的个性特色,尊重每个人的成长背景,知识才可能转化为个体的,才可能使个体与环境之间展开有机的互动,个体才可能把知识应用到解决实际问题的过程中。这个应用过程,也是激发个体创造性的过程。在解决实际问题过程中,个体就开始了一个试错过程，在这个试错过程中，个体必然要借鉴各种资源，那么所学习的理论能否为当下问题解决提供指引就变成了一个重要的考察目标。这一考察过程，就是理论与实际结合的过程。由此可以看出，正是因为问题导向和问题的激发，才使理论知识焕发了生命力，没有这个问题解答过程，理论知识就可能始终处于封存状态，因为它缺乏被反思的机遇。

因此，培养实践应用能力，必须以问题解答为导向，即必须让学生体验到真实的问题情境，从而把个体的主体性激活。这意味着，要使学生体验到真实的问题情境是培养学生应用实践能力的关键步骤，这也在考验教师的创造力，考验教师对知识本身的理解力，考验教师是否具有解决实际问题的能力。故而，尊重学生的个性是在承认学生的主体性前提下实现的，而尊重学生的主体性，就必须主动地走进学生生活，了解学生的发展状况，把握学生的发展需求。否则，尊重学生的主体性就变成了一句空话。

对教师而言，要培养学生的应用能力，就必须先使自身具有解决实际问题的能力、具备对现实问题的敏感意识，能够面向社会经济发展需要思考自己的科研课题与教学内容设计。教师尤其不能把应试教育作为逃避就业压力的策略，借鼓励学生考研来逃避培养学生实际能力的责任。所以，要培养应用型人才，教师必须先树立培养应用型人才的理念。对高校而言，树立培养应用型人才理念要在教学管理上大力推进理论教学与实践教学的统一，反对进行单纯的理论知识传授，鼓励教师积极地提升自己的实践教学素质，主动与实践部门结合，提高自身理论指导实践、解决问题的能力。

随着知识不断分化和细化，适合于从事理论创新的人才越来越少了，同时，社会对具有实践能力的人才需求则越来越多了。对多数学生而言，他们并不具有理论兴趣，他们比较感兴趣的是进行应用性的设计和操作。所以，个人的兴趣变化，与社会生产越来越趋向精细化、个性化的过程是基本一致的，这意味着培养应用型人才是高等教育发展的重点。

应用型人才培养要求教学体系不应以学科知识体系为主，而要以实际行业面对的问题为主导。强调"做中学"，强调个体的主动探究，提倡团队教学和研究性教学，提倡以解决问题为中心开展教学内容设计。应用型人才培养的一个成功路径是提倡合作教学，这个合作既包括不同学科教师之间开展合作，也包括校内与校外的合作，特别是与实践部门的合作，不能按照传统的学科分化逻辑进行教学。

三、创新性人才理念

培养创新性人才，是当今中国高等教育的核心命题，是时代的呼唤，是需要不断推进的工作，是关系到方方面面的改革事业。对高校而言，首先需要从观念上进行突破。培养个性化人才、应用型人才，都是围绕培养创新性人才而设计的，可以说，不尊重个性，不强调理论联系实际，真正创新就不可能。

人的创新性寓于独特的个性之中。创新性首先表现为具有强烈的求知兴趣，其次表现在具有敏锐的批判意识上，再次表现在善于提出新想法、新看法并把它们付诸行动中，最后是表现在善于不断地对自我行为进行反思批判和总结提升上。当前，大学创新创业教育不仅需要激发学生的求知兴趣，而且要把重点放在培养学生具有敏锐的批判思维能力上，因为具有敏锐的批判思维能力能够强化个体的求知兴趣，这种强化是一种内在的强化，效力更具持久性。所以，培养创新性人才的重点是培养学生具有批判性思考能力，这要求我们在具体的教育教学过程中，鼓励学生对不同观点去伪存真，去粗存精。培养批判性思考能力的核心就是要形成自己的独立判断能力。培养批判性思考能力不仅是培养理论思维能力的基础，也是培养实践应用能力的基石。

当然，一个人要形成自己的批判性思维能力，需要不断地扩展自己的视野，进行经验反思，善于把学到的理论知识应用到实际中进行检验，从而形成真正属于自己的知识。这与现实对照的过程其实是培养批判性思维能力的最佳过程，同时也是提升个体创新能力的基本过程。

培养创新性人才要求我们必须改变传统的教育方式，特别是要改变传统的考评方式。教师只有结合实际案例的讲解，才容易让学生对知识理解内化，而让学生参与实践实习过程能够推进知识向能力的转化。对学生学习成绩的考核不能仅仅考查他们对书本知识的记忆程度或对教师讲解的接受程度，而应该把考查重心放在学生运用知识解决实际问题的能力上。为此，要培养学生的创新能力，就必须精选教学内容，并非越难、越多越好，而应该适可而止。在这里，"适度"是指学习内容必须具有一定的挑战性而且是学生经过努力就可以完成的；教学内容必须克服纯粹的理论知识模式，必须寻找理论知识与实践的结合点，以这个结合点来构建教学内容框架，否则教学过程就容易沦为空洞的理论知识灌输，从而使学生感到晦涩难懂，进而使学生对知识产生畏惧心理。因此，我们必须形成一个基本的共识，即好的教学效果必然是激发了学生的探究兴趣，不能激发学生探究兴趣的教学是无效的教学。

四、国际视野人才理念

在经济走向全球化的今天，创新性人才是没有国界分别的。在培养创新性人才的过程中，必须借鉴国际的经验。我们知道，真正的创新性人才决不是自封的，必须得到国际的承认。换言之，创新性人才的培养最终要走向国际。

在当代社会，一个人没有国际视野很难做到真正意义的创新，因为我们的一切思想和认识都不能仅仅在国内自我宣称，必须放在国际的平台上进行比较，不然我们可能是在重复别人的劳动。只有视野开阔，才能为自己的思想发展提供一个广阔的参照系，从而避免闭门造车，做重复性工作。

要具备国际视野，首先需要具有跨文化的交流能力，即不能完全按照自己本土的定势思维来思考世界上的事情，必须学会站在客位的角度来审视一切，否则就会把自己的主观臆断强加于人。当我们站在客位角度进行思考的时候，就学会了如何欣赏不同的文化，如何进行不同思想间的交流，如何识别不同认识的精彩之处。这样做就拓展了视野，使我们对问题的思考更加全面和深入，就容易更快地接近科学的前沿，最终成为拔尖创新人才。

毫无疑问，学会跨文化思考，培养跨文化交流能力，掌握必要的外语工具是前提，因为这样才能直接地接触到外国的语言文化文本，提升文化交流的效果，尽快地把握对异域文化的精髓。所以，国际化是创新人才培养的最高位阶，它绝不是一个简单的符号标签，而是作为人才的主体与国际学术界交流互动的过程。要培养国际化人才，就必须从个性化、应用型、创新性做起，否则，国际化是不可想象的。无疑，在这一过程中始终都不能脱离国际视野，因为具备国际视野可以促进一个人自我素质的不断提升。

个性化、应用型、创新性、国际化这四种理念具有内在的一致性，其中个性化理念是创新创业人才成长之基，一个人只有具备了丰富的个性内涵，才可能为日后的知识实际应用和发明创造以及国际交往提供动力支持；应用型理念为人才成长提供活力源泉，人只有在应答现实社会需要和回应现实问题的过程中才能极大地激发个体的创造性，才能充分展现自己的独特个性品质，才能为国际交往提供方向性和针对性；国际化理念引导人才成长的深度和高度，它不仅要求人才在个性品质上具备包容性和开放性，同时必须注重现实应用性和科学原创性，这两者自然也是应用型素质与创新性素质的展现。四者是一个内在的有机体，是相互交织、相互支撑和相互依赖的统一体，唯如此才能造就高水平的创新人才，才能满足科学技术原创性的需求。

第四章

创新创业教育需要关注的五个基本问题[*]

引导语：创新创业教育是我国进入高等教育大众化阶段后提出的急迫命题，也是推进我国高等教育发展转型并实现高质量发展的重要举措。创新创业教育的本质在于开发大学生的创新创业潜能，核心目标是培养大学生的创新创业能力。要实现这个目标，就需要回答五个基本问题：一是该如何科学界定创新创业能力并进行有效测量；二是创新创业能力发展的主要影响因素及其作用机制是什么；三是创新创业能力培养如何适应办学层次或类型差别；四是如何检验我国大学生创新创业计划项目实施效果并进行完善；五是如何借鉴发达国家的经验来完善我国创新创业教育制度设计。实践证明，思辨研究与田野研究的结合是研究大学生创新创业能力结构与测量手段的最佳方法，研究者只有具备田野研究和思辨研究的综合能力，才能胜任创新创业教育研究工作。

关键词：创新创业教育；田野研究；思辨研究

一、创新创业教育是我国高等教育大众化阶段的重要命题

创新创业教育是我国高等教育进入大众化阶段后才出现的一个命题，其产生的最主要原因就是高等教育入学人口激增导致的大学生就业压力加剧。事实上，早在高等教育精英化阶段后期，我国高校毕业生就业问题就已经显现出来，当时突出的问题是学生所学专业与就业岗位不对口、区域性的人才供需关系不匹配和人才供需结构不平衡。当高等教育进入大众化阶段后，高校毕业生就业难成为一个非常突出的矛盾。事实证明，传统的就业岗位供给已经很难满足迅速增长的大学毕业生的就业需求，为此必须开辟大批新的就业岗位。相关领域的专家普遍认为，掌握先进知识和技术的大学生有可能成为开辟新工作岗位的重要力量，这也是创新创业教育概念得以提出的最直接动因。换言之，当代大

---

[*] 原载于《化工高等教育》，2023年第6期，第2—7页和第66页。

学生在掌握先进的知识和技术后，可以摆脱传统的就业路径，走独立创业的道路，特别是在新技术领域和新行业进行创业，如此就可以在一定程度上缓解就业压力。虽然只有极少数学生能够开展这种创业活动，但对绝大多数学生而言，创新创业意味着运用掌握的知识和技术进行岗位创业，即通过钻研岗位所需的知识、技术和技能而为所在部门做出创造性贡献。

必须指出，创新创业教育具有鲜明的时代特征。当时我国社会经济发展正处于动能转变时期，传统的依靠密集劳动的粗放型经济发展时代已经过去，依靠引进简单技术和来料加工进行低附加值生产的时代也一去不复返，我国社会经济发展动力必须转向依靠自主知识创新。换言之，我国经济增长不能再依靠粗放型发展模式，必须转向集约型经济发展模式。集约型经济发展模式依靠的不是劳动力数量或资本数量的增加，而是技术创新、知识创新。这就涉及人力资源的开发问题。经济发展依靠大量具有创新知识、创新技能和创业能力的人才，而人才培养这一重要使命必然落在高校身上，这也是我国在高等教育领域提出创新创业教育的另一个动因。

此外，还有一个更深层次的动因，就是高等教育学习主体发生了巨大变化，要求高等教育的人才培养模式必须变革。新一代大学生是网络时代的"原住民"，他们已经习惯于从网络世界获得学习资源，而不再满足于从课堂教学中获取知识。在这样的背景下，师生关系、教学模式必须转变，人才培养模式也必须转变，否则就难以适应当前的人才培养要求。所以，创新创业教育也是高等教育自身求变的体现。对于这一点，虽然大部分高校普遍能够意识到，但还没有将意识转变为行动。

而最根本的原因，是把创新创业教育作为解决应试教育问题的根本对策。应试教育严重抑制了学生创造性的发展，使学生的创新思维处于一种不活跃的状态，从而导致其创新动力不足、创业能力欠缺。这种教育模式显然已无法适应高等教育大众化阶段的就业形势和人才要求，而实施创新创业教育可以从根本上解决这一问题。创新创业教育无疑是将创新创业能力培养作为人才培养的根本指向，目的就在于改变人才普遍缺乏创新活力和创业动力的现状，带动整个教育系统向创新创业教育方向转变，使整个教育系统具有创新活力和创业动力，从而带动人民素质的整体提升。如此可见，提出创新创业教育概念是高等教育改革发展观念转变的标志。

二、创新创业教育的本质在于开发学生的创造潜力

开展创新创业教育并非一件易事，因为它试图从根本上打破传统的应试教

育体制，所以注定要走一条充满荆棘的坎坷之路。开展创新创业教育，首先需要转变教育观念，改变以知识传授为中心的传统教学模式。在该教学模式下，教学以学生接受现成的知识为核心任务，而非以学生能力发展为中心。这种教学模式的典型表现就是"老师讲—学生听""上课记笔记，考试背笔记，考后全忘记"。如果不改变这种教学模式，创新创业教育就无法有效开展，而扫平观念障碍是首先要解决的问题。

要转变传统教学观念，就需要树立新的教育观念，因此提出创新创业教育概念可谓正当其时。当然，社会对创新创业教育概念的理解应该突破狭隘的误区。长期以来，人们通常把"创新"看作科学家的事，把"创业"看作企业家的事，认为创新创业与一般人无关，这种狭隘化理解将创新创业神秘化，影响了创新创业教育的广泛开展。在实践中还存在着另一种狭隘化认识，就是认为创新创业教育是一种专门化训练，与专业教育或通识教育无关，应独立于专业教育与通识教育之外，这样就将创新创业教育与专业教育或通识教育割裂开来。

实际上，创新创业与每个人的生活息息相关，也与国家利益、中华民族的根本利益息息相关。因为创新就是克服困难的过程，创业就是取得事业成功的过程，创新创业教育就是要培养每个人克服困难的能力和获得成功的本领，这是创新创业教育的本质内涵。对高校而言，正确认识创新创业教育，就要合理设计创新创业教育目标，即明确"培养什么人"，因为只有确定了创新创业教育目标，才能进行具体的规划和制度的设计。

创新创业教育旨在将大学生培养成为具有创新创业精神、创新创业能力和创新创业动力的创新创业型人才。创新创业精神属于认知层面，创新创业能力属于实践层面，创新创业动力属于意志层面或人格层面。人们要形成创新创业精神并不难，难的是具备创新创业能力，最难的是始终具有创新创业动力。可以说，创新创业精神形成是前提，创新创业能力形成是关键，创新创业动力形成是根本。但个体具有创新创业精神不一定具有创新创业能力，具有创新创业能力也不代表终身追求创新创业成功，因为这些都与环境、教育方式、个体志趣有关。只有具有创新创业动力，才能最终成为创新创业人才。

综上可知，培养大学生的创新创业能力是创新创业教育的核心任务。如果无法培养大学生的创新创业能力，那么创新创业教育就不是成功的。因此，如何培养大学生的创新创业能力，成为整个创新创业教育关注的核心问题。

三、推动创新创业教育必须回答的五个基本问题

要培养大学生的创新创业能力，首先需要回答五个基本问题：如何科学定

义创新创业能力并实施有效的测量？创新创业能力发展主要受哪些因素影响，其内在作用机制是什么？创新创业能力培养如何适应不同办学层次或类型学校的要求并发挥各自的优势？如何检验我国大学生创新创业计划项目实施效果并进行完善？如何借鉴发达国家的经验来完善我国创新创业教育制度设计？

对创新创业能力的科学定义和有效测量，是创新创业教育实施过程中面临的一个最基础，也是最核心的问题。如前所述，创新创业教育目标是培养创新创业人才，关键是培养大学生的创新创业能力，如果不确定创新创业能力的具体内涵，创新创业教育就缺乏明确的指引，也无法建立科学的导向机制。对创新创业能力进行测量的目的就是为创新创业教育的开展建立有效的评估机制。这是因为，人们总是根据评价标准来调整自我行为方式，如果创新创业能力不可测量，人们就不知道自己创新创业能力培养的效果如何，也无法确切了解自身工作的成效并明确改进的方向。然而，对创新创业能力的有效测量是一个非常复杂的课题，创新创业教育本身又是一个新课题，相关成果非常少，这也成为制约创新创业教育有效开展的"卡脖子"难题。

如何提升创新创业能力培养质量，是创新创业教育关注的核心问题，这就要求我们必须探讨学生创新创业能力发展的影响因素及其内在机制问题。笔者认为，既然创新创业能力是可以被测量的，就应该找到影响创新创业能力发展的主要因素以及这些因素之间的相互关系，以便为高校创新创业能力提升计划提供支撑。影响大学生创新创业能力发展的直接和间接因素非常多，其中必然有主要的和次要的。我们必须通过调查，找到影响学生创新创业能力发展的主要和直接因素，并且通过深度调研和统计分析来找到各影响因素之间的关系，从而建立影响创新创业能力发展的作用机制。只有这样，才能调动一切积极的因素来推进创新创业教育。

办学条件、办学环境等是影响大学生创新创业能力发展的必然因素。其中，办学环境对人的影响显而易见，而办学条件的影响究竟如何确实值得探讨。具体而言，究竟是研究型高校、应用型高校还是高职高专院校对大学生创新创业能力发展的影响更大，人们并没有清楚的判断，它们之间的区别是否显著也无法确定。创新创业能力也必然受到家庭环境的影响，因为家庭文化氛围对人的创新创业意识和创新创业精神的形成具有潜移默化的影响，也必然在一定程度上影响个体的创新创业能力。但个体创新创业能力更多是在挑战环境、挑战困难的过程中形成的。创新创业能力的发展必然存在着学科差异，因为有的学科偏重于应用，对学生实践能力的训练更多，从而更有利于学生创新创业能力的发展；而有的学科偏重于理论，对创新创业能力的影响不直接，作用也不够显著。创新创业能力也会受到性别因素的影响，因为性别角色对个体的自我认知会产生非常大的影响。此外，课堂教学模式对大学生创新创业能力的影响也是非常直接的，因为它能够直接影响个体的主动性和思维方式，特别是个体的交往能力。这大体上可以归为校园文化和办学风格。如果学校非常注重学生创新创业能力的培养，就会有意识地创造条件，促使大学生参加创新创业实践活动，从而使大学生的创新创业能力得到更快的发展。归结为一句话就是，创新创业能力发展主要受教育环境影响。一个人的成长不受环境因素影响是不可能的，但环境的影响程度究竟如何，大学生个体在与环境互动的过程中究竟处于什么位置，这种互动对个体创新创业能力的发展究竟起到了什么作用，是当下必须思考的问题。

为了促进大学生创新创业能力的培养，国家出台了强有力的政策加以引导，并组织了创新创业教育示范校评选、创新创业实践基地评选、大学生创新创业大赛等活动，这为高校开展创新创业教育创设了良好的氛围。在国家政策的引导下，许多高校通过设立大学生创新创业训练计划项目、建立大学生创业园等，鼓励大学生开展多种形式的创新创业实践。我们认为，这种创新创业实践机会是非常难得的，对大学生创新创业能力的提升作用也是比较明显的。大学生创新创业能力培养肯定不能脱离具体的专业学习。离开专业教育，创新创业教育就难以走向深入，创新创业能力也难以健康发展。但如果专业知识的理论性太强而实践性不足，大学生创新创业能力的发展也会受到限制。所以如何处理好理论学习与实践训练的关系，始终是创新创业能力培养的一个难题。大学生创新创业训练计划项目的实施为解决该问题提供了一条有效途径，但如何充分发挥其正向促进作用，其中的作用机制是什么以及是否存在规律性，哪些做法更有效，是我们必须认真思考的问题。

我国创新创业教育是在学习国外先进经验的基础上进行的本土化创新，是针对中国高等教育存在的实际问题提出的有效举措。如何使中国创新创业教育之路走得比较稳健？吸收国外发达国家的先进经验必不可少。国际上大学生创新创业能力培养已有比较长的历史，早在20世纪中期美国哈佛大学就开始了创业教育实践，但之后的发展并不顺利，直到20世纪末才形成一个比较明显的高潮。这个时期我国刚刚引入创业教育的概念，主要在各高校的商学院中进行试点，尚未开始大面积的实践。进入21世纪之后，我国社会经济改革进入深化期，高校开始重视学生的创新能力培养，但初期并未形成一种普遍认识。随着高等教育迈进大众化阶段，国家更加重视大学生创业能力培养，对创新教育与创业教育有了新的认识，将二者整合起来形成创新创业教育，并在高校中推动实施。

199

四、创新创业教育五个基本问题的解答过程

以上五个问题的解答都非常具有挑战性,每个问题的解决都会推动理论或实践的发展。当然,这五个问题的解决有一定顺序,其中最具挑战性的是对创新创业能力的界定与测量问题,它也是最基础的问题。尽管人们对创新与创业能力很难形成统一的观点,但都认可创新创业过程是对自我的挑战,意味着必须超越传统认知,挑战自己的潜能,付出巨大的努力。人们也发现,创新创业的类型和层次非常多,差别非常大,因此创新创业教育面临很大的挑战。进行创新创业教育之前,高校必须明晰创新创业能力的概念,了解其确切的内涵,否则创新创业教育就缺乏指向性,创新创业教育内容也缺乏系统性和针对性。

目前,人们对创新创业教育的理解是围绕创办科技企业进行的,这其实是对创新创业教育内涵的狭隘化理解,很难激发人们对创新创业教育的热情。故而,对创新创业能力概念的界定,需要从界定创新创业的内涵出发。这实质上是一个观念创新的过程。观念创新的目的是使创新创业教育适合每个人,能够根据每个人所具有的创新创业潜质开展有针对性的教育,以提高创新创业教育的效果。可见,创新创业的内涵必须是适合大众的,而不是专门适用于创办科技企业的。

在达成这一基本理解之后,本团队就开始梳理创新创业教育成功案例,进而总结创新创业教育成功经验,建构评判创新创业是否成功的核心指标,最终形成创新创业能力指标体系,并构建出创新创业能力模型。其中最为关键的一步是大学生创新创业能力量表的制定。本团队在成功开发出大学生创新创业能力量表的基础上,对我国大学生创新创业能力的发展状况进行了大面积的测量,获得了一系列可喜的成果。

首先,我们发表了一系列探索性文章,开创了国内创新创业教育研究的新气象,自此之后国内出现了具有独特风格的创新创业教育研究。我们的研究从重新界定创新与创业的概念出发,并把创新创业能力研究作为重点和突破点,这在国内尚无先例。我们进行了一系列理论创新,把创新创业教育内涵从狭义推向广义,从整体上更新了人们对广义创新创业教育的认识;发现了创新创业教育的多重意蕴,[①] 为创新创业教育体系构建提供了理论基础;明确了创新创业

---

① 王洪才. 论创新创业教育的多重意蕴 [J]. 江苏高教, 2018 (3): 1-5.

教育在中国高等教育转型与发展中的地位,[①] 引导人们从战略角度认识创新创业教育;将创新创业教育确定为中国本土化高等教育发展理念,[②] 支撑了中国高等教育自主知识体系和话语体系的构建。除这些理论成果外,我们还建构了创新创业能力的结构模型,[③] 开发了具有广泛适用性的创新创业能力量表,[④] 并且对该量表拥有完全的知识产权。

其次,我们发现大学生创新创业能力发展存在着不平衡现象,[⑤] 尤其是大学生创新创业能力并未随年级升高而不断提升,也没有受到学校层次和类型的显著影响。这些新发现打破了人们对大学生创新创业能力发展的美好想象,具有重要的学术价值和实践意义,成为我们进行深入研究的切入点。

再次,我们对大学生创新创业能力发展状况展开一系列的解释性研究,致力于发现大学生创新创业能力发展背后的影响因素及其作用机理。我们发现,自我发展理论是创新创业能力发展最重要的理论基础,理性行动理论能够为创新创业能力模型构建提供重要的学术支撑。

从次,我们通过多个案例研究来验证调查研究的结果。[⑥] 我们通过研究不同类型高校大学生创新创业能力发展状况及其影响因素,结合高校大学生创新创业计划项目实践案例来研究创新创业教育的实施效果。多案例研究旨在解释创新创业能力测量结果的有效性和普适性。

最后,我们从比较视角来审视国内外高校在开展创新创业教育方面的差别,借鉴国外先进经验来弥补自身的不足。我们认真分析了美国高校的成功经验,同时客观地认识到我国创新创业教育存在的不足,并从中获得启发性思考。

五、创新创业能力研究需要扎实的田野研究与思辨研究相结合

研究发现,只有把创新创业活动与日常生活建立起密切的联系,才能找到

---

① 王洪才,汤建.创新创业教育:高等教育内涵式发展的关键[J].武汉科技大学学报(社会科学版),2021,23(1):110-116.
② 王洪才.创新创业教育:中国特色的高等教育发展理念[J].南京师大学报(社会科学版),2021(6):38-46.
③ 王洪才.论创新创业人才的人格特质、核心素质与关键能力[J].江苏高教,2020(12):44-51.
④ 段肖阳.论创新创业能力模型与评价指标体系构建[J].教育发展研究,2022,42(1):60-67.
⑤ 王洪才,郑雅倩.大学创新创业能力测量及发展特征研究[J].华中师范大学学报(人文社会科学版),2022,61(3):155-165.
⑥ 王洪才,等.中国大学生创新创业能力发展路径研究:基于不同类型高校的实证分析[M].厦门:厦门大学出版社,2023:41-248.

创新创业教育的切入点，否则创新创业教育只能停留在概念式的宣教上。当前创新创业教育面临的最大问题是，它没有与专业教育、通识教育和思想政治教育有机联系起来并形成一个整体，人们认为其本质上是一种专门技能训练，只有通过特殊培训才能获得。如果不修正这种概念理解上的偏颇，就很难推动创新创业教育的开展。事实上，创新创业教育是一个庞大的系统，包含专业教育、通识教育和思想政治教育。思想政治教育的根本目的就是解决培养什么样人的问题，而创新创业教育给出了答案，即培养社会需要的创新创业人才。专业教育和通识教育正是为培养创新创业人才提供支撑。

转变创新创业教育观念是一个复杂的思辨研究过程，也是一个认识创新创业教育本质的过程。从深层次来讲，这也是一个将创新创业教育本质与具体创新创业实践联系在一起的过程。如果研究者没有经历长期的创新创业实践，就难以进行有效的哲学思辨，也难以提炼出影响创新创业能力的有效因子，难以认识创新创业教育的本质。显然，如果研究者缺乏对复杂事物的透视分析能力，就无法认识创新创业教育的本质，也难以领会创新创业能力的旨趣。因此，创新创业能力界定是一项思辨研究与田野研究紧密结合的活动。本团队在清晰界定创新创业能力内涵的基础上，确立了测量创新创业能力的理论框架，以此为指导确定核心要素，找到关键指标，建立指标体系，再通过问卷调查进行测量与验证，最终形成一个比较完整的量表。

大学生创新创业能力量表可以用来衡量目前大学生的创新创业能力发展水平。这是一项非常重要的工作，关系到高等教育质量评价、教育投入和对学生发展的引导，决定着创新创业教育如何正确定位。有了创新创业能力量表，就可以确定影响创新创业能力发展的基本维度，从而调整相应的教育计划。我们可以结合该量表，有针对性地开展影响因素问卷的研制，从而确定各影响因素的作用及不同因素之间的相互作用原理，以此来解释教育行为及其效果。我们还可以运用该量表对具体的教育行为过程和效果进行评估，验证其对大学生创新创业能力发展的作用；展开对大学生的跟踪调查，探索大学生在哪个阶段表现最好。我们可以建立大学生创新创业能力发展的数据库，为高校创新创业教育提供咨询服务，将研究成果广泛运用于创新创业教育改革实践中。

六、反思与展望

解决大学生创新创业能力测量和评价问题只是推进创新创业教育体系建设工作的重要一环，未来建设创新创业教育体系的任务还非常繁重。思维方式革命是先导，如果不能确立创新创业教育在教育活动中的核心地位，就难以顺利推进创新创业教育。将创新创业精神完全融入专业教育与通识教育过程中是根本目标，只有把大学生创新创业能力发展作为评价高等教育质量的主要指标，高等教育系统变革才能走向成功。专业教育是一种成才教育，通识教育是一种成人教育，创新创业教育的有效开展既依赖专业教育的成功，又是通识教育的时代精华所在。只有将专业教育与创新创业教育完全融合，创新创业教育实践才算真正成功，中国高等教育的彻底转型才能完成。创新创业教育的成功能够为中国社会经济的高质量发展提供战略性支撑和源源不断的动能，从而推进中国式高等教育现代化走向成功。

第五篇　创新创业人才的素质特征与结构模型

创新创业教育目标在于培养创新创业人才。要高质量地培养创新创业人才，就必须搞清楚创新创业人才的素质结构特征，探明其人格特质的具体构成，核心素质有哪些主要成分，以及包含哪些关键能力。非但如此，还需要对创新创业人才的人格特质结构进行深度探析，对其素质结构进行深化解剖，对其能力构成的实践意义进行深刻揭示，从而促进创新创业人才的高效率培养。

第一章

创新创业人才的"三重七级"结构模型[*]

引导语：创新创业教育是中国高等教育改革发展的重要突破点。开展创新创业教育必须以对创新创业人才的人格特质、核心素质和关键能力具有清晰认识为前提。经过审慎的哲学思辨发现，创新创业人才普遍具有创造性人格特质，形成了以自信心、责任心、冒险意识、合作意识、市场意识、风险意识和抗挫折性为核心的心理素质，并且具备以目标确定、行动谋划、果断抉择、沟通合作、把握机遇、防范风险和逆境奋起等为关键的七种能力，而创造性人格具有七种内在一贯的属性，即主体性、批判性、决断性、合作性、反思性、逻辑性与实践性，如此就构成了一个完整的由内而外的三重七级"人格—素质—能力"结构图式。

关键词：创新创业人才；人格特质；核心素质；关键能力；三重七级结构

大学创新创业教育的有效开展有赖于人们对创新创业人才的人格特质、核心素质和关键能力有一个比较清晰的认识。无疑，创新创业教育的目标在于培养大批创新创业人才，如果人们对创新创业人才的人格特质、核心素质及关键能力认识不清晰，那么开展创新创业教育容易成为一种盲目的行动。为此就亟须探明创新创业人才人格特征、核心素质和关键能力的内涵，这些都是大学开展创新创业教育所面临的基本问题。

一、哲学思辨是创新创业人才素质研究的根本方法

在国内，无论学术界还是实践界都对创新创业人才培养问题表现出浓厚的兴趣，因为培养创新创业人才是对创新驱动时代呼唤的回应，是高校面临的最

---

[*] 原载于《江苏高教》2020年第12期，第44-51页，收录时进行微调。

急迫课题之一，也是亟待理论界回答的课题之一。[1] 事实上，无论理论界还是实践界都在积极探索创新创业人才的培养方式及其影响因素，从成立创新创业学院到建立大学生创业园、开设系列的创新创业教育课程，代表了实践界的努力。理论界在创新创业教育方面发表了大量文章，从"广谱式"创新创业教育体系构建[2]到提出创新创业教育基本理念，[3] 再到提出创新创业多重蕴含[4]以及对创新创业教育核心与难点的确认[5]直到对创新创业教育成效的评估，[6] 都可以看出理论研究的进展。然而，无论国内还是国外，都没有对创新创业人才的人格特质、[7] 核心素质[8]和关键能力[9]进行确认，这就成为横亘在创新创业教育有效开展途径中的一道无形屏障。人们渴望找到创新创业人才的人格特质、[10] 核心素质[11]和关键能力，[12] 以便能够对创新创业行为做出最具说服力的解释并为开展创新创业教育制订行之有效的方案提供理论依据。[13] 人们惯常的思维方式是从那些创新创业成功者身上找到创新创业人才的人格原型，[14] 并进一步找到其核心素质结构以及其所具有的关键能力。[15] 然而这种努力往往并不成功，毕竟这些样本都是个别的、情境化的，是无法推广的，无法勾画出创新创业人才素质特征的全

---

[1] 林崇德，罗良. 建设创新型国家与创新人才的培养［J］. 北京师范大学学报（社会科学版），2007（1）：29-34.

[2] 王占仁. "广谱式"创新创业教育的体系架构与理论价值［J］. 教育研究，2015，36（5）：56-63.

[3] 王洪才. 创新创业教育必须树立的四个理念［J］. 中国高等教育，2016（21）：13-15.

[4] 王洪才. 论创新创业教育的多重意蕴［J］. 江苏高教，2018（3）：1-5.

[5] 王洪才，刘隽颖. 大学创新创业教育核心·难点·突破点［J］. 中国高等教育，2017（Z2）：61-63.

[6] 徐小洲. 创新创业教育评价的VPR结构模型［J］. 教育研究，2019，40（7）：83-90；王兴立. 大学生创新创业教育质量评价的矛盾困境、体系优化及创新举措［J］. 教育与职业，2018（4）：68-72.

[7] 杨俊岭，曹晓平. 创造性人格特征的研究［J］. 沈阳大学学报，2002（1）：86-88.

[8] 尹剑峰. 优秀企业家的七种特质［J］. 企业管理，2020（5）：45-47.

[9] 李小琴，张进辅. 科学家和艺术家创造性人格概述［J］. 洛阳师范学院学报，2011，30（1）：101-104.

[10] 赵慧军. 关于企业家特质的调查研究［J］. 经济与管理研究，2001（6）：55-57.

[11] 单标安，费宇鹏，于海晶，等. 创业者人格特质的内涵及其对创业产出的影响研究进展探析［J］. 外国经济与管理，2017，39（4）：15-24.

[12] 赵玉洁，崔玉倩. 企业家特质对企业创新能力的影响［J］. 合作经济与科技，2019（12）：104-105.

[13] 林崇德. 创造性人才特征与教育模式再构［J］. 中国教育学刊，2010（6）：1-4.

[14] 曹文雯，吴继霞. 马寅初人格特质初探［J］. 东吴学术，2011（2）：33-37.

[15] 林崇德. 创造性心理学的几项研究［J］. 山东师范大学学报（人文社会科学版），2014，59（6）：5-14，2.

景图。因为这些成功者都是一个个典型个案，都各有自己的特殊品质，他们很难从中抽离出一个普适性的理论模型。因此，这种"从个别到一般"的归纳式思维方法局限性很大，因为无论搜集多少个成功案例，他们都依然是一个个孤立的个体，无法形成一个整体（部分之和小于整体），即无法形成关于创新创业人才的一般性特征或普遍特质抑或理想品质，为此，就需要转换一下思维方式，需要走"从一般到特殊"的思维路线，即从哲学思辨的视角出发，寻找创新创业人才的普遍特征。

但不得不说，目前人们关于创新创业人才素质的典型个案研究具有启发性，因为它展现了创新创业人才的多面相，揭示了影响创新创业人才成长和成功的复杂因素，对于人们理解创新创业过程的复杂性无疑是非常有益的，但正是这些影响因素的复杂性，造成了寻找他们共同的素质特征和能力结构的艰巨性。因为现实情况太过复杂，每一个成功者都展现出多元的乃至相互冲突的品质，从而无法通过一个统一的模型来描绘。如此，就凸显了个案式研究途径的局限性。对创新创业人才的能力素质模型的构建来讲，如果在基于长期且广泛的田野观察之后再对这些个案研究进行哲学思辨，就容易克服这种只见树木不见森林的弊端。显然，没有长期且广泛的田野观察为基础，就缺乏对创新创业人才品质的感性与综合认识，而不从哲学角度进行思辨就无法看到孤立案例的一致性、立体性、整体性、全面性和辩证性。所以，将田野观察与哲学思辨有机结合在一起，就能够得出一个既具有生动性又具有普适性的能力素质模型，从而为开展创新创业教育研究抑或是创新创业教育实践提供一个具有广泛解释力的理论框架，同时对于解释广泛的创新创业现象具有指导意义。

在过去对创新创业人才能力素质进行个案研究的过程中，学生非常注重对商业创业或科技创业成功者的突出品质进行调查，较少对基础科学领域创新人才的能力素质特征进行研究，[①] 虽然科学创新素质探讨是一个更为久远的话题。[②] 这或许代表了时代风尚的变化，即过去的人才培养理想目标是科学家和学者，今天则是企业家和经理，人才培养模式重点逐渐从知识生产者转向资本创造者。当然，理想的人才培养模式应该是兼具两者特征，既培养科学家和学者，也培养企业家和经理，既能够进行学术创造，也能够进行经营管理。这可能是最为理想的创新创业人才培养模型。显然，对大学教育而言，要实现这个理想

---

① 郑琳琳，戴顺治，卢忠鸣，等. 原始性创新人才人格特质实证研究 [J]. 科学学研究，2015, 33 (5): 758-766.
② 陈华，肖晗. 创新人格研究综述 [J]. 西南民族大学学报（人文社会科学版），2011, 32 (S3): 221-223.

目标并不现实，因为大学教育的时间有限，在有限的时间内能够培养出大学生具有创新创业的基本素质就已经成功了，不能再奢望大学培养出成功的科学家或企业家，因为科学家和企业家都必须经历长期的科研探索和商海的大浪淘沙，他们很难在大学的温室环境里培养成功。总之，如果能够培养大学生向这个方向努力，就已经是大学教育了不起的成就了。因为如今的大学生普遍缺乏一种雄心壮志，比较倾向于过一种安逸的生活，对于当下物质生活状态比较知足，对于激烈的社会竞争常常带着几分恐惧，为此还带上几分"佛系"特质，这与处于社会发展转型期经济发展迫切需要大批创新创业人才的时代背景是不相适应的。为此，就必须培养大学生自觉成才意识，让他们主动向创新创业人才的目标努力。当然，大学教育环境氛围塑造是更为急迫的，如果大学具备了浓厚的创新创业人才培养的氛围，大学生自然在其中受到熏陶，也就会不自觉地成长为创新创业人才。

要达到这一步，大学教育就必须先搞清楚创新创业人才的人格特质和能力素质结构，洞悉创新创业人才成长的基本规律，了解创新创业人才的核心素质，明确创新创业人才必须具备的关键能力。如此才可以为创新创业人才培养起到引领性作用，从而引导大学人才培养模式变革，也引导大学生自觉向这个方向努力。

二、创新创业人才的理想品质是具有创造性人格

我们认为，创新创业人才的人格理想就是追求创造，即把创造作为人生最大的享受。从人格心理学而言，这是"自我实现"动机的展现。在马斯洛需求层次理论中，"自我实现"动机是人的最高动机。[1] 这种人格特质就是创造性人格，这也是所有成功人士必须具备的特点，没有这一点，一个人就不可能最终走向成功。创造性人格具体是指什么？就是一个人立志为社会、为国家、为民族、为人类贡献自己的创造性智慧的意志追求。无疑，这种人格追求一般都是长期的教育环境培养和时代要求相结合的产物，很难自发形成。在社会转型期或社会大变革时期往往容易出现这样的人格特质。如在国家和民族危难之际，就会涌现出一大批仁人志士主动承担"国家兴亡，匹夫有责"的重任。今天的社会转型期也要求一大批勇于担当的有为之士，勇于承担科技创新、管理创新以及观念创新的重任。

---

[1] 陈彪. 高峰体验与人格完善：论马斯洛的宗教心理学 [J]. 晋阳学刊，2007（2）：70-73.

创造性人格具有哪些突出的人格特征呢？从理论上讲，创造性人格普遍具有主体性强、批判性强、决断性强、合作性强、反思性强、逻辑性强、实践性强等系列突出品质。所谓主体性强，指一个人具有强烈的独立自主意识，直接表现为具有强烈的人格独立意识，不依附、不依赖，做事情具有很强的主动性，即在做任何事情上都不是被动的，表现出一贯的积极进取姿态，主动思考社会和国家发展所面临的问题，不断挑战自己的能力素质，把自己当成社会的主人翁，不会推诿扯皮、有责任心。显然，这种人格特质具有很强的大局意识，不会因为个人私利而消极怠工。批判性强是指一个人善于发现事物发展过程中存在的问题，并敢于指出问题进而积极地思考解决问题的对策。这种人一般都具有追求完美主义的道德倾向，不能容忍不负责任、敷衍塞责的行为，从而敢于同不良倾向做斗争，具有捍卫真理的决心与意志。当然，这种人格品质往往被认为个性太过突出，容易得罪人，常常难以为世俗所容，但真正理解他们的人则为其精神所折服。决断性强是指一个人能够明辨是非、善于抉择，不会瞻前顾后，从而具有一种果断的意志品质和一种理想主义气质。这种气质常常表现为具有魄力，敢于任事，不拖泥带水，做事雷厉风行，这也是人们非常敬重的品格，而魅力型领导往往就具有这种气质。合作性强是指一个人在做事情上不会我行我素、刚愎自用，而是尊重他人意愿，广泛征求他人意见，不会把自己的意志强加于人，从而会主动与人进行沟通协商，争取他人的支持，也希望获得他人的批评性意见，以便于完善自己的思想。这往往是民主型领导表现出的气质。反思性强是指善于反思自己的不足，对自己要求甚严，做事情一丝不苟，所以他具有一种止于至善的精神。可以说这是一种善于学习的气质，也是一个人具有谦虚、谨慎品质的表现。逻辑性强是指在行为方式上是内在一贯、表里如一的，是经过深思熟虑的，也是经过自己良心审判的，是把行为初衷与结果综合在一起进行考虑的，从而表现出具有明确的目的性。可以说这是一个人理性品质的典型表现。实践性强则是指不尚空谈，崇尚实干，言行一致，信奉"行胜于言"的箴言，从而不奢谈理想，而是注重脚踏实地。

无疑，这些人格特质内在地构成了一个有机整体。其中，主体性强是一个根本特征或总体特征，其他特征均由此派生，换言之，没有主体性就没有一切。因为主体性强意味着他具有非常强的独立思考能力，善于运用自己的批判思维能力，从而善于发现事物存在的优势与不足（批判性强），因而他能够在肯定事物发展存在的优势的同时指出事物在发展过程中存在的缺陷与不足，进而找到事物改进的方向与目标（决断性强）；他又明智地意识到推动事物进步必须依靠群体的力量，不能逞一己之能，图一时之快（合作性强）；他在合作过程中又是非常清醒的，能够保持自己的独立性，不放弃自己的原则立场，同时尽力弥补自己在思考与行动上的不足（反思性强）；在反思过程中时刻要求行动与目标的统一、个体与集体的统一、手段与目的的统一（逻辑性强）；他非常注重自己的理想追求，但更注重通过实践来检验自己的理想设计是否合乎实际，相信只有通过实践检验的才是真正存在的，而且也相信只有实践才是目的，认为实践是对人的能力的更大的证明（实践性强）。所以，没有主体性，就没有批判性、决断性、合作性、反思性、逻辑性和实践性等系列品质的存在。

这些内在品质在现实中具体表现为自信、敏锐、果敢、合群、自律、谨慎、务实等一系列明显的性格特征。自信是主体性强的最直接表现，具体表现为他相信自己的独立判断，从而不依附于任何人，也不轻信任何人；敏锐是指一个人看问题能够看到实质，重视事物的细微变化可能造成的影响，具有一种见微知著的直觉，这种性格特征是批判性强的反映；果敢表现为一个人敢于在复杂局势面前做出决定，并且坚决执行自己的决定，不会瞻前顾后、畏首畏尾，这种性格特征是决断性强的反映；合群表现为善于换位思考，能够主动适应集体的要求，能够在坚持自我和维护集体团结之间做出让步并达到平衡，不会表现出个人英雄主义，但在集体需要之际又能够挺身而出，坚定地维护集体利益不受损害，显然，这一性格特征是合作性强的反映；自律表现为对自己有严格的原则要求，在为人处世上不违反自己订立的原则，始终保持自己做人的底线，这种自律性是个体反思性强的反映；谨慎表现为做事情不莽撞，善于做调查研究与周密思考，做事情有计划、有步骤，这个性格特征是逻辑性强的反映；务实表现为不沉湎于空想，而是讲究实效，反对形式主义和文牍主义，这个性格是实践性强品质的反映。

这些性格特征总体上表现为豁达和坚毅两种综合品质。所谓豁达，表现为他能够不计较个人利害得失，一切以大局为重，能够从长远考虑问题，这是自信、自律、合群与务实品格的合成；坚毅表现为他有理想、有抱负，能够正确面对困难，不轻言放弃，做事情有始有终，这一综合特质是敏锐、果敢、谨慎品质的合成。而且只有性情豁达的人，才能成为性格坚毅的人，所以豁达与坚毅构成一个人性格的两面。

三、创新创业人才核心素质的七级心理架构

创造性人格具有哪些典型的心理素质特征呢？在长期且广泛的田野观察中我们发现，创新创业人才心理素质呈现出七级心理架构，这七级素质表现出层层递进的关系。

第一个突出表现是自信心特别强。自信心是能力的基础，具有创造性人格的人对自己非常自信，他们一般都有自己的独立主张，不轻易放弃自己的主张，对任何事情都希望坚持自己的判断，不会轻易被别人说服；他们都非常相信自己的直觉，而且自己的直觉判断也屡屡命中，从而更加强化了他们的自信。他们的感觉比较敏锐，善于发现事物的细微差别，看问题时常常能够一语中的，一针见血，直指要害。从而他们的批判力也特别强，能够抓住事物的关键矛盾，进而能够发现事物的致命缺陷并能够给以启发性的建议。他们也不是固执己见者，而是善于倾听别人意见，对别人合理的建议能够虚心采纳，不会刚愎自用，所以他们又是非常虚心和特别好学的人，这些品质又使他们见闻广博，思维不拘于一隅，故而他们又是视野开阔的人。正是视野开阔、心胸宽广，才成就其自信心特别强的特征，这种自信心强又不使他们陷于盲目的自我崇拜和莽撞武断之中。总之，自信心强就表现为，他们相信通过开发内在潜力能够解决一切复杂的困难问题，相信一切问题都是有解的，困难都是由于没有充分挖掘自身潜力造成的。这种自信心是他们行为的动力，也是他们战胜困难的决心，同时也是他们坚持到最后胜利的毅力。

第二个突出表现是责任心非常强。创造性人格由于具有强烈的贡献意识，希望能够为社会、为国家、为民族和为人类做出独特贡献，所以他们往往以天下为己任，故而他们常常表现出强烈的批判意识，从而对社会上的丑陋现象进行批判，也对社会上出现的不良行为表现出不满。他们迫切希望改变社会上的不正之风，从而积极为社会进步建言献策。他们对自己的工作不仅兢兢业业，而且力求尽善尽美、精益求精，希望能够成为人们行为的楷模和对事物评判的标准。但他们的表达方式是比较理智和冷静的，不会出现头脑一热而不顾一切的冲动行为，从而他们反对过激行为，认为那样非但无助于问题的解决，很可能惹出更大的麻烦。因此他们的批判风格是理性的、对话的，而不是武断的、偏激的。他们的责任心集中表现在积极为问题的解决寻求答案，不会做社会发展的旁观者，他们相信科学和理性，认为通过科学手段和理性方法能够解决一切困难问题。并且他们坚信人们只要用好科学的武器和理性方法，就有助于问题的解决，就能够推动社会进步。

第三个突出表现是具有非常强的冒险精神。创造性人格富有冒险精神，因为他们相信一切问题都没有现成答案，一切答案都必须自己去寻找，认为过去的经验不能代替现在问题的思考，更不能代表未来事物的答案。而且他们相信一切事物都是处于发展中，都没有确定的答案，都必须不断寻找，这些答案只能在探索的过程中出现。所以他们特别强调亲力亲为，反对夸夸其谈，坚信实践出真知这一唯物论命题。故而他们在行为上表现出勇于探索的品质。他们比较善于观察事物发展倾向，善于把握事物发展机遇，敢于把自己的想法付诸实践。他们不相信有什么可以百分之百的成功，但相信只要有百分之一的希望就要付出百分之百的努力。从而他们善于决策，只要有一半以上的成功率就会付诸行动，不会等到有百分之百成功率时才行动。因此他们非常懂得抢占先机的意义，而且认为任何行动方案都是在行动过程中不断完善的，同时认为百分之百按照行动方案行动就会造成百分之百的失败，因为事物总是发展变化的，行动者必须具有高度的敏感性，必须能够根据环境变化来调整行动方案，做到伺机而动，故而他们对行动过程更感兴趣，反而对行动结果的欣赏是其次的，从而他们更享受挑战困难所带来的乐趣。

第四个突出表现是具有非常强的合作精神。创造性人格并不迷信孤胆英雄，而是相信团队力量，相信"一个好汉三个帮"的道理，故而在行动过程中非常重视选择合作伙伴，认为选对合作伙伴就成功了一半。他们坚持合作伙伴与自己本质上是一体的，是不分彼此的，不能厚此薄彼，必须一视同仁，从而非常重视订立契约，把一切利害关系表述清楚，力求大家获得共识和互信，避免在行动过程中出现大的分歧和矛盾，争取在出现分歧和矛盾情况后也能够圆满地解决。说到底，这是创造性人格批判与反思意识强的表现，因为他们认识到了自己的不足，也认识到了每个人的局限，认识到了只有合作才能使自身强大起来，因为只有合作才能够弥补彼此的不足。正是这种合作精神，才使他们学会尊重对方，从而能够平等地处理彼此的关系，进而在危难的时候能够相互依托，在成功的时候能够共享欢乐。

第五个突出表现是具有敏锐的市场意识。创造性人格一直在寻找发挥才能的机会，而发现社会重大需求是做出突出贡献的前提，变动的市场信息能够使他们发现发挥贡献力量的机会。显然，他们不会对任何市场变化都关注，而是只关心自己感兴趣的领域范围，因为每个人都有自己的优势领域，而且只有在自己具有优势的领域才能充分发挥自己的才能，所以他们始终对自己所关注的领域保持高度的敏感性。满足市场需求，就是自身创造的动力，发现市场需求信息，就是找到发挥自己专长的切入点。一个人只有在自己感兴趣的优势领域才能做出最大的贡献，离开了个人的优势领域，就相当于鱼离开水而无法生存。敏锐的市场意识意味着一个人要对社会需求变化信息能够提前感知，而不是等需求信息明朗才做出反应，而是指提前采取行动，做出应对举措。

第六个突出表现是具有适当的风险意识。创造性人格敢于冒险，但不代表不怕风险。事实上，具有理性思考能力的人都具有比较强的风险意识，但过度的风险意识就会束缚手脚，而轻视风险就会出现麻痹大意进而造成不可估量的损失。所以，创造性人格在做任何事情之前都必须未谋胜、先谋败，这样才能制订更加完备的方案。为此，做任何事情之前都需要料敌于先，谋而后动，在做任何重大事项之前都需要估计失败的风险并预备应对之策。但创造性人格往往长于进取而疏于防范，常常在风险意识方面表现不足，这与他们内在地具有一种理想主义气质及英雄主义气质有关。虽然他们也有一些基本的防范措施，但在重大危机面前往往是不堪一击的。之所以如此，就在于他们害怕过度的防范容易造成缩手缩脚，进而影响到创造性的发挥。

　　第七个突出表现是具有超强的抗挫折性。创造性人格的坚毅品质在挫折面前表现得淋漓尽致，他们普遍不怕失败，从而不会接受失败的命运，总是在挫折面前积极思考突围之策，思考如何降低损失，如何再次崛起。所以，他们不会怨天尤人，不会自怨自艾，反而会积极反思自我，思考方案设计和行为策略的主要漏洞所在，然后总结教训，避免以后重犯。

　　不难发现，这七种核心素质之间存在着层层递进、环环相扣、不断分化和在矛盾中前进的特点，即前者是后者的基础，后者是对前者的发展与上升。有很强自信心的人才能表现为具有很强的责任心，没有自信心的人很难具有责任心。一个高度负责的人首先是相信自己这样做是正确的，所以他敢于承担责任、敢于担当风险，从而是具有冒险精神的，因为他认为这样做是值得的。具有冒险精神的人也是具有合作精神的人，他不认为冒险纯粹是为了个人的利益，而是认为为了集体的利益才值得冒险，为此他也希望得到社会的理解和支持，认为大家一起努力才更能够解决问题，所以期待与他人合作。为此他具有了解社会需求的内在要求，对社会变化趋向保持高度的敏感性，从而具有比较敏锐的市场意识。他当然意识到自己的努力很可能会失败，为此也采取必要的防范措施，可以说他具有比较强的风险意识。然而无论如何防范，风险总是存在的，也必然会对个体造成打击。针对这种挫折，一个人就必须善于进行心理排解，善于寻求摆脱危机的对策，及时抓住再次崛起的机会，展示出超强的抗挫折性。这种抗挫折性也是个体自信心的表现。故而，这七种心理素质不仅是内在一致的，而且也构成了一个不断上升的闭环系统。

四、创新创业人才应具备七种关键能力

　　创造性人格的素质特征也必然表现在具体的行动过程中，从而呈现出七种关键能力。

　　第一是目标确定能力。一个人需要先具有目标确定能力，简单地说，一个人必须先知道自己要什么，如果不知道自己要什么，生活就陷入迷茫。知道自己要什么，才能为自己确定一个前进目标，这样才会去奋斗。目标具有导向功能，没有目标即没有方向，如果人生没有目标就失去了航向。可以说，这个目标必须是具有吸引力的，能够为自己赢得让人尊重的地位的，是人们所向往的，这代表了一种社会地位和荣誉。当然，实现了这个目标，他就可以保证生活无虞、家人无忧了。所以，追求什么，对一个人而言非常重要。不可避免，这个确定目标过程与自己的视野有关，与自己的生活环境和经历有关。人们目标确定一般都采用接近律或可能律，因为自己熟悉这个目标，对它的价值比较了解，从而才会把它作为努力方向。正因为了解它，才好评量自己，知道是否具有实现的可能。

第二是行动谋划能力。知道了目标之后，还需知道实现目标都需要做什么，这是目标确定能力的逻辑延伸。因为只有知道了怎么实现目标才能判断目标是否现实。但仅仅粗略地知道没有任何意义，必须知道具体需要做什么，重点做什么，哪些对自己而言是非常难的，哪些是非常容易的。这就是对行动筹划的能力。知道具体需要什么，自己生活才能充实。因为实现目标都是比较长远的，不可能一蹴而就，如此就涉及每天行动的安排。行动筹划往往具体到日常作息规律的确定，这就是做长期的努力和准备。创造性人格不仅具有非常明确的目标，而且知道实现目标都需要做什么，从而能够有效地规划自己的行动。所以他们不仅坚信自己的目标追求是正确的，而且认为采取相应的行动是必然的，在行为中体现出非常明显的目标导向逻辑。当然，他对行动步骤的规划具有很强的个性特征，是他人难以模仿的。而且他也在不断尝试的过程中逐渐地修正自己的行为，使自己的行动步骤越来越精确，从而成功率越来越高。显然，如果他没有对自己目标的坚持，就不会有后期行动的逐步完善。行动步骤的完善，也反映出他具有善于学习和自我反思的能力，是自我批判能力的表现。

第三是行为决断能力。创造性人格敢于挑战风险是他们的一贯品质，故而常常有一些惊人之举。他们在重大事项上非常善于决断，因为其内心有一个大格局，认识到有一些事情是无法回避的，只有迎难而上才能成功，否则就无路可走。

第四是沟通合作能力。创新创业成功需要一个团队，不是一个人单打独斗。团队建设是长期的事情，不是一时冲动或靠小恩小惠就能够办到的，这需要进行共同体建设，如此就必须能够为大家勾勒愿景，引导大家共同奋斗。要建立约束机制，成为相互约束的工具；要建立制度，确立相互关系，给人以保证和信心；要在团队出现矛盾时进行调解，维护团结；要不断地进行激励、鼓劲，使团队保持高昂的士气。可以说，这就是一种领导能力，属于团队协作能力的一种，更具体地说是协调沟通能力。团队合作能力是创造性人格在获得成功之路上的一个非常重要的能力，它既是一种理性能力，也是人格魅力的展现。之所以是理性能力，就在于他认识到了必须进行合作，因为个体力量是有限的，不合作意味着无法成功。但自身的独立性又非常强，对自己有超强的自信，而进行合作就要说服大家，于是就需要表现出超强的意志力。因为合作并不意味着妥协，也包括耐心地传播自己的观点，能够打动别人。所以，合作能力强，指能够推销自己、让别人接受自己，为此必须抑制个性中的张扬成分，把个性中的独立性、批判性转变为一种自律的美德，学会虚心倾听别人的声音，采纳大家的建议，弥补自己的不足。从而个体也在不断地学习合作，不断地培养自己的领导能力，即不断地学习如何更好地沟通，如何协调不同意见，如何使得各方利益获得最大化，如何树立大家共同的追求，如何在出现矛盾之后能够主动去协调解决。没有人天生具有领导品质，都是因为认识更理性、目标更高远，从而培养出了领导能力。

  第五是把握机遇能力。机遇把握能力对成功者而言也是非常重要和关键的能力，因为把握住机遇就能够事半功倍，否则就可能事倍功半。这当然需要具有明辨善断的能力作为前提，而且能够凝聚共识，能够让大家一致认同关键时候的决定，从而支持自己的决定。所以，不善于辨别机会就无法把握机会，不善于合作也不容易把握机会。而当认识到了机会又犹豫不决，就会错失机会。机会只留给有准备的人，有准备的人是有积累的人，这些积累不仅包括见识，也包括威望。这不仅考验一个人是否具有冒险精神，更是考验一个人是否具有市场意识，能否认识市场的潜在价值，这是一种拨开浮云抬眼望的能力，没有自信心和责任担当精神是不可能做到的。所以，把握机遇能力是一种综合性能力，考验的是一个人是否具有长远的眼光和果敢的决策力以及团队成员对他的支持度。

  第六是防范风险能力。机遇与风险往往是并存的，如果一个人只知道机遇的诱惑而不知其中潜藏的风险，那么不仅无法把握机遇，甚至会陷入更大的困境。故而，人们在把握机遇的同时，一定要做好风险防范工作，往往要制定紧急情况下的预案，免得行动出现被动。所以，人们在决策过程中，一定要对风险进行评估，评估影响行动过程的各个因素，而且要预测到环境变化带来的影响。风险意识人人都有，问题是能否转变为一种防范能力，变成处理危急情况的有效对策。一般而言，如果能够了解一切利害关系人的意图就能够成功地预见风险并防范风险。

第七是逆境奋起能力。创造性人格往往不惧风险，敢于冒险，这意味着必然会遭遇失败的打击。他们并非不怕打击，而是能够很快地从逆境中走出，而且能够变被动为主动，化腐朽为神奇，置之死地而后生。

不难看出，任何一个人要成功都不可能离开这七个关口，由此也构成了七种关键能力。它们不仅是七种核心素质在行动过程中的具体化，也是七种核心素质中的集中表现。如自信心强首先就表现为目标确定能力强，因为目标确定能力就是自我认知能力的反映；自信心强也表现为行动谋划能力强，同时也是责任心的表现，因为它体现了一个人对自我的要求，立志把事情做好。行为决断能力也是对自信心的考验，更是冒险精神的表现，本质上却是对责任心的检验，即敢不敢负责。沟通合作能力很多时候表现为领导组织能力，这显然是对合作精神的考验。把握机遇能力是市场意识的集中体现。要取得成功就必须善于把握机遇，随机而动，如此才能事半功倍，否则就会事倍功半，甚至会变成危机。防范风险能力显然是风险意识的体现，也是对责任心、合作精神的检验。逆境奋起能力显然是抗挫折性的表现，也是对自信心的最后检验，如果经不起挫折的考验，自信心就会变弱，甚至会怀疑人生。

所以，对任何人而言，这七种能力都是非常关键的，可以说是人生成败的七个关口，缺一不可，每一次行动都是一次检验，要么得到强化，要么出现退化，而创新创业人才的特点是能够持续不断地推进七种关键能力增长。

第二章

创新创业人才的人格特质及其结构模型*

引导语：培养大批高素质的创新创业人才是新质生产力发展赋予当代高校的重要使命，而厘清创新创业人才的人格结构特征是人才培养成功的关键所在。经过田野观察与哲学思辨，发现创新创业人才普遍具有创造性人格品质，具有七个非常突出的特质，即主体性非常强，批判意识强，决断性比较强，合作性非常强，反思精神强，逻辑思维强，实践性特别强。此七个特质之间具有一种层层递进且循环往复的螺旋式上升关系，并且呈现出一种陀螺形的动态结构模型，凸显了创新创业人才主体精神非常强和实践精神特别强的优秀品质。这些发现不仅揭示了创新创业人才培养的重点和逻辑顺序，而且为创新创业人才培养提供了理论指引。

关键词：创新创业人才；创造性人格；七个特质；递进式结构；陀螺形动态模型

一、创新创业人才的人格特质亟待探明

（一）创新创业人才成长的内因

当下，高校肩负推动新质生产力发展的使命，新质生产力代表了生产力发展方向，关乎国家竞争力，只有高素质的创新创业人才能适应这一要求，那么如何培养数以千万计的高素质的创新创业人才就是高等学校的重要使命。② 如何才能培养出大量的高素质的创新创业人才呢？首先就是要弄清楚创新创业人才的素质结构和能力结构，即要知道创新创业人才的具体规格是什么，从而知道教育目标是什么，教学改革重点是什么，否则就不清楚人才培养的具体目标，

---

* 原载于《北京教育（高教）》2024年第6期，第66-69页，收录时进行了微调。
② 王洪才. 创新创业教育：高等教育强国的根基[J]. 北京教育（高教），2024（1）：36-38.

就无法进行科学的课程设计和教学方法设计。换言之，只有确立了合理的人才培养目标，才能为教育教学改革指明方向。但仅仅知道创新创业人才的素质结构和能力结构还不够，还必须知道创新创业人才成长的内在动力机制，否则人才培养工作仍然难以有效开展。因为决定一个人能否成才的关键是内因，外因只是辅助性条件，如果没有内因发挥作用，外部条件再好都无能为力。对一个人而言，要成为创新创业人才，首先需要具有创新创业的价值追求，换言之，具有创新创业的人格特质是一个人能否成功的决定性条件。故而，探明创新创业人才的人格特质，能够为大学生自觉成才提供指引，也能够为人才培养方案改革指明具体的努力方向。

（二）创新创业人才的共同品质

我们知道，创新创业人才是社会对那些勇于创新、大胆开拓并做出重要贡献的人才的总称，这也是社会对当代大学生的成才期望。社会要求大学所培养的人才不仅具有创新思维，而且具有创业能力，即能够把新思想、新观念用于解决社会生产生活存在的现实难题上，特别是关乎新质生产力发展的新材料、新能源、新技术，尤其是数字经济和人工智能产业发展过程中面临的瓶颈问题，从而为社会做出创造性贡献，这样的人才就是创新创业人才。这样的人才具有一个共性品质，即把为社会做出创造性贡献作为自己的荣耀，作为自己人生价值的证明，作为人生的价值导向，这就是一种创造性人格，那么，培养创新创业人才最终需要在创造性人格培养上寻求突破。

（三）创造性人格的影响因素

培养创新创业人才的根本在于造就创造性人格。创造性人格就是把对社会做出创造性贡献作为人生最高价值追求的意志品质，具备这种意志品质能够使个体在遭遇困难和打击时仍然奋发向上、斗志昂扬，坚持不懈，直到成功。显然，创造性人格是一种高级人格品质，不是短时间内可以达成的，是个体长期修炼的结果，是一个人对人生价值透悟的结果，如果没有经历丰富复杂的人生历练就无法形成。这说明，单纯依靠学校教育很难成功，因为学校环境比较单纯，很难真正展现社会环境的复杂性特征。家庭教育环境更不足以形成这种人格品质，因为家庭教育环境常以呵护为主，甚至还具有溺爱意味，非常不利于高级人格品质的形成。只有丰富的实践经历才能促进个体快速形成这种高级人格品质，这也是为什么要在学校教育中加强社会实践环节的原因。

（四）创造性人格的突出品质

那么，创造性人格主要具有哪些突出特质呢？通过长期的田野观察和系统的哲学思辨后我们发现，创造性人格普遍具有七个方面的主要特质，这些特质在所有成功者身上都有比较明显的体现,只不过有的特质更为突出,有的特质并不十分突出,但与一般人相比仍然是非常突出的。具体而言,这七个特质包括:主体性、批判性、决断性、合作性、反思性、逻辑性、实践性,它们具有非常明显的一些特征,即主体性非常强,批判意识强,决断性比较强,合作性非常强,反思精神强,逻辑思维强,实践性特别强。[①]

二、创新创业人才人格特质的具体内涵

(一) 主体性非常强

主体性非常强,表现出个体高度的负责精神,做事情一丝不苟,不会得过且过,经常透露出为了实现目标而殚精竭虑的精神,从而主动去发现问题、分析问题和解决问题,认为自己的努力对完成任务发挥决定性的作用,意识到自己是整体一分子,如果自己懈怠就会影响到全局进展,因而具有高度的主人翁精神。正是主体性非常强,才使个体内在潜能得以充分开发,创造性得以充分激发,工作充满朝气锐气,敢做敢当,不计较个人得失,如此才能开拓进取,最终才能取得不俗的成就。主体性非常强是创新创业人才的根本特征。

(二) 批判意识强

批判意识强,指主体对一切意见都要进行批判性分析,不人云亦云。显然,这也是主体性的进一步展现。批判意识强表现出主体对自己负责和对他人负责的精神,因为不加分析地接受就可能对自身产生误导作用,这样不仅会影响自身发展,也会影响整体利益和他人利益。只有通过慎重思考对待才能吸引外界意见的精华,剔除其糟粕,丰富自己的认知,提升自己的认识水平,帮助自己对事物进行更加全面的分析判断。显然,批判意识强不是对外界意见持简单排斥的态度,而是采取合理借鉴的心态。批判意识强也是创新创业人才的显著特征。

(三) 决断性比较强

决断性比较强,指主体在不同意见、不同价值选择面前善于取舍,知道应该如何进行分析鉴别,即具有自己明确的价值导向,不会被眼前利益所绑架,能够用长远眼光看问题。决断性比较强也是对自我认识比较深刻的表现,即知道自己的优势和劣势,善于扬长避短和取长补短,从而使自己在行动中始终保持一种审慎的态度,既不急躁冒进,也不畏畏缩缩。决断性比较强是所有成功

---

① 王洪才. 论创新创业人才的人格特质、核心素质与关键能力 [J]. 江苏高教, 2020 (12): 44-51.

者必须具备的品质,这样才能避免在紧急情况下犹豫不决,错过有利时机。决断性比较强也是一个人能够克服干扰因素必须具备的特质。可以说,决断性最考验一个人的智慧,它也是创新创业人才比较显著的特征。

(四) 合作性非常强

合作性非常强,指主体非常懂得合作的重要性,也非常善于合作。显然,它也是个体理性思维高度发达的结果,因为个体越是发展,就越能认识到个体能力的有限性,越能认识到合作的重要性。故而,它也是个体视野开阔的表现。视野狭隘的人就会坐井观天,就会目空一切,就会自我封闭,就认识不到合作的价值。人一旦走出自我的小天地,就会感觉自己渺小,就会意识到合作的价值,就会自觉地调整自己的心态,虚心地把自己放在一个适当位置,唯如此才能团结人,才能开展合作。合作性强也是创新创业人才比较突出的特征。

(五) 反思精神强

反思精神强,指主体经常反思自我不足并不断弥补自己的不足,这种反思精神成为自我前进的动力。反思精神强的人经常把失败归结为个人努力程度,而反思精神弱的人经常把失败归结为外部条件。反思精神强的人勤于总结自己的成功经验和失败教训,目的是改正不足、减少错误,提高行为效率。反思精神是个体人格完善不可或缺的动力源,它的强弱决定着个体潜力大小,反思精神越强越具有自我批判意识,对自己的要求就越高,那么发展的内在动力就越足,反之则阻碍其全面进步。反思精神强也是创新创业人才最为突出的品质之一。

(六) 逻辑思维强

逻辑思维强,指主体善于对事物本质进行探讨,能够透过现象看本质,即善于看到事物之间的内在联系和矛盾,因而也善于解决矛盾,强化事物内部的联系。我们知道,处理任何事物都不能仅仅从表面看问题,都需要深入事物内部进行分析,找到事物之间的一致之处和不同点,找到事物的矛盾点和结合点,这样才能寻找机会促进事物进行转换。一个人只有把事物发展的逻辑厘清,才能为自己找到行动方向和具体行动的切入点,从而找到解决问题的突破口,进而抓住有利时机,促成问题解决。逻辑思维强也是创新创业人才比较突出的品质。

(七) 实践性特别强

实践性特别强,指主体勇于实践,敢于把自己的想法付诸实际,不让自己的行为仅仅停留在空想阶段,而是渴望自己的想法得到验证,通过实践来发现问题，弥补思维的不足，从而使自己思想更为成熟，臻于完善。不仅如此，实践性特别强指个体寻找一切机会来试验自己的想法，完善自己的设计，让自己不留任何遗憾。可以看出，这是一种强烈的自我实现动机和超越自我动机的展现。人如果缺乏了实践性品质，个体就难以获得发展的机会。人只有具有强实践性的品质，才能获得更多的发展机会。但凡成功者，实践性品质就特别强。

三、创新创业人才人格特质结构

（一）七种人格特质是有机整体

从以上七种人格特质可以看出，它们之间具有很强的内在逻辑联系。其中，主体性强是根本，如果没有主体性，其他一切特性都难以展现，唯有主体性非常强，才能激发其他品质的产生。批判性强是关键，如果一个人不具有分析判断能力则其发展潜力就非常有限。人只有善于分析，才能为后期发展提供机会。决断性强是中枢，是为自我发展定位，代表了一个人的价值取舍，从而也决定了他的发展路径。人生价值就在于选择，不同的选择会产生不同的结果。合作性强是条件，因为不与别人合作，个体发展潜力就会受限，而善于与人合作，发展潜力就是无限的。反思性强是动力，如果不能反思，就找不到进一步前进的方向，就无法弥补存在的缺陷。逻辑性强是机遇，因为人只有在自己想通那些关键环节之后才会行动，如果自己思想上不畅通，就会阻碍自己行动。实践性强是目的，因为一切设想都需要通过实践来验证，无法实践的都是无用的，都是需要改进的，只有通过实践，才能证明什么是对的、什么是好的，才能为进一步行动提供借鉴。

（二）七种人格特质强弱有别

虽然上述七个特质都是重要的、不可或缺的，但并非均衡的。换言之，七个特质之间不是一种直线型关系，而是一种曲线型关系。如前所述，虽然成功者身上的这七个特质都非常明显，但它们各自的强弱程度是不同的，针对不同个体而言尤其如此。也可以说，没有任何个体与他人的特质是完全相同的，都存在着一定的区别。从总体上看，这七个特质自身也具有强弱程度的不同。例如，主体性品质具有很高的强度，从而呈现出非常强的特质；批判性虽然也很强，但与主体性相比稍逊一等，所以仅仅表现为批判意识强而已，如果批判性非常强，就容易让人陷于批判性之中而难以进步；决断性强度虽然与批判性强度相当，但更为明显，从而决断性比较强；合作性特质也是非常明显的，从而达到比较高的程度，具有非常强的表现；反思性与合作性这两种特质比较相当，从而呈现反思精神强的特征；逻辑性与反思性相比则稍逊一筹，表现为逻辑思维强的特征；实践性是诸品质中表现最为突出的，从而具有特别强的特征。

（三）七种人格特质构成动态整体

七种人格特质呈现出的强弱不同的关系说明，各种特质之间是一种立体关系，不是一种平面关系，它体现出创造性人格是动态的而非静态的模型。如同一辆豪华汽车，主体性是发动机，只有充足能量才能调动全身潜能，从而只有"非常强"才足以调动全身动能。批判性是扫描仪，负责对各种信息进行分辨，如果不能进行比较细致的区分，就容易出现抉择错误，因而要求其功能足够强大。但批判性功能不宜过于强大，否则就容易因为过细区分而不宜抉择。决断性是定向仪，是要确定大致前进方向，该功能也要求足够大但不宜太强大，否则容易刻板化而缺乏灵活性和敏感性。合作性是加速器，需要马力足够强大，但也不是越大越好，必须与主体性发动机功能匹配，从而达到强大水平即可。反思性是校正仪，要求足够灵敏但不能过于敏感，那样会增加调整的频度而容易造成行为的波动。逻辑性是离合器，决定行止，要求具有较高强度和水准，但也需要一定的模糊性，从而为行动保持一定的弹性。实践性是车轮，必须特别强大，足以承载发动机运转产生的负荷，从而保持车辆稳定前进。

四、创新创业人才人格特质结构模型

（一）七种人格构成螺旋式闭环系统

从理论上看，七个特质是一种层层递进关系，因为没有主体性，其他就不存在。从而主体性就是出发点，是底座，主体性之上才有批判性，有了批判性才能产生决断性，决断性选择了合作性，合作性引发了反思性，反思性促发了逻辑性，逻辑性最终引发了实践性。主体性特质是以一个巨大的能量体的姿态出现，它是一切的基础。批判性特质负责对环境信息的分析加工，找到一切有利于个体发展的因素并找到不利的障碍因素。决断性特质负责找到最适合个体发展的因素而结合成一个整体。合作性特质负责争取外在援助，为个体发展谋得更大空间。反思性特质使个体保持自己的独立性并开展有效合作以避免风险。逻辑性特质使个体能力实现整合并为了共同目标而一致行动。实践性特质负责把理性蓝图变成具体行动，而且实践性也是对主体性的检验，最终又回到主体性，如此创造性人格特质构成了一个闭环结构和螺旋上升的发展过程，由此构成创造性人格发展的七个阶梯。

（二）七种人格特质呈稳定的陀螺型结构

从实践上看，七个特质也构成了一种稳定的陀螺型结构，即实践性处于最底层，它是最接触地面或最接地气的，一切设想都需要经过它加以检验。之后是逻辑性与实践性紧密相连，如果不能经过逻辑验证，也很难经过实践验证，故而逻辑验证是在实践验证之前进行的检验。在逻辑验证之前需要个体理性反思，即从个体切身体验出发来分析验证。个体的体验多半是来自合作过程，群体互动是个体体验的直接来源。所以，合作性是反思性的基础。合作性也是个体抉择的结果，从而决断性是合作性的前提。决断性又来自个体的分析批判，从而批判性是决断性的基础。当然，批判性也是主体性发挥的结果，因而主体性是批判性的源头，而且也是其他六个特质的前提。即主体性的运动带动了批判性、决断性、合作性、反思性和逻辑性的运动，最终落实到实践性的运动。

外界氛围是主体性激发的条件，没有恰当的氛围，主体性也难以充分激发，最终也无法体现在实践性上。所以，当外界提供了适宜的制度环境氛围，就可以极大地激发主体性发挥，从而带动批判性思维能力生成，进而促进个体决断力的提升，并且产生深度合作的强烈需求，因而也加强了自我反思能力，促进了个体逻辑思维水平提升，最终促进了个体实践能力的提升。而个体实践能力提升又进一步强化了主体精神的上升，如此就生成了个体内在发展的持久动力。人的实践性总是表现在某个生活节点上，必然是在一定平面范围内运动，从而构成了人的主体性运动的基本轨迹。

第三章

创新创业人才的核心素质及其结构特征*

引导语：创新驱动发展时代呼唤高等教育培养大批创新创业人才为社会经济高质量发展提供人力资源支撑。要培养大批高素质的创新创业人才就必须先探明其核心素质构成，否则就无法进行科学引领。探讨创新创业人才的核心素质不仅需要长期的田野观察以确定其基本构成，更需要审慎的哲学思辨以探明其生成机理，否则就无法形成系统而稳定的认识。本团队经过长期的田野观察和哲学思辨后发现，创新创业人才普遍具有自信心、责任心、冒险精神、合作精神、市场意识、风险意识和抗挫折性七个核心素质，而且它们之间构成了一种不断递进且循环往复的螺旋式上升的动态结构，这种结构特征成为创新创业人才不断自我提升的动力。这个发现将能够为创新创业人才培养提供一定的理论指引。

关键词：创新创业人才；七个核心素质；结构特征

一、创新创业人才素质结构亟待探明

创新创业教育是我国高等教育进入大众化发展阶段后提出的一个新命题，越来越成为普及化时代高等教育发展的核心命题。众所周知，我国社会经济正处于动能转换时代，正从依赖资源、依赖劳动力转向依赖知识创新，从而进入创新驱动发展时代，如此就需要高等教育来培养大批的高素质创新创业人才适应时代要求。要培养大批高素质创新创业人才，首先就必须了解创新创业人才的素质结构，否则就难以制订科学的人才培养方案并有条不紊地实施。

创新创业教育作为一种具有中国本土特色的高等教育发展理念，[①] 已经成为

---

* 原载于《深圳职业技术学院学报》2023 年第 2 期，第 3-15 页，收录时进行了微调。
① 王洪才. 创新创业教育：中国特色的高等教育发展理念 [J]. 南京师大学报（社会科学版），2021（6）：38-46.

我国高等教育全面建设的关键所在。① 我们知道，在创新驱动发展时代，社会亟需数以千万计的创新创业人才，高等教育必须勇担创新创业人才培养的重任，这也是建设高等教育强国的内在要求。为了培养大批创新创业人才，学界提出创新创业教育"广谱说"②"岗位创业说"③，逐渐走出了创新创业教育狭隘化误区。④ 为了进一步推动创新创业教育开展，学界提出了创建创新创业教育学科的设想，⑤ 并且认识到了创新创业教育难点在于与专业教育的高度融合，⑥ 但最关键的问题在于探明创新创业人才的能力与素质结构，从而为创新创业教育科学发展奠定基础。⑦ 人们已经发现，创新创业能力评价是一个卡脖子的技术难题题。⑧ 显然，能力不可能凭空而生，而是素质不断积累的结果。因而，要深度了解创新创业能力，就需要探明它的素质基础，否则，能力生成就成为无源之水、无本之木。故而，探明创新创业人才的素质结构是一个更为基础性的问题。如果了解了创新创业人才的素质结构，就可以为创新创业教育的目标确立、课程设置和教学结果评判提供理论指导，否则就无从衡量创新创业教育的质量。所以，要从根本上推动创新创业教育发展，就必须探明创新创业人才的素质结构。

现实也表明，目前我国创新创业教育发展已经进入了一个瓶颈期，根源就在于缺乏科学指引，突出表现在人们并不清楚创新创业人才的素质结构如何，从而就不知道该如何评价并引导创新创业教育，往往遵循"投入决定产出"的逻辑，用投入多少衡量效果。显然，这种评价方式是不科学的，不利于创新创业教育向纵深方向发展，反而容易把人们带入物质决定论的误区。科学的方法

---

① 王洪才，汤建. 创新创业教育：高等教育内涵式发展的关键［J］. 武汉科技大学学报（社会科学版），2021，23（1）：110-116.
② 王占仁. "广谱式"创新创业教育体系建设论析［J］. 教育发展研究，2012，32（3）：54-58.
③ 黄兆信，陈赞安，曾尔雷，等. 内创业者及其特质对我国高校创业教育的启示［J］. 高等教育研究，2011，32（9）：85-90；黄兆信. 推动我国高校创新创业教育转型发展［J］. 中国高等教育，2017（7）：45-47.
④ 王占仁. 高校创新创业教育观念变革的整体构想［J］. 中国高教研究，2015（7）：75-78.
⑤ 王占仁. 中国高校创新创业教育的学科化特性与发展取向研究［J］. 教育研究，2016，37（3）：56-63.
⑥ 黄兆信，王志强. 论高校创业教育与专业教育的融合［J］. 教育研究，2013，34（12）：59-67.
⑦ 王洪才，郑雅倩. 大学生创新创业能力测量及发展特征研究［J］. 华中师范大学学报（人文社会科学版），2022，61（3）：155-165.
⑧ 王洪才. 创新创业能力的科学内涵及其意义［J］. 教育发展研究，2022，42（1）：53-59.

是首先要探明创新创业人才的素质结构并探明其形成机理，从而为科学评价创新创业教育实施效果提供理论依据。遗憾的是，目前学界对创新创业人才素质结构探讨得非常少且零碎，从而阻碍了创新创业教育科学前行，为此，推进创新创业人才素质结构探索已成为当务之急，这也是创新创业教育走向科学化的前提条件。

本研究在进行长期的田野观察和反复的哲学审辨后发现，创新创业人才普遍具有如下特征：以创造性人格形成为内源性动力，以七个核心素质养成为中介机制，以七个关键能力形成为标志，[①] 形成了一种"三重七级"的"人格—素质—能力"结构。[②] 本文将重点阐述创新创业人才的七个核心素质（自信心、责任心、冒险精神、合作精神、市场意识、风险意识、抗挫折性）的生成原理，从而为创新创业人才培养提供理论指引。

二、自信心乃一切能力发展的出发点

"能力起于自信"。人的能力发展首先在于建立自信心，没有自信心也就没有能力。只有建立了对自己发展潜力的信任，个体能力才能真正发展起来。因此，自信心培养也是创新创业人才成长的起点，从而是创新创业人才核心素质的第一构成要素。

（一）自信心是人走向独立的前提

"自信心"就是主体对自我肯定性评价。这个概念可谓尽人皆知，但很难进行确切界定。简单地说，自信心就是个体对自己的信心。我们认为，自信心指的是一个人对自己分析问题和解决问题能力的信任，即相信自己的判断力，相信自己的认识潜力，认为没有什么东西能够彻底难倒自己。可以看出，这表达了一个人对自己具有充分自信，如果他缺乏遭遇失败挫折和随后从困境中成功崛起并持续保持稳定发展态势的经历，就不可能建立如此强大的自信。自信心的本质在于，他相信一切困难都是可以解决的。不难看出，这表现出他对自身理性能力的信任，即他相信他的思考能力和探究能力，相信一切问题都是有解的，不相信有解决不了的困难，相信只要善于利用自己的理智分析能力，就能够找到解决问题的突破口，就能够一步步解决问题。换言之，如果一个人不善

[①] 王洪才，郑雅倩. 创新创业教育的哲学假设与实践意蕴 [J]. 高校教育管理，2020，14 (6)：34-40.

[②] 王洪才. 论创新创业人才的人格特质、核心素质与关键能力 [J]. 江苏高教，2020 (12)：44-51.

于运用自己的理智分析能力,就会在困难面前手足无措。

显然,相信自己与依赖他人是相对的。自信心的形成是一个人具有独立性的体现。人只有在对自己充分信任的情况下才敢于独立做出重大决定和规划自己的发展方向,否则就只能把自己的命运交给别人去主宰。由此可知,自信心不是天生就有的,而是后天培养起来的,一般都是在经历失败反思的基础上建构起来的。所以,一个善于反思自己的人才能建立起真正的自信心,否则自信心是虚幻的或盲目的。

(二) 自信心是理性能力充分发展的表现

自信心,说到底,是主体对自我理性认识能力的信任,是一个人对自己理性认识能力发展到一定阶段的判断,即他认为自己已经掌握了分析问题和解决问题的基本方法,认识到万事万物都有其规律,只要找到了规律,就能够找到解决问题的办法。由此可见,自信心是一种理性信心,不是盲目乐观与自大。换言之,自信心是基于对自己所掌握的科学知识的信任,认为一切事物都有其内在的规律,只要他善于观察、分析和总结,就能够找到事物发展的基本规律,就能够把握事物发展的基本脉络,进而就能够预见事物发展方向并对事物发展动态实施有效的干预。我们发现,一个人要建立起充分自信起码应该达到博士毕业的程度,因为此时他已经能够对事物产生系统化认识,能够发现事物运行的基本规律并运用它指导自己行动。在此之前,他很难获得一种确定性认识。不能获得确定性认识,自己内心就不踏实。

难道一个人不读书就没有自信心了?非也!因为人即使不读书,也必须应付生活的挑战,也能够在适应环境的过程中取得成功,这种成功的经历也能够培养起自信心。我们确实发现,有些人虽然读书很少但善于分析和总结生活经验,从而对生活充满了睿智,具有非常敏锐的判断力,因而也能够建立起强大的自信。换言之,这些人善于去读生活之书,这种从生活中直接汲取知识养分更胜于从书本吸收知识。因为知识最终要回归到生活中去,只有能够运用知识去解决实际问题才能培养其真正的自信。所以,实践是真知的根本源泉。显然,对绝大多数人而言,并不善于直接从生活中获得知识,一般都依赖于从书本上获得知识,但书本上的知识要运用到实践中去往往需要多次转变,很多人都难以实现这种成功的转变,如此就有了"百无一用是书生"之感。从理论上讲,人只有掌握了系统知识,获得了认识上的自洽性,才能真正充满自信。如果人缺乏知识,就难免产生内心的恐慌。人们常说,无知是一种无穷无尽的黑暗,道理就在于此。故而,自信都是建立在已知经验基础上的,没有稳定的知识作为基础,自信往往是盲目的。

（三）自信心代表认知水平的升华

自信心都是经过磨砺获得的。个体经过反复尝试之后才对事物规律有了一个基本认识，由此也形成了对规律的敬畏之心，从而形成了看待事物的科学态度，因此不再任性、主观臆断，进而掌握了认识事物的基本方法。掌握了认识事物的基本方法表现在善于发现事物共性与差异，从而能够认识得深入而具体，进而能够举一反三，而且屡试不爽，正是由于这种体验，才培养起了自信心。因而，自信心是一个人获得科学方法的结果，也是一个人具有方法论意识的表现，因为他获得了辨别事物真伪的方法，能够预见事物发展方向，从而对自己充满了自信。此时知识量或知识的广度都已经不再是他认识的局限了。这也说明，自信心本质上是对自己判断力的信任。显然，这是批判性思维能力高度发达的结果。

当然，自信心也并非纯粹理性认识发展的结果，它与环境的包容性之间也有直接关系。在一个专制型社会里，人们很难建立自信，因为这种社会比较崇拜威权，对个性能力是压制的。同理，在专制型家庭的孩子也很难建立自信心，除非孩子是叛逆的。这说明，自信心建立与社会的肯定性评价具有直接的关系，尽管依赖这种肯定评价所建立的自信并非真正的自信，但也是自信心成长的土壤。一个人只有对自己的能力认可才是真正的自信，依靠别人的肯定获得的自信是表面的、不稳定的。

由此可见，自信心主要是来自对自我认知能力的信任并相信自己能够在认知能力带动下开展有效行动，换言之，也是对自身实践能力的信任。

（四）自信心具有明显的层级差异

在现实中，人们的自信心往往是指相信自己具有某些专长，这个专长让自己充满自信。因为有了这个专长就可以独立生活了，就可以不依赖别人了，这确实是令人骄傲的。人都不喜欢寄人篱下，受人白眼。可以说，谋生本领是最基本的创业能力，如果一个人能够凭自己的能力生活，那么他就开始具有自信了。由此观之，自信建立在自立的基础上。应该说这是自信的第一重含义，也是最基本含义。自信的第二重含义是指自己与周围相比具有相对优势，比如，视力比别人好、听力比别人强、身体比别人棒、长相比别人好看、家庭条件比别人好等，诸如此类。第三重含义是指自己有特长，即别人没有而只有自己有。当然，这也是与周围的人相比而言的。可以说，这是一些特殊才能，如音乐天赋、数学天赋、体育天赋等。第四重含义是指他的智力超群，从而学业超群。这样的人比较受人尊重，受老师喜欢，受周围的人青睐，因为这种是社会普遍尊重的能力素质，是社会竞争的主渠道。第五重含义是个体的综合素质强，具有领导才干。这种能力是一般人不具有的，是个体获得成功过程中的最关键素质，也是人们向往而不可得的。大多出类拔萃的人都来自这批人，因为他们各方面素质比较平衡，从而可以承担多方面责任，因而也容易显露自己。对别人而言是可遇不可得的机会，而对他来说只是一次平常的表现而已。具有这样才能的人不可能不自信，甚至有点骄傲。

具有自信心的人一般都是乐观的、开朗的，态度是坚定的也是慎重的，能够给人一种沉稳、练达、真诚的印象。

三、责任心是卓越能力发展的奠基石

责任心是个体与世界之间建立的一种默契关系，它不仅是个体对外部世界的承诺，也是个体自我发展的期许，因此它既是个体成长的动力源，也是个体发展的风向标，因此它是个体能力发展的奠基石，故而成为创新创业人才核心素质的第二构成要素。

（一）责任心是一种高贵品质

责任心是人们所推崇的一种品格和气质，是人们对一个人人格品质的肯定。人们发现，与有责任心的人相处是安全的，而与那些缺乏责任心的人在一起是没有安全感的，因为缺乏责任心的人往往只顾自己，可能在关键时刻背叛你，在危难之际抛弃你，这种人关心的只是自己的利益，所以，他们在处理事务上是缺乏操守的，没有正义感的，往往唯利是图，是一种十足的市侩小人。

在现实生活中，人们经常把权利与责任联系在一起进行考虑，认为两者应该是平衡的。现实中许多人只讲自己的权利而不讲自己应尽的责任。事实上，这种行为就是对自己权利的不尊重，也是缺乏责任心的表现。因为人只有尽到自己的责任时才能受到人们的尊重，否则就得不到人们的支持与配合。所谓"天道朗朗，报应不爽"。一个人只有尽到自己的责任时才配享有权利，不然社会就无法有效运转了。

显然，责任心是建立在自信心基础上的，一个人只有认为自己有能力担负责任时才会想到担负责任，因为担负责任是一种荣誉，是对自我能力的证明。有责任心的人一般都有自己明确的价值观，他的是非观念非常鲜明，从而立场非常坚定，忠诚于道义。

可以看出，责任心是对一个人更高的要求，它的形成是建立在自我道德审判基础上的。换言之，如果一个人没有经历良心的挣扎，就不可能真正认识责任问题。因为它的核心是回答"我是谁""我应该做什么"等，这就是对自我

的深度认识，开始对自己的命运进行体认，从而确立自己的价值追求，进而就有了使命的承担。从现实角度看，人的责任感形成往往是建立在自身利益遭到了重大损害并对该事件反思之后得出的结论，所谓"己所不欲，勿施于人"就是这个道理，有了责任感，才能具有责任心。责任感是责任心的外化表现。

（二）责任心代表了强烈的荣誉感

责任心无疑是一种更高级品质，它不仅在于个体认识到自己有能力，更在于个体有了比较明确的价值选择，即有了鲜明的价值立场，从而有了自我价值承诺，可以见义勇为。当人们把自己的价值选择作为人生理想目标追求时，就形成了自己的人生观和价值观，从而就形成了自己判断事物的基本标准。但该标准并非完全的理性标准，而是具有强烈的情感寄托。古人有"杀身成仁、舍生取义"之说，这些都是一个人具有高度责任心的表现。"位卑不敢忘国忧"也是责任心的一种表现，但这只是一种情怀，还没有达到最高级别的责任心。在今天，敬业精神也是责任心的体现，只不过这是一种基本的责任感要求。

从另一个角度看，责任心代表了独立人格的形成，因为他已经有了自己的价值判断，具有了自己的价值准则，知道什么当为、什么不当为。对许多人而言，其已经具有了初步的责任感但还未形成责任心。责任感说到底就是个体对社会所承担的义务，即必须遵从基本的社会规范，如此才能享有社会提供的福利。没有基本的责任感就是一个自私自利的人，显然，这种人是被人鄙视的。如果自私自利的人得到赞赏，说明社会价值观出现了混乱。

（三）责任心具有很强的利他主义动机

责任心与情感因素结合得比较紧密，与个人的天赋秉性关系非常密切，它与个体聪明与否关系不大。聪明的人容易自信，但自信的人未必都乐意承担责任。责任心之中包含了很大的利他因素。一般来说，责任心越强，越不顾及个人利益，越是以公共利益为最大。所以，具有责任心的人天生就具有一种领导气质，因为他经常为别人考虑，就自然受到人们的拥戴，因为他是人们心目中的英雄。可以说，一个人越是缺乏责任心，就越是自私自利。

但在世俗眼光中，勇担重任的人往往被认为是不聪明的人。人们所谓的"聪明人"都是为自己考虑的，那些不为自己考虑的人就是"傻子"。其实这些人并不傻，而是具有大智慧的人，所谓"大智若愚"就是这个道理。责任心说到底就是一种价值承诺，即把某种价值作为自己人生的最高追求，这种价值承诺有点接近信仰的意思。以这个标准来衡量，大学生多半无法达到这个境界。一般人的责任感是建立在对社会规范遵循的承诺上，如果能够始终一贯地执行就非常了不起了。绝大多数人是在有社会监管的情况下才遵循社会道德规范，

232

而在独处的情况下就可能放纵自己。为此"慎独"就成了一种道德修养。

当然，适度的利己主义并没有什么错。一个人难的是在利己的同时不损害公共利益，最怕的是一切以自己利益为中心。中国人非常讲究公德与私德区别，两者并行不悖非常难，只讲公德不讲私德有点不近人情，而只讲私德不讲公德就容易损人利己。

所以，有责任心的人一般都是讲原则的人，是忠诚于自己良心的人，并不是非常圆滑的人。有责任心的人讲究公平公道，一般不会投机取巧、唯利是图。而且有责任心的人非常注重实效，反对形式主义官样文章。

（四）责任心具有明显的层次性

与自信心相同，这里的责任心也是一种学理上的定义。首先，在实际生活中，有责任心的人就是那些注重信义、注重名声的人。他们一般不会胡吹乱侃，说话比较诚恳，有理有据，不轻易承诺，一旦承诺就必定做到。也可以说他们往往是那种严以律己、宽以待人的人。这样的人给人的基本印象就是诚恳、不虚浮，这可以说是责任心的第一重表现。其次，有责任心的人做事的风格就是踏实，办事让人放心，人们可以感觉到他做事情不浮躁，这是责任心的第二重表现。再次，有责任心的人做事比较有耐力，不半途而废，从而具有做事情任劳任怨的品质。过去人们经常说的"老黄牛"精神，可能就属于这一类。应该说，社会上具有这种品质的人还是不少的，这是责任心的第三重表现。从次，有责任心的人还有一种令人敬佩的品质，即有责任不推诿，主动承担，甚至会代人受过。可以说这是道德高尚的表现了，也是责任心的第四重表现。最后，有责任心的人是勇于挑重担的人，而不是拣轻怕重的人。这可以说是一种担当精神的体现，是责任心的第五重表现。

四、冒险精神是能力发展获得突破的关键

冒险精神表现为人们对自我能力的挑战行为，是一个人敢于尝试自己从未做过的事情或并无十足把握的事情，目的就在于激发自己最大的潜能，尽自己全力获得成功。当个体挑战成功，其能力就获得了一次提升机会，因而是一种极为重要的品质，它也是创新创业人才核心素质的第三构成要素，因为一个人有了自信心和责任心之后才会挑战自我。

（一）冒险精神是中国人比较稀缺的品质

冒险精神是绝大多数中国人非常欠缺的一种品质，因为它常常被人讥笑，经常被人说成"二百五"或"傻帽"。冒险精神可以说是责任心的升级版，因

为责任心一般都是在常理范围内行使，而冒险精神往往超出常理范围。"虽千万人吾往矣"说的就是这种品质，即大家都害怕、都躲避，而他却不避风险、敢做敢为。故而冒险精神往往表现在一些比较特殊场合，例如，发生了突发事件，人们都惊慌失措，害怕担责任，因为对于这种状况，没有常理可循，事件处理成功了往往属于尽责范围，失败了就要"背锅"，从而有不少聪明人遇到这种事能躲就躲，害怕处理不当影响自己的仕途或前途，处理好了也无功可表，实际上就是一个费力不讨好的苦差事。这个时候就是在考验一个人人品的高下，是否具有敢于担当的精神。

我们认为，冒险精神的失却与中国人的生存哲学有关。中国人的口头语是"安全第一"，所谓"好死不如赖活着"就是这种哲学的最好阐释。这种状况与儒家哲学有关，因为儒家哲学把人驯化了，也就不敢抗争了。我们经常发现，不少人为了所谓的面子去争强斗狠，但不敢为了正义公道去出头，可以进行意气之争却不去为了民族大义去争。这种人经常为自己的退缩和懦弱找借口，如"留得青山在，不怕没柴烧"。

（二）冒险精神体现为集体主义至上品质

冒险精神意味着不成功就要牺牲自我了，可以说这是一种敢于牺牲的精神，之所以如此，就是为了成全大家，拯救大家，避免大家一起遭受灭顶之灾。如果牺牲自己一个能够成全大家，就必须舍得出去。当然，如果成功了可能会成为大家心目中敬仰的英雄。因此，冒险精神实际上是面对不确定性的一种确定态度，即敢于面对这种不确定性，试图控制这种不确定性，使之能够按照人的意志进行转移。这当然是挑战个体的毅力或定力了。

创新创业活动特别需要冒险精神。因为无论从事什么活动，都不可能百分之百成功，往往都是只要有成功机会就要全力以赴去争取。高校大学生参与创业的人比较少，就在于缺乏冒险精神，当然根源在于创业的成功率非常低。创业失败无疑会对其造成很大的打击，但绝非一无所获，因为它能够打开人的新视野，这是一种宝贵的人生经历，甚至是无价之宝。

所以，冒险精神都是在危难时刻挺身而出、义无反顾的精神。不言而喻，这种挺身而出、义无反顾不是一种无谓的牺牲，它是一种胆识的表现，是相信自己有可能扭转局势或控制局面，当然他还不敢完全确定自己有这种能力，从而是斗胆试一试的行为。当然，他所做的不是一种莽撞行为，而是知道一旦成功就能够让大家受益，如果不作为，就可能使大家一起陷入一种沉沦状态。这样做无疑是一种孤胆英雄的行为。

由上可知，自信心—责任心—冒险精神三者之间是一个逐级上升状态，尽管它们之间不是直线上升关系，但其上升的线索也是清晰的。自信心是一种充分的理智判断的结果（能不能），责任心是经过良心审判的结果（该不该），而冒险精神是一种大义凛然的表现（做不做），它有一种"铁肩担道义"的使命感在其中，从而表现出一种大无畏的牺牲精神，表现出对精神生命的追求胜过对肉体生命的保护，所以体现出的是一种超越精神。

（三）冒险精神是具有胆识的表现

在现实中，进行实体创业过程是一个具有巨大风险的事业，必须对自身具有高度的自信，特别是对自己提供的产品具有高度的自信。一般而言，投入小，风险就小；投入越大，风险就越大。科学研究作为一种探求未知的活动，也是充满风险的。在科学研究过程中，宽容失败是一个基本准则，因为谁都无法保证自己的认识就一定是正确的。在人文社会科学中，一个新观点不被人们接受是很正常的事情。人文社会科学研究的结论不容易去证明，很多时候就是凭借信誉威望而传播某种观点。

当然，具有这种胆识的人永远是极少数，核心就在于要牺牲自我可能要成为一段传奇。一般在危机事件突然来临之际，总是大多数人惊慌失措，只有极少数人镇定自若，敢于提出自己的独特见解，从而稳定人心，然后提出方案，从容应对危机。这种镇定自若并非他有十足把握，而是他知道他必须表现得信心十足，他的方案也并非成竹在胸，而是他看到了事物的关键，于是针对这个关键去试一试，因为他知道不可能有更坏的结果了，只要做就比不做强，从而决不能坐以待毙，必须奋力一搏。这就是冒险精神的实质含义。

"创"字的核心要义体现在"闯"字上。不敢去闯，就无法去创。"创"就是要进入新领域、进入无人区，就是没有固定经验可循，没有成熟经验可循。一个人必须去试试才知道方案设计是否真正可行。

（四）冒险精神的层次性

在现实生活中，冒险精神具体表现在哪些方面呢？我们经常听到"敢为天下先"精神，"第一个吃螃蟹的人"都属于这个类型。冒险精神也有层次之分。如一个人敢于坚持自己的主张，不怕被议论被批评。这诚然是一种勇气，当然也是自信的表现，但更属于勇气范畴。因为自信不一定表现出来，表现出来就需要勇气。可以说，敢于坚持自己的观点是冒险精神的第一级表现。第二级表现是敢于发表与众不同的观点，这确实是对自己勇气的挑战。众人观点相当于是一种主流观点，近似于权威观点，与众人观点不同就要冒得罪众人的危险。第三级表现是敢于质疑权威的观点，这需要极大的勇气。因为权威是受人尊重的，是大众的偶像，质疑权威就是冒犯大众，就可能引起众怒。第四级表现是敢于发表与权威相反的观点,这不仅是挑战权威,还是超越权威,虽然经常面临的是失败的命运,但由于个体坚信自己是正确的,所以不惧怕各种压力,即使会遭遇各种打击也在所不惜,这不仅需要冒险精神,更需要无比坚忍的意志品质。第五级表现是用实际行动来证明自己的观点是正确的,这就蕴含一种实践精神在其中了。可以说这样做的难度更大了,所面临的风险自然也更大,但个体为了坚持真理而勇往直前、义无反顾。

五、合作精神是领导能力的基本要素

合作精神是一个人从集体角度思考问题的方式,是个体在超越自我之后才出现的行为状态。合作精神要求个体不能只从自身利益出发,必须把共同体利益放在第一位,从而在冒险精神之外增加了一种审慎的品质,实现了对个体英雄主义的超越,因而它是一种更高级的品质,成为创新创业人才核心素质的第四构成要素。

（一）合作精神是个体取得成功的必备条件

在过去,中国人曾被指责为一盘散沙,就是因为缺乏团结精神,说到底就是缺乏合作精神。之所以如此,就在于人格的被动性,大多数人遇到事情总希望别人来"挑头",认为自己只要跟着做就行了,即害怕冒险。只有那些有大志者才会意识到要成就大事必须讲究合作,必须善于合作,必须把大家的力量组织起来,必须调动大家参与的积极性。对大多数人而言,深刻认识到合作的重要性至关重要,切勿陷入坐享其成的误区,必须认识到每个人积极参与才能成就大事。

合作精神常常与个性发展存在一定的紧张关系。人们经常能够感受到,一个人个性越强,越具有一种我行我素的品质,从而合群能力就越低。而一个人合群能力低,往往成为他通向成功之路上的绊脚石。但是,一个人的合群能力强在一定程度上会削弱他的独创性特质。所以,独创性与合群性之间的紧张关系如何统一是任何一个才华出众的人都必须面临的课题。合群性犹如民主性,独创性好似权威性,两者之间常常难以调和。显然,我们既不能只要民主而不要权威,也不能只要权威而不要民主。如何既能够发挥权威的作用又能够遵循民主的原则,这就变成了社会组织的一个难题。社会组织经常处于一种两极的状态,要么是威权型的,要么是民粹型的,两者之间要达到一个和谐状态非常难。

（二）合作精神与积极参与紧密结合在一起的

在任何一个组织里,"积极参与"意味着必须贡献自己的聪明才智,必须自

觉地抑制消极力量出现。这意味着,合作精神要求每个人都必须具有大局意识,能够从整体利益角度进行思考而不是仅仅从个人利益角度来考量。可以说,让一个人完全放弃个人利益是不可能的,关键是如何做才能更好地维护个人利益和扩大个人利益,而答案就在于必须让整体利益得到保障,否则一切都是枉然。

因此,合作精神的核心就在于一切以整体利益为重,建立一致认同的道德原则、行为准则以及利益分配方式,从而促进大家团结。建立真正的利益共同体是促进合作的根本策略。故而,要达成有效合作就需要建立共同的目标愿景,需要制定有效的行为规则,需要建立有效的协调沟通机制,需要建立矛盾或争议处理机制,需要建立有效的利益分配机制。很多人都认为,做事情不难,难的是进行合作。合作虽然是最平常的事情,但也是最难的,因为它需要一个合理的制度安排能够吸引大家参与进来,并且使大家的利益得到保障。在合作过程中难免会出现意见分歧,如果缺乏有效的解决争端机制,就可能使组织分崩离析或失去凝聚力而变得瘫痪。在一个组织中既需要确立权威,又必须发扬民主,从而使每个人都能够发挥自身主体性,体现出主人翁意识。一个组织如果没有权威的话,就没有向心力;一个组织没有民主氛围,就没有活力。一个组织如果没有有效的沟通机制,就会使组织逐渐变得僵化。如果一个组织内部利益分配不均,就会变得离心离德。

(三) 合作精神常常体现为一种领导品质

合作能力的核心是一种领导能力。合作精神从本质上讲就是推崇整体主义,把集体利益置于个体之上。当然,这并非不要个体利益或不尊重个体利益,而是指当个体利益与整体利益发生冲突时应该把整体利益作为优先的价值选择。谁能够代表整体利益,谁知道实现整体利益的关键点在哪里,谁就是这个集体或组织的领导者。换言之,一个组织的领导就应该能够代表共同体的意志,这个共同体意志不是简单的个体相加,而是超越个体利益之上,如果没有对共同体利益的核心进行把握,就无法做到这一步。在一个组织中,只有具有领导才能的人才能担负起这个责任。正因如此,他才能赢得人心,才具有人格魅力,因为人们感受到他是为了大家的利益而非个人的利益,如此人们才会拥戴他,这就是一种领袖人格。

所以,一个有效的组织就是一个利益共同体,即能够保障每个人的利益,使每个人的作用得到发挥。合作精神就体现在维护集体团结上,体现在促进组织目标的有效实现上,还体现在引导组织不断地追求更高的目标上。一个人能够主动关心集体利益是具有合作精神的表现。他如果关心组织制度建设和完善,说明他的合作精神比较强。如果他能够以实际行动促进组织制度建设，则说明他的合作精神非常强。一个人能够主动消除团队成员的分歧，关心团队成员的工作状况，这是合作精神特别强的表现。如果一个人在组织中比较消极被动，什么事情都优先考虑自己的利益，则说明他的合作精神比较弱。如果一个人经常说怪话、发牢骚，则说明他的合作精神非常弱。所以，一个人的态度与行为都是他的合作精神强弱的展现。

（四）合作精神也是对冒险精神的超越

在各种社会实践活动过程中，一个人的道德品格高低就表现得比较充分，那些能够为大家着想的人自然就是道德品格比较高的人，反之就是低的。人们正是在一次次冲突中发现了不同个体的人品高下。当然，也从中发现了人的领导才能不同。有的人虽然爱出风头但未必有真本事，往往是在危急时刻才能显示出谁是真的英雄，即所谓的"烈火见真金"。在平常活动中是无法显示这些品质的，只有在一些关键时刻，在做重大决定的时候，才能显示出哪些人具有真正的领导才能，哪些人只是一些沽名钓誉之辈。所以，如果大学生不参加实践实际活动，只坐在教室里，这些品质就不可能显现出来。虽然在教室里也可能显示出一些认识独到的人，但这些人在实际行动中又是如何表现的就不得而知了。正因如此，温室里是难以培养出真正的花朵的。

在创新创业活动中，一个人不会合作，不善于合作，都不利于其目标的达成。只有懂得合作，善于合作，才能赢得最后成功。可以说，合作好坏，决定其事业成败。

合作精神相对冒险精神而言是一个更高的要求。冒险精神是对自我的牺牲，这是个人能够决定的，难的是团结大家一同努力奋斗，即把大家都动员起来。冒险精神虽然也是一种行动品质，但更多地属于认识层面，还没有真正落实到实践层面，而要落实到实践层面就必须合作，必须加强合作，而且必须善于合作。冒险精神常常表现的是一种个体的行侠仗义行为，而合作精神是一种带领群体的行为，那么个体意志就必须与集体原则进行妥协，不能过分任性，即不能过分突出个人英雄主义，那样就可能损害集体团结。可以想象，这可能在一定程度上损害自己对所信仰价值的忠诚，但为了长远的目标必须进行这种妥协。这也意味着对个体的能力挑战更大，要求个体不仅具有良好的自我管理能力，而且要求其具有管理组织的能力，也就是领导能力。这实际上也是对组织的每个成员的要求，因为一个人只有在体会到领导的难处时才会自觉配合，如果他认为领导只捞好处没有付出时，就不会主动配合，如果是主动迎合的话肯定带有某种不可告人的目的。

（五）合作精神也具有层次性

在现实生活中，合作精神表现也具有层次性，不可能都处于同一级水平。最初级的合作精神就是具有合群性，能够管制住自己的任性行为。"我行我素"是一种明显的不合群的行为，能够约束自己是对合群的最起码要求。人们经常说任性是无知的表现，道理就在于此。不合群就必然受到排斥，几乎没有反例。第二级表现是积极承担任务。在任何一个组织中都要分配许多任务，承担不同角色，一个人只有接受任务分配并完成好任务才能获得比较深度的接纳。第三级表现是能够提出合理化建议。一个人在完成任务过程中就会产生一些自己的想法甚至是创见，及时地把这种意见想法反馈到组织中去是对组织忠诚的表现，应该是受到欢迎的。只有在遇到嫉贤妒能的上级时不仅得不到欣赏，甚至会受到冷嘲热讽乃至打击，因为你的表现似乎是在出风头，超过了领导的能力，领导感受到了危险。第四级表现是主动配合他人工作，看哪里需要就支援哪里。这当然是合作精神的高层次表现，也是潜在领导能力的表现。第五级表现是能够弥补领导工作设计中的不足，预先做好工作设计，当工作需要时就充分发挥作用，即所谓"机会只等待有准备的人"。无疑，第五级表现是一个人具有领导力的表现。

六、市场意识乃人生走向卓越的前奏

市场意识就是意识到只有满足社会需要才有成就自己的可能，一个人要成功就必须具有解决社会面临困难与问题的本事或能力。故而市场意识体现为一种利他主义，即意识到个体是社会整体的一分子，只有促进社会发展才能使自我获得更好的发展，从而把贡献自己的才华作为自己人生价值实现的标尺。这种整体主义思维方式显示出对合作精神的超越，是个体完全融入社会的表现，从而它成为创新创业核心素质的第五大构成要素。

（一）市场意识是人迈向高尚生活品质的前提

市场意识也是一种开放思维的意识，即一个人必须把自己放在社会整体中进行审视，不能自我封闭。市场意识内涵了一种社会服务精神，即一个人只有善于服务社会需求才能获得回报和支持。"服务"从一个角度看是个体做出贡献，而从另一个角度看是其能力水平的展现，因为只有提供有效服务才能获得人们的认可，不是无论什么样的服务都能够得到人们的赞赏。所以，服务必须具有针对性，服务必须分时间、地点、人物、环境，不能一股脑地提供没有区别的服务。人一旦有了服务意识，就具有了一种利他主义动机，就会把他人利益作为考虑的目标，就不会产生投机心理。此时，他就会把提升服务质量作为自己的目标追求，就会改进服务品质入手，就会发现服务之中存在的不足，如此就具备了创造动力。可以看出，具有服务意识的人总是希望了解社会需求，以积极主动的姿态来发现、服务机会，希望通过自己的努力来满足社会的需要。

（二）当代大学生的市场意识比较缺乏

目前许多大学生市场意识都是比较缺乏，他们从事许多活动都是被动的，是为了满足"刷学分"的需要，而不是为了发现社会需求、发现自己的能力短板从而激发自我提升动力。所以，许多大学生参加了志愿者活动，但这并不代表他们的社会服务意识强，因为许多人就是出于"刷学分"的需要。这当然是功利化的表现，虽然根源在于许多学校把志愿者活动纳入了考核范畴。从管理者而言，这个考核杠杆是有效的，但从道德建设方面往往是低效的甚至是无效的。只有当志愿者活动促进了社会服务精神提升时才是有效的。现实中在运用激励杠杆时往往简单化，从而成为大学生功利化的加速器，这非常值得反思。物质刺激杠杆泛化的直接结果就是大学生物质主义化，无论做什么都要讲究报酬。

由此可见，市场意识也是一种积极进取的心态，即希望通过满足社会服务来促进自身能力的提升和事业的发展。人一旦具有了市场意识，就会充满主动性，就会激发自身的创造潜能，就会去整合资源来实现自己的价值目标。

市场意识不同于急功近利。当今社会弥漫着浮躁情绪，导致人们只追逐眼前利益，而忽视个人理想和责任担当，这对社会长远发展而言是危害甚深的，当然也不利于个体人格的健康成长。强调市场意识显然并不反对物质回报，但更注重社会价值的实现和精神需求的满足，注重为社会提供优质产品，注重为社会培育正气。人一旦摆脱了眼前利益的束缚，就能够让自己的思想自由飞翔，就能够激发自身的创造潜能，就能够把知识转化为现实的生产力，使科技成为人民生活品质改善的助力。一个人有无市场意识就在于他是否善于进行社会调研，是否关注人民生活中的急迫需要，是否把人民群众需求作为自己创造的动力。具有市场意识具体体现在努力运用最先进的科学技术手段来满足人民群众的物质需求和精神需求，用精益求精的精神来奉献自己的创造成果。

（三）市场意识是对合作精神的超越

从合作精神到市场意识也是一个质的飞跃。因为市场意识为合作提供导向，只有明确社会需要才可能进行更有效的合作，才可能走向成功。可以说，市场意识使人们的行为更加经济、更为有效。一个人要想成就自己，必须从发现社会需求开始，只有满足社会需要，自身的价值才能获得认可。大学生要想尽快成才，也必须从了解社会需要开始，只有明白了社会需要的热点、痛点，才能找到自己创新的起点和创业的方向，才能找到知识的用武之地。人们经常批判的"死读书、读死书、读书死"，其要害就在于不了解社会需求。因此，具备市场意识是个体走向成功的关键。

那么，市场意识是否会比合作精神的层次更高呢？从某个角度看是的。因为合作精神是针对团体自身而言的，市场意识则是针对社会需要而言，前者是内向的，后者是外向的。市场意识的核心在于发现真正的社会需求，找到社会需要的热点和痛点，这对一个人提升个人领导能力、一个团队明晰自己的发展目标而言无疑是非常重要的。如果一个人缺乏市场意识，不看社会需要，仅仅是为了合作而合作，很容易陷入老好人主义，这样的合作就是没有价值的或者说是盲目的。合作的目的就是做出更大的社会贡献，那么前提是必须了解社会需求，如此就必须具备市场意识。显然，缺乏广阔的视野，缺乏服务社会的精神，合作也很难走长远，个人也很难取得更大的成功。故而，市场意识就是要把社会需要放在个人发展优先考虑的位置上，从而为个体争取更大的发展空间，也为组织发展创造更大的未来。如此而言，市场意识是合作精神更高层次的追求。

（四）市场意识的层次性

在现实中，每个人的市场意识不同，这些不同实际上就显示出市场意识也具有层级性。能够从他人角度思考问题是市场意识的第一级表现。第二级表现就是思考大家利益关注的焦点，即关注大家的核心利益。显然，这对于个体的能力素质要求更高了。一个人能够尊重大家的意愿已经是一个好员工了，如果能够思考大家的核心利益所在，这就是优秀员工的行为了。第三级表现是不仅考虑到大家的核心利益，而且关注大家的长远利益，这实际上达到了领导人的水平。只有考虑大家的长远利益，才会去谋划，才会去思考如何提升竞争力，才会想到大家如何合作，一起去做事情。第四级表现是关注到组织发展的潜在危机，知道组织竞争力的短板所在，想办法去弥补。可以看出，这是具有创造性的领导人素质了。如果一个领导人不去思考自身组织存在的不足，不知道自身的劣势所在，那么整个组织就会处于危险的状态。第五级表现就是通过各种机遇条件转化自身劣势为优势，使组织获得一种创造性转变。这显然是高创造力的领导人表现，这无疑要求领导人具有开创性品质才行。

七、风险意识乃人生成败的试金石

风险意识是对人的智慧品质的极大挑战，人只有充分认识到事物发展的两面性之后才能具备充足的风险意识。未谋胜、先谋败是具有风险意识的表现。风险意识高低就在于对事物运行细节的关注程度，它往往是人们走向成功的"最后一公里"。如果服务精神体现了良好的愿望，风险意识就表现为更加关注效果的达成，从而局部地实现了对服务精神的超越。故而，风险意识成为创新创业人才核心素质的第六大构成要素。

（一）风险意识是人从不成熟走向成熟的分水岭

风险意识就是一个人对一件事或一个行为可能带来的消极后果及其应对策略的思考。它源于人的安全本能，也是人的知识增长的重要基点。人具有趋利避害的本能，人只有对事物的各种价值认识到了，才能分辨其中隐含的利害关系。科学技术发展就是不断地开发事物本身有利的一面为人类服务，而避免事物有害的一面以保护人自身的利益。任何事物都具有两面性，都存在有利的一面和有害的一面，如何充分发挥事物有利的属性而避免和防止有害的属性就是人类需要利用知识解决的问题，实际上这也是人类知识增长的动力。人类只有对事物属性充分认识之后才能做到这样的区分，当然这一认识过程是充满风险的，科学家的不避风险的精神也体现在这方面。但是尽可能地做到有效地防范危害的发生是有效开展工作的前提。

（二）风险意识是在失败经历中培养起来的

并非人人都能够清晰地意识到事物的两面性，人对事物的两面性认识是反省思维发达之后才形成的。人们对明显的危险比较关注，而不容易注意到潜在的危害。人们对潜在危害的认识往往是在吃过亏之后才具有的，即所谓"吃一堑、长一智"。从另一个方面看，人的智慧往往建立于对事物危险性的认识上。社会上不少人得意忘形、见利忘义，就是因为只看到事物有利的一面而没有意识到事物危险的一面，只有风险意识强的人才会意识到潜在的危险。大学生当然应该具有风险意识，因为危险经常发生在不知不觉之中。大学也不是保险箱，大学生也会遇到挫折、打击乃至发生危险。大学里也可能会出现人身安全问题或财产安全问题，没有防范意识就会面临不测、遭遇不幸。一个人有了防范意识，说明其就具备了一定的风险意识。

因而，无论做什么，都必须适时地关注事物可能造成的消极后果，并预先做好防护工作，避免对生产或生活造成重大的经济损失和生命安全方面的损失。

（三）风险意识是人的审慎品质的集中体现

人的理智性实质上是风险意识的体现。人们在行为中表现出的谨慎态度也是风险意识的表现。风险无处不在，时时刻刻都需要防范，任何时候都不能疏忽大意。一个人有无风险意识就表现在他做事情之前是否经过审慎思考和调查研究，是否制订了比较详细的行动方案；在做事情过程中是否遗漏了关键细节，是否落实了相关人员的责任；在做事情之后是否进行了认真总结和反思，是否完善了规章制度的建设。

风险意识培养应该落实到每个生活细节。一个具有认真负责精神的人，一般而言风险意识是比较强的。一个做事情马虎的人，风险意识就比较差。所以，真正品质的培养是在平常，而品质的表现往往是在特殊场合。人们经常讲的"细节决定成败"也说明了认真精神的重要性。之所以提出风险意识命题，就在于提示人们要重视社会所存在的阴暗面和人性的阴暗面，重视人的心理变化、情绪变化以及环境变化的不可捉摸性，即时刻要关注不确定性的存在。可以说，冒险精神与风险意识是相辅相成的。

在企业经营中经常讲落实安全生产责任制，其核心要义就是提醒人们时刻要警惕危险，不能麻痹大意，因为风险的后果和教训都是非常惨痛的。各种组织规章制度建设和监控措施都是为了防范风险而设计的。但人们经常会疏于安全防范意识，只有事故发生并造成了惨痛后果，人们才会记忆深刻。

（四）风险意识是对市场意识的完善

风险意识也是对市场意识的超越。因为市场意识总体上是宏观的、理想的，属于一种战略谋划，要落实到行动中去就必须从细节出发，而风险常常潜藏在细微之处，所以，没有风险意识，市场意识就难以落实，这显然是对人的行为周密性的极大考验。如果一个人缺乏务实的品格，没有认真负责的精神和严谨踏实的作风，就很难坚持下去。风险意识表面上是意识层面的事情，实际上要落实到每个行动中，只有在具体行动中才能反映出一个人的风险意识强弱。因此，风险意识是对一个人责任心、合作精神的检验，更是对其服务精神的考验。由于风险潜藏在每个细节中，如果不能充分重视就可能带来真正的风险。因此，把思想变成行动，落实到全部的行为过程中，对领导人的耐性细心品质是一个极大的考验。之所以要求领导人能够大处着眼、小处着手，就是指要把战略规划变成战术动作，每个动作都要求精准协调，这样才能无往而不利。

（五）风险意识也具有层次性

在现实中，风险意识的基本表现就是成本意识，用俗话说，就是"不能做亏本的买卖"。这种俗语体现出风险意识是一种普通表现，是日常生活中每个人都具有的。第二重表现是注重规范遵守，一切行为都合理合规，即通过规范来保护自己。日常生活中的遵纪守法就是从自我保护角度出发的。它的潜在含义是，如果人人遵纪守法，个体利益就能够受到保护。从公平性出发，反对只要求我守法而他人可以不守法。为此要求司法执法严格，做到违法必究，执法必严，这样才能树立法律的威信，从而树立一种法治的风气。第三重表现是注意建章立制，规定好每个人的角色任务，使每个人明确其责，各守其责。这是社会治理必需的一环，也是组织管理中必须做到的工作，否则组织就缺乏纪律可言。第四重表现是注意根据环境变化不断地完善规章制度，杜绝制度的漏洞，务必使每个人都能够恪尽职守，如此才能做到组织管理严格。第五重表现是不断学习先进经验，不断提升管理水平，通过强化人的服务意识与奉献精神来防范风险。

八、抗挫折性乃自我发展的根基

抗挫折性高低决定了一个人的发展潜力大小，只有能够耐受挫折考验才能走向最后成功，从而挫折往往是新的发展起点。一个人自我发展能否成功，就在于其能否经受住挫折考验。只有通过了挫折考验，人生才能进入更高层次。所以，抗挫折性不仅是对风险意识的检验，也是对自信心的考验。通过了检验，自信心就得到了进一步充实，这个人就进入了新的人生阶段。

（一）抗挫折性是最重要的个性品质

抗挫折性，说到底就是对挫折和打击的忍耐能力或承受力。一个人越是独立，其抗挫折性就越强，反之就越弱。因为人在走向独立的过程中，必然要遇到各种各样的挑战，人不可能顺利通过各种挑战，都必然要经历失败的考验，只有通过失败考验才能成功。不言而喻，失败考验过程就是耐受挫折的过程。正是因为人不惧怕失败，才提高了自身的抗挫折性。一般而言，人经历的失败越多，其抗挫折性就越强。俗语说，"不经天磨非好汉"，人就是在无数挫折经历中成长起来的。可以说，人所遭受打击的程度就是其耐挫折性的程度，一遇到打击就退缩的人是注定不能成功的。成功的人都具有坚忍的意志品质，这种意志品质就是其耐挫折性的表现。

（二）今天大学生抗挫折性比较低

人们经常说今天的大学生是草莓族的，经不起任何风吹雨打，是温室里的花朵，娇嫩无比，因为他们一直受保护。在应试教育体制下，升学压力非常重，学生失去实践锻炼机会，从而心理素质没有得到很好的培养，常常经不起任何挫折，这显然不利于其参与创新创业活动。要参加创新创业活动，首先就必须提升其抗挫折性。

我们可以用一个经受打击的次数来衡量其抗挫折性，可以用他应对挫折的办法来考核其耐挫折性，也可以用他从打击中恢复过来的时间来衡量其耐挫折性，还可以用他的自信心来佐证其耐挫折性。总之，一个自信的人是不会被挫折打趴下的。一个具有创造力的人会想尽各种办法来克服挫折所带来的打击。具有高创造潜能的人会在挫折中看到机遇，从而展现出一种化腐朽为神奇的智慧。

（三）勇于实践，才能提升自我的抗挫折性

一般而言，一个人在挫折面前是不会坐以待毙的，而最大的问题是挫折过后他是否仍然具有敢闯敢拼的锐气，是否仍然具有坚持自己价值理想的勇气和是否仍然对自己的能力充满自信。

大学生只有真正地接触社会，真正地承担一定的社会工作，才会真正领会生活的内涵，才会矫正自己的人生态度。现在大学生多数都沉浸在自己的舒适区内，他们懒得走出宿舍，懒得去操场，甚至懒得去食堂，常常沉浸在网络的世界里，习惯于与各种虚幻做伴。他们往往不知道什么是真正的价值，只满足于感官享受。他们缺乏深层的批判力，往往只有不满。他们喜欢指手画脚，但并没有鉴赏力。他们习惯于被捧着，不能接受现实中的苦痛。他们习惯于攀比，不懂得什么叫珍惜。他们个个心气高傲，不知道什么叫脚踏实地。他们只知道自己有需要，但不知道目标在哪里。这是与网络共生一代大学生的通病，也正是如此，大学创新创业教育才显得那么急迫。

可以说，抗挫折性是一个转折点，是对个体能力的总检阅，无论什么样的能力品质都需要经过抗挫折性的检验。当然，第一个接受检验的就是自信心，因为如果一个人没有自信心，那么他一切能力的基础就消失了。抗挫折性最能够体现人的意志品质，特别是性格中的韧性品质。人的智慧底性就在于此。每一次挫折，都是对人的总体能力的检阅。抗挫折性既受人的先天禀赋的影响，也与人的适应性本能因素相关，而且与一个人的个性、教养方式和个体独立性等因素都有关，当然也与个体的自我认知能力有关。抗挫折性所考验的就是一个人的承受能力，它所隐含的是对人的分析判断能力、批判反思能力、调整转换能力和资源整合能力的系统检阅，可以说，这是对人的认识能力与实践能力的系统检阅，故而从本质上讲它是一种自我发展能力。

（四）生活经历不同，抗挫折性就不同

在现实生活中，抗挫折性表现也是具有不同层级的，最初级的表现就是遇到挫折之后发发牢骚，使自己心理平衡一下，然后冷静下来，检讨自己，发现自己的不足，然后改正自己，为自己鼓气；第二级表现是找亲朋好友诉说，使自己积郁的情绪得到舒缓，心情平静之后检讨自己的过失，发现自己改进的空间，为自己的发展注入新动力；第三级表现是自己快速地冷静下来，分析事情始末缘由，找到行为过程中的漏洞，弥补漏洞；第四级表现是紧急启动预案，减轻损失，使自己的工作和生活正常开展，不受到重大影响；第五级表现是能够从危机中看到重大机遇，使自身能力水平获得巨大提升，使自身精神状态得到一次锤炼，从而精神境界获得一次跃升机会。由此，抗挫折性就变成了一个炼丹炉，使自身生命价值得到了提升。

九、创新创业核心素质呈螺旋式发展动态结构

高素质的创新创业人才必然是自信心、责任心、冒险精神、合作精神、市场意识、风险意识、抗挫折性都非常强的人，因为缺乏这些品质就难以成为真正的创新创业人才。实际上这也是所有成功者的基本品质，因为缺乏任何一项都难以成功。一个人的成功，第一，是从建立自信心开始，因为没有自信就没有成功的可能；第二，从建立责任心进行发展，因为具有责任心才能获得人们的认可；第三，从具有冒险精神获得发展的突破，因为具有冒险精神才能做到别人无法做到的事情；第四，从合作精神获得更大发展空间，因为具有合作精神才能得到大家的拥护；第五，从市场意识中寻找到更大的发展机会，因为具有市场意识才能抓住发展机遇；第六，从风险意识中学会如何回避和主动应对，因为具有风险意识才能减少失败概率；第七，从抗挫折性中学会重塑自信，因为具有抗挫折性才能在不可避免的挫折中重新崛起。可以看出，这些素质构成了一个发展链，具有不断上升的特点，尽管它不是直线的。但也可以看出，这些素质也是广泛存在的，只有足够强大，才能为一个人的成功奠定基础。因此可以说，关于创新创业人才的七个核心素质的概括是经得起推敲的，从而可以作为创新创业人才核心素质结构模型出现。

第四章

创新创业能力提升与大学生高质量就业*

引导语：随着高等教育普及化时代到来，大学生就业问题越来越常态化，提升大学生就业质量就成为一项国家战略任务。提升大学生就业质量，最终依靠的是大学生创新创业能力提升。只有具备了超强的创新创业能力，大学生才可能实现高质量就业。培养大学生创新创业能力，离不开七项修炼，即提升目标确定能力、完善行动筹划能力、训练果断抉择能力、提高沟通合作能力、磨砺机遇把握能力、培养风险防范能力和养成逆境奋起能力。这七项能力是一个动态的循环体，需要通过课堂教学改革、课外活动探索、社会实践强化和日常生活规划加以完善。没有个体主体性的生成，大学生创新创业能力就难以提升，高质量就业就无法实现。

关键词：大学生；高质量就业；创新创业能力；七项修炼；循环体

一、大学生就业能力取决于个体的自我认知能力

当前，提升大学生就业能力是一个热门话题，[1] 如何促进大学生高质量就业是一个现实课题，[2] 人们自然会从各种影响因素去考虑，[3] 但这些因素究竟怎样影响大学生就业并未探讨清楚。[4] 从直觉经验看，就业质量高低必然与个体能力有关。如果个体能力强，就不存在能否就业的问题，而是如何实现高质量就业

---

* 原载于《深圳职业技术大学学报》2024年第5期，第12-20页，收录时进行了微调。
[1] 赖德胜. 高质量就业的逻辑［J］. 劳动经济研究，2017，(6)：6-9.
[2] 蒋利平. 社会主要矛盾转化视角下大学生"慢就业"现象解读及治理［J］. 当代青年研究，2020（6）：70-76.
[3] 陈晨，朱志良，关洋. 高质量就业标准建模分析与研究［J］. 现代教育管理，2013（10）：70-73.
[4] 王霆. 大学生高质量就业的影响机制研究：人力资本与社会资本的视角［J］. 高教探索，2020（2）：108-114.

的问题。① 但这首先建立在学生自我认知能力非常强的基础上。如果大学生缺乏自我认识能力，就不可能有什么自信，也就不可能高质量就业。② 显然，自我意识发展是自我能力发展的前提，自我意识发展就直接表现在自知力上。如此才能知道自己的发展潜力所在，才可能进行主动选择，进而挑选与自己潜力最为匹配的岗位与领域就业。一个人缺乏自知力，就不可能具有真正的能力。自知是自信的基础，没有自信，能力就没有基础。人有了自信，才能具备能力，自信是能力的前提。

大学生都有自己的专业，专业体验往往是自我认识的基础，个体自信心也往往与专业学习成绩有关。正因为这样，用人单位非常注重学业成绩。如果一个人的学业成绩不好，往往说明他要么不怎么努力，要么智力水平比较有限。努力程度不够，往往是其自制力不强的表现；智力水平有限往往说明他不会学习，从而创造性比较低。当然，如果一个人对他所学专业不感兴趣，从而投入的时间比较少，但他可能把时间用在发展自己的兴趣爱好上，有可能发展出其他专长，最终可能倾向于自主创业，这种案例确实也不少。一般而言，这种人才的独立性非常强，有独特的判断标准、社会认知方式以及沟通方式，展现出非常大的发展潜力，从而也应该受到保护和支持。一般来说，人们对专业持三种态度：第一种是接受并学习好，这显示出非常强的适应能力，特别是自我调节能力；第二种是虽然不怎么接受但也不反对，在学业上满足于顺利通过即可；第三种是选择了拒绝，代之以发展自己的兴趣。这实际上展现了三种不同的发展潜力。第三种的发展潜力最大，因为它是自己独立发展起来的；第一种次之，因为它是在既定轨道上发展起来的，说明它的适应力非常强，具有灵活变通的能力；第二种最后，因为他们自主性不够，从而努力程度也不够。大学生就业困难往往出在这类学生身上，这是非常需要关注的。抓好这部分群体，就容易促进大学生高质量就业。

大学生就业质量从根本上说取决于大学生的自我发展能力。自我发展能力根本就在于学习能力，即是否善于学习。这种学习能力当然是一种主动学习能力，是一种善于发现自己的不足而主动弥补自我不足的能力。它取决于个体与社会的积极互动。显然，不与社会互动，就不易发现自己的不足，那么也就很

---

① 孔微巍，廉永生，刘聪. 人力资本投资、有效劳动力供给与高质量就业 [J]. 经济问题，2019 (5)：9-18.
② 蒋利平，刘宇文. 大学生"慢就业"现象本质解析及对策 [J]. 学校党建与思想教育，2020 (4)：64-66.

难改变自己；只有积极与社会互动，才能尽快地发现自己的不足。显然，这种主动性又取决于个体的开放性。如果一个人不具有开放性人格就难以与社会进行有效交流，也就难以发现彼此优点和不足并相互学习和借鉴。只有与他人有效互动，才能相互借鉴，取长补短，自我完善。所以，自我发展能力就产生于这种自我完善的动机，并且寻找机会来发展自己。人的自我发展就是一个不断发现自我和完善自我的过程。

当前大学生就业能力弱，首先就表现在自我发展目标不清晰上，从而行为的导向性不强，那么自我控制能力就不强，进而主动调节自我的意识就不强。因此，确立发展目标是自我发展的关键环节，这一步完不成，整体发展就会受阻。一旦明确了发展目标，自我发展动力就被激发了，从而他的理性思维能力也会被激发，那么他的自我发展潜能就开始展现了。因为人要实现自己的目标，就必须设想各种可能性并且确定最具有可能性的路径。这个过程也是动员自己潜能、整合各种资源、弥补自己短板的过程。所以，当人的目标确定之后，他的行为就会更加理智，就会主动摈弃那些不切实际的想法。

对大学生而言，对自己就业能力的认识就是从专业体验开始的，如是否喜欢所学专业，对专业所开设的各种课程是否接受等，这些都是审视自我的参考因素。一般而言，人们对自己所学专业都有一个适应过程，很少人一开始就完全接受，都是在不断尝试和反思过程中逐渐找到了自己的志趣和发展方向的。这是一个个性化成长过程，也是个体创造性的表现，说明个体逐渐具备了独立意志和审判能力，认识到了自己的独特需求。个体对各门课程和各种活动的体验过程也是在优化自己的选择方向。在其中，个体找到了喜欢的、适合的发展方向，从而确立自己的发展目标，并且在不断努力过程中检验自己的目标使之越来越理性化。如果学生发展目标确立非常慢，大学就应该增加一些干预措施，比如，增加课外活动或社会实践活动，通过增加体验机会让个体进一步认识自己，使自己发展目标越来越清晰。因此，大学提供充分的自由发展空间，有利于学生更好地认识自己，从而更快地找到发展方向。

当学生确立自我发展目标之后，他的创新创业潜能也就开始展现出来，因为他需要为了实现目标而提升自己的运筹能力、抉择能力、与社会沟通合作能力、把握发展机会能力、规避风险能力和抗挫折能力等，这些都是个体走向成功必需的能力。这些能力的提升，就代表一个人创新创业能力的提升。如此他就可能实现高质量就业，因为他能够选择自己所喜欢的、能够胜任的从而是容易达到自己发展预期的职业职位。

二、判断大学生高质量就业的四个基本标准

如上所述，学术界对于如何才能实现大学生高质量就业并未达成一致认识。要真正实现大学生高质量就业首先就必须弄清楚高质量就业的内涵，[1] 否则就可能导致南辕北辙的结果。目前人们对高质量就业理解的差别是非常大的，[2] 但都会认为，收入待遇是一个基本标准。[3] 收入高低是对就业质量的直接评价，收入越高，代表对自我价值的承认度就越高。显然，收入高低并非唯一标准，更不是绝对标准。[4] 个人喜欢也是一个非常重要的标准。换言之，是否喜欢该工作会直接影响个体体验，人们可能因此会放弃高收入而寻找自己喜欢的工作。所以，收入高低与个人喜欢之间常常是不一致的。此外，个人喜欢与个人能力之间也具有不一致性。有的工作可能是个人喜欢的但未必是最具有竞争力的。由此可见，高收入与个人喜好、胜任力之间具有不一致性。除此之外，人们也非常看重个人发展前景，如果没有发展前景，他们可能就会牺牲高收入、个人喜好，选择与自身能力匹配的和具有发展前景的工作。这说明，影响人们就业质量评价既有客观的因素也有主观的因素，它们代表了不同的价值选择。有的人会更看重个人发展前途，有的人则看重高收入，而有的看重个人的兴趣爱好，有的则更喜欢低挑战性。虽然人们都希望寻找它们之间的平衡，但很难做到完全平衡，最终必然有所侧重，有所取舍。

由此可见，是否高质量就业有四个基本判断标准，四者同时具备为最优，否则次之。就选择顺序看，是否胜任应该是第一位选择，其次是看是否喜欢，再次是看是否具有前景，最后是看回报。这四个标准代表了就业的四种价值追求：胜任、喜欢、前景、回报。"胜任"就是指岗位要求与个人能力相匹配的。如果一个人能力不及或工作完全没有挑战性，都不可能使个体有价值体验。一般而言，个体很难胜任或完全不胜任的情况比较少，因为在劳动力市场处于激烈竞争的状态下，很少单位会选择能力不济的员工，但不少人愿意选择没有多

---

[1] 刘善堂，成娟. 大学生高质量就业的内涵与提升策略 [J]. 江苏高教，2014（1）：133-134.

[2] 张小诗，于浩. 高校毕业生高质量就业的基本内涵 [J]. 现代教育管理，2016（7）：115-119.

[3] SCHROEDE E. Workplace Issues and Placement: What is High Quality Employment? [J]. Work, 2007, 29（4）：357-358.

[4] 陈成文，周静雅. 论高质量就业的评价指标体系 [J]. 山东社会科学，2014（7）：37-43.

大挑战性的工作,这也是就业中容易出现的情况。人们常常把它称为"高配低就",人才浪费。这可能与人们追求安稳心理有关,往往外界难以干预。事实上,工作具有一定的挑战性才能真正激发个体兴趣,否则很快就容易乏味,就觉得没意思。

"喜欢"就是选与自己兴趣一致的工作。人们都倾向于选择自己喜欢的工作岗位,下意识都会认为做自己喜欢的才是最合适的。一般而言,一个人喜欢做什么就意味着他可能具有该方面的天赋和特长,从而他喜欢不断地钻研下去,兴趣始终非常浓厚,付出再多都不觉得累,而且在工作中也容易出彩,从而自我满意度就比较高。

所谓"有前景的"包括两方面,一是就业领域具有前景,二是具有个人发展前景。前者指在符合社会科学技术发展趋势的领域就业,这些领域当然也是比较热门的就业领域。如人们所说的朝阳产业,引领产业发展方向的行业,在今天最有前景的估计就是人工智能领域,当然也包括生物技术、新能源、新材料等领域。这些都是社会发展迫切需要解决的技术领域,代表了产业发展方向和技术革新方向。但这些领域往往竞争激烈,挑战性强,短期内难以迅速做出突破,需要长时间的积累,需要突破技术瓶颈。可以说,这实际上就是新质生产力的发展方向。后者指个人是否具有竞争力,否则就难以应付挑战。因为凡是具有发展前景的领域就具有较高的挑战性,只有具备非常强的创新创业能力才可能胜任。

"高回报"是指能够获得较高的经济回报和社会地位回报,即工作岗位不仅经济收入比较高,而且受到社会尊重,这当然是人人羡慕的。但人们的价值观不同,预期也不同,从而对于高回报的评判标准也不相同,但只要是符合自我预期的都属于高回报的就业。显然,这也是人人就业追求的目标,也是高质量就业的本质内涵,其他几项不过是它的前提条件而已。

三、大学生高质量就业有赖创新创业能力提升

对大学生而言,谁不想找一个理想工作单位呢?谁都想找一个自己喜欢的又能够发挥自己聪明才智的工作岗位,都希望找到既是高收入的又受人尊敬的工作。但在现实中,要做到这一步非常困难,因为人们对自我认知往往比较缺乏,往往出现低估或高估的情况,这些都是个体创新创业能力低的表现。创新创业能力越强,对自我评价就越能够恰如其分。

一般而言,大学生在对自我能力做出判断时往往参考四方面评价。首先,他们会依据自己平时的考试成绩,也就是学业评价来判断,认为学习能力强则

自己各方面的能力就强。这实际上存在着严重的认知偏差。因为学习能力强可能仅代表他对理论知识接受的能力强，因为目前考试所考的内容往往偏重于理论知识的接受能力，而不是创造性分析问题能力和解决问题能力，在实际生活中，这两种能力才是关键，而且也决定着个体创新创业能力的高低。其次，大学生在判断自己能力时经常会参考老师和同学的意见，包括班主任、辅导员和任课教师等。这个评价往往具有多面性、立体性和客观性，是一个较好的参照系。但在现实中，由于人们交往越来越浅表化，[①] 从而人们的评价往往会带有恭维的成分，因而使评价的可参照性降低。再次，大学生也会参考家长的意见，越是早期越明显，而随着时间推移就越来越倾向于脱敏，[②] 因为家长评价往往具有刻板印象，并不了解学生自己的发展变化，从而遭到越来越多的怀疑。最后，大学生必须依靠自己的感觉，个体往往是从自我效能感[③]出发来评价的。这个评价虽然比较主观，但对自我发展作用非常直接。

对自我发展而言，一个人是否善于综合考虑各方面意见决定了他的反思能力强弱，"兼听则明，偏信则暗"。个体反思能力强弱往往决定了个体创新创业能力强弱。自我反思能力表现为对自我能力进行优势、弱势的分析，以及对自己努力方向的抉择，并且通过行动来验证进而选择强化和弱化，最终引导个体建立一个比较稳定的心理结构，包括价值体系、能力系统以及行为模式。个体的自信心就是在不断反思过程中形成的。没有强大的自信心，个体就难以形成稳固的人格，也就难以为个体发展提供稳定的动力支撑，进而也不会为个体提供主动探索世界的勇气。因此，自信心是能力发展的根基，它能够对正确选择进行强化，对无效选择进行弱化，从而保障自己形成一个有效的能力系统和行为模式。

可以发现，大学生之中有的人反思能力非常强，有的人反思能力则偏弱，有的人非常自信，有的人明显不自信。我们认为，一个人的能力发展是建立在心理成熟基础上，建立在个体确立了自信之后的。如果一个人缺乏自信心，其能力发展就是非常有限的。就目前而言，大学生自我发展渠道比较窄，主要通过学习成绩来展示自己。这种自信心建设渠道很不牢固，因为一个人很难始终保持优秀成绩。只有少数学生认识到通过社会实践活动来培养自己的能力和自

---

① 赖德胜. 高质量就业的逻辑 [J]. 劳动经济研究，2017，5（6）：6-9.
② 蒋利平. 社会主要矛盾转化视角下大学生"慢就业"现象解读及治理 [J]. 当代青年研究，2020（6）：70-76.
③ 陈晨，朱志良，关洋. 高质量就业标准建模分析与研究 [J]. 现代教育管理，2013（10）：70-73.

信,但因为社会实践途径比较缺乏,所以这种能力的发展和自信心培养途径往往被忽视。大学生的就业意向在很大程度上也能够说明他们的能力发展状况,也能够代表他们的自信心发展水平。在大学生中,有的希望在专业领域进行深度探究,希望得到进一步深造,这说明他已经认识到自己具有学术方面的潜力,想进一步证明自己的能力。但有相当大的一部分学生对自己的就业意向并不确定,还不知道究竟追求什么和需要什么,从而不知道该如何努力。当然,大多数学生选择直接参加工作,想深度体验一下社会生活,找到自己的感觉,感觉在大学里很难发现真正的自我,需要在社会实践中进一步发现自我。

在大学生中也有不少人很早就明白了能力决定发展前景的道理,从而在大学期间非常积极地参与多种社会实践活动,充分体会社会实践的意义和价值,深度感知自己内心的体验,希望在与社会互动的过程中发现自己,找到自己的兴趣和特长,从而确立自己的奋斗目标。通过这样的体验,他们的行动路线就更清晰了,行为就更具有内在动力了。而且,他们的自我效能感会提高很多,从而在应对各种挑战时就更充满斗志和创造性,也会在面对各种挫折时充满韧性和反思性。可以说,大学生越早明确自己的奋斗目标,就会越早开始对自己做长远发展规划,就越能够安排好自己的生活,就不会充满焦虑。具有长远眼光的人往往都有很好的发展前景,这正是大学人才培养的理想追求。可以说,这种长远眼光正是创新创业能力超强的表现,是干大事的潜力展现,假以时日,必定会做出骄人的成绩。

四、大学生创新创业能力提升来自七项修炼

从理论上讲,大学教育目的就是要通过各种活动设计(广义的课程)来培养学生的创新创业能力。[1] 创新创业能力绝非只有参与实际工作之后才能培养,也非只有创办企业才能养成,而是只要是开展实践活动就能够培养,因为创新创业能力从本质上讲,就是一种从目标设计到目标实现的创造性实践能力。具体而言,其一,它是一种确定行为目标的能力(第一项修炼)。因为有了行动目标,个人才能具有行为动力。其二,它是一种科学筹划合理行动的能力(第二项修炼)。因为只有进行科学筹划,个体行动才容易成功。其三,它是一种对行动路径进行抉择的能力(第三项修炼)。因为不同的行动路线所达成的结果是迥然不同的,选择不同的行为方式是个体人格的折射,也是个体视野的反映;行

---

[1] 喻立森,沈伟其,仇琳.高质量就业:大学教育的根本命脉:宁波诺丁汉大学的就业策略[J].大学教育科学,2010(5):25-28.

动路线是个体行为方式的综合。其四，它是一种动员社会力量与之进行有效合作的能力（第四项修炼）。因为是否善于合作不仅决定一个人能否成功，也决定着成功的速度。其五，它是一种积极争取各种机会和促进行动计划获得成功的能力（第五项修炼）。因为人的发展环境是变化的，会展现出不同的机遇，善于捕捉机遇可谓成功道路上的催化剂，不善于捕捉机遇往往费时费力也难以成功。其六，它也是一种排除各种干扰因素、防范各种风险因素的周密部署与规划能力（第六项修炼）。其七，它表现为一种在遭遇挫折之后仍然能够理性地审视自己的行动目标、进一步完善行动方案、进行再次规划设计并坚持推行的能力（第七项修炼）。换言之，创新创业能力就表现在具体行动过程中，表现在对实现理想目标的设计上以及对所遇到的各种可能问题的解答上。这七项修炼就是创新创业能力七个主要的构成部分，即目标确定能力、行动筹划能力、果断抉择能力、沟通合作能力、把握机遇能力、防范风险能力和逆境奋起能力。[①] 大学课程无论怎么设计都不能脱离这七种能力的培养，大学各种课外活动也应该围绕这些能力培养进行系统的设计。如此才把创新创业能力培养落到了实处，才真正实践了创新创业教育理念。

因此，创新创业能力绝不是什么抽象的能力，也绝不是什么天赋能力，而是一种可以在后天实践过程中培养起来的能力。因为它是个体自我成长的发展动力与环境条件的困难阻力在互动过程中生成的一种能力，是自我认知能力与实际行动能力之间的相互协调能力。换言之，培养个体的理性认知能力向有效行动能力的转化是创新创业能力的本质，因为人的认知能力追求全面，追求深入，但最后可能导致思虑过度而不敢行动；人的行动往往容易陷入冲动而缺乏预计，从而缺乏对行动结果的预料。所以人的行动必须事先进行周密思考，但也不能事无巨细，那样的人很难再有什么创造性思想，很难再有大格局，很难再去创新思维。所以，人的思想必须理性化，即必须与实际相符合，但不能事事都经历过才知道自己究竟适合不适合。人应该根据自己的经验与常识进行推理判断，这实际上才是理性思维的精妙之处。如果人事事都需要经历之后才知道，就会陷入爬行主义窠臼。因此，人进行适度的跳跃性思维是合理的，只要不是过度地偏离实际，那么它应当是被接纳的，这可能正是想象力丰富的表现。而创新能力的源泉就在于具有丰富的想象力。人如果没有丰富的想象力，就会陷入刻板的条件反射的机械思维过程中，那么人的创造性就不可能产生。丰富

[①] 王洪才，郑雅倩.大学生创新创业能力测量及发展特征研究［J］.华中师范大学学报（人文社会科学版），2022（3）：155-165.

的想象力就表现在人具有比较强的发散思维能力上，能够进行广泛的联想，从而能够广泛地激发大脑活跃程度。

人的逻辑思维能力就表现在聚合式思维能力上，即能够围绕一条主线进行思考，从而能够针对一个目标进行思考，使各种纷繁杂乱的思绪集中起来，构成一个有机联系的逻辑链条；并且，发现其中存在的逻辑联系的强弱和断裂之处，进而尝试运用各种策略去弥补这种断裂；经过不懈的努力之后，最终就产生了创造性思维，即通过创造一种情境或条件使思维走向完整，实现了系统性思维闭合，达到了从理想到操作的程度。因此，人的逻辑思维能力就实现从理想到现实的跨越，创新创业能力本质就在于实现了这个跨越。由此可以发现，创新创业能力是思维能力高度发展的结果，是创造性思维展现的结果，体现了个体在充分调动过往经验的基础上，运用发散性思维探索未知，随后将这些灵感与当下目标相融合，并在出现缝隙时及时填补与完善的不懈追求。创新创业能力不仅是个体为了实现目标进行的意志努力的展现。

五、创新创业能力发展是一个螺旋式上升的循环过程

进一步研究发现，创新创业能力发展是一个循环系统，而且都是从个体发现问题开始的。当个体发现了问题，就激发了个体的思维能力发展。因为当个体发现问题之后，就会不自觉地思考问题产生的根源、问题的实质和问题解决的各种可能性以及问题解决的实际意义等，这种思维过程就使个体拥有了主体性，知道自己才是自己的主人，从而就开始为自己确立努力目标，这就是确立目标能力。有了努力目标之后，个体就开始规划和设计自己的行动路线，就会考虑各种可能的影响因素，就会去寻找最为可行的行动路线，而且也会努力寻找最为有效的行动路线，并且试图在路径的可行性与有效性之间达成某种平衡，即希望行动路线不仅是可行的而且是最有效的，这就是行动筹划能力。这就意味着必须在行为的安全性与高效性之间进行取舍与平衡，即必须在风险性与可靠性之间进行抉择，这实际上就是果断抉择能力。如此就必须依据自身的能力和体验做好评估工作，尤其要评价哪些方面是可以依据自身力量就能够解决的难题，哪些方面是必须依靠外力才能解决的，如此就要涉及如何利用外力的问题，而且这是一个不得不考虑的问题，因为除一些简单的事情之外，许多事情都需要借助外界环境和别人的帮助才能成功，这个事实要求个体必须思考自己的社会动员能力，即思考自己究竟是否具有号召力，或者说具有多大的号召力，换言之，就是看个人行动具有多大的社会感召力、道义感染力以及个人平时是否具有亲和力，这就是考验个体人格魅力的时候，所谓"得道多助失道寡助"，

此时可以尽情展现。这些都是对一个人沟通合作能力的考验。显然，在得到外力援助的情况下，个人的成功机会就会大大增加，但也必须把握环境动态变化，能够洞察环境变化过程中所隐藏的时机，显然，只有准确把握时机才能获得更大的成功机会，反之就会蹉跎岁月，因为机遇总是稀缺的，而且经常是无法重复的，甚至是一去不复返的，这就考验个体的智慧与敏锐性，实际上这是对个体把握机遇能力的考验。所以，把握机遇能力对一个人发展、成长和成功显得无比重要。人在把握机遇之际不能得意忘形，必须思考到得失是共同体，有得必有失，因为别人的支持都不是无条件的，都是带有一定前置条件的，有的条件是明示的，有的是暗示的，有的则蕴藏在交往之道中，一个富有社会经验的人都清楚这一点，即世界上没有免费的午餐，天上不会掉馅饼，别人的支持和帮助都是有限度的，而且也是充满期待的，需要给予正向反馈。如果别人没有得到正向反馈就很难继续，甚至还会使自身受到反噬，这也是人性的复杂之处。这就考察一个人是否具有深谋远虑的能力了。事实上，这也是对一个人的风险防范能力的考验。毋庸置疑，这仍然在考验一个人的智慧，即看一个人能否在得失之间做好平衡。如果思虑不周，一味盲干，遭遇挫折自然就不可避免了。实际上，每个人都可能会遭遇挫折，而且一个人无论遭遇什么样的挫折都不可怕，怕的是他缺乏反思精神和反思能力。人在遭遇挫折失败之后都会反思，但有的人善于反思，有的人不善于反思。善于反思的人经常从自身找问题、找原因，而不善于反思的人经常从外界找原因，要么为自己开脱，要么就是怨天尤人。

　　根据经验可知，一个人对待挫折和失败的态度不同，就显示出他的反思能力差异。从自身找原因并且从完善自身能力出发的都是反思能力强的表现，不善于从自身找原因而归罪于外部或他人的都是反思能力差的表现。勇于反思和勇于面对自己的问题，都是具有反思精神的表现；不敢面对自己的错误和不愿意去反思自己的问题都是缺乏反思精神的表现。只有具有反思精神并具有很强反思能力的人才能不被失败打垮，才能重整旗鼓再次出发，才能具有越战越勇的能力，才能使自己的事业虽摧不垮，浴火重生，蒸蒸日上。这实际上就是一种逆境奋起能力。一旦这个能力强大起来，就会带动整个能力走向正向的循环上升发展过程中，呈现出一种螺旋式上升态势，会在每经历一次事件考验后，使自身能力整体上升一个层次。人的创新创业能力就是这样不断地发展和提升起来的。

六、创新创业能力发展是一个生命力不断展现的整体

可以看出,创新创业能力是在发展过程中呈现的,它是一个整体,不是指某个局部能力或个别能力,也不是专属于创办企业的能力或者说从事科学研究能力,而是广泛地存在于人们理性行动过程中的能力,即只要人们有目标、有计划地开展行动,就是在进行创新创业能力培养。人们往往用行动结果来检验自己的能力水平,用是否善于反思来检验个体的发展潜力。人们越是完善自己的行动过程就代表他越是具有非常强的创新创业能力。如果一个人对自己的行动过程漫不经心或简单应付则代表他的创新创业能力非常弱。人们经常说"不打无准备之仗",就是告诫人们在做任何事情时都不能粗心大意,都需要认真思考,在做任何重大决定之前,都需要慎之又慎,需要考虑到各种制约因素的影响,需要考虑到各种可能的情况发生,需要争取一切可能的条件,排除一切可能的风险,需要把自己置于各种可能的不利情境下进行反推应该采取什么样的措施。如此才能做到思虑周密、计划稳妥、决策果断、合作有效、时机把握精准、防范措施得当,从而就大大提升了成功的可能性。

如果一个人在自己竭尽全力的情况下仍然无法达到理想的目标,那就需要反思自己目标确定是否过分脱离实际,是否需要重大调整,从而让行动目标保持在一个合理的水平内,避免目标过高,超越自己能力的极限。一般而言,一个人在自己能力极限范围内所进行的挑战性活动对自身发展是有利的,否则对自身发展可能产生巨大的副作用,对自己的影响是负面的。因此,确立一个合适的行动目标在任何时候都很重要,因为这不仅考察一个人对眼前事物的理性思维能力如何,而且也在考验一个人对各种影响因素变化的预见能力如何,特别是在考验一个人究竟具有多大的创造潜力。因为无论何时,人的行动目标都与自己的理想预期有关,行动目标就是理想预期的载体,不同的行动目标就代表着不同的理想预期。理想预期正是个体理性思维能力的展示,越是符合实际,说明个体理性思维能力越强;越是脱离实际,则说明个体思维受到非理性因素的干扰越严重,如情绪影响,对周围压力的反应过度,对各种信息的分辨能力不足等。人只有理智地看待自己,才能在各种情境下都保持一个清醒的头脑,才会避免各种冲动行为的发生。

一般而言,人只有在确立行动目标之后,才能把自己的思维成果转化为行动。而行动目标就是个体思维在高度发散而又高度凝结的成果,是个体在反复地考量自身的潜力与环境制约因素之间匹配关系之后做出的决定,从而是个体意志人格的折射。因为行动目标代表了个体价值抉择与追求,代表了个体对现实状况的判断与体验，代表了个体的知识积累程度以及这些知识对现实的指导力。一旦行动目标确定之后，人的行动能力就开始分化、细化、深化，就开始促进目标从理想向现实方向推进，就开始正面迎接现实状况的挑战，此时就开始考验个体动员各种资源的能力如何，包括如何与不同的人进行合作，如何规划和调整自己的行动路线，如何把自己的潜力充分展现出来，如何完善自己的行动目标设计等。因此，创新创业能力是一个循环体，是在实践过程中不断完善的，也是在经历挑战之后再次提升的。因此，它是个体意志力在许多过程中的不断展现，也是个体视域不断拓宽与提升的展示过程，故而它是无止境的，从而代表了人生总是要面向困难挑战、必须不断克服困难勇往直前、不断自我成长、不断完善自我的生命本质。

七、提升大学生创新创业能力需要多场域联动

既然大学生高质量就业最终有赖于大学生创新创业能力提升，那么该如何提升呢？

要提升大学生的创新创业能力，离不开对四个活动场域的联动，第一个当然是课堂活动场域，第二个是课外活动场域，第三个是社会实践场域，第四个是日常生活场域。第一个显然是人才培养主渠道，因为它的计划性和组织性最强，从而可控制性也比较强，可以设置挑战度。第二个是学生自主活动领域，在其中学生的自主性比较强，相对而言可控制性比较低。第三个则属于校外活动场域，是一种半组织化状态，即既不是完全自主的行为领域，也不是严格控制的行为领域，而是一种自主性与组织性相互渗透的领域。第四个是日常行为领域，这个领域是主要依靠个人自主性的活动领域，也是个人选择性最大的领域。

在第一活动场域，课程与教学活动是基本特色。课程有自己的目标，教学有特定的任务，理应成为培养大学生创新创业能力的最佳场所。原因就在于课程设计可以贯彻创新创业教育理念，课程可以融入探索元素，教师可以引领学生开展有目的的探索，从而有组织地培养学生的创新创业能力。目前流行的基于问题式学习（Problem-based Learning，简称PBL）的教学设计，就是以问题为中心展开的。有效的问题设计能够激发学生思考，能够引导学生开展积极探索活动。人人都具有好奇心，只有适当的问题才能激发好奇心。所以，问题设计是关键。太难或太易的问题都是不适合的，远离学生生活的问题也是不适合的。只有与学生未来发展紧密相关的问题才能充分激发学生的探究欲望。目前翻转课堂已经采用了探究式学习的方式，但还达不到研究性学习程度。研究性

学习所探讨的对象是没有现成答案的，学生必须组织起来展开研讨。而且，需要进行深度调研才能逐步接近问题的答案，甚至还需要进行用户反馈才能找到真正答案。可以看出，这种探究方式已经适用于知识生产模式Ⅱ或Ⅲ了，因为它涉及与企业合作、与社会合作。

课外活动场域是培养学生基本能力的主阵地，如培养学生的社会交往能力，特别是沟通合作能力；培养学生进行组织活动的能力，特别是培养学生的领导力，这些能力对学生成功作用非常大。由于这些大都属于学生自主活动，学生参与性最强，从而对学生的潜能激发作用最大。无论是文体活动，还是公益活动，或是社团活动，都能够培养学生的角色意识，让自己切实地体验社会成员的义务、责任和权利，这为他们日后走向社会打下了良好基础。相反，如果学生特别"宅"，不乐意与人交往，不爱参与社会活动，那么他的发展潜力就会受到限制。可以说，学生自身的发展潜能都是在积极参与社会活动过程中展现的。所以，多参与社会活动就是为自己成长提供机会。

在社会实践活动场域，学生能够把自愿性、公益性、组织性和目的性结合得非常好，是锻炼学生自组织能力、展示学生自己特长、深刻体验自身社会价值和达成自我发展目标的有机结合。物以类聚，人以群分。人们都是根据自己的兴趣爱好找到合作伙伴，结成一定的社团，组织一定的社会活动，开展具有针对性的社会实践，通过活动展示自己的潜力，让社会认识到自己的价值，为自己成长进行铺路。这与课外活动的娱乐性不同。社会实践活动具有一定的挑战性，需要进行很好的组织和合作，需要每个参与者的创造性发挥，需要对自己行为目标具有恰当的预期，需要动员一定的社会资源进行支持，需要找到合适的实践场地，需要进行不断的沟通协调，需要每个人都具有很好的奉献精神，也需要每个人具有较强的探索意识。每个人都应该是行动计划的策划者、执行者、推动者、完善者，参与这样的活动对自己认识的创造性具有极大的作用。

在日常生活场域，学生的自发性比较强，往往是能够充分展示个人的志趣，反映个人的人格品质，展示个人的修养，从而对个体的自律性要求非常高。一个人生活有规律，就能够很好地分配时间，让自己学习、休息和娱乐达到协调，从而能够为自己学业进步和进行创造性探索输送能量；不然，就可能沉迷于网络，浪费了时间，使自己精神不振，而且让自己感到生活无聊，缺乏生活目标，缺乏努力方向，对学习提不起精神，与人交往提不起兴趣，从而使社会情感无法发展，以致自身创新潜能和创业潜能都无法展现。所以，培养一个良好的生活习惯，安排好个人的日常生活，对于一个人的能力发展具有支撑性作用。

可以看出，四个活动场域虽然是相对独立的，但也存在着很多交集，如都与日常生活场域存在交集，而且还产生转化。虽然课堂教学是大学社区的主导场域，但如果缺乏生动的教学方法，课堂沉闷，可能会变成学生隐性娱乐的场所。虽然课外活动是个体自主性表现比较充分的场域，但如果个体缺乏自我设计和自我要求，那么课外活动对个人发展的作用就非常小。社会实践活动要求个体具有高度的自觉性，如果学生不争取机会，就很难得到锻炼。日常生活场域看似最不起眼，但如果运用得好也能够发挥巨大作用。如它能够分配出时间，对其他活动提供支持，从而对个体的自制力、自知力和自治力的训练价值非常大，如可以使个人的兴趣爱好转化为自己的志业，完成创业计划设计等。对大学管理者而言，如何将四个活动场域有机协调起来，对于办学效益提升具有极为重要的价值。

一言以蔽之，在高等教育普及化时代，解决大学生就业问题需要进行战略设计，需要把大学生创新创业能力提升作为根本策略。只有这样，才能做到"人尽其才，才尽其用"，实现大学生高质量就业，实现个人发展目标与社会发展需要的有机统一。为此，大学生就必须努力提升自己的创新创业能力，与社会发展要求达成契合。

第六篇　创新创业能力评价与实践模型探索

创新创业教育推进不仅需要实践的摸索，也需要建立科学的评估手段加以督促。创新创业能力评价是创新创业教育发展过程中无法绕过的一个技术难题。要提高创新创业教育水平，就离不开评估这个有效杠杆；要运用好这个杠杆，就必须探明创新创业能力的影响因素。通过对创新创业人才关键能力的探讨，获得了创新创业能力结构模型，为此还需要进一步探索影响创新创业能力的基本维度，从而为建立科学的测量量表做好准备。

第一章

创新创业能力评价的难题实质与破解思路*

引导语：大学生创新创业能力培养是高等教育高质量发展的核心内涵，且对创新创业能力评价发挥着导向作用。目前大学生创新创业能力评价成为一道卡脖子难题：关于创新创业能力概念界定尚不清晰，对创新创业能力结构认识也非常粗浅，如此就无法对创新创业能力进行科学评价，因此创新创业教育就难以走向深入。要破解这一难题，首先就需要对创新创业能力概念进行科学的界定，其次是要彻底地厘清创新创业能力的基本结构，再次是准确地阐明影响创新创业能力构成的基本维度，最后是基于这些基本维度构建创新创业能力评价量表，如此才能对创新创业能力进行科学的客观评价。

关键词：创新创业能力评价；创新创业能力概念；创新创业能力结构；高等教育高质量发展

一、创新创业能力评价在人才培养过程中居于核心地位

在当代，如何才能证明高等教育是高质量发展呢？一个基本判断：高等教育质量高低是通过人才培养质量体现的，只有证明人才培养是高质量的，才能证明高等教育是高质量的。而人才培养质量是通过大学生能力的发展状况体现的。当代大学生最需要发展的能力是什么？无疑是创新创业能力！之所以如此，就在于现时代既是一个创新的时代，更是一个创业的时代，现代有许多难题需要人们去面对、去挑战，有许多新事业需要人们去创造、去推动。挑战难题、解决难题就是在进行创新，创造事业、推动事业就是在进行创业。如果一个人缺乏创新能力，就无法跟上时代发展的步伐，如果不能创业，就会被时代抛弃。故而，创新与创业是新时代每个人都面临的基本课题，尤其是大学生。如果大学生不具备创新创业能力，就无法适应新时代发展要求，就可能成为失落者。

---

* 原载于《江苏高教》2022年第11期，第39—46页，收录时进行了微调。

因此，高等教育高质量发展的核心内涵在于培养大学生创新创业能力。①

今天的时代是一个数字化的时代，是知识爆炸的时代，更是信息爆炸的时代，一个人如果没有非常强的创新创业能力就无法适应今日变革剧烈的时代要求，也就无法获得稳固的安身立命之本。一个人只有既具备非常强的创新能力又具备非常强的创业能力，才能使自己在剧烈变革的时代中找到自己的方位并且不断发展自己，使自己逐渐成为社会发展的中流砥柱。创新创业能力是创新能力与创业能力的有机合成而不是两者的简单叠加，无论缺乏创新能力还是创业能力，都不算具有创新创业能力。换言之，创新能力与创业能力都不是自动生成的，并非创新能力强而创业能力就必然强，反之亦然。创新能力总体上属于一种认识能力，而创业能力属于一种实践能力。只有把创新思想变成创业实践，且随着环境变化不断地开展创新实践才能使大学生真正具备创新创业能力。大学生作为未来社会建设的中坚力量，其创新创业能力发展程度决定了社会未来发展水平，因此，高等学校必须高度重视大学生创新创业能力培养。即高等学校的一切工作都应该是围绕大学生创新创业能力培养进行的，如果失去了创新创业能力培养这个核心，高等教育将失去其存在的现实意义和长远的发展价值。

我国目前大学生创新创业能力发展状况究竟如何呢？这是一个亟待回答的问题。只有回答了这个问题，我们才能知道我国大学生创新创业能力发展还存在什么样的问题，并探讨该如何促进大学生创新创业能力水平提升。显然，这些都关系到我国高等教育发展质量问题。要回答这个问题，就需要对大学生创新创业能力发展状况进行评价与测量，换言之，如果不知道该如何评价与测量大学生创新创业能力，就无法判断大学生创新创业能力水平如何，当然也不知道它目前究竟存在什么样的问题，那么也就无法追溯问题究竟是如何形成的，最终也难以找到改进和提高它的对策。因此，大学生创新创业能力评价与测量是高等教育在走向高质量发展过程中亟待解决的一个核心问题。

在过去高等教育精英化时代，社会上通行的是专业教育，即把大学生培养成具有高深知识的高级专门人才，具体方式是将比较成熟的专业知识和技能直接传授给大学生，希望他们掌握这些知识并应用到未来的生产实践中，而且认为这种知识学习是终生受用的。因此，在专业教育中，各个学科都把各自专业领域最前沿的知识传授给学生，希望学生掌握这些知识后能够直接运用到实践

---

① 王洪才. 创新创业能力培养：作为高质量高等教育的核心内涵 [J]. 江苏高教，2021 (11)：21-27.

中去，解决现实存在的问题，服务于生产需要。显然，这种思维模式已经过时了，因为这是对精英时代大学生的发展期许，当时大学生绝大多数都具有对知识探求的渴望，从而对掌握前沿知识充满了期待；而这些并不适合大众化时代的高等教育状况，因为大众化时代大学生把找到好工作作为第一追求，对高深知识的获取兴味索然；这当然就更不适合普及化时代的高等教育发展状况了，因为此时人们接受高等教育好像是一种"不得不"行为。①

我们知道，掌握最前沿的知识并运用这些知识解答现实问题已经转变为研究生教育的任务，特别是博士生教育的任务。对大批本专科生而言，他们的主要任务就是提升自身的综合素质，掌握基本的专业知识和技能，学会思考并尝试性地解决生产实践和生活实际中的现实问题，从而在社会发展中发挥积极的作用，如此就达到了高等教育人才培养目标的要求。对他们而言，首先，要具有一个健康的心态，具有一种昂扬向上的精神，特别是具有面对生产实际和生活现实问题挑战的勇气。其次，是掌握解决现实问题的科学思维方法，能够熟练地运用科学技术工具，尝试去解决这些问题，从而为社会创造价值，使生活充满积极意义。这些实质上就是大学素质教育的内涵。② 如何才能使大学生具有这样的精神面貌和能力素质呢？出发点就是进行创新创业教育，即通过创新创业教育才能使学生具备这样的素质，其核心就是培养学生具有创新创业能力。③ 可以说，创新创业教育对传统应试教育的修正，是一个非常具有中国特色的高等教育发展新理念。④

如前所述，所谓创新创业能力，就是具有为了理想目标的实现而敢于面对现实问题挑战并不断更新自我认识和实践自我意志的能力。可以看出，具有理想目标是一个人是否具有创新创业能力的前提，不断更新自我认识是创新能力的本质，勇于实践自我意志是创业能力的本质，敢于面对现实问题的挑战则是创新创业能力发展的起点。很难设想，如果一个人缺乏清晰的自我认识，缺乏对理想自我的追求，仍然会有勇气、有能力去克服现实困难。人们在面对现实困难和问题时都会产生一种本能性的逃避行为，但在理想自我的牵引下，就会

---

① 王洪才，汤建. 创新创业教育：高等教育内涵式发展的关键 [J]. 武汉科技大学学报（社会科学版），2021，23（1）：110-116.
② 王洪才. 论创新创业教育的多重意蕴 [J]. 江苏高教，2018（3）：1-5.
③ 王洪才. 创新创业教育的意义、本质及其实现 [J]. 创新与创业教育，2020，11（6）：1-9.
④ 王洪才. 创新创业教育：中国特色的高等教育发展理念 [J]. 南京师大学报（社会科学版），2021（6）：38-46.

改变和克服自身的怯懦行为，让自身产生一种战胜困难的勇气并积极思考战胜困难的办法，这就是人的创新创业的动力源泉。当人们产生了新认识，彻底地认识了困难本质，就能够有效地克服困难，进而使自身认识达到一个新层次。人们在克服困难之后不仅为自己认识提升打下了基础，也为自己解决更复杂的问题奠定了信心。人正是在不断克服困难和解决问题的过程中使自己的认识水平得到不断提升，能力得到不断重塑，从而不断地接近理想自我的状态，这个过程其实就是创新创业的过程。因为人们的创新创业过程就是不断提升自己认识能力和实践能力的过程，认识能力提升的实质是创新能力的提升，实践能力提升的实质就是创业能力的提升。故而，创新创业能力是一个有机整体，创新创业能力提升与人们正确认识问题和科学地解决问题是分不开的，认识过程与实践过程也是分不开的。

　　通过对创新创业能力的考察可以发现，创新创业能力提升与日常生活是密不可分的，如果一个人缺乏解决日常生活基本问题的能力，就很难说其具有很强的创新创业能力。我们知道，生活基本问题的解决能力是可以训练的，但只能形成一些基本观念和基本技能，要变成一种可迁移能力就需要个体主动地进行反思、不断地去摸索尝试，从而使自身具有很强的自我把握能力，这种把握能力是无法通过机械训练达成的。此外有一些专业技能，如音乐、数学与先天禀赋联系在一起，也是后天训练无法达成的，如果个体缺乏主动性、能动性，这种能力就无法开发出来。因此，创新创业能力发展的根本原则就是主体性原则，如果个体缺乏主动性，就丧失了发展的能动性，能力就无法提升，就无法去解决现实的复杂问题。真正能力发展都不是通过外部训练达成的，而是通过个体主动探索、不断反思以及不断尝试获得的。由此可以看出，创新创业的本质就在于不断探索，在于不断反思与不断尝试。一个人只要善于探索并勇于实践，其创新创业能力水平发展就比较高。

　　创新创业能力虽然源于日常生活能力，但又高于日常生活能力，与人们认识深化及专门化联系在一起，与专业知识与技能掌握联系在一起。换言之，如果人们不接受专业知识，不进行专门钻研，创新创业能力水平就难以获得根本性提高。所以，在衡量创新创业能力时就必须与专业知识和专业技能联系在一起。从这个意义上说，大学生的学业能力高低与创新创业能力发展具有密切的联系。当然，大学生学业能力提升不可能通过灌输式教育获得，而是与逻辑思维能力、辩证思维能力、批判性思维能力和创造性思维能力培养紧密结合。不过，学业能力测试仅仅反映学生的专业知识掌握如何，却无法反映学生真实的创新创业能力，因为创新创业能力都是在实践中表现出来的，不是靠单向度测试解决的。此外创新创业能力是非常个性化的，无法通过统一的理论知识学习测试来反映，因此，学业成绩对于衡量学生的创新创业能力虽具有一定的参考意义，但并无决定性意义，真正的创新创业能力必须通过真实的解决实际问题过程才能反映出来，其中所考验的更多的是个体的非智力品质部分，如社会交往能力、把握机遇能力，特别是个体的抉择能力，这一切都与其个性品质联系在一起。显然，如果缺乏面对现实问题的思考能力和解决问题的策略与办法，个体的创新创业能力就不可能高。如果在大学学习期间，学生缺乏充分的实践锻炼机会，就难以培养其灵活的思维、敢于挑战的勇气以及坚韧不拔的意志。就此而言，大学期间学生参与创新创业项目实践培训，对于学生发现自身的创新创业潜能并确定自己创新创业能力发展方向具有重要的意义。换言之，单纯学习书本知识，不与社会实际联系起来，就无法培养学生真正的创新创业能力。

二、辨识创新创业能力是创新创业能力评价的第一个难关

虽然人们已经普遍认识到了创新创业能力培养的重要性，但对创新创业能力本身的认识仍然非常模糊，即不清楚创新创业能力具体是指什么，包含什么内容，从而也不知道究竟该如何培养它，这也成为困惑创新创业教育发展的一道难题。[①]

首先，创新创业能力是一种自我定位能力，即一个人知道自己喜欢干什么、应该干什么和能够干什么的能力，否则创新创业就无从谈起。要从事创新创业活动，就意味着个体知道自己追求的是什么，该如何做，以及可能面临的困难是什么。可以说，要达到这样的认识程度，个体必然处于一种探究的状态，即个体对自己的能力进行了一番审视，对自己应该做什么进行了一番抉择，对自己可能面临的困难进行了预测，并且有信心克服这些困难。显然，创新成果不可能是一种无意中的发现、偶然的突破，必然是一种长期探索后获得的结果。如此而言，个体从事什么活动、要达到什么目标是必须预先清晰认识的一件事情。如果个体不清楚自己从事什么活动，那在行动上就必然是盲目的。个体要清晰地知道自己在从事什么活动，前提是知道自己的需求是什么，计划想做什么，即知道要满足自己的愿望应该做什么。因此，无论从事什么活动，都是有选择性的，即所谓有"所为，有所不为"，否则个体将一事无成。这种选择性就是个体主体性的集中体现。当然，如果一个人事先没有目标和追求，这种选择

[①] 王洪才. 创新创业能力的科学内涵及其意义 [J]. 教育发展研究, 2022, 42（1）: 53-59.

性就不可能存在。目标性是第一位的、计划性是第二位的、选择性是第三位的，所谓有所计划才会有所选择。只不过目标与计划都是个体的内隐行为，选择则是一种外显行为。可以看出，创新创业能力与目标确定能力、行动筹划能力、果断抉择能力直接相关。

其次，创新创业能力核心是一种社会交往能力。无论做什么事情，个体都必然要与环境交往，都必然要与人打交道，都必须进行思想的沟通，都必须获得他人的支持，做任何事情都不能一意孤行。与人交往与沟通的过程实际上就是一种达成共同愿景的过程，就是希望别人支持你，别人支持你的理由是因为你的目标达成也有助于他人的目标达成，这就是一种互利互惠关系的形成，任何时候都必须以此为原则进行交往和沟通，如此才能成功。当然，交往的第一原则就是诚实，即你不能欺骗别人。如果你欺骗了别人，一旦被识破，你们就不可能再是一种合作的关系了，甚至可能成为一种敌对的关系。交往第二原则就是实力，即你必须让别人相信你有这样的能力去做什么事情，而不是夸夸其谈。如此就是德才相符原理。因为别人对你的信任是有条件的，第一是相信你的人品可靠，第二是确认你的能力可信，两者缺一不可。所以，人在任何时候，都必须注重提高自己的素质和能力，这样才能赢得别人的尊重和信任。交往第三原则就是共情，即善于了解对方的需求，具有共情心理，这实际上就是一种交往艺术。换言之，如果你不善于站在对方的立场看问题，那么沟通效果就不可能好；相反，如果你能够站在对方的立场看问题，能够让别人快速地理解你的意图，那么交往就会非常顺畅。交往第四原则就是包容，即能够求同存异，不能单方面地主张自己的意愿而不考虑他人的感受。交往是平等的交流，不可能是单边的灌输，因为对方没有必须接受你的义务，那么要获得对方认同就必须具有充分的理由去说服别人。要完全说服一个人是非常困难的，除非对方完全信任你。在平等条件下的交流双方都是有所保留的，如此双方只能是求同存异，不断扩大共识面，让合作具有越来越宽广的基础。因此，任何时候都不要试图强迫别人接受你的主张，应该尊重对方的意见和立场，这样才能在互动过程中谋得长久的合作机会。由此可见，沟通合作能力是创新创业能力的重要构成要素。

最后，创新创业能力从根本上说是一种不断调适自我的能力。可以发现，任何人的成功都是在历经磨难之后才获得的，谁都无法从一开始就进行非常正确的选择，谁都不可能从不犯错误，都是在出现错误之后及时地反思自己并改正自己，从而使自己获得了一个越来越稳定的成长基础。一个人真正成功就在于其能够进行正确的价值抉择，这种抉择具有动能生成效应，即不断地为自己的行动输入力量，使自己敢于面对困难的挑战、敢于冒险去尝试而且不惧怕失败的考验，由此而获得了越来越宽广的发展道路，具有越来越充分的机会选择。正确的价值导向往往决定了正确的目标选择，只有确定了正确的行动目标，才能获得成功的效果。所谓正确的行动目标，就在于能够把自己放在适合的位置，既不会妄自尊大，也不会妄自菲薄，而是能够客观地评价自己。这样就不会使一个人从一开始就面临重重困难；一个人只有确定了正确的目标定位，才会在行动中心平气和，不会心浮气躁，才能对人对事采取宽容谦和的心态，然后才能对事物采取客观的态度，同时具有一种敢于面对困难挑战的态度和勇气，从而进行扎实的努力。如此个体在解决困难的过程中，会始终保持自己的头脑开放，主动去把握事物的关键，不断地调整自己的认识，并且敢于尝试去验证自己的想法，最终找到一条适合的路径，推动各方面因素形成一种合力，最终达到预期的效果。可以说，这是一个持续不断的系统的努力过程，是在一个长远目标指导下才能出现的行动，也是一个为了理想目标的实现而持续推进的过程，同时也是对自己内在潜力不断开发的过程。

所以，创新创业能力评价必须通过三方面观察才能获得比较完整的看法，第一是目标确定的科学性，第二是行动过程的持续性，第三是行动效果的满意度。如果不观察目标定位如何，就无法对创新创业能力进行分类；如果不看行动过程如何，就难以衡量创新创业能力的高低，如果不看行动效果如何，就无法评价创新创业能力的价值。人们往往习惯于采用效果主义态度看问题，即只看结果如何而不问过程与出发点，这样就容易激起人们心浮气躁的情绪，导致人们急功近利的行为。如果只看目标的定位如何，很容易出现志大才疏的情况，从而容易鼓励人们好高骛远，最终导致夸夸其谈、空话连篇，也会变相地鼓励社会急功近利的心态。如果只看过程，就容易造成一大批事务主义者，整天忙忙碌碌而不知所终，甚至可能造成文牍主义盛行和机构空转。所以，把目标、过程、效果统一在一起进行观察，就能够对创新创业人才进行一个全面的评价。

三、厘清创新创业能力结构是创新创业能力评价突破的关键

如果能够清晰地认识创新创业能力的具体构成要素及其相互关系，那么创新创业能力评价问题就会迎刃而解。事实上，对创新创业能力结构的厘清是创新创业能力评价的真正难点所在。一方面，因为创新创业能力不是一种具体能力，而是多种能力的复合体，是一种整体能力，划分它的构成可能会出现机械化的误区；另一方面，如果不能确定创新创业能力的核心构成要素，则创新创业能力始终是一种不可测的状态，就无法深化对创新创业能力的认识并对现实

提供建议。所以在对创新创业能力认识过程中，既不能把它看成一种固定的能力或具体的能力，也不能把它看成一种始终变动不居的能力，而是应该认识到它有一个相对稳定的结构，而且在构成要素上存在着层次与类型上的差别。只有这样，才能认识创新创业能力具有发展性的特征，承认创新创业能力存在着层次与类型的差别。

我们认为，个体创新创业能力在基本结构上是相同的，但在各个构成维度上存在着成熟度的不同。个体创新创业能力的差别取决于其创新创业活动的具体面向不同，即创新创业活动内容不同，从而个体的创新创业能力就会出现分化，进而出现了不可通约性，成为不同类型的存在。如管理类的创新创业、技术上的创新创业以及学术上的创新创业具有根本不同的属性，对此很难进行水平高下之分。但在同类型活动内部，创新创业能力具有层次差别，比如，有的更为学术，有的更为实用，有的潜在价值更大，有的直接价值更大。但不管是什么样的创新创业活动，从本质上看是一致的，都是挑战困难、解决问题、创造价值、实现自我的过程，从而个体创新创业的基本结构是一致的，即都经历了目标设计—行动筹划—路径抉择—沟通合作—机遇把握—风险防范—逆境奋起的过程，① 这个过程就包含了不同阶段的创新创业能力，这种连续性、阶段性能力就是创新创业能力的基本构成，这些阶段具有必然性和不可或缺性，从而形成了一个相对稳定的结构，而且影响创新创业的总体效果，也反映了个体创新创业能力的总体水平。

创新创业能力的结构特征说明创新创业能力不是一种单一的能力，而是一种系统性能力，同时也说明创新创业能力是一种动态性能力，是受具体环境制约的，并非固定不变的。而且这种能力特别受到主体内部心理状态的影响，从而具有很大的波动性，甚至会产生退化的现象。之所以如此，就在于创新创业能力具有认识与实践双重属性，而且是以认识为先导的，但决定性因素往往是实践，即行动能力。王阳明说："未有知而不行者。知而不行，只是未知。"在现实中，一定认识只有经过实践检验后才能获得强化，即只有变成行动才是真正认知，否则不是真正认知。因此，创新创业能力本质上是一种行动能力而非认识能力。人们的认识开始时往往是线性的，在遭遇实践挫折后才会出现复杂思维。线性思维依托于形式逻辑进行，而对复杂事物的认识必须依靠辩证逻辑，否则就无法把握复杂现象。人们认识过程总是具有理想化色彩，而行动过程必

---

① 段肖阳. 论创新创业能力模型与评价指标体系构建［J］. 教育发展研究，2022，42（1）：60-67.

须面向复杂现实，时时都需要对原有认识进行矫正和充实，从而说明认识过程和实践过程都充满了不确定性。这种不确定性正反映出创新创业活动规律或根本特性，因为要彻底克服这种不确定性是不可能的，它必然伴随创新创业活动的全过程。

创新创业能力具有相对稳定的结构并非来自理论推演，而是来自实践的反思。[1] 因为我们在做任何事情时都要先对行动结果产生一个预期，这个预期就是我们行动的动力源，这个预期会转化为行动的目标。每个人在开始行动时都会产生一定的预期，只不过有的人判断更准确一些，而有的人判断失误比较大，这实际上就是个体间判断力的差别，当然也是行动能力的根本差别。这种预判的差别具体体现在目标设计、行动筹划、路径抉择、沟通合作、机会把握以及风险防范上，可以说，许多行动一开始就注定了其命运，从根本上讲就是因为目标确定的合理或不合理，无论目标确定是否合理，都是通过后面的一系列行动进行证明的，从而本质上是一体的。因此，行动筹划能力、果断抉择能力、沟通合作能力、机遇把握能力和风险防范能力都是对目标确定能力的注释，而逆境奋起能力是对目标确定能力的重新注解。因为逆境奋起能力就是个体对前期确定的目标进行重新审视，从而决定是坚持下去还是改弦更张。显然，目标确定得越是合理，越是易于进行行动筹划，越利于果断抉择，那么沟通合作工作就越容易，机遇把握也就越准确，进而风险的可控性就越强。对于各种能力之间的相互关系，每个实践者都有自己的切身体验，从而可以发现创新创业能力结构内部是一致的、自洽的，是一个紧密结合体，从而对个体行动成败具有可预测性。[2]

尽管创新创业能力是一个整体性能力，是无法进行严格分解的，但创新创业能力又是一个形成性能力，处于不断发展过程中。我们可以把创新创业活动分为目标确定、行动筹划、路径抉择、沟通合作、机会把握、风险防范和逆境奋起七个阶段，但每一部分都不是孤立的，都是相互联系的，而且都不是不变的，都是处于发展过程中的。尽管目标确定能力是第一位的，但它并非一成不变，而是在不断完善和细化过程中接受检验并得到锤炼。行动筹划能力也是贯穿于活动始终的，并非一劳永逸的。果断抉择能力、沟通合作能力、机遇把握能力与风险防范能力也是如此，始终处于发展变化的状态。当然，逆境奋起能

---

[1] 王洪才，郑雅倩. 创新创业教育的哲学假设与实践意蕴 [J]. 高校教育管理，2020，14（6）：34-40.

[2] 王洪才. 论创新创业人才的人格特质、核心素质与关键能力 [J]. 江苏高教，2020（12）：44-51.

力也不例外，也贯穿于整个行动始终。这意味着创新创业能力的各个组成部分既是一个共同体，各自又具有相对独立性，分别发挥着不同的作用。正是这种相对独立性，才使创新创业能力发展本身也具有不确定性，内部也存在着不平衡性，颇受主体内部心理状态和外部环境变化的影响。这意味着创新创业能力的构成单元本身具有动态性、发展性和波动性。如果我们把创新创业能力看成一个整体能力，那么创新创业能力的构成要素就是一种具体能力，而这种具体能力的影响因素就是一种微观能力，从而也是一种更难以考察的能力。

四、确定创新创业能力的影响因素是创新创业能力评价的突破口

创新创业能力的具体影响因素，是指直接影响创新创业活动过程的具体因素。如前所述，在创新创业能力结构中，第一个能力要素是目标确定能力，那么是什么影响了目标确定能力呢？一般而言，目标内涵的清晰度、目标定位的持久性、目标设计的弹性是三个最主要的衡量标准。事实表明，如果一个人对自己行动的目标本身不清晰，就表明主体对行动意义认识不清楚，从而对行动的目标认识就不具体，实际上反映的是对行动目标的合理性缺乏推敲与反思，那么会影响对目标实现条件的思考。目标定位的持久性代表了对目标达成条件的认识程度，如果目标定位非常切合实际，就容易坚持下来，成为行动的指南，反之就很容易被推翻，也就无法坚持下去，即持久性差。目标设计的弹性指目标内涵比较丰富，相互贯通，它虽然包含多个分支目标，但核心目标是不变的。至于包含多少具体目标或目标如何构成是根据实际行动过程的需要进行确定的，从而使个体适应创新创业活动的动态性和发展性的需要。如果目标制定得非常刚性，则显然会阻碍后续行动，自然而然就会降低自己创新潜能发挥和理想目标的达成。因此，目标的清晰度、持久性和弹性都是考察目标确定能力的基本维度。

创新创业能力的第二个构成能力是行动筹划能力，它是指对行动过程该如何组织、行动资源该如何筹集调配、行动过程该如何控制的设计，它反映的是行动主体思虑的缜密性、行动设计的逻辑性和灵活性。很显然，如果行动主体在筹划过程中思虑不周密，那么行动方案漏洞就比较大，在现实中遭遇失败的概率就非常大。如果在行动设计过程中抓不住事物的主要矛盾，抓不住解决问题的关键，那么行动方案可行性就比较低，也就无法支撑目标实现。如果在行动设计中无法估计到环境变化因素的影响，那么在实践过程中就会出现诸多手足无措的状况，从而行动设计的有效性就大打折扣。可以看出，行动筹划能力与行动筹划的周密性、逻辑性和灵活性具有密切的关联，是决定行动筹划能力的关键性因素，因而也是考察行动筹划能力高低的重要维度。

创新创业能力的第三个构成要素是果断抉择能力，它反映的是一个人在关键时刻采用什么样的思维方法、是否具有冒险的品质，它往往最能够反映一个人的自信心、理性决策水平和对关键时刻的直觉把握能力。因此，果断抉择能力常常能够折射出一个人的直觉洞察能力、审慎判断能力和冒险精神，显然，如果一个人缺乏对全局的关注与思考，就不可能在关键时刻快速做出抉择；如果一个人在关键时刻沉不住气，容易冲动，就容易出现判断失误；如果一个人做事情畏首畏尾，不敢承担责任，那么关键时刻也不可能做出抉择。果断抉择能力受决策人的思维敏锐性、思维果断性、思维透彻性三个因素决定，如果一个人看不到事物发展的关键，就无法预料事物发展的必然结果，就无法进行果断抉择。故而思维的敏锐性、透彻性、果断性三个维度直接影响一个人的果断抉择能力的强弱。

创新创业能力的第四个构成要素是沟通合作能力，它反映的是一个人的社会理解能力和社会交往能力。实践证明，一个人对社会怎么理解就会影响一个人怎么与人交往。社会交往能力高低往往决定着一个人的发展成就，因此，交往能力在一个人发展过程中起至关重要的作用，也是影响个体创新创业活动成败的关键。社会交往贯穿于人的一生，也是创新创业活动的存在方式，因为人的一切计划、理想、目标都是在交往过程中实现的。交往成功的主要因素是具有同理心，善于换位思考，特别是能够发现对方的需求。如此就必须因人而异，不能简单化、机械化。因此，交往的广度、深度和灵活度都能够代表交往的质量或交往水平。显然，如果一个人交往面很窄，那么获得的合作机会就少；如果交往都属于泛泛之交，那也很难有什么合作机会；如果交往过程中不能因人而异，那么交往也很难成功。如此而言，交往的广度、深度、灵活度都是衡量交往能力的主要维度，可以用于测量一个人沟通合作能力的高低。

创新创业能力的第五个构成要素是把握机遇能力，这也是人们能否成功或能否尽快成功的关键环节。因为机会总是稀缺的，有些机会如果把握不住就可能造成终生遗憾，所以是否善于辨识机会，是否能够辩证地分析自己的优势，是否能够把自己的优势充分发挥出来是影响机遇把握能力的关键因素。可以说，是否敏锐地辨别机会到来前的各种征兆，是否预先地做好准备，能否快速地把自己的优势发挥出来，都是对一个人把握机遇能力的考验。敏捷度、超前性、准确性是衡量把握机遇能力的三个核心指标，如果一个人对周围环境变化感知比较迟钝，显然在机会把握上是不足的；如果一个人对事物反应缺乏超前性，那么在机会出现时就只能临时做出应急反应，就会出现手忙脚乱的情况，这样的话其成功的希望就非常低；如果一个人能够预先做好充足准备，那么当机会出现时就容易迅速地把握机会。机会把握的要点就在于与自己的优势相适合，从而使自己的竞争优势更加突出。

创新创业能力的第六个能力要素则是防范风险能力，它对个体的审慎性品质要求非常高，如果一个人思考问题不周密，情绪上容易冲动，对事物发展过程中的逻辑关系认识不清楚，就可能使自己的计划落空。这当然也是对个体自我反思能力的考验，如果一个人不善于反思自己的不足，做事情总是自以为是，那么在行动中出现的漏洞就会层出不穷。防范风险当然不能单靠个人的努力，还需要群体成员的共同努力，如此就需要借助一系列制度，所以它常常伴随着制度建设和监督措施的设计。防范风险实际上贯穿于整个行动过程，从目标确定开始就需要考虑哪些可行，哪些不可行，尽可能排除那些不可控制的因素。在行动筹划过程中就需要考虑哪些是障碍因素，特别是那些不易预见的风险因素。防范风险能力最主要的是建立内心的心理防线。我们知道，许多风险都发生在麻痹大意上，如何能够让人们始终保持一种清醒的意识，避免因为疏忽大意而铸成大错？在此，个体对危险因素的意识程度、能否根据不同危险采取不同预防措施和能否在危险出现苗头时就采取有效措施都是衡量一个人防范风险能力的维度。很难设想一个缺乏应对风险的意识或对可能发生的风险没有预案或在风险来临之际手忙脚乱的人，是能够有效应对风险的。

创新创业能力的第七个构成要素是逆境奋起能力，它主要考验的是个体的抗压性如何，特别是考验个体在危机面前的沉稳性和灵活性。一个人的抗压性越强，他就越不会被突如其来的打击或灾难击溃。对一个人而言，临危不乱比什么都重要，显然，这需要非常强大的自信心，唯有如此才能冷静地处理各种事件。只有冷静镇定，才能够看清事物的本质，才能辩证地对待所发生的一切，才会在挫折之中寻找到机会，如此就可能反败为胜。所以，冷静、理智、自信、乐观、辩证思维都对个体重新崛起发挥着决定性作用。逆境奋起能力能够最大程度地考验个体的韧性品质、反思性品质和辩证思维品质，如果一个人意志力比较薄弱，对自己行为过程缺乏反思，不能辩证地对待出现的挫折，就会在失败打击下一蹶不振。相反，如果一个人韧性非常强且具有很强的反思意识，就会发现自己究竟错在哪里、自己的真正优势在哪里，就会利用既有的基础重新确定发展目标，制订新的发展计划，把握新的发展机遇，造就新的辉煌。故而，考察一个人的逆境奋起能力可以从一个人的韧性、反思性和辩证思维能力入手。

必须指出，创新创业能力评价的实质性推进最终需要落实到科学的大学生创新创业能力测量量表的构建和具体测量上,① 如此就涉及一系列复杂的测量与评价的技术问题,只有经得起检验的测量量表才能测出目前大学生创新创业能力的发展状况和未来努力的方向。

---

① 王洪才,郑雅倩. 大学生创新创业能力测量及发展特征研究［J］. 华中师范大学学报(人文社会科学版),2022,61 (3):155-165.

第二章

大学生创新创业能力测量及其发展特征*

引导语：培养大学生创新创业能力是高校创新创业教育的重心所在，建立科学的大学生创新创业能力测量量表是推进高校创新创业教育走向深入的关键。在自我发展理论基础上创建的具有行动特色的大学生创新创业能力结构模型得到数据的适配性支持，据此编制的《大学生创新创业能力量表》具有良好的信效度。通过大规模施测发现，我国大学生创新创业能力总体处于中等水平，在把握机遇能力和果断决策能力上表现较弱；男生的总体能力显著高于女生，理工农医类学生显著高于人文社科类学生，学业优秀生显著高于"学困生"。此外有三个发现：一是学校层次类型的影响不显著；二是社团经历对创新创业能力增长存在边际递减效应；三是创新创业能力并未随年级升高而提升。这启示我们应重视科类和性别对大学生创新创业能力发展的影响，以及社团经历所发挥的增值效应，并对学校类型和年级对创新创业能力的作用机制予以关注。

关键词：大学生；创新创业教育；创新创业能力；测量量表；能力特征

大学生创新创业能力是创新创业教育的培养重心，也是衡量高校创新创业教育质量的核心指标，但目前关于大学生创新创业能力测量的研究严重不足。已有研究或偏重于外部资源投入因素，[1] 或注重局部影响因素，[2] 但均未揭示大学生创新创业能力的构成因素及其内在逻辑关系，从而无法科学测量创新创业教育的效果，也无从为创新创业教育提供科学指导。为此，我们以自我发展理

---

* 原载于《华中师范大学学报（人文社会科学版）》2022 年第 3 期，第 155-165 页，收录时进行了微调。
[1] 沈铭. 大学生创新创业能力评价体系的研究：基于粗糙可拓复合理论 [J]. 技术经济与管理研究，2019（7）：23-28.
[2] 杨连生，王甲男，黄雪娜. 体验式学习对大学生创新创业能力的影响研究 [J]. 现代教育管理，2020（12）：102-107.

论为依据构建了创新创业能力结构模型,之后结合大学生创新创业能力行为表现,最终研制出《大学生创新创业能力量表》,并据此探讨我国大学生创新创业能力发展特征。本研究是对我国高校创新创业教育面临的重大技术难题的尝试性解答。

一、创新创业能力测量已经受到关注

目前学界已普遍认为创新创业能力是由多种能力复合而成,但其能力结构如何始终是一个未解之题。经过文献梳理,本研究发现,现有关于创新创业能力结构模型的探讨主要基于人格理论、[1] 胜任力理论[2]和行动理论。[3] 其中,人格理论认为人格常表现于个体的行为中,创新创业行为与创造性人格、冒险精神、自我效能感等联系紧密,[4] 因此,可通过相关人格特质的测量预测个体的创新创业行为。胜任力理论则在人格理论的基础上进行了延伸和拓展,侧重将人格和行为结合起来进行综合分析,并论证了创新创业能力的可测性。[5] 基于胜任力理论的相关研究指出创新创业能力是在个体与环境互动过程中形成的,并采用德尔菲法从态度和行为两个维度解析创新创业能力的构成要素,且进一步在教育实践中验证了该能力要素确能得以测量和获得发展。[6] 行动理论则认为创业

---

[1] SANCHEZ J C. University Training for Entrepreneurial Competencies: Its Impact on Intention of Venture Creation [J]. International Entrepreneurship and Management Journal, 2011, 7 (2): 239-254.

[2] 王辉,张辉华. 大学生创业能力的内涵与结构:案例与实证研究 [J]. 国家教育行政学院学报, 2012 (2): 81-86.

[3] MCMULLEN J S, SHEPHERD D A. Entrepreneurial Action and the Role of Uncertainty in the Theory of the Entrepreneur [J]. Academy of Management Review, 2006, 31 (1): 132-152.

[4] RAUCH A, FRESE M. Let's Put the Person Back into Entrepreneurship Research: A Meta-Analysis on the Relationship between Business Owners' Personality Traits, Business Creation and Success [J]. European Journal of Work and Organizational Psychology, 2007, 16 (4): 353-385.

[5] ONSTENK J. Entrepreneurship and Vocational Education [J]. European Educational Research Journal, 2003, 2 (1): 74-89.

[6] MORRIS M H, WEBB J W, Fu J, et al. A Competency-Based Perspective on Entrepreneurship Education: Conceptual and Empirical Insights [J]. Journal of Small Business Management, 2013, 51 (3): 352-369.

的本质是行动,①个体在创新创业不同阶段的能力需求不一样,②这为探讨创新创业能力结构所应蕴含的行动逻辑提供了理论支撑。总体来看,关于创新创业能力结构模型的相关理论探讨为本研究提供了重要的学术积累,具有一定的借鉴意义,但也存在不足之处:一是普遍聚焦于社会层面的创新创业能力,未能揭示创新创业能力与个体自我发展之间的关系,因而缺乏普适性,难以激发广大师生参与创新创业教育的积极性;二是大多数能力结构模型在创新创业行为步骤的划分上较为粗糙,未能准确区分创新创业行为的重要节点及与其相匹配的关键能力,从而缺乏实践指导价值。

此外,从国内在创新创业能力评价方面的已有研究来看,主要有两个明显偏向:一是以介绍某类型高校个别经验为主,缺乏对我国大学生创新创业能力水平的基本判断;二是较少关注学生性别、生源地、家庭背景、高校层次类型等"输入性"因素与创新创业能力的关系,无法把握不同群体大学生创新创业能力水平及其特征的全貌,也就难以为提升大学生创新创业能力找到突破口。而根据美国学者亚历山大·阿斯汀的"输入—环境—输出"模型(Input-Environment-Output Model,简称 I-E-O 模型)③可知,输入性因素也能够影响"环境"和"输出"。故研究全国范围内不同群体大学生的创新创业能力水平及其发展特征具有较重要的现实意义和理论价值。

本研究拟围绕以下两方面展开探讨,以弥补已有研究的不足。第一,以自我发展理论为依据构建创新创业能力结构模型。自我发展理论认为,创新创业行为实质上是个体在与环境积极互动中不断地发现自我、发展自我、实现自我进而超越自我的持续行动。④该理论充分意识到社会环境对个体发展的影响,体现了创新创业行为的阶段性与持续性特征,并展现出自我发展过程的内在逻辑性。可见,自我发展理论蕴含的行动逻辑与创新创业思想见于行动的过程性特征相契合,其所遵循的自我建构逻辑也满足普适性创新创业教育发展需求。因

---

① MCMULLEN J S, SHEPHERD D A. Entrepreneurial Action and the Role of Uncertainty in the Theory of the Entrepreneur [J]. Academy of Management Review, 2006, 31 (1): 132-152.
② KOMARKOVA I, GAGLIARDI D, CONRADS J, et al. Entrepreneurship Competence: An Overview of Existing Concepts, Policies and Initiatives-Final Report [R]. JRC Working Papers, 2015.
③ ASTIN A W. Student Involvement: A Development Theory for Higher Education [J]. Journal of College Student Development, 1999, 40 (5): 518-529.
④ 段肖阳. 论创新创业能力模型与评价指标体系构建 [J]. 教育发展研究, 2022, 42 (1): 60-67.

此，在自我发展理论基础上，本研究基于广泛的田野调查和大量的文献研究，将创新创业行为分为7个关键环节，即确定目标（起点）—行动筹划—果断决策—沟通合作—把握机遇—防范风险—逆境奋起（终点），[1] 由此建构了由目标确定能力、行动筹划能力、果断决策能力、沟通合作能力、把握机遇能力、防范风险能力和逆境奋起能力7个子能力构成的创新创业能力结构模型。[2] 经过专家评议后，我们进一步将7个子能力细分为21个三级能力指标，从而充实了创新创业能力结构模型。该理论模型为《大学生创新创业能力量表》的研制提供了科学依据。

第二，本研究将采用自主研制的《大学生创新创业能力量表》，集中探讨不同群体大学生创新创业能力的发展特征。本研究认为，大学生创新创业能力在不同发展阶段或不同群体中具有异质性需求和差异性特征，探究"输入"环节将会为大学生创新创业能力研究带来不同的切入点，也能够为营造更具支持性的校园教育教学环境提供启发。本研究将基于个体特征（性别、年级、学业基础、社团经历）和院校特征（高校类型、学科类别）两个主维度、六个次维度来审视不同大学生群体的创新创业能力发展情况。

二、大学生创新创业能力测量量表的研制

（一）操作性定义及维度划分

为确保各个维度测量的操作性和科学性，本研究对各个子能力进行了操作性定义，如目标确定能力是指一个人根据自身实际情况和社会需要确定行动目标的能力。根据文献研究与德尔菲法我们进一步将目标确定能力这个抽象概念转换为更为具体可观测的三级能力维度：自我认知、自我认同、评估形势、设置目标。其余子能力的研究过程也是如此，最终确定了21个三级能力维度（如表6-1所示）。

---

[1] 段肖阳. 论创新创业能力模型与评价指标体系构建［J］. 教育发展研究，2022，42（1）：60-67.

[2] 王洪才，郑雅倩. 创新创业教育的哲学假设与实践意蕴［J］. 高校教育管理，2020，14（6）：34-40.

表 6-1 大学生创新创业能力子能力及三级能力维度

子能力	操作性定义	三级能力维度
目标确定能力	一个人根据自身实际情况和社会需要确定行动目标的能力	自我认知、自我认同、评估形势、设置目标
行动筹划能力	一个人对达到目标所需要的条件进行系统规划设计的能力	制订规划、筹划资源、主动性
果断决策能力	一个人在复杂的选择面前快速做出决定的能力	冒险精神、大胆决策
沟通合作能力	一个人与他人形成一致行动目标并采取一致行动的能力	沟通交往、团队合作、解决冲突
把握机遇能力	一个人快速识别机遇并准确地把握机遇的能力	发现并评估机会、忍受不确定性、创新行为
防范风险能力	一个人发现潜藏的风险并预先采取对策的能力	感知风险、反思学习、风险管理
逆境奋起能力	一个人勇敢地面对失败打击并寻求新的突破的能力	乐观、希望、韧性

（二）题项编制及内容效度

1. 编制测量题项

题项编制主要有两大依据：一是采用非概率抽样最大程度上提取反映大学生创新创业能力的典型行为倾向。经过文献梳理和研究讨论，本研究拟定如"担任校级学生组织、社团主要负责人1年及以上""至少获过3次校级及以上级别奖励""有过创业经历或正在创业，且稳定运营2年以上"等7条筛选标准，认为至少符合其中3条标准即可成为研究对象，以使得研究案例可以覆盖多种多样的类型。在具体操作上，以最大变异抽样方法向参加某高校全国优秀大学生暑期夏令营的学生发放开放性问卷，共回收涵盖我国114所院校12个学科（除军事学、交叉学科）的375份有效问卷，获得28万余字质性材料；以典型个案抽样方法选取了32位来自不同类型高校的大学生开展半结构式访谈，抽样过程综合考虑学生的性别、家庭背景、学科、年级等因素，获得18万余字质性材料。本研究还使用Nvivo 12 Plus软件为辅助工具以确定与大学生创新创业能力紧密相关的特征。

二是参考已有的成熟量表。本研究根据各子能力的操作性定义改编了现有成熟量表的部分题项，如核心自我评价量表（Core Self-Evaluation Scale，CSES）。①由此，本研究初步产生 121 个测量题项。

2. 筛选测量题项

对照大学生创新创业能力各级能力维度的定义，本研究将初步拟定的 121 个测量题项分别归入相应维度中。为了检验测量题项与能力维度的吻合度，本研究邀请了 6 位专家评价其内容效度。内容效度评价表设置了 1~4 分的评分等级，1 为"不相关"，2 为"弱相关"，3 为"较强相关"，4 为"非常相关"，测评各题项内容效度（Item-Level Content Validity Index，I-CVI）和量表内容效度（Scale-Level Content Validity Index，S-CVI）。② 评分结果显示：共有 110 个题项的 I-CVI 高于 0.78，说明这些题项得到了专家的认可；被评为 "3" 或 "4" 的题项共有 105 个，故量表全体一致性 S-CVI 达到 0.87；根据 I-CVI 均值计算平均 S-CVI 结果为 0.92，说明量表的内容效度较好。经综合考虑，本研究删除了 I-CVI 低于 0.78 的 11 个题项以提高 S-CVI 值，最大程度上保证了量表的内容效度。

3. 形成初始量表

为确保量表能被正确理解，我们邀请了 30 位来自不同院校、学科、年级的大学生对量表题项进行逐项评价。整理分析大学生的意见和建议后，我们从 110 个测量题项中删除了表达含糊以及意思相近的 7 个题项，保留下来 103 个题项，由此形成了大学生创新创业能力初始量表。目标确定能力、行动筹划能力、果断决策能力、沟通合作能力、把握机遇能力、防范风险能力、逆境奋起能力 7 个分量表的题项数分别为 19、14、12、14、16、12、16。量表采用李克特五级量表法计分，1 为"非常不同意"，2 为"不同意"，3 为"不一定"，4 为"同意"，5 为"非常同意"。自评均分越高，表示其创新创业能力越强。

（三）量表结构检验及量表最终形成

1. 数据来源及处理

为从大样本上检验《大学生创新创业能力量表》的有效性，并验证大学生创新创业能力结构模型的科学性，本研究采用分层随机抽样方法面向全国高校大学生发放问卷。该次调查共发放是 2000 份问卷，回收 1811 份有效问卷，有效回收率达 90.55%。其中，一流大学建设高校占 36.39%，一流学科建设高校占

---

① JUDGE T A, EREZ A, BONO J E, et al. The Core Self-Evaluations Scale: Development of a Measure [J]. Personnel Psychology, 2003, 56 (2): 303-331.

② 史静琤, 莫显昆, 孙振球. 量表编制中内容效度指数的应用 [J]. 中南大学学报（医学版）, 2012, 37 (2): 49-52.

27.94%，其他普通地方本科高校占27.88%，高职高专院校占7.79%；男生占40.03%，女生占59.97%；大一学生占43.62%，大二学生占23.91%，大三及以上学生占32.47%。

我们对回收样本进行了数据处理：首先，删除按规律作答数据缺失率在30%以上的样本，数据缺失较少的采用系统均值法进行填补。其次，将有效样本随机分成两个数据库，采用SPSS 21.0软件对数据库一（N=904）进行项目分析和探索性因素分析。最后，采用AMOS 22.0软件对数据库二（N=907）进行验证性因素分析，并检验量表信度。

2. 项目分析

本研究采用两种方法进行项目分析以考察量表题项对于不同被试创新创业能力的鉴别度和区分度。其一，采用极端组比较法。我们将不同个案的题项总分进行高低排序，取前27%为高分组，取后27%为低分组，采用独立样本T检验比较两组的差异。结果显示，所有题项均达到显著性水平（$p<0.001$），表明量表题项鉴别力较高，无须删减。其二，采用题总相关法。我们将不同题项与分量表总分进行相关分析。结果表明，不同题项与分量表总分的相关系数均达到显著性水平（$p<0.001$），且相关系数在0.40~0.79之间，题项无须删除。项目分析结果表明，各分量表中的题项具有较好的区分度，且量表内部一致性较高。

3. 探索性因素分析

为从实证数据层面上提取分量表的能力构成维度，本研究采用探索性因素分析。首先，我们对分量表进行KMO（Kaiser-Meyer-Olkin）检验和Bartlett's球形检验。结果发现，7个分量表KMO值均大于0.9，且Bartlett's球形检验显著（$p<0.001$），适合进行探索性因素分析。其次，我们采用主成分分析法抽取特征值大于1的共同因素，并逐次删减载荷量小于0.4的10个因子。经过逐步探索，分量表中各因子载荷量均大于0.5（$p<0.001$）且无交叉载荷，所提取公因子的累积方差解释率在58.82%~67.31%之间，表明所提取公因子可较好地概括能力结构。

结合能力维度的定义以及各题项含义，本研究对聚合出的公因子进行潜变量命名。其中，目标确定能力分量表由"自我认知""自我认同""评估形势""设置目标"4个因子共17个题项构成；行动筹划能力分量表由"制订规划""主动行为"2个因子共13个题项构成；果断决策能力分量表由"冒险精神""大胆决策"2个因子共12个题项构成；沟通合作能力分量表由"沟通交往""团队合作"2个因子共14个题项构成；把握机遇能力由"发现并评估机会"

"忍受不确定性""创新行为"3个因子共15个题项构成；防范风险能力由"反思学习""风险管理"2个因子共10个题项构成；逆境奋起能力分量表由"乐观""韧性"2个因子共12个题项构成。因此，经探索性因子分析后，大学生创新创业能力量表题项减至93个。

4. 验证性因素分析

本研究采用验证性因素分析验证或修正探索性因素分析得出的大学生创新创业能力结构模型。我们采用数据库二中的数据，将每个分量表的各个潜变量间设定为两两相关，观测变量的残差之间设定为相互独立进行拟合度检验。研究得出，卡方自由度比在3.617~7.107之间，大于3，表明模型适配度不佳。但因卡方检验易受样本容量影响，当样本容量较大时，卡方检验通常失效。[①] 因此，本研究的模型拟合效果主要参考其他拟合指标。进一步分析显示，各分量表中绝对适配度指数RMSEA值在0.054~0.082之间，GFI值在0.922~0.956之间；增值适配度指数NFI值在0.910~0.961之间，IFI值在0.925~0.971之间，CFI值在0.925~0.971之间。根据模型适配标准，7个分量表的拟合指数均较为良好，说明7个子能力的三级能力维度构成比较合理。

为考察7个分量表能否形成一个结构效度良好的大学生创新创业能力测量工具，本研究以7个分量表总分为观测变量，以总量表为潜变量，再次进行验证性因子分析。数据显示，RMSEA值为0.069，GFI值为0.981；NFI值为0.987，IFI值为0.990，CFI值为0.990。可见，整体模型的适配值总体良好，说明模型拟合结果较为理想，大学生创新创业能力量表中的7个能力结构基本成立。

5. 信度分析

本研究采用数据库二中的数据进行信度检验。结果显示，7个分量表的Cronbach's α系数均在0.894~0.922之间，总量表的Cronbach's α系数为0.978，表明7个分量表和总量表的信度良好，符合心理测量学要求。

经过上述实证分析，本研究确定《大学生创新创业能力量表》由7个分量表构成，包括17个三级能力维度，共93个题项。该量表具有良好的信效度，可用于测量大学生创新创业能力发展水平。

---

① 本研究中"一流大学建设高校"与"一流学科建设高校"的划分标准参照第一轮"双一流"建设高校和建设学科名单。

三、大学生创新创业能力发展特征及分析

（一）样本基本信息及数据分析方法

为探究我国大学生创新创业能力发展特征，本研究采用自编《大学生创新创业能力量表》于2020年12月至2021年3月面向全国高校大学生开展问卷调查，共回收问卷6652份。本研究按照以下标准剔除无效问卷样本①：（1）连续50题选择同一选项；②（2）数据存在异常值（如填写虚假高校名称或作答不完整）；（3）答题时长异常（小于5分钟或大于20分钟）。经过清理，本研究共获得有效问卷6028份，有效率为90.62%。如表6-2所示，本研究所调查的样本具有较好的背景特征涵盖度。

在实证分析前，本研究运用SPSS 21.0软件再次对量表进行信效度检验。数据显示，大学生创新创业能力总量表及各分量表的Cronbach's α系数均大于0.9，说明量表信度理想；KMO系数值均大于0.9，且Bartlett's球形检验达到显著性水平（$p<0.001$），表明量表结构效度良好。因此，该量表在本次研究中能够有效测量大学生创新创业能力发展水平。

在研究方法上，本研究以定量研究方法为主：一是采用描述性统计探究我国大学生创新创业能力总体水平；二是采用独立样本T检验或单因素方差分析，探讨在不同个体特征及院校特征背景下大学生创新创业能力的发展情况。同时，为深入研究产生差异性的可能原因，本研究于2021年4月至2021年6月深度访谈了来自不同高校、专业和年级的近50名大学生。本研究将结合质性资料分析和丰富研究结论，以提高数据分析结果的说服力。为更清晰地展示访谈材料，本研究依据访谈时间与当日访谈次序、学校代码、学科代码以及受访者姓名首字母对访谈材料进行了编号，如2021051101-G-3-W。

---

① 吴明隆. 结构方程模型：AMOS的操作与应用 [M]. 重庆：重庆大学出版社，2010：41-43.

② CURRAN P G. Methods for the Detection of Carelessly Invalid Responses in Survey Data [J]. Journal of Experimental Social Psychology，2016，66（1）：4-19；吴明隆. 结构方程模型：AMOS的操作与应用 [M]. 重庆：重庆大学出版社，2010：236-237.

表 6-2 研究对象的基本信息（N=6028）

类别变量		样本数（份）	占比（%）
性别	男	2164	35.9
	女	3864	64.1
学校	一流大学建设高校	1329	22.04
	一流学科建设高校	1015	16.84
	其他普通本科院校	1578	26.18
	高职高专院校	2106	34.94
学科	人文社科	3164	52.49
	理工农医	2864	47.51
年级	大一	2581	42.82
	大二	1706	28.3
	大三及以上	1741	28.88
学业成绩	前5%（含）	521	8.64
	5%~35%（含）	2432	40.35
	35%~65%（含）	2117	35.12
	65%~95%（含）	779	12.92
	后5%	179	2.97
社团经历	无	1227	20.36
	1年及以下	3031	50.28
	1~2年（含）	1443	23.94
	2年以上	327	5.42

（二）大学生创新创业能力发展的总体特征

统计分析发现，我国大学生创新创业能力均值为3.6655（SD=0.5116），大于理论中间值"3"；各子能力的得分均值介于3.5201~3.7654，标准差介于0.5617~0.6241，同样大于理论中间值。这说明我国大学生创新创业能力总体处于中等水平，整体发展情况良好。

但大学生创新创业能力结构呈现不均衡状态。如图6-1所示，学生在防范风险能力以及沟通合作能力的自我评价更加积极，而在面对多变环境时的果断抉择、机会把握等方面显得信心不足。这说明，近年来我国高校创新创业教育在培养学生主体性意识和合作精神上颇有成效,但是在培养学生果敢性、洞察力和开放性上较为薄弱。

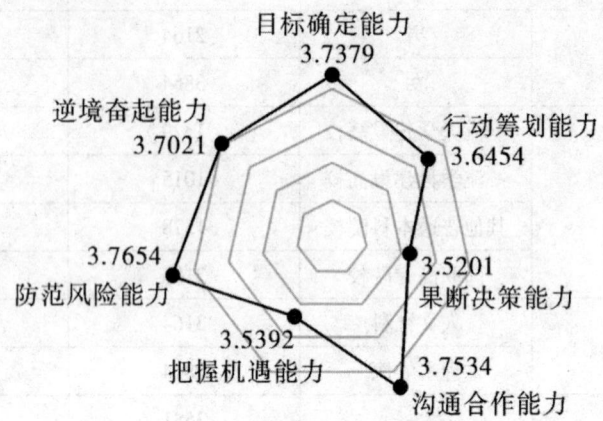

图 6-1 大学生创新创业能力发展形态图

(三) 大学生创新创业能力发展的群体特征

1. 大学生创新创业能力在个体特征维度上的发展情况

(1) 男大学生创新创业能力显著高于女大学生

独立样本 T 检验分析结果表明,大学生创新创业能力及其子能力在性别上均具有显著性差异 ($p<0.001$)。男大学生的创新创业能力发展水平 (M = 3.7455, SD = 0.5436) 高于女大学生 (M = 3.6207, SD = 0.4871),各子能力也均呈现出男大学生发展水平高于女大学生的状态 (如图6-2所示)。这一结论与国际相关研究一致,[1] 这一现象的出现或许与高校创新创业教育较少考虑性别差异有关。[2] 相关研究显示,女性群体普遍对团队竞争持消极态度,创办企业的兴趣不如男性强烈。[3] 我国创新创业教育在具体实施上更偏向企业创业实践,男生在无形中得到了更多的鼓励和支持,从而影响了女生参与创新创业教育的意愿。毋庸置疑,创新创业教育应面向所有人,为此,关注不同性别学生群体对创新创业教育的需求尤为重要。

---

[1] JOHANSEN V. Entrepreneurship Education and Start-Up Activity: A Gender Perspective [J]. International Journal of Gender and Entrepreneurship, 2013, 5 (2): 216-231.

[2] 何晓敏. 高职院校女大学生创新创业人才培养模式探索 [J]. 湖南社会科学, 2019 (2): 166-172.

[3] KOURILSKY M L, WALSTAD W B. Entrepreneurship and Female Youth: Knowledge, Attitudes, Gender Differences, and Educational Practices [J]. Journal of Business Venturing, 1998, 13 (1): 77-88.

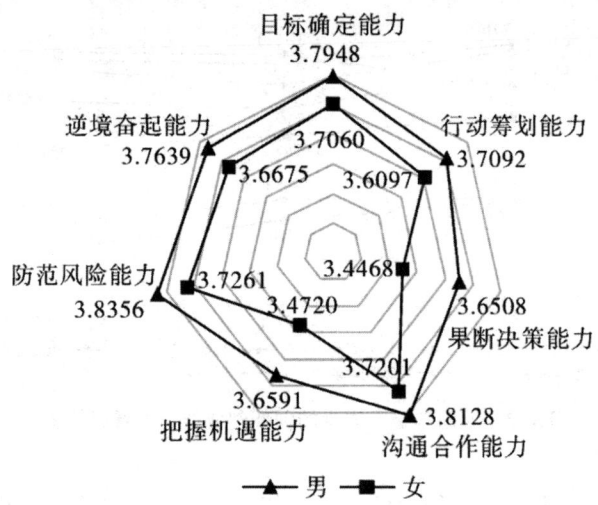

图 6-2 不同性别大学生的创新创业能力发展形态图

(2) 大学生创新创业能力呈现随年级升高而下降的趋势

单因素方差分析发现,大学生创新创业能力具有显著的年级差异($p<0.05$),且呈现随年级升高而下降的趋势,这一发展趋势需要引起高校重视。研究发现,子能力中的目标确定能力、行动筹划能力、果断决策能力以及逆境奋起能力同样存在显著的年级差异($p<0.05$)。事后多重比较检验[①]发现,在目标确定能力和逆境奋起能力上,大二学生显著低于其他年级学生;行动筹划能力以及果断决策能力出现了大三及以上学生显著低于大一学生的现象。尽管把握机遇能力在年级之间的差异尚未达到显著性水平,但也出现逐年下降的趋势(如图 6-3 所示)。

---

① 本研究在事后多重比较检验中,首先进行方差齐性检验,若方差齐性则采用最小显著性差异法(Least-Significant Difference,LSD)进行检验;若方差不齐,则采用 Tamhane's T2 开展检验。

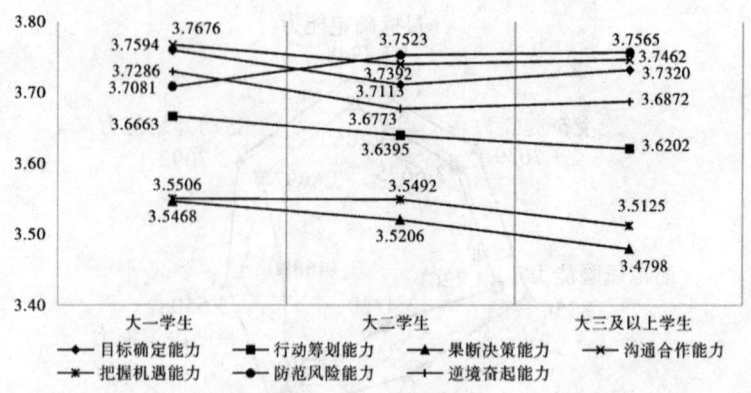

图6-3 不同年级大学生的创新创业能力发展趋势图

可见,大学生创新创业能力的7个子能力随着年级升高呈现出不同的发展趋势。本研究数据证实,在大二阶段,学生多处于人生发展目标迷茫、情绪低沉的艰难期。这与国内外相关研究的结果是一致的。[①] 细究之,当大学生经过了大一时期人际交往的新鲜期后,他们开始深度审视自己的人生目标和自我价值,"突然不知道自己该往哪里去了"(2021051101-G-3-W),但又缺乏自我调节的能力,从而出现了迷茫与无助。本研究发现,高年级学生在行动筹划和果断决策方面表现不佳,如一位访谈对象所言:"进入大三之后,身边同学有的选择了考研,有的去找工作。但通过交流可以发现,他们都是随大流,并没有认真规划自己的人生目标,不知道自己究竟为什么考研,喜不喜欢学术研究,也不知道自己喜欢的工作是什么样子的。我自己现在也是陷入了职业选择的纠结中,感觉这个工作也行,那个工作也行。"(2021052202-L-4-L)

(3) 大学生创新创业能力随学业基础不同而变化

以班级学业成绩作为衡量学业基础的指标,通过单因素方差分析我们发现,大学生创新创业能力及其子能力存在显著的学业基础差异($p<0.001$)。比较能力均值发现,学业成绩越优异的大学生,创新创业能力发展水平越高。为了研究更严谨,本研究将学业成绩后5%至前5%分别赋值为1~5,并进行回归分析。结果证实,学业成绩对大学生创新创业能力具有积极影响($\beta = 0.162$,$p < 0.001$)。这说明学习能力具有迁移性,扎实的知识基础是创新创业有效开展的前提。只有让学生对知识探究产生兴趣,创造性地掌握知识,才能真正培养他们创新创业能力和参与创新创业实践的精神动力,如一位访谈对象所言:"平时

---

① LEMONS L, RICHMOND D. A Developmental Perspective of Sophomore Slump [J]. NASPA Journal, 1987, 24 (3): 15-19.

的课程论文写作相比期末较为死板的知识点考核更有意义,它能够让我有更多的时间进行自主阅读、发掘自己感兴趣的研究方向,并尝试去构建自己的阐释体系。"(2021052201-X-4-X)为此,高校应加强教学改革,真正把创新创业精神融入教学过程中。

此外,本研究通过比较不同成绩段学生群体的能力发展结构发现,学业优异的"尖子生"(班级学业成绩排名前5%)的果断决策能力(M=3.6016,SD=0.6994)是其能力短板;学业较差的"学困生"(班级学业成绩排名后5%)在逆境奋起能力(M=3.2588,SD=0.8250)上的表现不容乐观(如图6-4所示)。这似乎说明大多数"尖子生"属于"循规蹈矩型",在与外部环境互动的过程中缺乏冒险精神和敏锐的机会意识;而"学困生"更多囿于学业挫折而缺乏突破成长困境的动力。

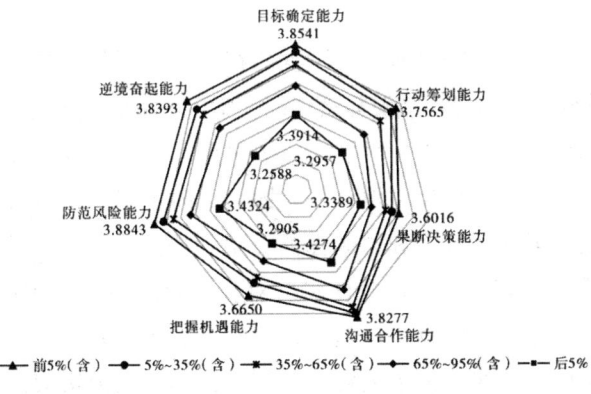

图 6-4 不同学业基础大学生的创新创业能力发展形态图

(4)社团经历对大学生创新创业能力的增长存在边际效应

社团的参与年限越长,说明个体越形成了社团身份认同和价值共识,[①] 因此以参与社团年限为主要维度衡量学生的社团经历具有合理性。单因素方差分析发现,对不同社团参与年限的大学生而言,其创新创业能力存在显著差异($p<0.001$);从能力得分均值来看,社团参与时间越长,大学生创新创业各子能力越能表现出一致性增长趋势(如图6-5所示)。事后多重比较检验结果表明,具有"1年及以下"社团参与经历的大学生的果断决策能力显著高于无社团经历的学生($p<0.001$);具有"1~2年(含)"以及"2年以上"社团参与经历的大学生在各个子能力上的得分均值皆不具有显著性差异($p>0.05$)。

---

① 张艳萍.科技创新型社团对大学生创新能力养成的影响研究:基于生活史的探索[J].教育发展研究,2020,40(19):69-76.

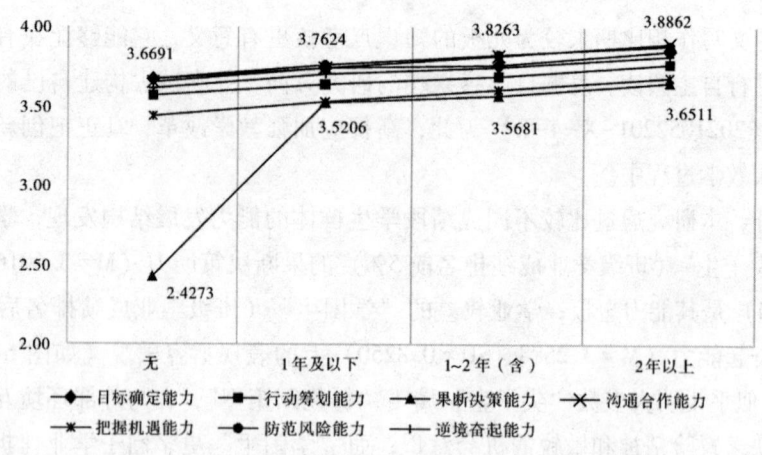

图 6-5　不同社团经历大学生的创新创业能力发展趋势图

此分析结果从实证数据层面支持了社团在高校创新创业教育中具有重要作用的观点。[①] 此外，社团经历能够显著提高大学生的果断决策能力。这在一定程度上说明，社团作为大学生个性发展的重要平台，能够培养并锻炼学生多方面能力。并且当学生能够比较自主地开展社团活动时，其决策能力会在无形中得到提高，特别是决策的果敢性和果断性能会得到提升。当然，可能是因为社团活动所具有的挑战性有限，所以社团参与对学生果断决策能力的培养也有限，当能力被提升到一定程度后就不再提升，即出现了边际效应。通过调查我们发现，这个边际效应出现在学生进入社团 1 年后，学生能力增值速度趋缓。可能的原因是当学生逐渐成为社团"老人"后，他对社团的新鲜感降低，社团工作也不再具有高挑战性，并在工作中产生"路径依赖"，认为"社团工作轻车熟路"（2021042101-G-1-L）。如此一来，学生容易逐渐丧失主动创造的行为动机。所以，尽管能力得分仍呈增长趋势，但在统计学上已经不具有显著性意义。因此，如何使社团活动具有新鲜感和挑战性是高校创新创业教育亟须关注的一个重要问题。

2. 大学生创新创业能力在院校特征维度上的发展情况

（1）大学生创新创业能力在不同高校类型之间差异不显著

大学生创新创业能力描述性统计结果显示：在创新创业能力水平上，其他普通本科高校学生表现最佳（M = 3.6871，SD = 0.4802），一流学科建设高校大

[①] 孙榆婷，杜在超，赵国昌，等. 大学生社团参与对毕业生起薪的影响 [J]. 南开经济研究，2021（2）：110-129.

学生次之，创新创业能力水平为 3.6691（SD=0.5001），高职高专院校学生又次之，创新创业能力水平为 3.6604（SD=0.5244），而一流大学建设高校的大学生表现最差，创新创业能力水平为 3.6506（SD=0.5350）。单因素方差分析发现，大学生创新创业能力在高校类型上不存在显著差异（$p>0.05$）。进一步采用回归分析，我们同样得到不具有显著性的检验结果（$p>0.05$）。可见，来自不同类型高校的大学生创新创业能力在差异表现上不具有规律性。

上述结果在一定程度上说明拥有优质教育资源的一流大学建设高校在大学生创新创业能力培养上成效并不显著，应该引起重视。当然，创新创业能力自评测量方式可能也在一定程度上影响了调查结果，因为能力自评结果还与学生的自我发展期待、院校期待等主观因素有关。一般而言，一流大学建设高校学生自我期待普遍较高，在自我评价上会出现低估倾向，而且个体评价一般参照个体在群体中的相对位置，如果个体在群体中表现不突出，也会倾向于低估自己的实力。这在一定程度上可以解释一流大学建设高校学生的创新创业能力表现较低的原因。除此之外，由于大学生创新创业能力在个体特征维度上具有显著性差异，所以有理由认为，相较于宏观层面的教育资源投入，学生个体投入度对大学生创新创业能力影响更大。因此，激发学生自主发展动力应成为各类高校创新创业教育的重点。

（2）理工农医类学生的创新创业能力显著高于人文社科类学生独立样本 T 检验结果显示，大学生创新创业能力及其子能力在学科类型上具有显著性差异（$p<0.001$）。如图 6-6 所示，理工农医类学生在各项能力上的表现显著优于人文社科类学生，这两组群体在果断决策能力上差距最大，其次为把握机遇能力。

结合大学生创新创业能力的性别差异研究结果，人文社科类大学生中女生偏多，[①] 可在一定程度上解释人文社科类学生在果断决策能力与把握机遇能力方面表现较弱的原因。这从侧面验证了本研究量表能够较为有效地测量大学生的创新创业能力发展水平。此外，创新创业大赛、创新创业项目是大学生创新创业能力提升的一大抓手，然而，相关研究表明，各类创新创业大赛、创新创业项目等学科偏向、性别偏向比较明显，人文社科类创新创业项目明显少于理工农医类，[②] 女性参与率明显低于男性，这为理工农医类学生创新创业能力显著高于人文社科类大学生提供了解释。这也启示我们必须探索符合不同学科特征的

[①] 贺光烨. 专业选择与初职获得的性别差异：基于"首都大学生成长追踪调查"的发现［J］. 社会，2018，38（2）：213-240.

[②] 陈临强，赵春鱼，赵燕，等. 理工类大学生竞赛发展生态及治理优化：基于2012—2019年状态数据的分析［J］. 高等工程教育研究，2020（6）：67-72.

大学生创新创业能力培养路径。

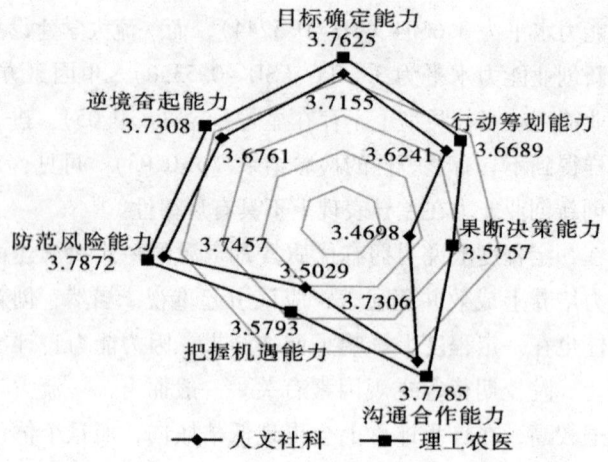

图6-6　不同学科大学生的创新创业能力发展形态图

四、研究总结及对策建议

（一）主要结论

结合大学生创新创业能力结构模型，通过挖掘大学生创新创业行为特征，并进行探索性因子分析和验证性因子分析等测量学研究，本研究最终研制出《大学生创新创业能力量表》。该量表由大学生目标确定能力、行动筹划能力、果断决策能力、沟通合作能力、把握机遇能力、防范风险能力和逆境奋起能力7个分量表构成，包含17个三级能力维度共93个题项。大学生创新创业能力测量维度的科学划分以及测量量表的研制为深入研究具有中国特色的高校创新创业教育发展路径以及创新创业教育质量评估提供了观察视角和工具。

本研究运用自主研制的《大学生创新创业能力量表》进一步对大学生创新创业能力进行实证研究，并揭示了我国大学生创新创业能力发展水平与基本特征。第一，我国大学生创新创业能力总体处于中等水平，但在把握机遇能力和果断决策能力方面表现较弱。第二，大学生创新创业能力存在显著的性别、学科、年级、学业基础和社团经历差异，但与所在高校类型与层次不具有显著性差异。具体而言，男大学生创新创业能力显著高于女大学生；理工农医类学生的创新创业能力显著高于人文社科类学生；大学生创新创业能力总体上并未出现随年级升高而增长的规律，相反呈现出"不升反降"的现象；学业基础越好的学生，创新创业能力越强；社团参与时间越长，学生的创新创业能力越高，但存在社团参与时间越长，能力增值空间越小的现象。

292

（二）几点建议

上述结论说明，大学生创新创业能力存在群体差异性，创新创业教育需要遵循个性化规律推进。据此，我们提出以下建议：

第一，重塑人才培养目标，将创新创业精神作为大学人才培养目标的灵魂。如前文所述，我国大学生创新创业能力结构失衡，即果断决策能力和把握机遇能力发展水平较低，这与我国高校人才培养缺乏实践能力培养有关，也与创新创业精神还未真正融入人才培养目标有关。在创新创业时代，知识创造价值的速度逐渐加快，社会需求日新月异，大学生如果缺乏实践锻炼的有效渠道，就难以对机会进行辨别和把握，进而也就失去为了把握机会而迎接挑战的冒险精神，也就难以突破个体成长"舒适区"，更遑论成为引领社会发展的人才。因此，高校应注重将创新创业精神融入人才培养目标设计中，加强对大学生的抉择能力和把握机遇能力的培养，弥补大学生创新创业能力发展的短板。

第二，以课堂为创新创业教育的主阵地，通过创新教学方式激发学生学习主体性。实证数据表明，大学生学业水平与创新创业能力发展之间是正相关关系。这意味着，创新创业能力的提升有赖于知识探索能力的提升，而课堂教学方式非常关键，课堂教学担负着把学生从知识的接受者转为知识的探索者的责任。传统高校课堂教学主要采用教师单边讲授的方式，学生处于被动接受的角色，学生的主体性被严重遮蔽，难以激发他们探究知识的兴趣。这显然不利于学生学业能力提升，当然也不利于培养学生的创新意识和创业动力。因此，高校课堂教学改革是推进创新创业教育的重要突破口。一般而言，"以问题为中心"的研究型教学能够较好地调动学生参与课堂的积极性，能够激发学生自主建构知识的动力；如果课程内容设计具有新颖性和挑战性，将有助于把学生从过去的应试状态转变为主动探索状态，进而使其体验到创新带来的乐趣。这就要求加强实践性教学，关注社会需求，增强学生的问题意识，如此才能推动学生主动运用理论知识解决实际问题，从而培育学生创新潜力。[①]

第三，提升创新创业项目的针对性应遵循创新创业教育个性化规律。创新创业教育的实效性有赖于对学生个体能动性的激发，不能针对学生个性特点进行施教往往是低效的或无效的。为此，高校开展的创新创业教育活动应该首先对参与者个体特征、爱好特长进行充分了解，再基于现实社会需求设计项目，提升创新创业教育的实效性。与此同时，高校必须关注大学生发展的阶段性特

[①] 王洪才．创新创业能力培养：作为高质量高等教育的核心内涵［J］．江苏高教，2021（11）：21-27．

征，注重大学生适应期的学习动机和学习方式的转变，要以创新创业人才为导向培育大学生能力素质。针对大二学生容易出现"低谷"的现象，应加强大学生适应性培养机制建设。创新创业项目除了要针对男女生创新创业能力差异进行针对性设计外，还必须结合学科背景进行设计，尤其要注重对人文社科类学生创新创业能力的培养。高校还要特别注重发挥社团对大学生创新创业能力培育的作用。高校要为社团留下充足的自由探索空间，践行"It's OK to fail"的理念，[1] 培养学生"不畏惧失败，敢于冒险就是光荣"的创新创业精神。

第四，改革教师评价体系，激发教师参与创新创业教育的内生动力，为创新创业教育提供源源不断的活力。教师是开展创新创业能力培养活动的关键群体，如果缺乏一个合格的教师队伍，高校创新创业教育将难以落实，大学生创新创业能力培养也将成为"无源之水"[2]。而激发高校教师参与创新创业教育的动力在于改革教师评价体系，让其真心投入教育教学改革探索之中，这样他们才可能潜心育人。

大学生创新创业能力研究在理论研究和实证探索上还有较大空间。未来研究可继续检验《大学生创新创业能力量表》的信效度；可深入挖掘创新创业能力影响因素，探讨能力发展的影响机制；可关注不同群体能力发展影响机制的异质性等，为高校创新创业教育实践提供更具指导性的建议。

---

[1] 杨同军. 美国硅谷地区高校创新创业教育的启示 [J]. 中国成人教育，2015 (4)：105-106.

[2] 王洪才. 创新创业教育：中国特色的高等教育发展理念 [J]. 南京师大学报（社会科学版)，2021 (6)：38-46.

第三章

中国特色的高职"双创"教育模式探索
——以宁波职业技术学院"1234"创新创业教育模型建构为案例*

引导语：开展"双创"教育是中国高等教育改革发展的最重要举措之一，开展"双创"教育需要具有中国高等教育的特色。宁波职业技术学院积极探索"双创"教育的高职模式，这一模式由一个战略引领，两个理念相随，三个机制创新作为支撑，四个工作重点作为突破口，从而形成了"1234"模型，此举对我国"双创"教育开展具有广泛的借鉴意义。

关键词：中国特色；高职；"双创"教育模式；宁波职业技术学院；"1234"模型

创新创业教育（以下简称"双创"教育）是当前我国高等教育改革发展最重要主题之一，[①] 它不仅是我国经济发展和社会转型的需要，也是世界高等教育改革发展的共同趋势。高职教育是我国高等教育的重要构成，也是高等教育大众化的主力军，与"双创"教育具有天然的联系，在开展"双创"教育方面具有独特优势，充分发挥这些优势是高职院校发展的内在追求。宁波职业技术学院（以下简称"宁职院"）建院以来一直非常注重"双创"教育，尤其注重"双创"文化培育，并致力于探索高职"双创"教育特色。学校于2016年成立创业学院，负责统筹整合全校"双创"教育资源，致力于构建具有宁职院特色的"双创"教育体系，并着力开展高职教育中国模式的探索。

在长期的实践探索中，宁职院逐步形成了自己的"双创"教育特色，即"1234"模型（如图6-7所示），具体而言，包括明确一个发展战略、践行两个

---

* 原载于《教育学术学刊》2018年第2期，第56-64页，在收录时进行了微调。
① 国务院办公厅关于深化高等学校创新创业教育改革的实施意见 [EB/OL]. 中华人民共和国中央人民政府网, 2015-05-13.

教育理念、构建三个创新机制、突出四个工作重点。该模型代表了宁职院对"双创"教育的理解，反映了宁职院对于中国特色高职教育模式的探索状况。

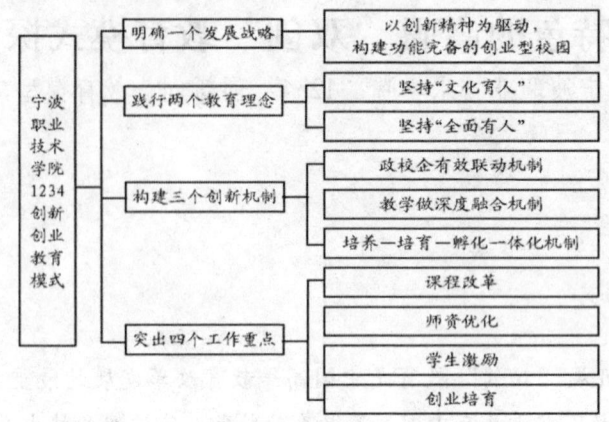

图 6-7　宁职院"1234"创新创业教育模式

一、明确一个发展战略：以创新精神为驱动，构建功能完备的创业型校园

学校发展战略就是一个学校对自己未来工作的整体布局和规划，是对学校发展蓝图和前景的描绘，故而对学校未来发展具有前瞻性、全局性和根本性的指导意义。宁职院深入贯彻落实教育部关于"双创"教育的精神内涵及其内在要求，将"双创"教育作为学校改革发展的引领工作，使之融入人才培养全过程和办学过程的各环节。①

（一）以思源文化为主标识，打造创业型校园文化

为了更好地资助贫困学生完成学业，宁职院于 2007 年 6 月成立了"思源基金"，其目的是培养学生饮水思源、具有一颗感恩的心，使之成为学生成长和发展的动力源。这一基金一经成立就成为汇集教师爱心和学生感恩之心的慈善教育基地，并逐渐成为思想文化素质教育基地和"双创"教育基地。在思源基金基础上，学校先后建成思源爱心超市、有爱小屋、爱心维修、思源夜市、思源学堂、班级冠名基金等思源慈善文化的衍生项目，并成立了"思源教育基金会"，开展系列的"思源基金微公益"活动和义工服务项目，全力打造综合性的思源文化教育实践基地"思源学苑"。经过近十年的建设，"思源文化教育实践

---

① 李家华，卢旭东. 把创新创业教育融入高校人才培养体系［J］. 中国高等教育，2010（12）：9-11.

项目"培养了一批又一批具有创新精神、感恩回报社会的优秀人才,得到了社会的广泛赞誉,并于2016年荣获教育部第九届高校校园文化建设优秀成果一等奖。这说明,思源文化已经开花结果,正在绽放她的美丽。具体而言,思源文化阐释了三种独特内涵。

1. 思源文化,播撒的是一种互助文化。思源基金成立的最初目的是资助宁职院贫困生完成学业,发展到后来开始面向全社会职教系统进行教育扶贫,如对西藏职业技术学院、雅安职业技术学院等都伸出过援助之手。这表明,思源基金已将爱心从本地播撒向全国。

2. 思源文化,收获的是一种感恩文化。2007年10月,首位受助在校生华林富反哺首笔思源基金1800元,此后反哺基金不断壮大。现已有404位受助学生反哺基金,累计金额高达187万余元。在这种爱心接力传递下,思源文化成为一种鼓励学生自强自立、诚实守信和感恩社会的文化之源。

3. 思源文化,耕耘的是一种"双创"文化。现如今由思源超市、思源夜市、思源学堂、艺术工作坊等打造起来的思源文化一条街已经成为宁职院校园文化的一大标识。这条街,一方面给在校大学生提供实习、实践平台,另一方面为学生开展创新创意竞赛、营销比赛、创业活动等提供场地和资源。如今思源文化已成为宁职院"双创"文化主标识。

(二)以课堂教学为主阵地,推进"双创"教育沿着三条路径发展

宁职院领导层在深入分析高职教育的特殊性之后,认为高职院校开展"双创"教育有三大优势:首先,高职院校培养的是技术技能型人才,与市场需要结合紧密,从而更容易创业;其次,高职院校具有校企合作育人的基础,更有利于创新成果转化;再次,高职学生普遍具有抗挫折力强的品质,从而更适于创业。此外,学校深受甬商文化的哺育,甬商文化中所蕴含的"敢于拼搏、以小博大"的精神也是激励学生开展"双创"实践的不竭动力源泉。宁职院充分发挥这些优势,抓住课堂教学主阵地,真正将"双创"教育融入人才培养的全过程,在其中突出三大导向。

1. 以学生兴趣为导向,参与多层级"双创"竞赛。基于学生个人兴趣,通过科技类社团活动、班集体"双创"项目、教师工作坊等实践形式,孕育出一批批"双创"想法和创意,并且以"挑战杯""互联网+"等"双创"竞赛为契机,[①] 在指导教师的引导下,诞生了不少优秀的"双创"成果。在2014年全

---

① 周频. "挑战杯"竞赛在高职创新创业教育中的功能 [J]. 中国成人教育,2010 (4):67-68.

国首届"挑战杯—彩虹人生"全国职业学校创新创效创业大赛中，宁职院荣获一个全国特等奖、两个全国二等奖；在2015年浙江省第十四届"挑战杯—创智下沙"大学生课外学术科技作品竞赛中荣获一项一等奖、两项二等奖，成为全省唯一一所获得一等奖殊荣的高职院校，而且刷新了宁职院在省挑战杯竞赛中的以往记录；在2016年第二届"挑战杯—彩虹人生"全国职业学校创新创效创业大赛中，宁职院再次荣获三个奖项。

2. 以专业知识技能应用为导向，开发具有市场潜力的"双创"项目。在各学院的专业教学过程中，各自结合市场需求和企业的发展趋势，在课堂教学过程中生成了一批"双创"成果。[①] 2016年，学校共有20个项目入驻数字科技园创客空间进行孵化，包括机电（海天）学院黄威团队的《PM2.5检测器制作与研发》、艺术学院钟倩儿团队的《艺术墙绘创作》、电信学院蔡银杰团队的《Wi-Fi智能插座的设计与研发》、国际学院应柳清团队的《跨境电商O2O综合服务平台开发》等一批优秀的学生实践项目。[②]

3. 以社会需求为导向，开展公益性的"双创"教育实践。宁职院紧密联系社会实际需要，与当地企事业单位进行合作，在服务社区的过程中进行创新育人活动，开展了一系列极具现实意义的学生"双创"实践活动。最具代表性的案例是艺术学院颖佳影视工作坊与北仑区司法局开展密切合作，加入了普法宣传教育行列，由学生自编、自导、自演的法治微电影《神秘失踪》在北仑影剧院公开上映。

（三）以合作平台建设为主抓手，搭建教育、实践、孵化三平台

合作平台建设是推进"双创"教育的重要保障，宁职院与新道科技股份有限公司进行全面战略合作，共建新道"双创"教育学院，构筑起了多阶式的"双创"教育平台、多样化的"双创"实践平台、服务型的"双创"孵化平台，从而构建了一个较为完善的"双创"教育的实践体系。不同平台承担着不同的功能，彼此间开展密切的合作，发挥了相互支撑、相互促进的功效，能够把"双创"教育全过程的重要支点有机地联系起来。

多阶式"双创"教育平台构建——在课程体系上，宁职院构建起一个初阶—中阶—高阶的多阶式的"双创"课程体系。初阶课程包括素质拓展、职业生涯规划、就业与创业指导、企业家讲座等一系列"双创"教育通识课程。中

---

① 苏海泉. 大学生创业成果孵化问题的探讨：以辽宁省26所高校调研为例 [J]. 高校教育管理，2016, 10 (3)：118-124.
② 北仑海享文化产业园实现校企共赢 [EB/OL]. 中国宁波网，2016-12-10；宁波职业技术学院：你们的梦想我们的责任 [EB/OL]. 现代高等职业技术教育网，2017-03-30.

阶课程包括卓越技师学院、跨境电商学院以及各二级学院开设的结合专业实践需要的"双创"系列选修课程。高阶课程包括以"双创"竞赛指导、教师工作室等形式展开的"双创"定制课程，针对专门"双创"实践团队或个人进行个性化的指导。中阶课程和高阶课程已经开始积极探索"双创"的学分转换机制。

多样化"双创"实践平台构建——宁职院已经搭建起一系列各具特色的、多样化的"双创"实践平台，其中，既有面向全校学生、旨在调动每个班级积极性和创意的"班级特色项目"以及"思源文化基地项目"，也有基于兴趣激发的教师工作坊项目；既有在"双创"学院内部设立的创新创意园区，也有数字科技园的众创空间提供的众多创客平台，还有在各级各类"双创"竞赛活动的激励下，专门为学生团队提供的实践平台。

服务型"双创"孵化平台构建——目前学院拥有为同行所羡慕的"大学生创业园"[①]和"数字科技园"两大"双创"成果孵化平台。"大学生创业园"于2008年年底成立，是在原有的大学生创业园基础上与北仑区政府合作筹备，最后由北仑区人民政府、宁波职业技术学院、宁波经济技术开发区数字科技园开发有限公司三方合作成立。该创业园紧密结合区域产业结构特色，集人才培养、产业培育、研究开发三大功能为一体，现有8000平方米的办公场地及配套设施，为全市大学生提供创业孵化服务。在前后入驻的158家大学生企业中，有85家正在孵化中。"数字科技园"是由宁职院、宁波市开发区政府、宁波市经济和信息化委员会三方按股份化公司制模式组建，它以产业集聚培育为目标，以人力资源开发服务和科技合作服务为平台，以高技能人才培养为核心。在数字科技园众创空间旗下，拥有一些在国内非常知名的创客品牌，如海享创业咖啡、星火·众创空间、集客·创业咖啡、万咖·创客空间、技师·创客空间、师姐·创业咖啡等六大创客平台，他们为宁职院大学生"双创"成果孵化提供了优质服务和充足资源。

二、深度践行两大教育理念：坚持"文化育人"和"全面育人"的融合

"双创"教育是对传统教育模式的一次挑战和革新，[②]它要求我们重新审视高校人才培养的目标和全过程，要求在办学过程中必须将对学生创新精神、创

[①] 何勇. 高职院校大学生创业园建设战略模式初探[J]. 湖州职业技术学院学报，2008 (1)：47-51.

[②] 李志义. 创新创业教育之我见[J]. 中国大学教学，2014 (4)：5-7.

新思维、自主谋生和自主发展能力的培养放在首位,① 如此它必将带来人才培养模式的根本性变革。我们知道,教育理念变化是教育改革的先导,宁职院在推进"双创"教育的工作中,已经树立并大力践行"文化育人"和"全面育人"两大理念,坚持以"双创"文化的塑造为根本,将"双创"教育贯穿落实到办学工作的全方面、人才培养的全过程。

(一)坚持"文化育人"理念

1. "双创"文化的塑造乃是"双创"教育的根基。"双创"教育目的并非要让每一位学生最终都走向自主创业的实践,而是要更新传统教学理念,对学生人格品质、思维方式和能力素质进行全方位培养。因此,"双创"精神的培育是核心,"双创"文化的塑造是根基。

"双创"精神集中表现为一种积极向上的人生态度和坚韧不拔的意志品质。这种精神本质上是对自我的挑战,即要求大学生不沉迷于安逸的现状,对自己的职业和人生进行主动规划与探索,养成敢于负责、能经受挫折的心理素质。有了这种"双创"精神,学生才能产生行为上的动力,因此"双创"精神培育也是"双创"能力培养的先导。

"双创"精神的培育,需要高校孕育出一种具有强感染力的"双创"文化氛围,这种文化氛围中弥漫着"双创"价值引导和一系列生动的"双创"事例,从而能够鼓励大学生大胆探索与冒险,引导学生进行独立思考、客观判断,以积极的态度、锲而不舍的精神寻求解决问题的方案。这种文化的核心实际上就是一种企业家精神。

2. 以"双创"文化培育作为校园建设的重点与特色。宁职院通过重点建设"思源文化广场""古民居大学生非物质文化遗产传承基地"以及"校友林"等一系列代表性校园建筑和场馆,已经打造出具有浓郁的宁职院特色的"双创"校园文化。

"思源文化广场"原为大学生创业街,现如今已经发展成为集思源超市、思源夜市、爱心小屋、根雕、剪艺等特色工作坊于一体的校园主干道,成为最具宁职院"双创"教育特色的群众性实践基地,发挥着"双创"教育点滴渗透功能,培养学生最基本的"双创"素质。

"古民居大学生非物质文化遗产传承基地"是以具有区域特色的非物质文化遗产项目为主题,集宣传展示、互动教学和创新研发为一体的综合性文化场馆,

---

① 高晓杰,曹胜利. 创新创业教育:培养新时代事业的开拓者:中国高等教育学会创新创业教育研讨会综述[J]. 中国高教研究,2007(7):91-93.

建筑面积为 1475 平方米。作为宁职院展示与弘扬非物质文化遗产的重要教育实践基地，场馆目前入驻了舞龙、剪纸、书法、戏曲、结艺、根雕、刺绣、茶艺、漆艺等九大传统文化项目。

"校友林"于 2016 年宁职院 57 年校庆时正式揭幕，由校友捐资 100 万建成，它的落成展现了校友和母校之间的浓厚情谊。整个建筑面积多达 3796 平方米，园林的一草一木、一路一园悉数由各届校友筹款捐建而成。宁职院将"校友林"建设成为校友文化展示的重要场所，成为毕业校友怀念母校的经典景点，也成为在校学生立志成才的教育基地。

（二）坚持"全面育人"理念

1. 坚持教学、管理、服务全过程育人。宁职院坚持在教学活动中、管理过程中、服务工作中以培育"双创"精神为引领，将"双创"教育融入人才培养全过程。

在教学领域，宁职院持续推进课程改革，将"双创"精神启迪和"双创"能力培养贯穿通识教育课程和专业教育教学活动之中。其一，以"有效课堂认证"为抓手，推进课堂教学创新。其二，坚持理实一体化，做实实践教学。通过校内实训基地的建设，打造"理实一体化"课程模式，实现了理论教学与实践教学在空间和时间上的一致性，将实践教学与理论教学有机融合，真正实现了"教学做合一"。其三，打造专业课堂进企业通道，提升专业教学对于行业需求的快速反应能力。在课程开发、设计、实施等阶段，由学院、行业、企业共同参与，将课堂引进企业，使得学生通过参与项目，提升知识转化和实践操作能力。

在管理领域，创新班级管理、社团管理机制，充分调动学生积极性。其一，以班级素质拓展、"班级特色项目"为代表，打造了一批班级文化活动品牌。"华饰 925"公司、3091 家——学院招待所管理与服务等优秀项目脱颖而出。其二，将社团文化作为校园文化重点建设内容，以学生兴趣、创意想法为原点，加强教师指导，结合社区服务，打造了一批优秀的社团活动品牌。以海天学院 Ocean Sky 创意创新工作室为代表，该工作室在学工部、校团委、教务处、卓越技师学院等职能部门的大力支持下，以二级社团化模式运营，以公选课、工作坊形式授课，形成在教师监管下，"让'会'的学生来教想学的人"的教学模式。

在服务工作中，以"双创"学院为主导，整合学工部、校团委、教务处等"双创"教育资源，构建多阶式"双创"教育课程体系、定期开展企业家讲座；联系优秀企业共同打造创业班、建立"双创"导师库；以各类"双创"竞赛为契机，为学生"双创"作品提供全方位指导；以数字科技园和大学生创业园为依托，搭建丰富多样的创客空间，为学生"双创"实践创造优质服务，提供优惠政策。

2. 专业训练、素质拓展、文理管工交融全方位育人。"双创"人才素质必然是复合型的，这就要求"双创"教育必须从多方面训练学生的能力和素养。宁职院在探索中形成了专业训练、素质拓展和文理管工交融的全方位育人体系。

专业训练：强化实践教学，提升学生专业能力和专业素养。以建工学院为例，通过综合技能实训、岗位对接实训、专业采风等多种形式的实习实训，有效提升学生实践操作能力。同时，卓越技师学院、跨境电商学院等定期开展专项培训项目，为学生提供强化训练的真实操作平台和教师指导。

素质拓展：宁职院于2007年引入素质拓展训练课程，建立了素质拓展训练基地。课程以学生个人成长及团队融入为切入点，按照团队组建—团队融入—执行力—大团队融合总结分享的逻辑顺序设置项目学习任务。教学过程中持续考验团队的合作精神、团队决策的智慧和执行能力，注重学生个体协作能力、表达能力、人际交往能力的提升等。

文理管工交融：在"双创"课程体系中，工程训练和管理素养训练是宁职院一大特色。"双创"学院设有工程训练中心和大学生管理素养与职场化训练实训中心，目的是能够让工科学生拥有基本的管理素养，让文科学生具备基本的理工科认知。其中，工程训练中心是建立在"大工程"理念的基础上，为使所有学生了解和掌握工程背景知识，认知工业过程，培养工程意识和工程素质而建立的现代工程训练中心。以此为基础，学校搭建了文理管工交融的职业素质养成平台。

三、构建三个创新机制：政校企有效联动机制、教学做深度融合机制、培养—培育—孵化一体化机制

"双创"教育的有效开展，需要建立起一种长效保障机制，使其彻底摆脱与专业教育"两张皮"现象。① 为此，宁职院建立起一系列教育教学机制以保证"双创"工作持续推进和深入开展。目前"三大机制"建设已经取得了很大成功，从而奠定了"双创"教育良性发展的基础。

---

① 潘海生，王世斌，龙德毅. 中国高职教育校企合作现状及影响因素分析 [J]. 高等工程教育研究，2013（3）：143-148.

(一) 政—校—企有效联动机制

1. 以"院园融合"为特色,[①] 积极探索政校企三方合作育人机制。[②] 数字科技园通过转承政府招商引企、科技服务、人力开发等职能,以服务获得政府对学院的政策支持;围绕人才培养需要,学院作为数字科技园董事长单位,利用政府赋予的政策制定权,给参与产学研合作的园区企业提供配套优惠政策和激励措施;数字科技园依托学院科技和人力资源优势,开展科技服务、成果转化、学术研究、地方合作和人才培养培训、人才引进交流、人才测评咨询等服务,最大程度服务和推进园区企业参与相关专业的产学研合作教育工作。

2. 以海天学院为典范,校企共建二级学院,进行订单式人才培养。学院依托海天集团,借鉴国内外先进的办学理念,坚持与合作企业"人才共育、资源共享、就业共担",积极探索"学工交替""项目化教学""订单式培养"等育人模式,获国家教学成果奖一等奖。宁职院通过多年教学实践的积累与探索,为社会培养了一大批优秀的高技能人才,历届毕业生的实际就业率达99%,企业评价满意率达96%以上。

3. 校企共同参与人才培养,共建专业。园区企业与学院广泛合作,共建工业设计、影视动漫、视觉传达等专业,共同设置专业方向,共同制订和实施专业人才培养方案,积极探索"企业先导、校企一体化合作育人"的模式,[③] 企业全面参与课程和专业建设,重点把握学生职业素质和职业技能的培养要求和考核标准。

在宁职院,政校企三方联动、合作育人已经成为办学精神内核。[④] 学校充分利用北仑区的区域资源和优势,密切联系当地政府与企业,建立了诸多政校企合作平台。通过三方联动,学校获得了丰富的办学资源,也为人才培养寻求到了优质的实习实训基地;企业和政府利用学校的人才资源优势和智力优势,有效解决了发展中面临的技术革新、人力资本等问题。

(二) 教—学—做深度融合机制

1. 理实一体化课程。以建工学院为例,鼓励教师充分利用实训基地,设计

---

① 苏志刚,郑卫东,贺剑颢. 高职院校产学研合作教育模式的机制策略创新研究:宁波职业技术学院"院园融合"育人模式探索 [J]. 高等工程教育研究,2012 (5):147-151.
② 校企合作"升级版":院园融合 [EB/OL]. 人民网,2015-01-05.
③ 徐平利. 试论高职教育"协同育人"的价值理念 [J]. 职教论坛,2013 (1):21-23.
④ 王洪才,朱如龙. 政产学研合作:高职发展的新模式 [J]. 教育学术月刊,2011 (9):92-94.

理实一体化课程。比如，课程负责人依据实训基地工程实体内容，提供课程需求的知识点内容，由专门的项目组将课堂所需的相关知识、概念、规范等内容上传网络并制作成二维码，将二维码布置在工程实体的相关位置。学生在课前自主学习和课上教师教授时可以直接用手机扫描二维码，获取相关知识内容。这一设计创新了传统的课堂教学、充分利用了校内实训基地，为翻转课堂的实施创造了条件，在实训基地中实现了理论教学、实践教学的一体化。

2. 班级特色项目。早在2007年，学校就提出了"学院有品牌、分院有特色、班级有项目、学生有特长"的理念，各个班级结合专业所学，打造了一批成果显著的"班级特色项目"。电子商务专业某班级成立了一家公司，开实体银饰店、开网店，全班同学都是公司的股东；涉外旅游专业某班级以学校招待所为基地启动了招待所管理与服务。班级特色项目，一方面凝聚了班集体，发挥学生的积极性、主动性和创意想法，另一方面也鼓励学生结合专业所学，在实践中提升专业能力。

3. 教师工作坊。"教师工作坊项目"通过教师指导，汇聚了一批富有创新精神、动手能力强的学生形成团队，代表性的有珠算工作坊、颖佳影视工作坊、艺灵工作坊等，在各项大赛上成绩优异，学生作品脱颖而出。例如，艺术学院颖佳影视工作坊的学生团队，在教师指导下先后进行了微电影拍摄、摄影摄像、活动策划等多种实践活动，学生普遍感受到在实践过程中受益匪浅。

高职院校开展"双创"教育，必须依据人才培养规律，充分利用好现有优势，将"双创"教育真正与市场需求、生产实际紧密联系起来。这种"教学做合一"，涵盖了学生、教师和企业人士等三方主体，使学习、教学、研发三大环节相互促进，创造了一种紧密的师生共同体，其中教师既有专职教师也有企业教师，也是探索现代学徒制的有效途径。

（三）培养—培育—孵化一体化机制

1. 培养学生"双创"精神。宁职院一直大力鼓励学生开展"双创"活动，从最初的大学生创业街，发展到后来的思源文化广场，"双创"一直是宁职院的校园特色文化之一。学校通过丰富的社团活动、教师工作坊项目等，创造了浓厚的"双创"氛围，学生的"双创"精神得到最大程度的呵护和引导。

2. 培育学生"双创"作品。在社团活动以及"挑战杯""互联网+"等各级各类"双创"竞赛中诞生了诸多优秀的"双创"作品。学校通过建立学分转换机制，给予"双创"学生政策支持，同时为学生团队提供教师指导、资金支持等。

3. 孵化学生"双创"成果。宁职院众多创客空间，已经成为大学生孵化

"双创"成果的优质资源平台。星火·众创空间是宁波首个以"互联网+"为创业主题的众创空间;万咖·创客空间是一个以 IT 为主题的创客空间,空间免费为入驻的创客按照各自特色进行相应的技术培训和指导。

培养—培育—孵化一体化机制,为宁职院在校大学生的"双创"活动提供了全程的平台资源、政策支持和专业指导,可以说是宁职院"双创"教育工作顺利推进的坚实保障。

四、突出四个工作重点:课程改革、师资优化、学生激励、创业培育

当前高校"双创"教育普遍遇到的难点:缺少有效的课程及评价体系,从而"双创"教育很难落实,也难以总结经验和教训;缺乏合格的师资,难以为学生提供有效的指导;[①] 学生学习动力不足,从而"双创"教育难以实质性推进;创业文化氛围淡薄,使教师和学生难以真切地感受到"双创"教育的价值。针对这些问题,宁职院抓住四大工作重点并逐个突破。

(一)有条不紊地推动课程改革

1. 构建多阶式"双创"教育课程体系。"双创"初阶通识课程由"双创"学院统筹管理、开课;"双创"中阶选修课程由"双创"学院、跨境电商学院、卓越技师学院以及各二级学院开设,报教务处审核纳入人才培养方案,"双创"学院进行组织、考评、服务;"双创"高阶定制课程由教师进行自主申报,纳入工作量考核,探索学分转换机制。

2. 推进课堂教学方法创新。在构建起"双创"教育课程体系之外,学校认为"双创"教育要融入人才培养全过程,必须对现有专业教学有所触动,改革传统教学方法,更新专业教学理念和教学方法。学校深入实施课堂教学创新行动计划:以二级教学单位为行动主体,分层、分类持续推进"有效课堂认证"工作;按生源类别、学习基础、课程性质细化分层教学、推动小班化教学;专业基础课程采用中班授课、小班研讨及项目实践;充分利用慕课、微课、精品资源共享课等数字化资源、Blackboard 在线学习平台和数字化学习平台。

3. 改进教学管理与教师评价。2015 年 4 月,学校修订了教师专业技术职务申报标准,突显了教师晋升分类导向政策,尤其突出了教学型教师在课堂教学、教学改革、指导学生竞赛等业绩可作为申报标准。这一政策有利于鼓励教师分类晋升和发展。同时学校启动了动态数据库建设,对检测办学质量和专业建设

---

① 蒋德勤. 高校创新创业教育师资队伍建设探析 [J]. 中国高等教育,2011(10):34-36.

质量的重要数据进行梳理，查漏补缺，形成了数据预警和数据改进的管理机制。

（二）对师资来源结构进行优化

优化"双创"教育师资队伍，打造一支专业教师与企业人士专兼结合的师资队伍。除校内已有"双创"课程专业导师外，"双创"学院借助数字科技园的企业资源，建立起一支企业教师队伍，开展形式多样、资源丰富的教学活动。

1. 定期邀请精英企业家进校开展"双创"讲座。学校先后邀请著名财经作家吴晓波教授、全球首家华人领导半导体设备上市公司汉民微测（美国）总经理和中国区董事长陈仲玮博士、互联网企业家郭羽等诸多企业界精英人士进校园开讲座。高水平"双创"讲座的开展，使得在校学生近距离接触到创业人士、了解到他们的创业历程以及在顺境逆境中的人生选择，对于在校学生"双创"意识的激发起到了积极作用。

2. 聘请企业人士、创业校友担任创业导师，建立创业导师库。学校通过各种形式与企业人士合作，最大程度上共享资源，企业人士在担任创业导师的同时，更与各二级学院建立起密切联系，譬如，宁波道和创新智能科技有限公司（曾用名宁波道和工业设计有限公司）总经理上官宗霖担任服务外包学院工业设计专业主任，宁波集装箱堆场仓储分会副会长高林被聘为服务外包学院物流管理专业的客座教授等。学校聘请了超过150名企业家或专业人士担任创业导师，这样一批师资，充实了宁职院的课堂，将市场最新发展行情以及企业发展的思维传递到在校学生之中。

3. 联合园区优秀企业，举办针对各个行业的创业班。2016年上半年，由北仑跨境电商学院、北仑跨境电商产业园主办，宁职院创业学院、宁波开发区数字科技园、星火·众创空间协办的首期"北仑跨境电商园区创业班"圆满结束。创业班由北仑跨境电商产业园区企业主导，企业6名导师团队成员入驻园区，对58名学员进行了为期三个月的培训，从基础理论教学到企业真实跨境电商业务岗位技能训练，全程指导学生。企业为优秀学生提供奖励，经培训考核合格、获得企业颁发的培训结业证书的学生，可直接成为跨境电商企业员工，或经企业推荐参加社会顶岗实习和就业创业。

（三）对学生创业实践进行激励

1. 实行弹性学制及学分转换机制。艺术学院率先探索了学分转换机制，学生通过参与教师工作室项目，在教师指导下开展"双创"实践活动的，可以经认定转换为相应专业课学分。在这些探索基础上，学校设立"双创"学分积累与转换制度，将学生参与企业服务、各级各类"双创"大赛、获得专利和自主创业等情况，经认定后转换为相应学分。

2. 出台"双创"实践活动的奖励政策。学校实行"双创"奖励制度，鼓励、支持学生和教师双方开展"双创"实践。对于学生自主创业活动，学校提供场地以及相关指导、服务，还通过校级专项基金予以基本经费支持；对于学生团队在各类"双创"竞赛中取得优异成绩的，经教务处认定，实现学分转化，同时予以一定经费奖励；对于教师指导学生"双创"活动，纳入教师工作量考核，省部级以上获奖项目可视同于教师校级课题。

3. 完善对学生"双创"的服务与指导。数字科技园众创空间通过市场化机制、专业化服务和资本众筹途径构建了低成本、便利化、全要素、开放式的新型创业服务平台。目前，众创空间初步形成以服务外包、IT、电子商务和文化创意等产业为核心，建设有创业孵化器和创业加速器，集区域资源整合、办公室场地、研究设备、投融资服务、交流分享、团队融合、创业培训、项目路演、商业模式优化、项目推广、政策申请、工商注册、法律财务、媒体咨询等功能为一体的全方位综合创业服务的生态体系。

（四）培育"双创"文化

1. 培育学校"双创"文化氛围。首先，学校选择创业型发展道路，积极谋求与地方企业合作、拓宽资金来源、累积办学资源，走出了一条活力十足、竞争力强的高职院校发展道路，跻身国内高职教育的领军队伍。其次，通过文化建设，以思源文化为主标识，将甬商文化、校友文化、感恩文化等融入校园之中，形成了宁职院"双创"校园文化。

2. 以创新精神为驱动，激发学生"双创"热情。学校通过第一课堂和第二课堂相结合的方式，将"双创"精神的启迪、"双创"能力的锻炼贯穿于人才培养全过程，普遍激发起学生的"双创"意识和创业激情。

3. 打造完善的孵化平台。大学生创业园、数字科技园等孵化平台为在校大学生、毕业校友以及北仑区创业青年提供了诸多优惠政策和优质服务，成功培育了大批的"双创"成果，在宁波市甚至浙江省范围内形成了不俗口碑和较强的辐射力。

第四章

产教融合：创新创业教育的有力支点
——论高校促进产教融合的难点、重点与突破点*

引导语：产教融合是我国社会经济实施创新发展战略的重要内容，也是我国高等教育改革的基本方向，更是应用类高校实现发展转型和提升办学实力的必由之路。可以说，产教融合是提升高校创新能力的根本举措。目前我国高校在实现产教融合过程中普遍面临的难题在于有效合作机制难以建立，而利益共同体构建是产教融合机制建设的重点所在，但产教融合的真正效益发挥在于调动教师参与的积极性，而改革高校教师评价机制是解决产教融合问题的突破点。

关键词：高校创新；产教融合；高等教育改革

走产教融合之路是我国建设现代职业教育制度的根本举措[1]，也是地方高校改革发展的一个重要方向[2]，同时还是我国高等教育机构提升办学质量和办学实力的重要举措。[3] 因此，产教融合不仅针对应用类高校，也面向所有高校，不仅包括各类高校，也包括城市建设规划和行业发展设计。[4] 当然，应用型高校，特别是职业类高校必须率先获得突破，因为产教融合已经成为影响其办学质量和市场竞争力的关键环节。为此，就必须充分认识产教融合的实践意义，洞悉产教融合的重点、难点及关键点所在，从而找准突破点，进而在产教融合方面有

---

* 原载于《高等教育评论》2021年第1期，第13-20页，收录时进行了微调。
[1] 国务院关于加快发展现代职业教育的决定［EB/OL］. 中华人民共和国中央人民政府网，2014-06-22.
[2] 教育部 发展改革委 财政部关于引导部分地方普通本科高校向应用型转变的指导意见［EB/OL］. 中华人民共和国中央人民政府网，2015-10-21.
[3] 国务院关于印发统筹推进世界一流大学和一流学科建设总体方案的通知［EB/OL］. 中华人民共和国中央人民政府网，2015-10-24.
[4] 多部门印发国家产教融合建设试点实施方案［EB/OL］. 中华人民共和国中央人民政府网，2019-10-10.

重大作为。

一、产教融合是提升高校创新能力的根本举措

我国产教合作政策经历了一个曲折发展的过程。[①] 目前促进产教融合不仅是我国高等教育发展的基本政策[②]，而且已经成为一种国家战略[③]。因而，促进产教融合也是我国高等教育改革发展的基本方向。[④] 那么，产教融合对我国高等教育发展的根本意义是什么呢？

从根本上说，我国高校实施产教融合战略就是为了解决高校创新能力不足的问题。我们知道，我国高校办学长期以来面临的最大问题就是封闭性办学，这种状况的形成与垂直式管理体制具有直接的关系。这种封闭性办学集中体现在高校对政府办学资源的依赖上，结果造成高校教学与科研都具有严重的理论脱离实际倾向，即大量教师主要停留在书本上做研究、做教学，社会服务活动往往严重脱离实际，无法使所探究和传授的知识发挥最大的社会效用。[⑤] 虽然书本知识在理论上是成立的，但其实践价值并不突出，学生在学习之后会出现"高分低能"状况，以致其进入社会之后不得不重新学习。之所以如此，就在于无论是课堂教学还是学术研究都不是基于现实问题，从而知识缺乏实践检验，也无法让学生体会到知识的真切价值，这也是目前大学课堂学生"抬头率"不高的根本原因所在。

笔者认为，无论什么样的理论，如果不能解决现实问题，就不是真正有效的理论。如果大学办学处于一种封闭的状态，就难以接触到产业界发展过程中面临的真正问题，就难以为产业界提供有效的方法和答案，那么高校的社会价值就会降低。而脱离实际的真正后果在于高校教师的研究内容是空洞的，无法为教学注入生动的、新鲜的、现实的素材，也就不可能培养学生的应用实践能力。

可以设想，如果缺乏教师的引导，单纯依靠学生自己在实践中摸索，成效

---

① 国务院办公厅印发《关于深化产教融合的若干意见》[EB/OL]. 中华人民共和国中央人民政府网，2017-12-19.
② 肖靖. 从产教结合到产教融合：40年职业教育的政策变迁[J]. 中国高校科技，2019(8)：66-71.
③ 中共中央关于全面深化改革若干重大问题的决定[EB/OL]. 中华人民共和国中央人民政府网，2013-11-15.
④ 陈锋. 产教融合：深化与演化的路径[J]. 中国高等教育，2018(Z2)：13-16.
⑤ 黄倩. "产教融合"人才培养模式探析[J]. 中国高校科技，2017(9)：66-68.

是非常低的，而且前提必须是学生具有主动性去与实际结合，如果学生缺乏这种主动性的话，这种应用实践能力就无从培养。在现实中，许多学生的学习自主性不强，缺乏主动接触现实的意识，甚至还有意识地躲避现实，非常喜欢沉浸在网络的虚拟世界中。而课程与教学是督促学生走进现实世界的有力媒介，因为学生必须获得足够的课程学分才能毕业。如果在课程内容中缺乏实践实际内容，疏于对学生进行相关的引导，仅靠学生的自觉，显然效果就不理想。同样，如果高校的教学管理与科研管理缺乏对教师教学内容与科研主题的要求，那么教师的关注点也不会主动联系实际，他们也会沉浸在书本之中，只会进行一些学理性的推演。这样的推演对学生而言是缺乏吸引力的，因为它是空洞的、枯燥乏味的，这也是目前大量无效课堂生成的根源。由此可知，加强高校与产业界的联系，不仅有助于提升高校教学的有效性，而且有助于提升高校科研的社会价值，从而有助于提升高校的社会地位。[①]

不难发现，高校创新的根本动力在教师，如果教师缺乏创新活力，则整个学校的创新活力就不足，因为教师才是学校发展的真正主体。而激发教师创新活力的关键在于高校的管理制度，根源在于高校领导者的办学意识、办学格局、办学视野，只有高校领导者主动把办学规划纳入地方社会经济发展的一环，积极尝试解决地方社会经济发展面临的各种难题，才能引导高校主动与产业界合作，才能吸引教师关注实践实际问题，进而使之成为教学素材和科研主题，并且带动学生一起来思考这些实际问题，寻求真正的解决方案，如此才能提升学生的创新创业能力。所以，管理制度创新依赖于高校领导者的观念创新；教师创新活力激发依赖于管理制度创新；而学生创新创业能力培养依赖于教师的科研能力和教学能力的创新。这形成了一个重要的联动效应。

二、产教融合目的在于构建利益共同体

众所周知，产教融合的"产"，代表的是产业界，是包括各个产业在内的，无论是第一产业还是第二产业，抑或是第三产业，乃至第四产业，都属于产业范畴。所以，产业是一个大概念，不是仅代表企业界。因为人才培养不仅面向企业界，也包括事业单位和各类公益组织等，只是企业的数量最多，对人才和科技成果的需求也最为迫切。产教融合的"教"，当然是指教育，是指教育行业，不是仅指某类高校或某类人员，不是一个具体称谓。在教育行业中首先是

---

① 胡昌送，张俊平. 高职教育产教融合：本质、模式与路径：基于知识生产方式视角[J]. 中国高教研究，2019（4）：92-97.

应用类高校①，特别是指职业类的高校②，因为它们直接面向就业市场需求。其他类型高校，既面向就业市场，也有升学需求。③ 如研究型大学的本科教育任务是多重的，就业需求满足只占其中一部分，甚至都不是主要的部分。而对应用类高校而言，无论是本科教育还是专科教育，主要任务都是面向市场就业。

产业界与教育界融合显然并非合二为一，否则就不存在真正的教育了。④ 不得不说，尽管教育非常重要，但与产业部门相比，仍然处于弱势。正是因为这个原因，人们经常说在产学合作过程中，"学"的一方经常处于弱势，根本原因就在于"产"的一方掌握物质资源，掌握经济上的主动权，而"学"的一方虽然具有智力方面的优势，但这种优势往往是非显性的，从而也是无法量化的，往往只能在合作过程中逐步展现出来，无法预先充分表现出来，因而在最初的交往过程中无法充分发挥出来。故而高校的优势只能是自身积攒下来的声誉，即通过声望或品牌效应显现出来。但具有这样明显优势的高校往往是极少数的，绝大多数高校在与企业合作的过程中不占优势。

这意味着，在高校与企业合作的过程中，不能以营利为目的，应该以公益为目的，即以社会服务为导向，只有在做出成绩或贡献之后，让企业主动依靠自己，这样自己才具有真正优势。甚至可以说，高校始终都不应以营利为目的，始终都要抱着一种服务的心态，合作的目的就是为教师创造科研机会，为学生创造实践实习机会，为学校找到服务对象，从而提高学校对社会的服务能力。如此，就容易与企业进行合作。如果高校一开始就以营利的心态与企业展开合作，而企业投入的资金成本和场地乃至人力成本非常高，高校仅仅投入一定的智力成本，且智力成本本身具有不确定性，那样的话合作风险主要由企业方承担，就会使企业处于弱势的地位，企业自然就不愿意合作。⑤

因此，所谓产教融合，并非要合并两个不同实体，而是为了促进双方实质

---

① 柳友荣，项桂娥，王剑程. 应用型本科院校产教融合模式及其影响因素研究 [J]. 中国高教研究，2015（5）：64-68.
② 陈年友，周常青，吴祝平. 产教融合的内涵与实现途径 [J]. 中国高校科技，2014（8）：40-42.
③ 李培根，许晓东，陈国松. 我国本科工程教育实践教学问题与原因探析 [J]. 高等工程教育研究，2012（3）：1-6.
④ 李培根，许晓东，陈国松. 我国本科工程教育实践教学问题与原因探析 [J]. 高等工程教育研究，2012（3）：1-6.
⑤ 庄西真. 产教融合的内在矛盾与解决策略 [J]. 中国高教研究，2018（9）：81-86.

性合作,实现深度合作的目的[1],也就是需要建立一种利益的共同体。[2] 但高校与企业由于价值导向不同,从而不可能实现完全的利益共同,只能是有限的利益共同。即使高校宣称与企业进行全方位合作,也只能是一种有限的合作,毕竟高校无法覆盖企业的全部业务,企业也无法照顾高校的所有学科专业,当然也不可能接纳学校的所有教师与学生。

三、高校产教融合的难点与重点所在

既然产教融合是指高校与企业之间的深度合作,必然是双方在达成相互理解前提下的合作,而且是一种战略性合作。如果只是为了短期效应而进行合作,那么双方就会出现急功近利的心态,那样的合作最终就会不欢而散。[3] "相互理解"指的是在责任分摊时各尽所能,而非机械平均,否则就会出现斤斤计较的情况,那样的合作就可能出现摩擦不断的问题,也不可能长期合作下去。[4] 一般而言,当合作双方的实力比较相当,都具有长远眼光,都为对方利益考虑时,才能达成相互理解。否则,合作就不可能顺利。正因为这样,"合作"首先需要双方领导人之间的合作,只有领导人才能站得高、看得远,不会斤斤计较。当然,合作需要建立有效的机制,需要进行制度约束,不能只凭领导人的口头意向。所以,合作必须纳入法律保护范围内,如此才能建立一种稳定的合作机制,避免因领导人更替而造成不必要的波折。真正的合作,必须是真诚的,是讲究信誉的,是需要主动承担责任的,不能恶意逃避责任。因为一旦开始合作,双方都要进行投入,有的投入是非常巨大的,一旦合作不能正常进行,就会造成无法估量的重大损失。如果是主观故意造成的,则必须承担责任;如果不是主观故意造成的,则必须取得对方谅解,而且要主动承担自己该担负的责任,这样才能赢得信誉。只有在诚实守信的状态下,合作双方才能开展长期合作。一旦任何一方违背契约精神,都可能造成合作的终止,轻则毁掉信誉,重则诉诸法律,那样就会出现两败俱伤的情况。

---

[1] 刘志敏. 产教融合:从"融入"走向"融合"[J]. 中国高等教育, 2018 (2):24-25.

[2] 刘志敏,张闳肆. 构筑创新共同体深化产教融合的核心机制 [J]. 中国高等教育, 2019 (10):16-18.

[3] 李玉倩,陈万明. 产教融合的集体主义困境:交易成本理论诠释与实证检验 [J]. 中国高教研究, 2019 (9):67-73.

[4] 李凤. 地方应用型本科高校产教融合:困境、机理、方向 [J]. 中国高等教育, 2020 (9) 57-59.

目前校企合作的最大难题在于双方理念不同，合作的起点不同。① 学校方往往比较注重社会效益，难以照顾对方的经济利益诉求；企业方往往对学校提出苛求，使学校无法承担，甚至被企业绑架，这样造成高校不堪重负。所以，双方合作的难点是如何选择合适的合作伙伴。当然，合适的合作伙伴指在组织理念上是相互认同的，从而在处事风格上也比较一致，这样就容易达成长期合作。双方之间的信息不对称往往是需要克服的第一个难关。② 当下，无论是高校还是企业都比较注重宣传，但宣传的信息往往是经过包装的，不能反映真实情况。相对而言，高校提供的专业信息与科研信息一般都比较真实。但高校所提供的专业信息和科研信息都比较简单，而且更新速度不快，特别是针对性不强，比较缺乏用户意识，从而企业很难从中分辨出自己所需要的信息。这样就为高校寻找合适的合作伙伴设置了障碍。相对而言，企业在寻找合作伙伴的过程中往往处于优势地位，因为它们更清楚自己的需求。

当然，如果高校有比较理想的合作对象，就可以主动做一些功课，满足对方的发展需求，这样在合作过程中才容易占据主动地位。这也说明，高校首先必须具有服务意识，能够提供被市场认可的产品，赢得企业的关注。这样的话企业才会主动上门寻求合作，此时也就容易避免高校的被动尴尬局面。可以设想，如果高校具有人才方面的优势、科研成果方面的优势，而且不以营利为目的，那么必然会在合作过程中占尽优势，此时就不愁合作无法成功。

这也进一步说明，高校促进合作的重点应该是把自己的优势做大做强，③ 而不是乱铺摊子，以量取胜，或从招生规模上获取效益。这种经营策略是民办高校常用的方式，因为民办高校要生存，必须取得一定效益才能维持正常运转，这种威胁对公办高校而言普遍不存在。如果高校办学非常注重市场需求，就可能按照市场需要来调整专业设置和教学内容安排，就能够培养出市场需求的人才，就能够逐渐获得专业竞争方面的优势。在这一方面，民办高校非常重视，这也是它们吸引生源的根本策略。但民办高校一般不太重视科研，因为科研的投入比较大，而且风险比较大，所以经常被忽视。但它们如果想成为真正有声誉的大学，没有科研实力是不可能成功的。进行真正的科研，就必须与企业合作，不与企业合作，就不知道真正的科研方向。只有针对企业的需求进行研究，

---

① 刘耀东.产教融合过程中企业逻辑和学校逻辑的冲突与调适[J].国家教育行政学院学报，2019（10）：45-50，95.
② 谢笑珍."产教融合"机理及其机制设计路径研究[J].高等工程教育研究，2019（5）：81-87.
③ 姜大源.高校要提升深度参与产教融合的能力[J].中国高等教育，2018（2）：23-24.

解决了企业的燃眉之急，才能真正成为企业发展的依靠，才能建立真正合作的基础。所以，高校办学实力应该由市场来决定，而非由排名来决定。故而，对应用型高校而言，政府应当放弃对它们的排名要求，充分交给市场来选择，让它们在市场上锻炼自己，由市场进行排名。

四、促进高校产教融合的突破点

毫无疑问，促进高校走产教融合发展道路的突破点仍然是评估机制改革，必须真的把应用型科研作为评价高校实力的主要方面，唯有如此才能端正高校的办学态度，否则高校仍然会以排名为重。我们知道，绝大多数高校不适于从事理论研究或基础科研，如果其不从事基础科研或理论研究，就很难发表学术论文[1]，而按照排行榜的逻辑，它们必然要多从事这些研究才行，[2] 而这与它们的办学定位并不相符。[3] 从它们的办学能力和实力出发，从事应用类科研更能够发挥它们的长处。如果一切按照大学排名转，就是一种舍近求远、扬短避长的不明智之举。应用型高校只有通过从事应用型科研才能真正提升自己的办学水平和实力。如前所述，从事应用型科研不仅可以解决企业面临的实际问题，从而获得企业回馈，而且能够为教师提高教学水平提供支撑，因为只有充实的教学内容才能真正吸引学生，才有助于培养学生的真正才能，而学生的创新创业能力提升会促进办学声誉的提升，就会吸引更多的企业进行合作，如此就能够形成一种良性循环。

为此，我们必须坚决地克服由大学排名所造成的高校同质化弊端，[4] 使高校办学真正朝着适合自己的方向努力，办出真正具有应用型特色的高校。研究型大学也是如此，因为适合从事基础研究的人才毕竟是少数，而且大学也必须为学生高质量就业服务，培养学生的创新创业能力是提高学生就业质量的根本出路。[5] 所以，必须鼓励大批教师从事应用型科研，充分发挥他们的才能，避免大

---

[1] 司俊峰，唐玉光. 高等教育"学术漂移"现象的动因探析：基于社会学制度主义的视角[J]. 高等教育研究，2016，37（9）：38-44.
[2] 赵峻岩. 彰显技术应用能力：浅析高等职业教育质量的"学术漂移"现象[J]. 中国成人教育，2008（16）：92-94.
[3] 聂永成，董泽芳. 新建本科院校的"学术漂移"趋向：现状、成因及其抑制：基于对91所新建本科院校转型现状的实证调查[J]. 现代大学教育，2017（1）：105-110.
[4] 王洪才. 学科排名：利大还是弊大：对我国学科评估特征、正当性与机理的省思[J]. 厦门大学学报（哲学社会科学版），2019（1）：78-86.
[5] 陈斌. 产教融合型企业要深入参与学校创新创业教育[J]. 中国高等教育，2019（10）：25-27.

家走上恶性竞争的老路。① 由此可见，地方高校向应用型高校转型的道路还很长，它们首先需要端正办学态度，不能一开始就以追求办学升格为目标，也不能一心盯着排行榜转。教育主管部门也要尽快地取消大学排名的做法，鼓励大学向当地社会经济发展需要的方向转变，真正走内涵式发展的道路。② 正本才能清源。高校只有克服功利主义心态，才能真正服务于社会经济建设的主战场。一所高校能否成为一流大学，从根本上是看它服务社会经济发展的能力，而非看大学排名。一句话，一流大学是通过社会贡献获得尊重的，而非依靠排行榜。

---

① 李政. 职业教育的产教融合：障碍及其消解 [J]. 中国高教研究，2018 (9)：87-92.
② 潘海生，宋亚峰，王世斌. 职业教育产教融合政策框架建构与困境消解 [J]. 吉首大学学报（社会科学版），2019，40 (4)：69-76.

结 语
——大学创新创业教育核心·难点·突破点[*]

创新创业教育已然成为我国当下高校工作的重点之一。开展创新创业教育是我国大学发展转型的一次挑战，也是提升高等教育整体实力的一次考验。高校是开展创新创业教育的直接主体，必须创新学校内部管理机制和育人模式，探索创新创业教育的体系建设。

一、创新创业教育的核心在于培养创新创业精神

开展创新创业教育，首先要厘清其目标与核心。创新创业教育并非要让每一位学生都必须开展自主创业，而是重点对学生人格品质、思维特质和能力素质的培养。其中，创新创业精神的培养是核心。换言之，创新创业教育的重中之重就是培养学生的创新创业精神。

何谓"创新创业精神"？它集中表现为一种积极向上的人生态度和坚韧不拔的意志品质。这种精神本质上是对自我的挑战，即要求大学生不沉迷于安逸的现状，对自己的职业和人生进行主动规划与探索，养成负责任、能受挫的心理素质。创新创业精神的培养，需要高校孕育出创新创业的文化，即要大力鼓励学生主动探索与冒险，引导学生进行独立思考、客观判断，以积极的、锲而不舍的精神寻求解决问题的方案。

在目前高校的创新创业教育实践中，出现了一种"重创业、轻创新"的倾向，这实际上是对"创业"误读的结果。事实上，首先，创业教育是一种基本能力与素质的教育；其次，也是一种开发个体潜能、实现自我价值的教育；再次，创业教育要求大学生不再单纯是就业市场中的"被挑选者"，而是希望他们通过不断的探索、尝试与合作，发挥个人的无穷潜力，实现自己的"奇思妙

---

[*] 原载于《中国高等教育》2017年第Z2期，第61-63页，收录时进行了修订。

想";最后,创业教育也是促进个体融入社会的有效途径,个体要走向创业成功,就必须与人合作、满足社会发展需求,必须具备有效的沟通协调能力。可以说,创业教育与人的全面成长是密不可分的。

创业的源头来自创新。任何创业行为都是对自我精神的探索和大胆实践,如果没有精神上的冒险和对自我价值的批判反思,就不可能出现真正的创新意识。可以说,创新是一种精神的追求,创业则是一种行为的表现,创新创业实则是一种表里的关系。只有以问题为中心的探究式学习和教学才适于创新精神和创新能力的培养,最终才能够培养学生的创业能力。如此就需要改革传统的大学课程和教学体系设置,开展以能力发展为导向的个性化教学,为此就需要改变传统的教学评价模式,特别是教师评价模式,从而引导和鼓励教师开展创新教学。

二、大学开展创新创业教育的三大难点

当前大学开展创新创业教育面临许多困难,其中最突出的难点就是缺乏足够的合格的师资。创新创业教育的一个基本要求是教师必须具备创新创业的精神和素质,如果教师不具有创新创业的基本素质,很难培养学生具有相应的素质。然而,不少教师教学观念陈旧,不愿意走出灌输式教学的"舒适圈",这在地方本科院校中表现得尤为突出,很大程度上制约了地方院校的转型发展。教师是一切教育活动的核心,教师要培养学生的应用能力,就必须先使自身"具有解决实际问题的能力、具备对现实问题的敏感意识,能够面向社会经济发展需要思考自己的科研课题与教学内容设计"[1],然而,当前的高校师资队伍素质状况很难满足创新创业教育的要求。

难点之二在于高校难以提供足够的合格的课程。目前创新创业课程多以公共选修课或通识课程的形式游离于专业课程体系之外,作为零星点缀,这部分课程大多是为学生普及一些创业的基本知识。而在实质性的创新教学中,也只能通过个别案例来开展。因此,完善的、有层次的创新创业教育课程体系的构建是目前高校严重缺乏的。课程是教学活动的基本载体,建立和推行系统化的创新创业教育课程是开展创新创业教育的基础。此外,目前也缺乏衡量创新创业教育成功与否的有效指标体系。如何判定高校开展的创新创业教育是有成效的,不能够仅仅看那些创业成功的少数学生个案。

难点之三在于高校难以与社会开展有效的合作。创新创业教育就是要引导

---

[1] 王洪才. 创新创业教育必须树立的四个理念[J]. 中国高等教育, 2016 (21): 13-15.

学生关注现实问题，培养其用创业思维与行动解决社会问题的能力。目前，社会对于大学开展创新创业教育的能力与成效还持怀疑态度，而企业在与高校合作过程中仍然多以盈利导向为主，关注校企合作是否能够为他们解决技术问题、带来直接收益，对深度参与人才培养工作的积极性并不高。出现这种现象在一定程度上是由高校长期以来的封闭式办学模式所致，因为办学脱离社会实际需求，从而教师不屑于也不擅长从事与生产一线关系密切的应用型科研，这就导致整个社会缺乏共同育人的氛围和长效机制。

三、创新创业教育的突破点在于改变师生评价导向

合格的师资是创新创业教育开展的保障，也是目前的主要难点所在，因此，改变教师的评价方式是深化高校改革创新创业教育的突破口。具体而言，高校应该在以下三方面大力作为。

其一，鼓励教师开展应用型科研。科研能力是教师职业发展的基础，也是教师创新创业教育能力成长的基础。创新创业教育，从本质上说就是要培养学生运用专业知识解决实际问题的能力，这就要求教师，首先，自己要从事应用导向的科研，并善于指导学生体验发现问题、解决问题的过程。因此，教师不能够再单纯地照本宣科，传授一些连自己都不知道具体发挥什么用处的"书本知识"。其次，教师要深入企业、了解市场，能够捕捉专业最前沿的社会需求，将这些转化到平时的教学之中。

其二，改变对教师的评价导向。评价指标是教师行为的指挥棒，在目前的教师评价中，教学被放在了边缘的位置，而科研成绩直接关系教师的升迁去留。这种政策导向使许多教师对教学产生了"应付"心态，而把主要精力投入科研之中。对教师科研的评价，又简单地量化为论文、课题、奖励的数量和级别，也难以衡量出"真正"的科研水平。如果要教师重视问题导向，突出对学生思维能力、实践能力的锻炼，那么就必须扭转"唯论文至上"的教师评价风气，强化对教师解决实际问题、开展应用型科研的引导。

其三，改变对学生的评价导向。传统教学单一地将学生对固定知识的接受程度作为评价方式，而忽略了学生在其他方面的发展。要开展创新创业教育，就必须针对当代大学生的特点，必须改变以往的评价方式，关注学生的多元成就，尤其是在创造性思维、实践能力、团队合作表现等方面的综合素质，其中对于学生实践能力的培养应当放在首位。这种评价方式就要求师生之间的交往是深入的，教师不能满足于课堂知识的单向传授，而要真正熟悉学生，通过对话、合作，激发学生创新思维、实践能力的发展。

四、大学创新创业教育应当走出的四个认识误区

当前创新创业教育在实践中存在的种种困境与偏颇,多半源于对创新创业教育理解上的误区。这些认识误区在高校领导、一线教师以及社会上都普遍存在。

典型的误区之一是认为创新创业教育应将创业成功作为目标。这种误区导致不少高校将少数几个创业成功的学生作为典型进行宣传和标榜,而忽视了创新创业教育的真正成效,并未真正触动传统教学模式。少数学生的创业成功是创新创业教育"可遇而不可求"的结果,不能当作创新创业教育的出发点。当前应当构建起有层次的创新创业教育体系,重视激发大学生在运用专业知识过程中的创新、创意想法,而对于少数有创业冲动、创业尝试的学生,学校可以组织专门的培训、指导与服务。

误区之二是认为创新创业教育可以脱离专业教育。这就表现在很多高校的创新创业课程都是独立于专业教育之外的少数几门创业课程、职业生涯规划课程等。这与创新创业教育的基本理念有所背离。创新创业教育必须融入专业教育之中,而且要走个性化培养的道路,即必须尊重学习者的主体性,保护每一位学生的求知兴趣,因为正是这种兴趣带动了个体对问题进行深入的探求。这也是大学开展创新教学的基本要求。

误区之三是认为创新创业教育与专业教育是对立的。很多高校认为创新创业教育只是创新创业学院等个别部门的事情,甚至担忧创新创业教育会打乱原本专业教育的内容和教学计划。显然这种观点仍将创新创业教育视为一种创业技能的培训。实际上只有与专业教育结合起来,创新创业教育才能实现对学生创新思维、实践能力的培养;也只有与创新创业教育相结合,专业教育才能在本质上实现教学模式的转变,使学生真正将专业所学应用到将来的职业发展之中。创新创业教育要求专业教育必须走向应用化、精细化。

误区之四是认为创新创业教育不属于大学教育范畴。该观点认为大学教育应该进行高深知识的传授,而创新创业教育偏重于应用性知识的学习,所以与高深知识取向不合。可以看出,这种观点是一种传统的"象牙塔"式大学教育观,与高等教育大众化背景下的大学教育要求相距甚远。创新创业教育包含了传统大学教育的功能,如创新精神、批判性思维能力的培养就属于通识教育的范畴,对学生解决实践问题的应用能力的培养就属于专业教育范畴,而创新创业教育宗旨就是要启迪学生主动思考、探究,开发学生智慧。

五、以创新创业教育带动大学精神的变革

创新创业教育的突破不只是转变传统教学模式，更新人才培养的理念，其更深远的意义在于它是中国大学自我再造的一次难得机遇，将引领中国大学精神产生深刻的变革。

首先，创新创业教育将带动大学知识模式的变革。创新创业教育要求大学知识系统从理论型转向实践型。大学教学中的知识必须能够与现实生活发生联系，与学生的现实困惑发生联系，而不再是停留在书本中枯燥的知识体系上。通过教学方式的改革带动学生学习方式的转变，他们将成为积极的探究者，不断在解决问题的实践过程中提升自己的创新能力与素养。

其次，创新创业教育将带动大学管理模式的变革。大学必须对知识系统进行重新定位，因为真正愿意从事高深理论研究的教师和学生都是极少数的，对于绝大多数院校，尤其是地方本科院校，应当将重心转向应用性知识的探究和教学，即与社会需求相结合，解决实践问题，实现在应用层面上的知识创新，并将这种能力传授给学生。如此，大学必须转变对师生的评价方式，确定新的教学管理目标，教学效果要突出体现在学生思维水平、实践能力的提升上。

再次，创新创业教育将带动大学办学理念的变革。学界渐渐形成了一种基本共识：谁能够在创新创业教育中崛起，谁就能够引领大学发展的方向。创新创业教育要求大学由"象牙塔"走向社会、走向生活，将服务地方、引领地方发展放在重要位置。大学办学也将出现一个新的评判标准，即只有培养出的学生具备创新创业能力，才标志着大学教育的真正成功。

最后，创新创业教育将孕育出一种新型的中国大学校友文化，这种校友文化倡导校友积极反哺学校、学校是校友终生的精神家园、获得校友充分支持是大学百年基业的根本等理念，这种新型理念是支撑中国大学走向世界一流大学的真正动力。

由此可见，创新创业教育将在大学的知识观、管理模式、办学理念和校友文化上引发一系列的变革，最终将引领中国大学的精神风貌产生根本性的变化。

主要参考文献

一、中文文献

（一）专著类：

[1] 邓小平. 邓小平文选：第3卷 [M]. 北京：人民出版社，1993.

[2] 蒂蒙斯，斯皮内利. 创业学：第6版 [M]. 周伟民，吕长春，译. 北京：人民邮电出版社，2005.

[3] 杜威. 民主主义与教育 [M]. 王承绪，译. 北京：人民教育出版社，1997.

[4] 江泽民. 江泽民文选：第3卷 [M]. 北京：人民出版社，2006.

[5] 克拉克. 大学的持续变革：创业型大学新案例和新概念 [M]. 王承绪，译. 北京：人民教育出版社，2008.

[6] 利奥塔. 什么是现代主义？[M] //赵冰. 解构主义：当代的挑战. 墨哲兰，译. 长沙：湖南美术出版社，1992.

[7] 钱颖一. 大学的改革：第四卷·学子篇（本科生）[M]. 北京：中信出版集团股份有限公司，2021.

[8] 王洪才. 大众高等教育论：高等教育大众化的文化—个性向度研究 [M]. 广州：广东教育出版社，2004.

[9] 王洪才. 心灵的解放与重塑：个性哲学的终身教育论 [M]. 北京：教育科学出版社，2011.

[10] 王义遒. 中国高等教育：多样化与教育教学质量（上）[M]. 北京：高等教育出版社，2016.

[11] 魏源. 海国图志 [M]. 长沙：岳麓书社，2010.

[12] 《习近平总书记教育重要论述讲义》编写组. 习近平总书记教育重要

论述讲义［M］．北京：高等教育出版社，2020．

（二）期刊类：

［1］蔡昉．理解"李约瑟之谜"的一个经济增长视角［J］．经济学动态，2015（6）．

［2］蔡克勇．加强创业教育：21世纪的一个重要课题［J］．清华大学教育研究，2000（1）．

［3］曹云鹤，陈友华．内卷：流行根源与社会后果［J］．人文杂志，2023（1）．

［4］查自力，胡乐乐，郑雅君．美国话语与中国语境："非升即走"的一种合法性解释［J］．清华大学教育研究，2022，43（5）．

［5］柴莹，肖晓．大学生创新创业训练计划管理模式的构建：基于项目管理的视角［J］．中国大学教学，2018（2）．

［6］苌庆辉．研究生创新能力培养的真谛是什么？——以费孝通的学术成长历程为例［J］．学位与研究生教育，2011（5）．

［7］陈春晓．地方高校创业教育师资队伍建设的困境与机制创新［J］．高等工程教育研究，2017（3）．

［8］陈锋．产教融合：深化与演化的路径［J］．中国高等教育，2018（Z2）．

［9］陈桂生．孔子"启发"艺术与苏格拉底"产婆术"比较［J］．华东师范大学学报（教育科学版），2001（1）．

［10］陈洪捷．知识生产模式的转变与博士质量的危机［J］．高等教育研究，2010，31（1）．

［11］陈纪瑛，郭文革．美国研究生对中国研究生科研创新能力的观察和评价［J］．学位与研究生教育，2013（2）．

［12］陈希．将创新创业教育贯穿于高校人才培养全过程［J］．中国高等教育，2010（12）．

［13］陈霞玲．高校创新创业教育模式与实践研究：以美国四所高校为例［J］．国家教育行政学院学报，2019（7）．

［14］陈耀，李远煦．改革开放以来我国高校创新创业教育组织变迁及其启示［J］．高等教育研究，2019，40（3）．

[15] 陈子季. 从"穷国办大教育"到"大国办强教育": 改革开放40年我国基础教育发展成就概述 [J]. 人民教育, 2018 (21).

[16] 陈宗春. 高校教师"非升即走"的困境与对策 [J]. 民族高等教育研究, 2022, 10 (4).

[17] 崔军. 英国高校创新创业教育国家框架: 理念更新与思路借鉴 [J]. 比较教育研究, 2020, 42 (5).

[18] 单标安, 费宇鹏, 于海晶, 等. 创业者人格特质的内涵及其对创业产出的影响研究进展探析 [J]. 外国经济与管理, 2017, 39 (4).

[19] 狄枚. 高校招生和毕业生就业制度改革新举措"双轨制并轨"试点 [J]. 中国高等教育, 1994 (Z1).

[20] 丁三青, 王希鹏, 陈斌. 我国高校学术科技创新活动与创新教育的实证研究: 基于"'挑战杯'全国大学生课外学术科技作品竞赛"的分析 [J]. 清华大学教育研究, 2009, 30 (1).

[21] 丁月牙. 社会参与大学治理: 基于高校内部的视角 [J]. 国家教育行政学院学报, 2014 (8).

[22] 董泽芳. 博士生创新能力的提高与培养模式改革 [J]. 高等教育研究, 2009, 30 (5).

[23] 董泽芳, 何青, 张惠. 我国研究生创新能力的调查与分析 [J]. 学位与研究生教育, 2013 (2).

[24] 段肖阳. 论创新创业能力模型与评价指标体系构建 [J]. 教育发展研究, 2022, 42 (1).

[25] 方丽, 杨晓明, 杨超华. 美国文科研究生创新能力培养途径分析 [J]. 学位与研究生教育, 2009 (9).

[26] 冯建新, 戴雅玲. 大学生焦虑状况及原因调查 [J]. 西北大学学报 (哲学社会科学版), 2002 (3).

[27] 付八军. 创业型大学的学术资本转化 [J]. 中国高教研究, 2016 (8).

[28] 付八军. 从教师转型看创业型大学建设的三个命题 [J]. 教育发展研究, 2015, 35 (9).

[29] 傅国亮. "钱学森之问"的启示 [J]. 教育研究, 2009, 30 (12).

[30] 高江勇. 大学教育评价中的过度量化: 表现、困境及治理 [J]. 中国

高教研究，2019（10）．

[31] 高晓杰，曹胜利．创新创业教育：培养新时代事业的开拓者：中国高等教育学会创新创业教育研讨会综述［J］．中国高教研究，2007（7）．

[32] 郭峰，李伟．解读"以学生为中心"的办学理念［J］．教育发展研究，2005（22）．

[33] 郭雅丽，任永泰，邓华玲．硕士研究生课程设置研究［J］．研究生教育研究，2013（3）．

[34] 郭英，袁冬华．泰罗主义与人本主义管理范式的关系研究［J］．当代经济管理，2009，31（9）．

[35] 郝彤亮，杨雨萌，孙维．博士生科研项目参与对科研创新能力影响的实证研究［J］．高教探索，2020（9）．

[36] 何广寿，陈广亮．高校预防大学生网络游戏成瘾的教育方法探讨［J］．学校党建与思想教育，2014（21）．

[37] 何晓敏．高职院校女大学生创新创业人才培养模式探索［J］．湖南社会科学，2019（2）．

[38] 何云峰，胡建．西方"个体主义"文化价值观的演变、历史意义与局限［J］．上海师范大学学报（哲学社会科学版），2009，38（6）．

[39] 贺光烨．专业选择与初职获得的性别差异：基于"首都大学生成长追踪调查"的发现［J］．社会，2018，38（2）．

[40] 贺来．哲学以何种方式改变世界：纪念《实践是检验真理的唯一标准》发表40周年［J］．江海学刊，2018（4）．

[41] 胡昌送，张俊平．高职教育产教融合：本质、模式与路径：基于知识生产方式视角［J］．中国高教研究，2019（4）．

[42] 胡建华．高等教育普及化的中国特点［J］．高等教育研究，2021，42（5）．

[43] 黄兆信，陈赞安，曾尔雷，等．内创业者及其特质对我国高校创业教育的启示［J］．高等教育研究，2011，32（9）．

[44] 黄兆信．推动我国高校创新创业教育转型发展［J］．中国高等教育，2017（7）．

[45] 黄兆信，王志强．论高校创业教育与专业教育的融合［J］．教育研究，2013，34（12）．

[46] 黄兆信，曾尔雷，施永川，等. 以岗位创业为导向：高校创业教育转型发展的战略选择［J］. 教育研究，2012，33（12）.

[47] 姜大源. 高校要提升深度参与产教融合的能力［J］. 中国高等教育，2018（2）.

[48] 蒋德勤. 高校创新创业教育师资队伍建设探析［J］. 中国高等教育，2011（10）.

[49] 蒋凯，王涛利. 高等教育治理体系与治理能力现代化的关键问题和推进路径［J］. 厦门大学学报（哲学社会科学版），2021（1）.

[50] 解德渤，于孟仟. 学术发包制：具有中国特色的学术治理模式［J］. 重庆高教研究，2022，10（2）.

[51] 靳玉乐，黄黎明. 教学回归生活的文化哲学探讨［J］. 教育研究，2007（12）.

[52] 乐爱国. 历代对《论语》"君子和而不同，小人同而不和"的解读：以朱熹的诠释为中心［J］. 社会科学研究，2021（6）.

[53] 雷鸣. 论批判精神与研究生创新能力的培养［J］. 江苏高教，2011（2）.

[54] 李爱国. 大学生机会型创业与生存型创业动机的同构性和差异性［J］. 复旦教育论坛，2014，12（6）.

[55] 李锋亮，王瑜琪. 研究生教育规模对国家创新能力的影响：与本专科教育规模的比较分析［J］. 中国高教研究，2021（3）.

[56] 李家华，卢旭东. 把创新创业教育融入高校人才培养体系［J］. 中国高等教育，2010（12）.

[57] 李建国，杨莉莉. "双创"教育新模式的实践探索：以华中科技大学为例［J］. 中国高校科技，2019（10）.

[58] 李军，尹月. 中国大学3.0模式：传统、现代与前瞻［J］. 清华大学教育研究，2016，37（4）.

[59] 李文英，王景坤. 澳大利亚高校创业教育模式探析［J］. 比较教育研究，2010，32（10）.

[60] 李玉倩，陈万明. 产教融合的集体主义困境：交易成本理论诠释与实证检验［J］. 中国高教研究，2019（9）.

[61] 李政. 职业教育的产教融合：障碍及其消解［J］. 中国高教研究，

2018（9）．

　　[62] 李志义．创新创业教育之我见 [J]．中国大学教学，2014（4）．

　　[63] 李忠．研究生创新能力培养面临的五重障碍 [J]．学位与研究生教育，2010（10）．

　　[64] 李忠．知识观的转变与研究生创新能力的培养 [J]．学位与研究生教育，2009（9）．

　　[65] 梁秋英，孙刚成．孔子因材施教的理论基础及启示 [J]．教育研究，2009，30（11）．

　　[66] 梁迎春，宋书琴，赵爱杰．高校学生评教制度异化研究 [J]．学校党建与思想教育，2020（18）．

　　[67] 廖和平，高文华，王克喜．高校研究生创新能力培养的审视与思考 [J]．学位与研究生教育，2011（9）．

　　[68] 林崇德．创造性人才特征与教育模式再构 [J]．中国教育学刊，2010（6）．

　　[69] 林崇德．创造性心理学的几项研究 [J]．山东师范大学学报（人文社会科学版），2014，59（6）．

　　[70] 林崇德，罗良．建设创新型国家与创新人才的培养 [J]．北京师范大学学报（社会科学版），2007（1）．

　　[71] 刘保存．确立创新创业教育理念培养创新精神和实践能力 [J]．中国高等教育，2010（12）．

　　[72] 刘福才，王发明．高校创新创业教育：理性反思与实践路向 [J]．国家教育行政学院学报，2016（8）．

　　[73] 刘贵芹．深化高校创新创业教育改革进一步提高人才培养质量 [J]．中国高等教育，2016（21）．

　　[74] 刘隽颖．论大学创新教学的理论与实践特征 [J]．大学教育科学，2016（2）．

　　[75] 刘宁宁．不同招考方式博士生的科研创新能力存在差异吗？——基于33所研究生院高校的调查 [J]．学位与研究生教育，2018（4）．

　　[76] 刘树春．基于第二课堂建设推动创新创业教育有效开展 [J]．江苏高教，2015（3）．

　　[77] 刘铁芳．知识学习与生命成长：知识如何走向美德 [J]．高等教育研

究，2016，37（10）．

[78]刘献君．个性化教育模式探索［J］．高等教育研究，2020，41（1）．

[79]刘献君．课程教学中的个性化教育［J］．中国高教研究，2020（11）．

[80]刘献君，张晓明，贾永堂．发达国家杰出创新人才培养机制研究[J]．高等工程教育研究，2008（1）．

[81]刘耀东．产教融合过程中企业逻辑和学校逻辑的冲突与调适［J］．国家教育行政学院学报，2019（10）．

[82]刘耀东，施雪华．美国公共行政理论中管理主义之哲学基础与内在逻辑［J］．中国人民大学学报，2012，26（5）．

[83]刘志．哈佛大学创业教育课程建设的历程与经验［J］．教育研究，2018，39（3）．

[84]刘志敏．产教融合：从"融入"走向"融合"［J］．中国高等教育，2018（2）．

[85]柳瑛，王宇航，苏丽锋．研究生创新能力培养模式的比较分析：自主式还是参与式？——基于X大学的实证研究［J］．社会科学家，2020（5）．

[86]柳友荣，项桂娥，王剑程．应用型本科院校产教融合模式及其影响因素研究［J］．中国高教研究，2015（5）．

[87]鲁洁．教育：人之自我建构的实践活动［J］．教育研究，1998（9）．

[88]鲁洁．一个值得反思的教育信条：塑造知识人［J］．教育研究，2004（6）．

[89]陆根书．对高质量高等教育体系建设的思考［J］．江苏高教，2022（1）．

[90]吕素香．大二低潮现象原因与对策［J］．中国高等教育，2015（10）．

[91]梅伟惠．美国高校创业教育模式研究［J］．比较教育研究，2008（5）．

[92]梅伟惠，孟莹．中国高校创新创业教育：政府、高校和社会的角色定位与行动策略［J］．高等教育研究，2016，37（8）．

[93]梅伟惠．欧盟高校创业教育政策分析［J］．教育发展研究，2010，30（9）．

[94]孟建伟．教育与生活：关于"教育回归生活"的哲学思考［J］．教育研究，2012，33（3）．

[95] 孟献丽. "中国威胁论"批判 [J]. 马克思主义研究, 2021 (3).

[96] 闵维方. "十三五"时期我国高等教育发展战略的若干问题 [J]. 北京大学教育评论, 2016, 14 (1).

[97] 聂永成, 董泽芳. 新建本科院校的"学术漂移"趋向: 现状、成因及其抑制: 基于对91所新建本科院校转型现状的实证调查 [J]. 现代大学教育, 2017 (1).

[98] 潘炳如, 顾建民. 在培养过程中影响研究生创新能力的因素有哪些 [J]. 江苏高教, 2022 (2).

[99] 潘海生, 王世斌, 龙德毅. 中国高职教育校企合作现状及影响因素分析 [J]. 高等工程教育研究, 2013 (3).

[100] 潘懋元. 教育的基本规律及其相互关系 [J]. 高等教育研究, 1988 (3).

[101] 彭新武. 科学管理的哲学批判 [J]. 天津社会科学, 2010, 1 (1).

[102] 漆思. 现代性的主体主义理念批判 [J]. 江西社会科学, 2011, 31 (6).

[103] 钱颖一. 对中国教育问题的三个观察: 均值与方差 [J]. 基础教育课程, 2015 (1).

[104] 乔坤元. 我国官员晋升锦标赛机制: 理论与证据 [J]. 经济科学, 2013 (1).

[105] 乔瑞金. 后现代性与人的自由 [J]. 自然辩证法通讯, 1999 (2).

[106] 邱昆树. 新异化的隐忧: 对现代教育速度逻辑的反思 [J]. 教育研究, 2022, 43 (9).

[107] 任剑涛. 从现代化的规范含义理解"中国式现代化" [J]. 江汉论坛, 2023 (1).

[108] 荣利颖, 邓峰. 研究生教育质量保障与创新能力培养的实证分析: 基于2017年全国研究生教育满意度调查 [J]. 教育研究, 2018, 39 (9).

[109] 史秋衡, 冯典. 转变政府调控方式优化高校分层分类 [J]. 高等教育研究, 2005 (12).

[110] 司俊峰, 唐玉光. 高等教育"学术漂移"现象的动因探析: 基于社会学制度主义的视角 [J]. 高等教育研究, 2016, 37 (9).

[111] 苏海泉. 大学生创业成果孵化问题的探讨: 以辽宁省26所高校调研

为例 [J]. 高校教育管理, 2016, 10 (3).

[112] 苏俊宏, 徐均琪, 吴慎将, 等. 科研赋能教学模式下研究生创新能力培养的探索与实践 [J]. 学位与研究生教育, 2021 (2).

[113] 苏志刚, 郑卫东, 贺剑颢. 高职院校产学研合作教育模式的机制策略创新研究: 宁波职业技术学院"院园融合"育人模式探索 [J]. 高等工程教育研究, 2012 (5).

[114] 孙建中. 教育使人成为人 [J]. 红旗文稿, 2012 (19).

[115] 谈松华, 王建. 人才培养模式创新的时代抉择 [J]. 中国高等教育, 2012 (6).

[116] 汤启萍, 段吉安, 张昊. 我国研究生创新能力培育的现状、问题与对策分析: 基于22所"985工程"高校的问卷调查与访谈 [J]. 研究生教育研究, 2013 (3).

[117] 田贤鹏. 高校创新创业教育政策实施满意度调查研究: 基于在校学生的立场 [J]. 高教探索, 2016 (12).

[118] 汪新建, 陈子晨. "医学无法解释症状"的界定: 躯体化诊断的本土视角 [J]. 南京师大学报 (社会科学版), 2014 (2).

[119] 汪信砚, 程通. 对马克思关于"人的本质"经典表述的考辨 [J]. 哲学研究, 2019 (6).

[120] 汪怿. 学术创业: 内涵、瓶颈与推进策略 [J]. 教育发展研究, 2013, 33 (17).

[121] 王海福, 李军强, 王振杰. 理性对待教育中的"知识中心主义": 对《认真对待"轻视知识"的教育思潮》的回应 [J]. 全球教育展望, 2006, 35 (7).

[122] 王洪才. 中国式高等教育现代化的意蕴与实践 [J]. 苏州大学学报 (教育科学版), 2023, 11 (1).

[123] 王辉, 张辉华. 大学生创业能力的内涵与结构: 案例与实证研究 [J]. 国家教育行政学院学报. 2012 (2).

[124] 王建华. 创新创业: 大学转型发展的新范式 [J]. 南京师大学报 (社会科学版), 2018 (5).

[125] 王建华. 从正当到胜任: 高校学术委员会建设的进路 [J]. 中国高教研究, 2018 (5).

[126] 王建华. 高等教育中优绩主义为什么会失败 [J]. 苏州大学学报（教育科学版）, 2022, 10 (4).

[127] 王建华. 以创业思维重新理解学科建设 [J]. 清华大学教育研究, 2018, 39 (4).

[128] 王健, 陈琳. 研究生问题意识与创新能力培养的策略研究 [J]. 研究生教育研究, 2013 (6).

[129] 王宁. 高校创新创业教育中的四大哲学思考 [J]. 继续教育研究, 2018 (1).

[130] 王孙禺, 袁本涛, 赵伟. 我国研究生教育质量状况综合调研报告 [J]. 中国高等教育, 2007 (9).

[131] 王占仁. 高校创新创业教育观念变革的整体构想 [J]. 中国高教研究, 2015 (7).

[132] 王占仁. "广谱式"创新创业教育体系建设论析 [J]. 教育发展研究, 2012, 32 (3).

[133] 魏小琳. 我国高校学术委员会运行的有效性研究 [J]. 教育发展研究, 2016, 36 (19).

[134] 吴爱华, 侯永峰, 郝杰, 等. 以"互联网+"双创大赛为载体深化高校创新创业教育改革 [J]. 中国大学教学, 2017 (1).

[135] 吴瑞林, 王建中. 研究性教学与研究生创新能力培养 [J]. 学位与研究生教育, 2013 (3).

[136] 武毅英, 陈梦. 困惑与出路：对我国研究生培养机制改革的思考 [J]. 现代大学教育, 2008 (2).

[137] 谢安邦, 朱宇波. 我国学位与研究生教育发展30年：回顾与展望 [J]. 教育研究, 2008 (11).

[138] 徐光春. 汲取圣贤文化精华促进先进文化建设 [J]. 史学月刊, 2007 (1).

[139] 徐凯, 徐洁, 王宏刚. 研究生创新能力培养面临三大障碍的审视与思考 [J]. 研究生教育研究, 2015 (6).

[140] 徐小洲. 创新创业教育评价的VPR结构模型 [J]. 教育研究, 2019, 40 (7).

[141] 徐亚清, 王怡然. 我国研究生创新能力培养研究述评 [J]. 河北大

学学报（哲学社会科学版），2009，34（2）.

[142] 阎光才．关于当前大学治理结构中的社会参与问题［J］．清华大学教育研究，2020，41（1）.

[143] 杨俊岭，曹晓平．创造性人格特征的研究［J］．沈阳大学学报，2002（1）.

[144] 杨叔子．是"育人"非"制器"：再谈人文教育的基础地位［J］．高等教育研究，2001（2）.

[145] 杨同军．美国硅谷地区高校创新创业教育的启示［J］．中国成人教育，2015（4）.

[146] 杨兴林．关于创业型大学的四个基本问题［J］．高等教育研究，2012，33（12）.

[147] 姚洋．高水平陷阱：李约瑟之谜再考察［J］．经济研究，2003（1）.

[148] 姚志琴，万姝．高校学生评教的"功利化"倾向及反思［J］．江苏高教，2020（9）.

[149] 叶桂方，黄云平．论高校学术委员会运行的逻辑路向与机制创新［J］．国家教育行政学院学报，2019（8）.

[150] 殷朝晖，黄子芹．知识生产模式转型背景下的一流学科建设研究［J］．大学教育科学，2019（6）.

[151] 尹剑峰．优秀企业家的七种特质［J］．企业管理，2020（5）.

[152] 尹奎，孙健敏，邢璐，等．研究生科研角色认同对科研创造力的影响：导师包容性领导，师门差错管理氛围的作用［J］．心理发展与教育，2016，32（5）.

[153] 尹向毅．创业是否可教：基于教育学视角的分析［J］．高等教育研究，2017，38（5）.

[154] 余卫东．"认识自己"的三面镜子［J］．哲学研究，2012（12）.

[155] 虞崇胜．补齐短板：木桶原理在国家治理现代化中的运用［J］．中共中央党校（国家行政学院）学报，2020，24（1）.

[156] 袁本涛，延建林．我国研究生创新能力现状及其影响因素分析：基于三次研究生教育质量调查的结果［J］．北京大学教育评论，2009，7（2）.

[157] 袁富华．从发展主义到均衡社会：兼析中国式现代化的规范取向［J］．中国特色社会主义研究，2022（1）.

[158] 张建林. 基于创新能力的研究生培养机制改革探索 [J]. 中国高教研究, 2008 (3).

[159] 张建林. 研究生的根性与创新能力的培养 [J]. 中国高教研究, 2008 (9).

[160] 张晓明. 我国博士生创新能力培养误区的解读：基于心理学创造力的视角 [J]. 高等教育研究, 2014, 35 (3).

[161] 张彦. 高校创新创业教育的观念辨析与战略思考 [J]. 中国高等教育, 2010 (23).

[162] 张艳萍. 科技创新型社团对大学生创新能力养成的影响研究：基于生活史的探索 [J]. 教育发展研究, 2020, 40 (19).

[163] 张银霞. 新管理主义背景下西方学术职业群体的困境 [J]. 高等教育研究, 2012, 33 (4).

[164] 张胤, 徐宏武. 研究生创新能力培养的现状、问题及对策：基于实证的研究 [J]. 研究生教育研究, 2011 (1).

[165] 张应强, 周钦. "双一流"建设背景下的高校分类分层建设和特色发展 [J]. 大学教育科学, 2020 (1).

[166] 赵慧军. 关于企业家特质的调查研究 [J]. 经济与管理研究, 2001 (6).

[167] 赵军, 焦磊. 我国高校普及创新创业教育的困境、取向及理路 [J]. 教育发展研究, 2018, 38 (11).

[168] 赵亮. 创新创业教育与专业教育深度融合的高校课程体系重构：基于理论与实践角度的分析 [J]. 江苏高教, 2020 (6).

[169] 郑德洛. 政治正确对美国大学通识教育的统摄及其实践反思 [J]. 毛泽东邓小平理论研究, 2021 (9).

[170] 郑俐. 基于SYB模式探究高校创新创业教育改革 [J]. 现代教育管理, 2018 (9).

[171] 郑琳琳, 戴顺治, 卢忠鸣, 等. 原始性创新人才人格特质实证研究 [J]. 科学学研究, 2015, 33 (5).

[172] 钟秉林. 关于大学"去行政化"几个重要问题的探析 [J]. 中国高等教育, 2010 (9).

[173] 钟秉林. 现代大学学术权力与行政权力的关系及其协调 [J]. 中国

高等教育，2005（19）.

[174] 周继良. 高校学生评教行为偏差影响因素的实证研究：基于制度分析的视角 [J]. 高等教育研究，2018，39（2）.

[175] 周频. "挑战杯"竞赛在高职创新创业教育中的功能 [J]. 中国成人教育，2010（4）.

[176] 朱红，李文利，左祖晶. 我国研究生创新能力的现状及其影响机制 [J]. 高等教育研究，2011，32（2）.

[177] 庄西真. 产教融合的内在矛盾与解决策略 [J]. 中国高教研究，2018（9）.

（三）网络文献类：

[1] 习近平. 高举中国特色社会主义伟大旗帜 为全面建设社会主义现代化国家而团结奋斗：在中国共产党第二十次全国代表大会上的报告 [EB/OL]. 中华人民共和国中央人民政府网，2022-10-16.

[2] 习近平出席全国教育大会并发表重要讲话 [EB/OL]. 中华人民共和国中央人民政府网，2018-09-10.

[3] 李克强出席第八届夏季达沃斯论坛开幕式并发表致辞 [EB/OL]. 中华人民共和国中央人民政府网，2014-09-10.

[4] 教育部关于批准高等教育教学改革立项项目的通知 [EB/OL]. 中华人民共和国教育部网，2005-12-20.

[7] 教育部关于大力推进高等学校创新创业教育和大学生自主创业工作的意见 [EB/OL]. 中华人民共和国教育部网，2010-05-13.

[8] 国务院办公厅关于深化高等学校创新创业教育改革的实施意见 [EB/OL]. 中华人民共和国中央人民政府网，2015-05-13.

[9] 教育部关于加快建设高水平本科教育全面提高人才培养能力的意见 [EB/OL]. 中华人民共和国教育部网，2018-10-08.

[10] 教育部关于做好2016届全国普通高等学校毕业生就业创业工作的通知 [EB/OL]. 中华人民共和国教育部网，2015-12-01.

[12] 全国人大常委会关于修改《中华人民共和国高等教育法》的决定（主席令第四十号）[EB/OL]. 中华人民共和国中央人民政府网，2015-12-28.

二、英文文献

[1] ASTIN A W. Student Involvement: A Development Theory for Higher Education [J]. Journal of College Student Development, 1999, 40 (5).

[2] CURRAN P G. Methods for the Detection of Carelessly Invalid Responses in Survey Data [J]. Journal of Experimental Social Psychology, 2016, 66.

[3] JOHANSEN V. Entrepreneurship Education and Start-Up Activity: A Gender Perspective [J]. International Journal of Gender and Entrepreneurship, 2013, 5 (2).

[4] JUDGE T A, EREZ A, BONOAND J E, et al. The Core Self-Evaluations Scale: Development of Measure [J]. Personnel Psychology, 2003, 56 (2).

[5] KOMARKOVA I, GAGLIARDI D, CONRADS J, et al. Entrepreneurship Competence: An Overview of Existing Concepts, Policies and Initiatives-Final Report [R]. JRC Working Papers, 2015.

[6] KOURILSKY M L, WALSTAD W B. Entrepreneurship and Female Youth: Knowledge, Attitudes, Gender Differences, and Educational Practices [J]. Journal of Business Venturing, 1998, 13 (1).

[7] LEMONS L, RICHMOND D. A Developmental Perspective of Sophomore Slump [J]. NASPA Journal, 1987, 24 (3).

[8] MCMULLEN J S, SHEPHERD D A. Entrepreneurial Action and the Role of Uncertainty in the Theory of the Entrepreneur [J]. Academy of Management Review, 2006, 31 (1).

[9] MORRIS M H, WEBB J W, Fu J, et al. A Competency-Based Perspective on Entrepreneurship Education: Conceptual and Empirical Insights [J]. Journal of Small Business Management, 2013, 51 (3).

[10] ONSTENK J. Entrepreneurship and Vocational Education [J]. European Educational Research Journal, 2003, 2 (1).

[11] RAUCH A, FRESE M. Let's Put the Person Back into Entrepreneurship Research: A Meta-Analysis on the Relationship between Business Owners' Personality Traits, Business Creation and Success [J]. European Journal of Work and Organizational Psychology, 2007, 16 (4).

[12] SANCHEZ J C. University Training for Entrepreneurial Competencies: Its Impact on Intention of Venture Creation [J]. International Entrepreneurship and Management Journal, 2011, 7 (2).

附录1　化潜为能：创新创业人才培养的本土路径
——专访厦门大学教育研究院原副院长王洪才[*]

主持人语："大众创业，万众创新"号召的提出，为中国创新创业教育注入了独特的精神内涵。创新创业教育伴随着我国高等教育大众化发展而产生，具有鲜明的中国特色与丰富的育人价值，是高质量高等教育的核心内涵。本期高端访谈，《大学》编辑部专访厦门大学教育研究院原副院长王洪才教授，探讨创新创业教育产生的理论基础与时代背景，理解和解读创新创业教育理念生成过程，剖析创新创业理念的构成要素，立足我国教育事业现状，把握创新创业教育的评价体系与开展方向，进而发掘创新创业教育模式的本土化突破路径，为培养新时代高素质创新型人才注入不竭动力。

栏目介绍：《大学》"高端访谈"栏目开设于2009年，是展示学术研究成果及教师风采、宣扬优秀教育思想、弘扬学术正气的重要学术阵地，旨在积极传播高等教育领域前沿学术思想，助推理论创新与科技进步。栏目开设以来，已采访过如教育部领导、中外高校领导人、企业高管、学术领军人、科研新星等多位专家学者，访谈对象有着比较广阔的学术视野，具备较高的学术水平，对学界热点问题有着敏锐的直觉。栏目围绕采访对象的教育理念、学术研究成果、教学成果等进行专访，采访内容涉及高等教育发展与改革的重要问题，如高校建设与管理、高质量人才培养、国际交流与合作、教学改革、校企合作等。

引导语：创新创业教育是我国高等教育发展的崭新态势，蕴含着新时代人才培养的核心理念，对于弘扬创新精神、促进社会进步、全面提升高校学生素质具有重要意义。创新创业教育基于我国教育现状而提出，甫一产生便有着深

---

[*] 原载于《大学》2023年第25期，第1-5页，收录时进行了微调。

厚的理论根基与现实基础，并具有我国本土特色，能够为培养高质量人才注入永续动力。文章阐述了高等教育创新创业人才培养的基本内涵与实践现状，旨在探寻其本土化发展的突破路径，以期打造创新创业教育的"中国模式"。

关键词：创新创业教育；创新潜能；人才培养

一、从产生到发展：高等教育创新创业人才培养的核心内涵

记者：创新创业教育是一个诞生于中国本土的概念，代表了一种新的教育发展方向。您曾提到，创新创业教育是高质量高等教育的核心内涵，请问高等教育中创新创业教育理念产生的理论基础是什么？

答：当高等教育实现大众化之后，面临的最直接且严峻的课题便是高校毕业生的就业问题。众所周知，传统教育模式的中心是专业教育，更注重专业知识理论的传授，培养的是理论型人才，但是在毕业生数量陡然增长的形势下，专业化的传统教育模式已然不能有效缓解就业压力，因此高等教育开始向应用型人才培养模式转变，鼓励大学生自主创业就是在这一背景下提出的。基于此，诸多高校开始施行创新创业教育，通过举办创新创业竞赛、开设大学创业产业园等方式激励大学生创新创业，以此回应现实需要。所以说，创新创业教育是伴随着我国高等教育大众化发展而出现的，其立足我国现实国情，具有鲜明的本土特征。[①]

创新创业教育理念产生的第一个理论基础是主体性理论，即高等教育应尊重学生个性，让每个学生都成为学习与创造的主体，不再只是被动接受教育的客体。新时代高素质公民应以养成独立人格为出发点，使其具有自信心、进取心、责任感、使命感、正义感、创造性、风险意识等一系列的主动型人格特征。对大学生而言，他们无法迅速地从过去的应试学习状态转变到自主学习状态，甚至还会迷失在无人管教的舒适区中。因此，人们希望通过大面积地推动创新创业教育来改变这种现状，创新创业教育的任务之一便是激发学生的学习兴趣，让其产生探索意愿与创新精神，以内化于心的培育模式，让学生回归到学习的正轨之上，并促使其产生内在的价值追求与创造动力。[②] 可以说，大学教育最重要的价值在于培养人的探究兴趣。有了探究兴趣，就可能出现创新理念，也就

---

① 王洪才. 创新创业教育的意义、本质及其实现［J］. 创新与创业教育，2020，11（6）：1-9.
② 王洪才. 创新创业能力培养：作为高质量高等教育的核心内涵［J］. 江苏高教，2021（11）：21-27.

容易使人站在科技前沿并发现市场潜力，从而为创业提供巨大动力，其中便涉及不断学习，不断挑战自我、更新自我的过程。通过教育改革与创新创业教育的开展，让学生从知识的接受者向知识的探究者转变，使每个人都成为知识的主体而非知识的受体。这便是创新创业教育的理论起点，也是其最基础的理论支撑。

第二个理论基础是自我发展理论。自我发展包含四个阶段，即发现自我、发展自我、实现自我以及超越自我，关键在于每个人都要有内在追求，渴望自身价值得到实现。创新创业过程是一个不断发现自我、发展自我和实现自我的过程，教育的重要使命之一便是创造条件让学生得到发展与自我实现。通过哲学审视发现，每个人都具有创新创业潜能，都具有创新创业的现实需求，只要具备适宜的条件，就可以把创新创业潜能变成现实的创新创业能力。

第三个理论基础是价值理性与工具理性辩证关系理论。价值理性与工具理性分别代表了目的与手段，自我发展是二者有机统一的过程。每个人都是双重自我，既是主宰自我发展的主体，又是实现自我发展的手段，因此主体自我和客体自我的统一正是价值理性与工具理性的辩证关系作用下改变自我的过程，①这种改变自我认识的过程实际上是一个创新认识的过程。当每个人确定新目标并为之奋斗时，此过程便是创业实践的过程。唯有处理好工具理性与价值理性的辩证关系，将二者协调发展，创新创业教育才能够向前推进。

记者：纵深推进"大众创业，万众创新"是深入实施创新驱动发展战略的重要支撑，大学生作为创新创业的主力军，开展创新创业教育势在必行。请问如何理解高等教育中"创新"与"创业"之间的内在关联？

答：从概念上讲，创新创业教育理念的产生离不开创新教育和创业教育这两个概念的发展与融合，但是其并非等同于二者概念的简单叠加。过去人们普遍存在一个认识误区，即认为创新与创业都是少数人的事情。因此，"创新"与"创业"都被蒙上了一层神秘的面纱。如果不突破这种认识的误区，创新创业教育便难以走远。因此人们有必要重新认识这两个概念，摆脱过往的误解与偏差，让创新创业教育摆脱神秘化束缚。

1998年，《中华人民共和国高等教育法》把创新精神培养提到了法律规范的层面，强调改变单纯接受知识的教育模式，培养创新思维。创新便是改变认知的过程，使人从不适应到适应的过程。一旦遇到新情况、新问题，人们通常

---

① 郭丽莹，赵国靖，黄兆信. 从工具理性到价值理性：高校创新创业教育的新功能观[J]. 杭州师范大学学报（社会科学版），2023，45（2）：78-88.

会从过去的经验中寻找答案，当过去经验失灵时就不得不尝试新的方法，此时便开始创新认知模式，成功后就会形成一种新的认识方式，进而也会带动行为方式的变化。人的发展过程不外如此，可以说，要想适应环境变化，就必须创新自己的认识方式并改变自己的行为方式。创业的基本含义是有计划地开创一番事业。创业并非一个宏大的名词，只要是给自己确立一个奋斗目标乃至近期目标，从而努力开拓到实现的环节都属于创业。创业教育这一概念本身源自国外，是培养企业家、经理人的教育，但此概念是狭义的，我们必须拓展这种理解。

创新教育一般对应于思想层面，创业教育往往针对实践层面，二者存在概念上的区别。但有创业必定有创新，创新是创业的逻辑起点，创业是创新的实践延续。创业的过程中包含了创新，创业意味着挑战困难、克服困难，在创业过程中，人们需要调整目标、改变认知、自我反思，此即创新的主旨所在。基于此，创新与创业实质上是水乳交融的过程。我国提出创新创业教育，使创业教育和创新教育从分离走向融合，形成一种整合的教育观念，诞生出具有中国特色的高等教育发展理念。

二、从重视到探索：高等教育创新创业人才培养的实践现状

记者：当前国内高校的创新创业人才培养模式有哪几类？您认为高校开展创新创业教育工作的难点与痛点在哪里？

答：当前国内高校的创新创业人才培养模式，总体上可以分为五类。

一是普及型模式，即在高校内开设创新创业课程，成为大学教育的必修课，由专任教师或辅导员进行讲授。此类人才培养模式对于创新创业观念能起到较好的普及作用，但对于创新创业能力提升却收效甚微。因为创新创业本质特征在于其实践性，仅靠单纯讲授无助于学生的能力培养。因此，如何改变传统的授课模式，提升课堂质量，让学生真正去体验创新创业的过程，将是普及式培养模式需要克服的难点。

二是专业型模式，诸如一些商学院开设企业管理班以及拔尖创新实验班等，其目的是培养专业型的创新创业人才，因此并不面向大众。专业型培养模式存在两个分支，一个是针对本科生进行的创新创业教育，另一个则是针对企业经营者而开设的 MBA 课程等。后者因受众基本具有实践经验，所以能达到较好效果；但前者因为都是大学生，缺乏亲身实践经验与问题意识，教学效果一般。因此，如何弥补学生的实践短板，成为专业型培养模式的难点。

三是体验型模式，即直接鼓励学生就业、创业，如开展创新创业活动、大

学生课外兼职等。体验型模式中的学生进行创新创业的自发性较强，学生也会主动投身实践，但缺陷在于试错成本较高。对高校而言，如何进行针对性的辅导，提供创新创业交流平台，增加互动机会，帮助学生较快地获得成功，是体验型模式需要进一步优化的地方。

四是竞赛型模式，例如，举办创新创业大赛，选拔优秀的创新创业人才。从校级比赛到国家级比赛都在轰轰烈烈地开展，例如，"互联网+"大学生创新创业大赛等比赛。但目前面临的最大问题是比赛带有很强的功利性，其中掺杂的表演成分也越来越多，竞赛目的逐渐复杂化，背离了选拔优秀人才的初衷。此为竞赛型模式的创新创业教育亟须克服的痛点。

五是精英型模式。顾名思义，此类属于拔尖创新型教育，目的在于为国家培养专业领域的高精尖人才。这种培养方式需要漫长的周期，因为将一个人从接触行业领域到成为该领域独当一面的人才必然不可能一蹴而就。但目前较为突出的问题在于，培养过程容易急功近利，难以遵循人才培养的客观规律，教师盲目教给学生高难度知识和创新课题，走了应试教育的老路子；部分学生也因为"精英"的名号而沾沾自喜，从而产生浮躁心理。因此，精英型培养模式应避免"速成型"培养，培养计划需贴合学生成长发展的实际情况。

记者：我国高校创新创业教育已有20余年实践史，教育实践中应如何评价个人的创新创业能力？

答：目前我国还未建立起科学的创新创业教育评价体系，这也是创新创业教育无法深入开展的重要原因。创新创业教育的主体部分属于实践性课程，目的在于培养学生具备挑战困难的勇气、掌握科学的思维方法以及解决实践难题的能力，是一个综合素质提升的过程，不同于传统的应试教育以学业成绩为主的评价方式，学业成绩仅能反映学生对专业知识的掌握程度，但不能测评出其应用知识于实践的能力，创新创业能力恰又需要在实践中展现，无法通过统一的理论知识测试来反映。因此，学业成绩对于衡量学生的创新创业能力虽具有一定的参考意义，但并不能作为评价的绝对标准，真正的创新创业能力必须通过真实地解决实际问题的过程才能反映出来，考查的更多是个体非智力品质部分。

整体而言，可从以下维度评价创新创业能力。其一，目标确定能力。创新创业教育的理论基础之一为主体性理论，在此体现为一个人对自我目标规划的基本能力，如果一个人对自己行动目标不清晰，就表明其没有做好对目标的可行性分析与反思，如此便会影响其实践的推进与目标的实现。其二，行动筹划能力。① 对于一项具体实践，如何去组织、如何准备前期资源、考量实践过程中可能发生的各类情况，都是行动筹划能力的具体体现。实践中如果缺乏筹划，创新创业工作则难以推进，遇到突发情况时便会捉襟见肘。其三，果断抉择能力。该项能力反映的是一个人的自信心、理性分析的水平以及对于关键时刻的把握能力。果断抉择能力能够体现人的大局意识与判断能力，是创新创业能力构成中的一个重要因素。其四，沟通合作能力这项能力反映的是一个人的社会理解能力和社会交往能力，创新创业活动是社会实践活动，拥有良好的沟通合作能力不仅有助于创新创业的顺利进行，对于个人的发展也具有至关重要的作用。其五，把握机遇的能力。这是创新创业成功或者尽快成功的关键因素。如果一个人能够敏锐地发现机会并且精准地把握机会，那么无疑能够更快地走向成功。其六，风险防范能力。其是对个人自我反思能力的体现，风险防范应贯穿于实践的整个过程，避免一些突发情况、障碍因素对实践造成影响。风险防范能力也是评价创新创业能力的重要标准。其七，逆境奋起能力。这项能力反映的是个体的抗压性以及心理素质，只有在逆境中保持冷静与乐观理智、保持韧性，才能在真实的实践过程中不断反思并做出改变，将创新创业持续推进下去。② 基于此，上述几个能力共同构成了评价创新创业能力的核心因素。现阶段许多高校常用一些激励措施推进创新创业教育，例如，开展创新创业大赛、实施创新创业人才培育计划并将其作为学生升学、保研的加分项，整体上仍然将其独立于专业教育之外，显然背离了专创融合的大方向，不利于构建科学合理的创新创业能力评价体系。因此，在具体落实时，创新创业能力的培养应与专业教育相结合，让学生将所学专业知识运用于创新创业过程中，这样才能全方位提升大学生的综合素质。

三、从嵌入到融合：高等教育创新创业人才培养的路径突破

记者：创新创业的潜能每个人都具有，您认为我国高等学校下一步应该如何回应时代需求开展创新创业教育，激发大学生的创新创业精神？

答：创新创业能力从根本上说来源于个体强烈的探究兴趣，有了探究兴趣

---

① 段肖阳. 论创新创业能力模型与评价指标体系构建［J］. 教育发展研究，2022，42（1）：60-67.

② 王洪才. 创新创业能力评价：高等教育高质量发展的真正难题与破解思路［J］. 江苏高教，2022（11）：39-46.

才能有创新理念，有了创新理念才能有创业动力。大学创新创业教育须进行根本性变化。

首先，要尊重学生个性，以学生为主体，挖掘每位学生创新创业的发展潜力。虽然个体之间存在较大差异，但每个人都具有创新创业潜能，而且都具有创新创业的现实需求，只要提供适宜的条件，就可以把创新创业潜能变成现实的创新创业能力。[①] 因此，创新创业教育要尊重规律、尊重个性，以学生为主体，只有在个体潜能充分挖掘的基础上才能具有创新能力，这就要求创新创业教育给予学生更多表现自我的机会，如实行自由选课制度、组建个性化课程，给学生更多的学习自由，培养学生自由探索精神，让其主动建构自己的知识体系，激发自身创新潜能。

其次，要持续深化教学模式改革，以问题为中心，训练学生科学思维。创新创业的目的是用科学的方法解答社会发展面临的问题，造福于人类，创新创业能力从本质上讲就是一种探究知识、应用知识和解答现实问题的能力。因此，在对学生创造力的培养中，应该加强科学思维训练，提升其科学认知的能力，在日常生活中，使其能够了解社会发展要求并发现问题。只有当学生发现了问题，才会产生解决问题的冲动，学习就会自然地变成主动探索的过程，而创造力一般产生于这种冲动。所以，创设问题情境，培养学生问题意识是第一步，唯有如此才能激发其探究欲望。

---

① 王洪才. 创新创业教育：中国特色的高等教育发展理念［J］. 南京师大学报（社会科学版），2021（6）：38-46.

附录2 项目式教学改革探索：以大学生创新创业能力培养为例

——厦门大学教育研究院"高等教育研究方法"第一课师生教学日志实录*

引导语：项目式教学并非一个新话题，然而要把项目式教学与生成式教学有机结合起来进行使用就是一个新课题。两者结合的优点在于既降低生成式教学的不确定性程度，也解决了项目式教学容易与学生经验相脱离的问题。在"高等教育研究方法"课程教学中引入"大学生创新创业能力培养"项目，就找到了学生经验与课程教学目标要求的结合点，从而能够极大地调动学生参与项目研讨的积极性。毋庸置疑，教学能否成功，关键就在于教师能否激发学生参与的热情。为此，第一次课就显得非常重要，它不单纯是整个课程的介绍，也是在为课堂风格定调，同时也为学生认识自己职责提供指导，从而使学生重新评估自己的志趣追求，决定是否继续参与课程学习。实验证明，这个结合是成功的，学生们表现出很高的参与热情，虽然他们的经验基础是多元的，但都对参与课程充满了期待和向往，他们的课程日志就反映了他们的心声。学生高涨的参与热情是教学改革持续推进的重要动力。

关键词：项目式教学；大学生创新创业能力培养；高等教育研究方法；第一次课

一、尝试项目式教学

（一）对过去教学经验的反思

笔者从事教学改革已经十几年时间了，在实践中摸索出了"生成性案例教

---

* 原载于《中国高等教育评论》2020年第13卷第2期，第69-93页，收录时进行了微调。

学方法"①，在运用过程中发现，由于课堂的时间短，无法让同学们充分地、自由地发挥。这促使我进一步改进生成性案例教学方式。在2019年的改革实践中，我加强了教育干预程度，缩短了学生自由选题的聚焦时间。即便如此，仍然没有完成探讨任务。为此我计划进一步改进，即增强研究主题的确定性，降低学生自由讨论的无序性，于是笔者打算将其与当下要从事的研究课题结合起来。

结合起来有以下几个好处：

1. 不使教学与科研变成两个系统，而将其变成一个统一体系。传统上教学是教学，科研是科研，从而教师必须投入双倍的精力来应付教学与科研。如果将两者结合在一起的话，教学也是科研，科研也是教学，两者可以不分彼此。显然这具有很大的难度，非常具有挑战性，也非常值得探索，因为这是当前教学与科研过程中没有解决的一个难题。

2. 因为笔者只是提出研究计划，尚未真正开展，所以不属于固定知识传授，仍然属于研究型课堂教学。保持研究性是笔者对教学的基本定调，因为没有研究性，教学就成为干瘪的知识传授。再好的知识传授也是强加于学生，因为学生对要传授的知识没有准备，而且也不可能有真正准备，因为教师与学生思维不在一个层面上，无论学生怎么预习也不可能达到教师的理解层面。相反如果学生能够达到，就说明教师传授的是死知识，这样的知识是误人子弟的。

3. 研究主题虽然基本确定，但具体探讨问题仍然是不确定的，因而仍然保留了生成性教学的特色。前期研究主要是对研究问题的确定，但究竟如何研究才能获得突破是没有固定路线的，这就是探索的本质所在。研究的本质是对事物本质的探索，是对事物究竟是什么的揭示，揭示它的形成过程与原因并预见它的结果以及提出适当的干预措施。

4. 具体研究问题的确定仍然依据学生自身的认识程度确定，从而保持了以学生为主体的特性，遵循了以学生为中心的逻辑。研究过程是建立在学生的直接经验基础上，不超越学生的经验基础。研究过程主要是对学生进行研究能力的训练，如文献研究能力、调查研究能力、实地研究能力、理论分析能力等，目前还无法说这是质性研究能力还是量化研究能力，因为这种区别本身是值得质疑的。因为量化与质性仅仅是资料处理的方法不同而已。

---

① 王洪才，李慧. 运用生成性案例，实现创新性教学［J］. 中国高等教育，2013（19）：44-46.

(二) 第一次课作为导论课

在这节课,笔者主要是介绍一下本人的授课方式、主导思想和对学生的基本要求。首先,简单介绍了笔者的改革历程,解释为什么要进行改革;其次,介绍了笔者提出生成性案例教学方法的过程;再次,介绍了笔者进行教学改革遇到的一些基本问题;最后,介绍了本次课程的基本打算。之后让同学们进行讨论,收集同学们对笔者的提议的反馈。

讨论中一名博士研究生同学对项目式教学有一些疑虑。笔者做出解释,认为没有从根本上改变生成性教学的特点,而是做了局部的改进。另一位博士研究生同学则根据自己的教学改革实践提出了一些比较现实的问题,笔者也做了一些回应。笔者虽然鼓励那些硕士研究生同学发言,但他们似乎仍有些拘谨。只有一位硕士研究生同学说项目式教学与辩论赛有点类似,都是先确定命题后进行论证。笔者认为这个说法有一定道理,但辩论赛与科学研究之间毕竟存在着本质的不同。

上半段课程结束,休息10分钟,然后继续上课,笔者再次开始介绍,把准备的选题拿给大家讨论。笔者提出的选题是大学生创新创业能力培养问题。笔者介绍了为什么要选择这个题目。首先是讲创新创业教育的真正意义,笔者指出创新创业教育是一个必然趋势;其次是讲目前国内高校开展创新创业教育的基本状况,指出目前高校创新创业教育流于一些形式,缺乏科学的理论指导,急迫呼唤科学理论指导;再次是讲创新创业能力对个体发展的意义,指出创新创业是每个人必然面临的选择,只有提升个体的创新创业能力才能真正适应现代社会发展要求;最后讲这个主题为什么是适合同学们去研究的,因为我们大多数同学都上过创新创业课,都对创新创业教育有些迷惘,从而对创新创业教育有一定的期待。

笔者做了这个基本讲解之后,请同学们发表看法,这次硕士研究生不像在上节课中那样拘谨了,因为他们多数都体验过本科阶段的创新创业教育过程,他们纷纷表达了对本科创新创业教育的不满,也对笔者的创新创业能力界定有耳目一新的感受,因为笔者在介绍时指出:每个人都具有创新创业的潜能,每个人只要敢于挑战自己就是在创新,而每个人只要敢于把理想变成现实就是在创业。其他同学则纷纷表达了自己对创新创业教育的看法。如此,本次研讨性课堂就这样在不知不觉的氛围中展开了。

(三) 一个意外的发现

本次课除中间有10分钟左右的休息外,从19:10一直持续到22:00。本次课有6位硕士研究生、2位学术型博士研究生、2位访学博士研究生参加,有

1位学术型博士研究生旁听。可以说，这个规模是恰到好处的。所以，在课程结束之际笔者对同学们说希望下次仍然可以见到他们，尤其是她们，因为几个硕士研究生都是女生，而且都是通过全国硕士研究生统一招生考试考进来的，不是推免生，这对我而言还是有点意外的。由于课程开始的时候我没有让同学们做自我介绍，所以在讨论中才发现有一位同学来自印尼，她的汉语说得很好，偶尔有些词汇听不明白，特别是创新创业教育和创新创业能力这些术语。当旁边同学做了介绍之后，她很快就理解了，而且表示通过学习一定会提升自己的创新创业能力。

课程结束后，有2位同学表示对课程非常感兴趣，也非常感谢老师鼓励她们大胆发言。这2位同学之中就有这位海外学生，我对她们的积极反馈表示感谢。

二、研究型课堂再出发

2019年9月17日，新学期的第一节课，学生类型较为多样化，为6位硕士研究生、2位博士研究生和3位旁听生。我第二次体验这个"全新"的课堂——研究型课堂，反而更为紧张。

（一）课程介绍

王老师在课前没有让大家做自我介绍，而是希望大家在后面的课堂中逐渐熟识并了解每个人的个性特点。王老师从"研究性学习—接受性学习""项目式教学""经验的前置性"几个方面对"全新"的课堂进行了介绍。作为一名老生，我也想对课程发表一些想法，但课堂上没有抢到话语权，那么就在这里做一个补充吧！

同学们在上学期的课程中都有很大的改变，总体而言可以分为三点：（1）反思日志文字从毫无章法到独具特色；（2）课堂发言逻辑从盲目随从到理性批判；（3）学习方式从知识接受到主动探索。同学们深入体验了"生成问题—探究问题—解决问题"的全过程，在这个过程中课上学习方式为小组讨论、自由辩论、示范访谈等，课下学习方式为教学反思日志、实地访谈、文献综述等。同学们不是被动地由老师灌输知识，而是在老师的引导下自主探索，所以同学们的理性批判能力、合作能力等研究能力都有了较大提高。

老师介绍了课程之后，部分同学一脸困惑，这和我们去年的场景是一致的。因为大家没有经历过这种课堂，既有些期待，又有些担忧。大家一直呼吁课堂教学改革，但真实参与进来的时候，还是会有各种顾虑，学生顾虑课业负担重，教师顾虑教学工作量过大。现有的教学改革机制是否激发了多数教师的参与积极性呢？老师最近提出了一个问题：教学激励是只奖励了较为突出的少数教师，还是奖励了多数教师？基于老师的问题和现在课程改革的现状，我在思考是否可以做"教师激励机制对教师教学改革积极性影响的实证研究"的课题研究。

（二）答疑解惑

老师看到同学们似懂非懂的"沉重"表情，鼓励大家积极说出自己的困惑。老师期望能够让大家从内心真正理解并认同研究型教学课堂，这样同学们才能克服畏难情绪全身心地投入进来。刚开始大家都不敢贸然发言，老师不断地鼓励大家后，大家就陆续地参与到讨论中了。

有同学对小组讨论提出了疑问，认为小组讨论中存在不能顾及每个参与者的水平、不同参与者所做的工作相互割裂、部分参与者积极性过低等问题。有同学对问题的生成过程提出了疑问，问为什么必须自己提出问题？有同学提出应由老师提前告知主题，大家提前根据文献进行准备。老师对大家的问题一一进行了解答，尤其是提出了关键的两点：（1）如何提出一个好的研究问题、真的研究问题？（2）知识的祛魅化。

关于第一点，提出一个好问题、真问题，这是研究能力中很重要的构成部分，所谓有个好问题就成功了一半，但是提出这样的一个好问题着实不容易。自己体验研究问题的生成过程，除强烈的问题意识外，还要能够批判性地审视已有文献，结合自身的知识体系形成初步假设。去年的课程中，大家经过几次讨论都没有形成一个好的研究问题，最后老师不得不"干预"问题的形成。老师总结了去年的教学过程后，适时改变了策略，今年给定了研究主题的大致范围，之后由大家一起聚焦研究问题。

关于第二点，知识的祛魅化，我有着不一样的体会。因为去年我也在课堂上提出了上述同学类似的疑问，希望老师指定参考文献或者提前告知主题。但经过一年的学习，我深刻地意识到老师当时为什么说："你这还是接受式学习！"因为我们不是从自身的知识出发，对文献进行批判性思考，而是对其进行盲目崇拜。

（三）自由发言

同学们的困惑讲完后，虽然老师进行了解答，但若同学想真正明白其中内涵，还是需要在后面的学习中自己探索"答案"，也就是自己为自己解惑。老师让大家休息10分钟，之后开始了后半段课程。老师先简单地介绍了创新创业教育概况，然后大家自由发表对创新创业教育的认识和想法。

有的同学从参加创新创业竞赛的经历讲起，有的同学从所在大学开展创新创业教育的现状讲起，有的同学从创新创业的理论方面讲起。同学们提出了"创新创业教育学科""创新创业教育师资""创新创业教育与大学生实习见习相联系""大学生创新创业能力指标体系"等问题。大家这次比较积极，一方面是有了上半场的民主氛围基础，另一方面也是因为基本上按照座位顺序发言。同学们的发言，一方面开阔了其他同学的思路，另一方面让老师了解了大家的基础，以便于根据大家的实际情况开展后续课程。

（四）王师总结

同学们发言完毕后，老师进行了总结。老师的总结引导同学们思考创新创业能力问题，让大家认识到当前开展创新创业教育的重点及难点就是如何评价创新创业教育和创新创业能力。老师对课程作业也提出了要求：一是写教学反思日志；二是查找20篇与创新创业能力相关的好文献，并要求对文献进行批判性思考。虽然我已经经历过项目式教学的课堂，但因为研究主题不同，所以还是很期待和大家共同进行探究式学习，期望能够共同界定创新创业能力的操作性定义，从而构建创新创业能力指标体系。非常期待（后续）探究过程，也期待（最终）探究结果！

（本小节作者段肖阳，厦门大学教育研究院2018级博士研究生）

评点：

肖阳的描述很客观，有一点娓娓道来的气质了。

肖阳对自己的体验的介绍，有助于同学们很快地适应新式课堂教学。

关于教师激励机制问题的研究比较难以进行，根源在于研究对象难以选择。当然，更深的问题在于人们对教学改革的认识并非尽然一致，特别是在当今的教育评价政策的影响下，真心支持教学改革的学校领导并不多，目前教学改革的支持政策多数属于点缀性的，所以研究起来很难把握与确定。

在目前，教学改革只能是少数志愿者的事情。

三、期盼已久的课

（一）三节课一眨眼就过去了

2019年9月17日晚7时，我终于上到了期盼已久的王老师的"高等教育研究方法"课。我对有关高等教育理论与研究方法的课程都是十分期待的，因为自己选择了高等教育这个专业却没有这方面的基础，觉得自己就是一个"小白"，十分迫切地想要学习，而王老师又是我的导师，虽然已经与他接触过，看过他的文章与著作，但还没上过他的课，所以尤其期待。课程是晚上7时10分开始,我大概 6 时 45 分到达教室,以为自己来得挺早,谁知进到教室(发现)同学们已经坐在座位上,看来大家和我一样,都很期待这堂课。

课程开始,王老师准时到了教室,他先是介绍了这门课先前的上课方式以及选择这个方式的原因,接着跟大家谈了这个学期这门课的教学设想——拟采用项目教学法进行教学,然后让大家谈谈对这门课教学设想的看法,没有立刻进入正式授课。在大家谈了自己的看法后,王老师抛出了项目的大主题"大学生创新创业能力的培养"并谈了他研究这个主题的缘由以及对大学生创新创业能力的一些看法,然后让大家就这一主题发表自己的看法。

三节课,从晚 7 时 10 分到 10 时,一眨眼就过去了,原本很担心自己的精神状态,因为一天满课,中午也没有午休,但整堂课自己没有半分疲倦,因为收获太多了。以下谈谈我的收获、想法与困惑。

(二)几点深刻的收获

1. 形成课程学习共识,建立认同,激起学习热情——第一课之要义

课程开始,王老师先是介绍了这门课先前的上课方式以及这样上的原因,接着跟大家谈了这个学期这门课的教学设想,然后让大家谈谈对这门课教学设想的看法,其目的是让大家形成课程共识,建立认同,激发大家的学习热情。作为教师每个学期开始的每门课都有第一堂课,这一堂课要怎么上呢?我工作的学校每个学期开始的第一天都会组织教师听课,听什么呢?如何评价这第一堂课呢?回想起自己的教学,效果不够理想,一个原因可能就是第一堂课没有上好,第一堂课的目标出现了偏差。我刚成为老师那会儿,上的第一堂课应用心理学班的"广告心理学"我做了简单的自我介绍后,就开始了第一章内容的讲解,那时自认为自己的课件做得不错,备课也是较为充分的,但上课效果并不理想,几乎是我的一言堂,和学生间的关系也不是十分密切。这两年多听了一些课,知道了自己的问题所在,就慢慢懂得了第一堂课需要与学生形成课程共识或是课程契约,但在与学生形成课程共识的过程中,自己还是没能做到真正的以学生为中心,没能有效地激发学生的学习热情。上了王老师的这次课,让我认识到在与学生建立课程学习契约的过程中,教师不单是向学生阐明自己的教学设想与教学计划,更应该以学生为中心,倾听学生的想法,与学生共同探讨达成共识,形成认同,并在这个过程中根据学生的需求激发学生学习的热情。

2. 不遗余力地进行教学改革的思考与实践

来读博之前,自己也在进行一些教学改革实践,但对于改革的思考是不够深入的,仅在教学方式与培养目标上做了思考与实践,对于教学及教学改革的

本质与学习的本质却不做思考。从王老师阐述这个课程之前的教学方式——生成性案例教学以及这个学期的教学设想的过程中，我深刻认识到教学改革是一个不断探索的过程，并且认识到改革要聚焦到对知识、技能、能力与学生这四者的思考上。如果我们在进行教学改革后，学生获得的知识仍然是固态的知识、"僵尸式"的知识，或者改革并不能真正提高学生的技能、发展学生的能力，就算不上有效改革。

3. 能力是在挑战的过程中发展的

在这之前，我一直认为培养与发展学生的能力至关重要，但只知道能力要在活动中发展，所以在教学中我注重让学生"做"，在"做"中发展能力，但并没有认识到"做"应该是对学生有一定挑战性的"做"，让学生在不断的挑战中发展能力。虽然自己学习了维果斯基的"最近发展区"理论，但并非真正了解其要义，也并非真正做到了用其指导自己的教学实践。

4. 知识祛魅化与知识的生活化、历时性知识与共时性知识

通过王老师的课堂，我发现自己原来对知识的思考着实太少。知识是技能与能力生成的基础，知识也是教学内容的重要部分，对知识不加思考反映出了自己的"死读书"和"教死书"。知识不是高高在上的存在，需要将其生活化，与学生的生活相联系才能让学生更好地接受、理解并生长出新的知识，让学生在做中学，在解决实际问题中生长出知识，最终使得师生收获共时性知识并发展出能力，我觉得这应该成为指导自己教学改革的根本。

5. 创新创业能力的颠覆性观点

创新创业对很多人而言都不是一个陌生的词汇，国家提出要"大众创业，万众创新"，学校也如火如荼地进行各种各样的创新创业项目训练，创新创业成为大学生的必修课，大部分高校成立了创新创业学院。但什么是创新创业能力呢？在我之前的观念里，创新是高科技的代名词，至少要有一定的革新才能算是创新，而创业至少要创立一个企业或是一个经营组织，但不管怎么样都觉得这是离自己很远的东西，尤其是创业。通过听同学们的分享可知，我原有的认知可能并不是我自己比较特别的认知，很多人也是这样认为的；但王老师不这样认为，他认为创新创业不仅是那些科技创新、革新、创办公司，我们在工作岗位上能把工作做好、能很好地胜任新的角色或工作等创自己人生之新、创自己人生之业的活动都属于创新创业，每个人都有创新创业的潜能，并且应该把创新创业能力作为学生的核心能力来培养。这一看法完全颠覆了我对创新创业的认识，这种冲击就像自己在学习能力理论时学到加德纳的多元智能理论一样！我想如果能将创新创业能力的定义及其结构进行系统的阐述，发展出新的创新

创业能力理论，想必带来的影响是不可估量的。

（三）几点不成熟的想法

1. 创新创业能力结构

关于创新创业能力的结构，王老师似乎也还没有确定的观点，他认为创新创业能力至少应该包含服务精神，我认可这一观点，另外，我觉得创新创业应该还要包括自强精神与求同存异。服务精神是个体对外的，而自强精神是个体对内的，自强是一种努力向上的品质。求同存异是既要找到事物的共同点又要看到、保留不同点，我觉得这应该也是创新创业能力的内容。另外，冒险精神是不是也是创新创业的内容？

2. 创新创业能力之隐性培养

肖阳说创新创业教育不只是各种各样的创新创业训练项目或创新创业课程，还应该渗透在普通的课堂教学中。我觉得除了这些，隐性培养也很重要，如校园文化的熏陶、服务精神的培养等，如果仅仅是通过课堂去培养，我觉得还是难以实现的，校园文化的熏陶、平时的社会实践、假期的社会实践、实习见习、团日活动等都应成为培养创新创业能力的途径。

3. 创新创业训练项目的效果评估

大学生的创新创业训练项目是目前高校中进行创新创业教学的重要途径，那大学生的创新创业项目训练是否真的能有效提升学生的创新创业能力呢？如果能有效提升，是哪些训练内容、方式、教师指导模式等有助于提升学生的创新能力，它们是如何发生作用的，有哪些要改进的地方等。目前（我）拟采用混合研究的思路，即先进行量化的研究再进行质性的研究来探讨创新创业项目训练对大学生创新创业能力的影响及影响机制或路径。但实现这个想法似乎有个难题，就是创新创业能力的评价指标还没有建立。

（四）几点困惑

1. 创新创业能力该如何定义。该如何对创新创业能力进行"属加种差"或是其他方式的定义呢？如果定义解决不了，那么这个课题可能就无法进展。

2. 创新创业能力的结构包括哪些内容呢？老师提到了一个服务精神，而我想到了自强精神和求同存异，但我感觉这还不够完善，那还包括什么呢？

3. 把创新创业能力当成学生的核心能力的依据是什么？虽然课上老师有提到一点，但我还是不太理解，还没找到能让自己认同的足够理由，如果要论述创新创业能力是学生的核心能力，要用什么逻辑去论述呢？

4. 如果要将创新创业能力当成学生的核心能力来培养，那是在大学阶段将其作为学生的核心能力来培养，还是在任何学段都应该将其作为核心能力来培养呢？如果在任何阶段都应该将其作为学生的核心能力来培养，那每个阶段培养的侧重点是什么呢？创新创业能力生成的路径又是什么？该如何构建创新创业教育的体系？

5. 能否参考加德纳提出多元智能理论的思路来阐明创新创业的定义与结构，构建创新创业能力理论？

（本小节作者杨振芳，厦门大学教育研究院2019级博士研究生）

评点：

振芳思考得很多！这个反思日志非常好，对自己的教学改革进行了非常深入的反思，看来带着问题学习的好处非常大！

关于创新创业能力构成问题我确实没有成熟的答案，因为还没有形成关于创新创业能力的理论，所以对这个构成问题也在探究过程中。正是如此，这个研究型课程才是生成性的，而非预成性的。

关于创新创业教育训练项目的效果问题是一个真问题，我们关于大学生创新创业能力问题的探究，也试图在回答这个问题。

振芳对创新创业能力构成的思考非常好，如提出自强精神也是重要组成部分，我也非常赞同这个提议。要对创新创业能力构成做一个彻底探讨确实还有很大的探讨空间。关于隐性培养问题是值得重视的，但这个问题该如何揭示是需要认真思考的，如果找不到有效的策略进行探究，就会使之流于空谈。对这个关注与渗透专业课堂教学的意味是一样的。

创新创业能力作为大学生的核心能力，这个判断的要点是把什么作为参照系，如果认识到它的参照系，就可以判断大学生核心能力究竟是什么了。

对核心能力的认识需要辨认核心能力与基本能力的关系，核心能力的表现是固定的还是变动的，这是更为基本的一个理论问题，需要在今后的学习中进一步探明。很显然，核心能力不是一种单一能力，也不是一次实践就可以形成的，它需要一个过程，那么它在发展过程中的表现也不可能是相同的。

创新创业教育体系构建是一个大课题，是我们下一步需要研究的任务，但不是这次课程探究的目标，我们对大学生创新创业能力的探究只是为这个大的研究打基础。

关于创新创业能力的生成路径问题应该是我们本次课程探究的重要目标之一，希望我们最终能够形成一个初步的意见。

多元智能理论是可以参照的。

四、相见的意义

（一）小引

早在高中之时，我便以"相见"为题，撰写过一篇格调极悲的散文。那篇文章以怆然的笔触，取肃穆哀伤之景，以分别的心境怀念一次甜蜜而愉悦的邂逅，时有追忆，时有慨叹。而今再拟此题，已经是研究生"高等教育研究方法"的第一次课上，纵然时过境迁，世殊事异，所拥有的情怀与志趣却从未改变，故而我时常感叹，每一段激越而收获的人生旅途，总以一次震颤而值得铭记的相见开始。

陈师道见到黄庭坚，甘心抛弃所有的诗稿，向黄庭坚拜师求教；贾宝玉初见林黛玉，恍然如隔世，"这个妹妹我曾见过的"。学习如斯，生活亦如斯。相见的意义便在于，有这样的人，能给予自己一次直击灵魂的叩问，聆听一次晨钟暮鼓，让自己脱离生活的琐屑，在洪荒与洞明中思考，在选定的道路上走得义无反顾，虽千万人吾往矣，回首时亦无所愧怍。

而与王老师"高等教育研究方法"的第一堂课，便是这样的一次相见。

（二）在经验中求索

王老师在课堂伊始便奠定了这一次课的基调：主要是给大家做做动员，让大家产生兴趣，明白这门课要怎么上。这种动员不同于以往惯常的幽默调侃、振奋人心，它是在一种对历年来本门课课堂教学实际情况以及教学效果的梳理与反思中展开的。这让我第一次得以暂别学生的视角，真正去了解教师的课前准备和课例反思活动，看到了不一样的剖析视角。王老师讲到一个事例，在传统的讲授法教学下，有位学生在答题时能够游刃有余、得心应手，可是到了实践过程中，却不知如何运用研究方法去解决实际的问题。在我看来，这样的情况时至今日仍在很多课堂中一遍一遍复演，站在学生的角度，我熟记了理论，通过了考试，获得了高分，我的学习也许是成功的；然而在老师看来，实践技能的偏废，对一门方法论性质的课程而言，无疑有些失败。视角的转换不仅体现出自我要求的不同，也越来越涉及教学目标、课程性质与宗旨等核心问题，即学什么，为什么学。我们唯有回答好这样的问题，才算是真正入门。同时，王老师对历年来教学情况如数家珍般地列举，从传统教学到探索中的生成式案例教学、项目式教学，从课堂情况到课后反馈，都能详尽道来，既让我看到了一名教师身上肩负的观察者职责，亦促使我思考：学生自身是否也能在理论上的平等地位中成为某种程度上的观察者，即兼具受教育者和观察者身份的学生。

倘若学生能够对知识和技能的传授过程有主动的察觉，他们是否会积极调整自身以参与到教学过程中去，显示出更多的积极性，对教学内容有更深的体悟，亦使评价行为有所收益，这一设想或许仍有待相关理论的建构和实证研究的支持。

（三）跨越一年的重逢

王老师谈及这门课程的教学方法时，选择了项目式教学作为基本的教学方式。由王老师确定研究的大致方向和主题，我们则在交流与辩驳中确定值得关注的、要解决的具体问题，由此展开探讨和研究，寓方法传授于项目的进行过程中。这种形式，在很大程度上依赖于课堂全体成员的主动参与，结成一个小组来协同合作。因而在提问时，同学们很快将目光聚焦于小组这种形式上来。几位同级的学友基于以往小组学习中的经验和不足之处，提出小组学习存在搭便车、参与感不强、受小组领导风格影响大等问题，一线工作经验丰富的师兄师姐则切中肯綮，提出高程度干预会背离初衷、低程度干预难以收获效果的两难困境，针对学习效果和教师在其中的地位提出了担忧。

于我而言，对小组学习的关注由来已久，甚至关系到个人研究兴趣的转向，这不仅来源于对佐藤学老师相关著作的阅读，更生发于我的实习经历中。一年前我带着对基础教育的诸多疑问走上郑州创新实验学校的实习岗位，那时我对基础教育的认识更多是产生于自己接受基础教育的经历，故而对于一些老生常谈的话题显得极为激进和敏感，大有为此奔走呼号之宏愿。然而事实却与我的想象截然相反，这所坐落在郑州西郊的非重点中学，极为认真地贯彻着"宁静的课堂革命"，交响合作澄明、倾听串联反刍发生在每一个班级，而他们所采取的正是小组合作学习形式。这不禁引我深思：何以小组合作学习能在基础教育领域取得良好效果，反而在高等教育课堂被打上了问号。这便促成我研究兴趣的一次转向。一年后，在课堂上与这一问题再度重逢，从同学的讨论中，我亦有一些超越当时的想法。在我看来，有些因素会对这种学习方式产生重要的影响。第一，是否有集中的面对面的小组讨论，集中意味着人员的完备，而面对面较网络通信工具而言，更容易理解对方的想法，及时产生交流，在视、听的浸润下辅助思想交流。第二，小组学习过程中，倘若将任务切分，具体对应到每个人，那么个体不过是参与了任务当中极为有限的一部分而已，而应有的要求恰恰在于参与任务的全过程。第三，小组领导和管理风格亦是值得关注的一项因素。

（四）创新地谈创新

王老师将此次研究的方向确定为大学生的创新创业教育，并对于创新创业做出了一种有创新性的定义。在老师看来，能力都是在挑战的过程中形成的，在改变自己的过程中不断去解决困难和问题便是创新，而在其中能够寻找自己的路便是一种创业。这样的定义打破了原先我们对于创新创业教育狭隘的认识，当我们不再把创新创业本身局限于一个公司、一个项目、一项发明时，当我们真正了解其在大学生成长过程中的作用及其表现时，我们对其重要性的认识才会上升，这种正本清源则显得更为可贵。在其中，我关注的问题集中在师资、学科以及平台上。就师资而言，高校的创新创业师资多数由其他相关专业借调，很多并非把创新创业当作学术方向来研究，即便是专业的研究者，创新创业的学术研究成果也很难成为教学的具体内容，尤其是在学生们期望获得相关能力和思维的成长的基础上。此外，实践经验的缺乏则更成为一大短板，我甚至产生过一个念头，在创新创业教育中能否借助职业教育的双师型模式，让"成功人士"也能走进课堂，现身说法。就学科而言，目前的创新创业教育多是以课程形式呈现，本身没有发展成为一门完备的创新创业教育学科，这对于相关教师的培养以及教学工作的展开无疑造成了阻碍。就现有的创新创业教育平台而言，在课程之外，大学能否提供相应的创新创业比赛、孵化基地、双创基地等，形成制度、资金、人员上的支持，尚需讨论。此外，在认识到创新创业教育广泛内涵的同时，也对相应的评估体系构建提出了要求，这可能会联系到不同时期的管理学理论，预想可能会以一种立体的形式呈现。

（五）尾声

相见的脚步总是匆匆，一堂课在无尽的思索中落幕。尽管我的思绪依旧惯常脱缰，但始终在课堂的原野上驰骋。很难说这是哪一个个体的魅力，我倒更愿意相信，它是来自交互的光辉，来自"学者尚欠费工夫"的执念，来自一种求索的情怀。因而，我把此夜对彼夜的回顾，称作相见。

（本小节作者郭一凡，厦门大学教育研究院2019级硕士研究生）

评点：

一凡同学有很好的文学修养，一点追忆就可以反映出自己的知识涵养。

一凡对课堂观察与描述是客观的、全面的，体现了自己的真实感受。

一凡关注到创新创业教育面临的短板问题，确实，师资问题是制约教育质量的根本问题。

似乎一凡的笔调中有一丝忧郁的气质，不知这种感受是否真切。

五、听课状态慢慢发生了转变

第一次上王老师的课，从课程刚开始听得朦胧不清到后面渐渐全身心地参与到课堂中，非常喜欢王老师的讨论式学习方式。认真反思了一下，对于这次课程我的收获主要有以下三点。

（一）改变自己的学习方式

以前本科时期习惯了接受式学习，习惯了被老师灌输的模式，当老师让我提问题的时候我甚至觉得有点蒙，但听到同学们一个个发表自己的看法时，我深受触动，有了竞争意识，为什么我就不能够发表出深刻的看法？所以我以后尽量主动学习、研究式学习、深度和广度缺一不可，争取做一个脑子里有许多为什么的学生。

（二）培养问题意识

老师和书本资料都应该是在质疑中去学习的对象，而不是依赖的对象。教研院老师们的人文精神和开放意识让我觉得很幸运，与之前本科时老师们的风格完全不一样。所谓问题意识，就是能够从现象背后发现问题，通过进一步的研究引申到课题。这也需要平时多思多学，否则是提不出什么有研究意义和科学价值的问题的。

生活中困惑自己的问题有很多，但大多不能够有具体答案的问题，所以就应该去细化、去分化我所困惑的问题，在实践中由浅至深慢慢去获得思路。在以后的研究生生活中，我也一定要有勇气独来独往，有勇气去向懒惰说不。这也是我在王老师课堂上学到的很重要的一点。

（三）创新创业精神

这次课堂上很重要的一个收获便是与创新创业教育相关的讨论，听到郭同学等发表的看法，我觉得自己非常缺乏这方面的思维。创新创业主要是指在自己的岗位上认真钻研，形成自己的经验之后在经验中去拔高、创新，从而树立自己的发展目标。要有反思精神和服务精神，我在之前的经验中深刻体会到服务精神的重要性，愿意花时间去解决困惑别人的一些问题，对自己本身也是一次锻炼提升的好机会。如今我们所接触到的教育基本都是异化的，我们周围许多家长不明白教育深层次的逻辑，只看到应试教育没有培养出学生的核心素养和创新精神，盲目地推崇素质教育反对应试教育，这也是走向了另一个更不公平的世界。作为未来的教师，我以后还是要多去锻炼自己对知识加工包装设计的能力，这一环节需要做大量的工作，让学生在学习知识的同时学到其他东西，这也是对创新创业教育的贡献。

总的来说，在学着质疑的同时也要不断去尝试解决困惑自己的问题，而现在的我就是要多花时间看文献，保持意识清醒，不被复杂的理论所打败，下次课我一定要认真结合自己的经历提出有意义的问题。

（本小节作者赵泽宁，厦门大学教育研究院2019级硕士研究生）

评点：

泽宁同学做了深刻的反思，这是深入学习的开始，赞！

学习方式的改变可以使一个人终身受益，而且受益无穷。所以，希望同学们能够最快地发生转变。

泽宁同学一下子就意识到了问题意识的重要性，这就是研究性学习的开端，而且也是做研究、做学术的开端，希望泽宁同学在这方面提升得更快。

泽宁同学对创新创业精神有所领悟了，意识到了反思精神与服务精神的重要性，非常可贵，希望能够把这种意识变成实践，那样的话自己的创新创业能力就会大大提升。

泽宁同学也对自己提出了期许，这就是前进的动力！

此外，关于对知识加工包装设计能力的形容虽然很真实，但显得有点功利化，还可以从更高的境界来看待这个现象。

六、竟然三个小时没看手机！

19：10—22：00，将近3个小时的课堂，貌似是我上过时长最长的课，之前也上过3个小时的课，但两种体验不一样，之前的3小时大都靠手机度过，过程漫长无聊，结束了立刻回寝室；而王老师3小时的课我全程没有看手机，过程中全神贯注，结束了还意犹未尽，拿出手机一看发现已经10点了。虽然这全神贯注中偶尔会有点恍惚，缘于我不太能跟上老师的思维步伐，再者一开始还不适应老师的北方口音，听着有点费力，但好在后来慢慢地能听懂了，也就是"前面的问题后面解决了"。下面我将把我暂时能回忆起的内容写下并进行一些再思考，作为我此门课的反思日志。

（一）开篇介绍

王老师一开始就介绍了本门课的授课方式以及其变革历程等，接着便将话语权转交给同学们，询问我们的意见，这就使得这门课一开始就是双主体，以教学方法为始，师生共建，内容共商。当然我对这门课的教学方法没什么异议，虽然与我最初的想象大相径庭，因为我本科修过教育研究方法，授课方式是通常的讲授法，内容是关于选题、开题报告等一篇完整论文的撰写格式流程等，还有部分SPSS统计分析相关的知识，采用小组合作的组织形式。当然研究生的课程自然不同于本科生，但我一开始以为王老师的课既然偏重于量性，是案例研究和实地研究，那么肯定少不了数据分析，也就是会教一些SPSS之类的知识，但半节课下来，我发现是我先入为主了。王老师的"高等教育研究方法"

课程更偏重于让我们自己进行问题研究，培养问题意识，从文献中，更多是要从生活中、现象中发现真问题，并要敢于提出问题，坚持探究，自我掌握适合自己的科学的研究方法。王老师在本门课采用的项目式教学方法，我也一直有听说，简单地说就是以项目为主线、以教师为引导、以学生为主体，我们的项目则是一个老师也在进行的课题，大概老师是希望通过这门课实现师生共发展、齐进步吧！这种进步也是我渴望的，能够在王老师的引领下，和诸多优秀的同学一起，发散思维，互相启发，提出问题、解决问题，这是一个能够使我成为一名真正研究生的学术机遇。

（二）关于"小组合作"的讨论

在第一次课上，我们进行了多次讨论，其中关于小组合作，我之前也多有关注，在实际中我也深有体会。本科课程中有很多都是以小组合作的形式，也大都避免不了一个"搭便车"的现象，也就是个别组员坐享其成、不积极、不出力，虽然会有任务分工但人家就只想着混，逼着他去完成任务也是敷衍回应，质量不高还得小组长花费更大的心力去修改，老实说还不如直接自己做。曾有几次我做了小组组长，对这种小组问题有时也是敢怒不敢言，毕竟组员都是室友或好友，怒气说出来了，可能对方也要有脾气了，这对以后的相处不利，所以只得默默发个说说"不要把他人的努力当作自己偷懒的借口"，貌似这种沉默的反抗还是有点儿作用的，至少组员们都会来参加讨论了。我记得有两门课程在最后有个组内互评，组长或者每个人按照组员对小组的贡献度分级打分，虽然最后出来的分数我们只相差一两分，但我自我安慰道，起码老师也知道谁努力、谁偷懒了吧。

小组合作的组织形式一直都是利弊参半，我们只能设法让弊小一点，多发挥利的作用。有一位博士研究生提到"分布式领导"的方法即每个人既是"领导"又是"追随者"，我觉得这方法还不错，让每个人都承担一小部分的领导任务，自然能调动每一个人都参与到课程学习中，也避免部分同学存在感过低的问题，提高学生的主体性、责任感、成就感等。

（三）关于"大学生创新创业能力培养"的讨论

下半节课王老师抛出了我们今后的研究主题，王老师首先对这个主题进行了相关介绍，什么是"创新创业能力"？王老师对此的定义不同于通常的界定，开阔了我的认识，即创业不一定是企业家的事情，也不一定真的要去创业，守业坚持在自己的岗位也属于创新创业能力涵盖的部分。

之后便是同学们自主发言提出问题的环节了。我结合之前参加大学生创新创业项目及上过创新创业课程的经验，分享了我的经历和想法，总结我所经历过的参赛的失败以及我认为这门公共必修课的失败原因：一是在于自身创新创业意识及能力不强；二是在于学校或学院对此项目的举办流于形式，缺乏师资力量，学生得不到应有的培养。但其实反观我本科学校在此方面的努力与成就：有创新创业实践基地，也有几起成功案例，七名学生曾获"挑战杯"全国大学生课外学术科技作品竞赛特等奖，最近还创立创新创业学院等，好像这些辉煌都能用来证明学校对创新创业能力培养的重视与取得的成功，那么，失败大概是我自身的原因，或者说这只是少数人的成功、大多数人的暗默。其他同学也提出了很多值得进一步思考的问题，包括创新创业的评判标准和结构等。有一位博士研究生提出是否可以考虑将创新创业教育和学生的见习实习结合起来，我觉得这是个不错的想法，因为它将教育从课内转到课外，从书本理论落实到生活实践中。近来也爆出过学生实习的问题，如把学生压榨成廉价的体力劳动力，实习内容和专业学习完全对不上号，实习根本不是在提升学生能力，只是完成毕业要求并顺便牟取一些利益。所以，要将创新创业教育和学生的见习实习结合起来，首先还得使学校、学院方面重视学生实习的培养功能，还原实习的本意，帮助学生实现从理论到实践的良好转变。

（四）期望

不知不觉竟"拖堂"了，不过讨论也差不多了，每个人都发言了，不敢开口的也开口了，接着王老师布置作业，让我们回去查找20篇文献，并分享为什么选择这20篇，有何特色。最后王老师提出希望我们能一起界定创新创业能力的操作性定义，以及期待下次再见。

下次是否要再见？我其实是纠结的，一方面我可能还不太适应王老师的讲话，再加上大脑要持续运转3个小时左右，可能有时转不过来；另一方面我又渴望身处这种浓厚的学术空间中，分一杯王老师的智慧之羹，同时也学习几位博士、硕士同学的思维。在反复斟酌、几番考虑后，我最终选择"下次再见"，我自知研修这门课对我是一种挑战，尤其是作为国防教育学研究生的我，本学期只修了一门高等教育学相关的课程，即"高等教育学研究方法"，可能无法从更专业的角度更深入地探究一些问题，但是正如王老师提到的"能力发展是在挑战中形成的"，没有对自我的挑战，哪来自我能力的发展。

最后我想不耻地制订本学期本门课的小计划、小目标：提高问题意识，勤学多思，敢于提出问题，借助多方力量解决问题，努力成为一名真正的研究生。

（本小节作者刘若玢，厦门大学教育研究院2019级硕士研究生）

评点：

很理解刘若玢同学的纠结心理！

人都会在"舒适"与"挑战"之间纠结，因为人都难免流俗。但一旦选择挑战就是给了自己一份信心。

同学们对我的北方口音刚开始是不习惯的，我总体而言觉得自己吐字是比较清楚的，相对于南方人更有点优势。当然，北方人发音时舌根有点硬，不像吴侬软语那样温柔可人。这一点只能说声抱歉啦，因为口音一旦形成就很难改变，并不会因为环境变了就跟着改变。我想这与我虽然生活在南方许多年，但与南方人交往并不十分密切有关。

作为国防教育学的研究生，对心理品质要求更高一点，希望你要有这个自觉成长目标和自觉成才意识。

很高兴看到你不用手机也可以度过三个小时的时光！这说明你对自我的要求提高了，也说明我们的课程并不乏味。

七、第一次接触生成式教学

教育研究方法这门课其实我本科阶段修习过，但是由于时间紧、任务重，老师只是泛泛地给我们讲解了一些概念性知识及写论文的基本格式和步骤，并没有进行深入探讨和教学，这也导致了我觉得写论文、做研究对我来说有点吃力。而王老师的课堂显然不同，他更强调生成式教学，"做中学"，师生共同进步、共同讨论、共同研究。我觉得这是我需要学习的教育研究方法课，这是我想要的教育研究方法课。

第一堂课，有许多感触：

第一，王老师十分博学，知识底蕴丰厚且善于创新。对我触动最大的一点是王老师对创新创业概念的解释，突破了传统的含义，也让我对"大众创新，万众创业"有了更清晰深刻的认识。原来这并不是一句空口号，而是像维果斯基提出的最近发展区理论一样，是每个人做好自己，尽力跳一跳就能够到的目标。

第二，王老师的课堂方式更倾向于对话式的启发教学，有点像苏格拉底教学法，但是又不像苏格拉底教育法那样咄咄逼人、针锋相对。可见王老师本人也是一位谦虚和善、为人师表的老师。我十分喜欢这样的教学方式，也敬佩这样善于反思总结、不断创新、不忘初心的老师。

第三，生成式教学我还是第一次接触，也是第一次亲身参与，再加上本身教育研究方法的基础知识不牢等原因，可能需要一些时间适应。

第四，希望能在这门课程里学到我需要学到的知识、学到我想要学到的东西。学会提真问题，学会做真研究。

（本小节作者苏瑞愿，厦门大学教育研究院2019级硕士研究生）

评点：

瑞愿同学能够一下子把握课堂的核心要旨：做中学！很不简单！

瑞愿同学的感触非常真切，而且非常深刻，一下子就体会到"大众创新，万众创业"并不是一个口号，是可以变成实践操作的，而且是可以指导日常行为的！

瑞愿同学把课堂所学与之前所学联系在一起，与前人的最近发展区理论联系在一起，这说明加深了对以往知识的理解。

瑞愿同学还把我的教学法与苏格拉底教学法联系在一起，确实对我的教学风格有了很深的把握。

是的，对生成性教学这种新方法一开始很难说马上就能够适应，但一旦适应就会完全爱上它。

八、一次课改变了我的认知

2019年9月17日，我带着略微好奇和紧张的心情走进了201教室，好奇着这堂课的老师是怎样的，同学们会是谁，课程的内容又会带给我怎样的知识；紧张着这堂课的老师会不会很严格，同学们会不会过于优秀让我产生"同辈压力"，课程的内容会不会深奥得让我难以理解。就这样，带着复杂的心情，我坐在了教室的前排。（因为上午的课险些迟到，害怕下午的课又给老师留下不好的印象，于是选择了前排的位置，并促使我可以更认真地听课。）刚坐下不久，王老师就到了教室，我立马正襟危坐，拿出笔记本准备开始认真听讲。然而这堂课和我从前上过的每一堂课的形式都不一样。王老师采用的是项目式教学法，让我们通过思考来提出"真问题"，大家可以围坐在一起提出一个既有现实意义、又有兴趣的问题。这样的课堂里大家可以畅所欲言，各自发表一个观点或问题，课堂看起来是无序的、混乱的，然而每一个人都在努力思考，真所谓"形散神聚"。那么接下来我就对这一节课做出以下反思。

（一）我的收获

1. 高等教育应以能力为中心而非以知识为中心

的确，作为一个刚刚本科毕业的学生，我能清晰地回忆起本科期间的课堂上老师教授我们英语的场景。我可以记得每一位老师要求我们背的英语单词，我也可以做对一篇有些难度的听力题，我通过了大学英语四级、六级考试。但是你要问我获得了什么能力，我可能真的说不出来，我或许连"能力"这个词的意思都没有搞清楚。即使我在英语听说读写的各方面都还不错，可若是真让我和一个以英语为母语者进行对话我可能支支吾吾，半天也说不出几个词来。这是因为我不具有英语知识吗？这只不过是我的英语语言表达能力太弱了。也正是这节课，我才发现能力对于一个学生有多么重要！

2. 创新创业不再是遥不可及

在我已有的观念里总觉得"创新"要么是科学家要么就是专业人士的用词，以我这样的脑袋，和创新创业就不可能有半点关系。然而在王老师的解说下，我对这个词有了新的理解。创新创业更多的是指开创性精神和与时俱进的能力。也正是由于王老师对这个词的独到认识，让我们在座发言的同学放下了对这个词的"敬畏"，在老师和同学的发言中发表自己的观点。

（二）我的变化

1. 改变了我对传统课堂中"老师讲—学生听"的看法

我们都知道，在硕士研究生的课堂上，任课老师们都是高等教育学术界数一数二的优秀学者，他们的学识和涵养都是我这样的求学者望尘莫及的。若要他们上课，我必定是毕恭毕敬，生怕自己错过了哪一个重要的知识点。然而当我走进王老师的教室，在我心中高高在上的老师似乎走下了神坛，走近了学生。王老师坐在我们身旁，和我们一起聊天、讨论。在王老师对学生发言和提问的鼓励中，我开始发现原来自己也是可以在课堂上发表观点的。在我之前接受的基础教育和本科教育里，我一直认为课堂就是一个老师把知识灌输给学生的过程，因为它不断地被我周围的老师同学们称为"高效、快速"的教学方式。我的本科专业是英语（师范），在本科时我便去过多所学校展开实习，我还曾因为自己在 45 分钟的时间里讲了一整张初三英语试卷而沾沾自喜，现在想来，那些坐在座位上看着我在讲台上眉飞色舞的学生们到底获得了什么？他们真的吸收了所有我在课堂上讲的内容吗？他们真的享受这个学习的过程吗？又或许他们在这所学校里习惯了当一个脚踩式垃圾桶，每一堂课开始，他们就被迫打开盖子，被投进一个又一个沾满口水的"知识"？的确，灌输不可否认是学生获得知识的一个重要手段，但是在课堂上，更何况是研究生课堂上，我认为我们应该获得课堂上的话语权，我们应该去讨论、被倾听！感谢王老师给了我们这个机会，让我们明白自己在课堂上的的确确占有一席之地！

2. 激发了我对问题的思考

"学而不思则罔，思而不学则殆"，古代著名教育家孔子如是说道。王老师的这堂课的确让我开始质疑、开始反思、开始睁大眼睛激动地去盯着每一堂我曾经上过以及我将要上的课，我应该去思考了！在课堂上思维碰撞产生的火花让我们几位同学听得格外认真，在这样的课堂氛围中，我的脑袋在飞速运转，再也不像从前那样乖乖地等待知识的到来。我甚至有点期待,下一节课我们又会开启哪一扇思维的大门。

3. 增强了对自我的信心

回想从接受教育以来,每次站起来发言都是战战兢兢,生怕自己说错了答案会被老师责骂、被同学嘲笑。然而在这个课堂上,我们的想法和观点都得到了老师和同学们的认真倾听。每一次同学发言,王老师一定会微笑着认真倾听,时而点点头对同学的观点加以肯定,时而敲打着键盘记下同学们口中的关键词,在发言结束后,王老师会对刚刚发表观点的同学提出几句赞扬。这一过程,永远都不会从我脑海里抹去,这是一位尊重学生、鼓励学生、激励学生的老师。我相信,这一个学期过去,这堂课上的所有学生一定会比第一节课刚走进教室时更加自信、从容。

(三) 我的困惑

1. 研究性学习和接受式学习的一大区别是在提出问题的过程中学习,老师您也强调我们应该提出有价值、有实践性的真问题。那么教师在这个过程中应该如何引导学生提出"真问题"呢?

2. "真问题"的判定标准又是什么呢?

3. 我们该如何辨别这个问题是否为"真问题"?

(四) 我可以做得更好的地方

1. 积极发言并勇于提出"真"问题。

虽然在王老师的鼓励下我已经慢慢自信起来,在课堂上也开始思考并提出问题,但这样的提问还只是出于"为了提问而提问",我相信王老师以这样全新的教学方式来上课,绝不是让我们刻意地提出问题,否则这样的问题一定也不会是一个"真问题"。希望下一节课我可以更加积极思考,将自己置身于情景中,发现问题并勇敢自信地站起来发言!

2. 锻炼思维能力,努力让自己的表达条理清晰。

逻辑思维能力是我最薄弱的一项能力,但它在学习和生活上至关重要。我常常在表达自己的观点时思维混乱,说到最后跑题了还毫无察觉。我明白,如果要做一个优秀的学生,首先我们应该懂得如何有条理地思考、如何让他人听懂我的观点、看明白我的文章,这正是我亟待努力掌握的一项能力。我已经在网络上报名了几个有关思维逻辑的课程,也开始阅读相关书籍,我希望也相信可以在下一次的发言中坚持做到条理清晰、结构分明。

最后,我想感谢王老师用项目式教学法给我们所有同学一个畅所欲言的机会,同时培养了我们敢于思考的能力。在这样一堂课上我是一个会思考的学生,再也不只是单纯地接受老师所讲的知识。我很享受这样的课堂，尤其是在认识到王老师是这样一位平易近人、和蔼可亲、循循善诱的好老师后，我开始打破之前对课堂的传统看法，明白了课堂是可以这样富有魅力的，上课也可以很有趣！我也一定不会辜负王老师您对我们的谆谆教诲，在接下来的学习中奋发上进、多多思考，努力做一个"真研究生"！

这篇反思的用词用语一定有很多错误和需要指正的地方，希望老师同学们见谅！但我对这堂课及老师同学们的感情是真挚的、真诚的，愿下节课我还能与你们相聚在海外楼201教室，一起讨论、一起分享。

（本小节作者欧妍，厦门大学教育研究院2019级硕士研究生）

评点：

谢谢欧妍同学！你的文字中不自觉地流露出一种真诚的气息，说明你是一个非常踏实的人，具有很好的基础素质。

毫无疑问，研究生学习必须把学习的重点放在能力的培养和提升上，这与本科阶段学习有很大的不同。因为本科阶段必须掌握一些基础知识，虽然本科阶段也要求采用探究式学习方式进行学习，但老师们往往会更强调基础知识的获得，对于如何培养能力这一块不太重视，而且很多时候也不知道该如何重视，因为人们很难改变过去的教学习惯，要改变过去的教学习惯就必须做教学研究，必须研究学生的发展需要，但这对许多教师而言是很难胜任的。

你的日志写得很认真，已经能够感受到你对每一句话都进行认真思考和推敲，而且很谦虚，这些都是非常好的品质。

如你所言，自信对人的能力提升是非常关键的，所以自信心的培养非常重要。自信心也必须通过不断的实践训练才能提升。你已经深刻地意识到这一点，相信你会在这一方面提升得很快。

提出真问题的过程其实并不深奥，因为真问题就是实际存在的问题，而且是我们能够真切地感受到的问题，特别是我们意识到解决它具有重要的社会意义，因而吸引我们努力去解答的问题，当我们发现这个问题前人也没有解答过，那么我们就提出了一个真正具有学术意义的问题。可以看出，真问题提出过程实际上就是一个反躬自省的过程，也是一个追问生活的过程，同时也是一个学术对话的过程，尤其是一个主动承担社会责任的过程。

你的日志我只发现一个笔误的地方，应该是"和"，打字的时候打成了"好"，这种笔误很难避免，不必介意。

回复：

首先，感谢王老师在百忙之中抽空回复我的反思，并对我的疑惑做出了解答。其次，感谢王老师对我的肯定和支持，我会更加努力的。最后，我希望在这种课上讨论、课下反思的良性互动中可以变得更加优秀！

期待下一节课！

后　记

从 2016 年开始探索创新创业教育这个专题，到今天恍惚间已经走过了八个年头，可谓弹指一挥间。这八年，是艰苦奋斗的八年，也是酸甜苦辣咸一言难尽的八年，当然也是收获颇丰的八年，对这八年奋斗的经历做一个系统梳理总结非常有价值和意义。

在这八年时间里，我对创新创业教育认识多次发生了变化，可谓出现了多次升华。很难想象我对它原来是持否定态度，逐步转变为接受它，后来认为它必不可少，而最后认为它是中国教育改革的必由之路，可以说这个转变是飞跃性的，不仔细地分析总结就难以发现其中规律。我想，我这个转变可能会代表绝大多数人的认识，因为许多人和我一样，开始并不接受它，认为它就是一场轰轰烈烈的运动，之后就会烟消云散。但如果分析这些活动的价值，找到它与传统教育的结合点，就会发现它可能就是撬动中国高等教育改革的杠杆；如果分析其蕴含的创新创业精神，就会发现它正是转变传统应试教育体制的抓手，此时你就会认为，创新创业教育正是中国教育改革发展方向，未来中国教育体系建设就是要走向创新创业教育，换言之，要建设高质量教育体系，创新活力是不可或缺的，培养人的创业动力是必不可少的，而这个载体只能是创新创业教育体系，如此，创新创业教育的重要性就可想而知了。

说起来，我从事创新创业教育完全是出于偶然，但也似乎是命中注定。真的是一次偶然的机会让我涉足创新创业教育领域的。虽然我之前所有的研究都与创新创业教育有关，但从未专门针对该专题进行研究。大约是在 2016 年的春天，我接到了来自江西南昌工程学院的一个学术前辈王锋教授的一个电话，他介绍我去给他们学校开展的精英学院实验进行指导。可以说，这个电话非常突然，因为我大约是 2005 年见过王锋教授一面，之后再无联系，所以，接到他的电话还是感到有点意外的。他介绍说，他们学校原打算请上海一家教育研究机构进行指导，但对方要价很高，而且提供的服务也不符合他们的需求，所以就放弃了，转而想请我进行专门指导。听了这个介绍，我很愉快地答应了。我认为这是我理论联系实际的非常好的机会。要知道，我们做理论工作的人都希望自己的理论能够指导实践，但并不总是具有这个条件。换言之，想理论指导实践首先必须有可以结合实际的机会，现在这样一个难得的机会出现了，我怎么可能轻易放弃呢？再加上我当时要招收博士研究生，每年都需要缴纳数目相当恐怖的培养费，因此我也需要筹集一点经费，可以为地方高校发展服务提供一点横向课题经费支持，也能够在一定程度上缓解一下经费困难。虽然我知道这对于我的时间、精力是一个极大的挑战，但我认为不接受这个挑战就很难发生创造性改变。而且这可能会促进我的研究范式发生转变，使理论更接地气，故而这样的付出是值得的。因为我经常对同学说，挑战往往带来创新，不经历挑战，很难展现创新潜力。既然对学生这么说，我自己也必须是表率。而且在很多时候，挑战就是机遇，何况这个挑战是必须面对的。特别是我觉得这对我指导学生而言又获得了一个难得的助力，因为很多教育问题仅仅通过理论讲解是无法厘清的，只有通过实地体验才能获得澄清。虽然这些考虑只是一瞬间的事情，但确实转变了我的研究风格，让我从过去特别偏重于理论思辨的研究，偏重于基本理论和宏大命题，慢慢转向了现在针对实际问题解决的应用研究。有了这个初步尝试之后，我又陆续接受了宁波一所高职院校的委托课题和其他应用型高校委托的课题，这几次都是专门进行创新创业教育研究，这为我系统思考创新创业教育理论问题提供了难得的实践经验基础。慢慢地我就形成了自己的创新创业教育思想，开始了创新创业教育的理论思辨，这些都是针对创新创业教育现实中的问题而展开的，从而丰富了我的理论视野。

2019年是我学术生涯中关键的一年，为了应对考核压力，我必须迅速申请一个国家级课题。对于申请社科类课题我没有把握，从而我把主要精力集中在申请自然科学基金课题上，原因在于自然科学基金评审的规范性比较强，歧义性比较小，比较能够显示硬实力。也是这个机会促进我的研究范式转向了实证研究和量化研究。我之前只是稍微接触了一点量化研究，但没有把重心放在该研究上，甚至对量化研究存在一定偏见。这次则主要从事量化研究，运用的是实证研究范式。我在申报课题时把我的理论猜想全部发挥出来了，这大概是我长期进行理论思辨研究的优势展示。我主要依靠我的博士研究生进行量化研究，因为我对数据越来越不敏感了，对量化研究规范掌握越来越不在行了，而博士研究生可以弥补我这方面的不足。我们合力把课题申报成功，又在博士研究生的督促下完成了创新创业教育理论构建工作，这就促使我必须把创新创业教育问题弄通弄透，于是开始思考创新创业教育的哲学基础，研究它对整个教育体系的价值意义。在这个思考过程中，我突然发现创新创业教育是中国教育改革发展的真正方向，这个发现令我大为吃惊，似乎在茫茫大海中突然发现了一个新航标。于是我开始了对创新创业教育实践意义的探索，对它在中国式教育现代化进程中的地位进行探索，探索它与教育高质量发展的关系，探索它如何支持教育强国建设，探索它如何才能真正实践，这就形成了我对创新创业教育的整体探索。

慢慢地，我发现，我对创新创业教育探索开始形成了系统，可以自成一家之说，正好应由中国高等教育学会高等教育学专业委员会和南京师范大学出版社组成的编委会约请出版了《创新创业教育新论》一书，这本书主要是从生命哲学视角进行探索的。当时想在副标题中注明"生命哲学的视角"，但考虑到生命哲学在我国的评价存在严重分歧，于是我就隐去了这个构想。这本书出版后，虽然我感觉它已经把我的系统思考展示了出来，但并没有展示我的系统思考过程。我的系统思考是在一次次回应现实问题过程中展现的，这不仅与国家重大政策变化有关，也与我从事的国家自然科学基金课题研究进展有关，还与我从事实际调研的真切体会有关，特别是与我和学生进行讨论的感受有关。我的很多思想都是在解答同学们的疑惑过程中产生的。这些思考过程就隐含在一篇篇论文之中。我觉得把这些思考过程展现出来非常有价值，它能够揭示人的思想是如何在与环境互动过程中产生的。在我的创新创业教育思想形成过程中，有一些博士研究生的贡献非常大，如解德渤、刘隽颖、汤建、段肖阳、赵祥辉、郑雅倩、杨振芳、孙佳鹏等，他们或跟随我开展实地调研，或将我的思想付诸文字，或督促我形成系统学术思想。我经常通过他们对我的思想理解来反思我的认识存在的不足并不断丰富深化自己的思想，我真切体会到学术共同体建设的价值，因为这确实是一个教学相长的过程，所以我的学术思想之中有他们的贡献，在此我对他们的贡献表示深深的谢意。

为了整理这部文集，我请蔡蓉同学帮忙收集散见在网络上的文章。她帮助我收集了差不多30篇文章，并且将这些文章进行了初步编辑整理。我在她完成这些琐碎的基础工作之后，又进行了进一步的修订完善。从决定出版文集开始，到完成收集、整理、编辑、修订整个过程，用了差不多半年时间，这个时间也是我工作最为繁忙的时段，蔡蓉同学毫不犹豫就担负起我的研究助理工作，这让我非常感动。在收集的文献中，有少部分是与博士研究生共同署名的成果，其中一些是调研成果，还有一些是课题成果，还有一些是他们参与了文章初稿撰写工作，他们都比较准确地传达了我的意志，文章最后由我定稿，在此对他们一并表示感谢。

光明日报出版社已经是我的老朋友了，五年前曾帮我出版了《教育研究方法论与高等教育学建构》一书，在学术界的反响非常好。所以，我这次仍然把出版文集的工作交给他们。我相信，这次文集出版仍然能够获得同样的学术反响，推动创新创业教育学术探究走向深入。

最后，我必须感谢厦门大学高等教育发展研究中心这个平台，我对创新创业教育研究主要是在厦门大学教育研究院工作期间完成的，这本书的出版也得到了一流学科建设经费和厦门大学优秀学术专著出版资助计划的大力支持，为此我向与我一同艰苦奋斗、共同建设一流学科平台的同仁们致谢！

笔者于 2024 年 7 月 28 日
厦门大学黄宜弘楼 306